U0877431

普通高等学校应用型教材·财税

税法

SHUIFA

主　编　高　萍
副主编　汪　昊　徐　涛　杨龙见

TAX

中国人民大学出版社
·北京·

图书在版编目(CIP)数据

税法/高萍主编. --北京：中国人民大学出版社，
2022.2
普通高等学校应用型教材. 财税
ISBN 978-7-300-30186-0

Ⅰ. ①税… Ⅱ. ①高… Ⅲ. ①税法-中国-高等学校
-教材 Ⅳ. ①D922.220.4

中国版本图书馆 CIP 数据核字（2022）第 010474 号

普通高等学校应用型教材・财税
税 法
主 编 高 萍
Shuifa

出版发行	中国人民大学出版社		
社　　址	北京中关村大街 31 号	邮政编码	100080
电　　话	010－62511242（总编室）		010－62511770（质管部）
	010－82501766（邮购部）		010－62514148（门市部）
	010－62515195（发行公司）		010－62515275（盗版举报）
网　　址	http://www.crup.com.cn		
经　　销	新华书店		
印　　刷	天津中印联印务有限公司		
规　　格	185 mm×260 mm 16 开本	版　　次	2022 年 2 月第 1 版
印　　张	21	印　　次	2022 年 2 月第 1 次印刷
字　　数	468 000	定　　价	49.00 元

前　言

税法体现了税收征纳主体的权利与义务关系。通过正确实施税法，政府与纳税人之间的税收分配关系得以实现。从宏观上说，税收在国家治理中具有基础性、支柱性、保障性作用；从微观上说，如何依法纳税、防控税务风险是纳税人的必修之课。

为进一步践行立德树人的根本要求，培养高质量专业人才，中央财经大学财税学院税务系组织授课专家编写专业核心主干课程《税法》教材。作为主编，本人长期坚守税法教学第一线，并长期参与中国注册会计师协会组织的税法教材的编写工作。本教材以能力培养为核心目标，采用多种方式增强教材的实用性和可读性，使学生在学懂税法知识的基础上，具备对税收法律法规的实际应用能力。

本教材的主要特点如下：

1. 内容安排的合理性

从结构安排上看，本教材分为四个部分，即税法基础知识、商品服务税及附加税费、所得税、财产和行为税。税法基础知识属于基本理论章节，安排在第一部分介绍。商品服务税、所得税是我国两大主体税系，分别安排在第二部分、第三部分介绍，而将附加税费与商品服务税安排在同一部分，既符合学习规律，又符合实际操作规律。除此之外，其他各税归为财产和行为税，安排在第四部分介绍，这既与现行税务行政部门的管理口径一致，又避免了辅助税种在归类时容易出现的交叉现象。第四部分涉及的 12 个税种并没有按各税种单独设章，而是根据税种之间的关联性进行安排。例如，将保护生态环境的资源税、环境保护税列为一章，对不动产征收的房产税、契税、土地增值税列为一章，对车船征收的车辆购置税、车船税和船舶吨税列为一章，等等。这样既反映了各税种之间的关联性，也使学生对各税种的应用以及产生的效果有更综合、更深入的理解。

除了结构安排的特色以外，针对各税种篇幅的安排也是基于培养学生实践能力的考虑。对税法学习理解的层次基本有三个：一是制度设计的基本原理；二是对征税要素的一般规定；三是各种特殊规定及具体规定。考虑到学习需要循序渐进以及课程的时间安排，我们对特殊规定及具体规定进行了精心筛选，使学生在掌握基础知识的同时，也能为后续参加注册会计师、税务师等执业或水平考试奠定基础。

2. 实践性与可读性

如何使教材更具实践性与可读性，也是本教材重点追求的目标。在妥善处理规范性与灵活性的基础上，本教材采用了以下方式，以期教材内容更加务实和通俗易懂，从而有助于学生的能力提升。

（1）增设导语与情景导入的方式。一般教材的安排方式有两类：一是直接介绍税法的规定，再举例说明其运用；二是在第一类方式的基础上，在每章前面增加案例导入的形式。从学习规律上看，学生在学习具体内容前，对于案例描述的情形与税法有何相关性，实际上是无从理解的。本教材在每章前增设简单的导语，主要反映学习的重点内容等，引导学生进入各章的学习。与此同时，在学习一些具体征税要素前，本教材增设了情景导入的方式。

例如，第1章“税收、税法的含义及分类”的导语如下：税法是税收的存在形式。理解税收的含义是理解税法的逻辑起点。马克思指出，“赋税是政府机器的经济基础”；富兰克林曾说，“世界上只有两件事是不可避免的，那就是税收和死亡”。关于税收的本质，有分配论、交换论、债务论等不同的认识。从不同角度对税收、税法进行分类，是多维度理解、研究税法制度的基础。

“增值税退（免）税政策的适用范围”使用了以下情景导入：甲航空食品供应公司将生产的航空食品在首都机场销售给斯堪的纳维亚航空公司用于北京—瑞典航线，是否可以办理出口退税？“固定资产的税务处理”使用了以下情景导入：A市税务局稽查人员在对甲房地产公司申报纳税情况进行检查时发现，该企业在固定资产折旧账簿上计提了家具折旧1 800万元。经询问，这是该公司老总从拍卖会上购买的清代黄花梨家具，买价为9 000万元，公司按折旧期限5年进行了折旧计提。该公司的处理正确吗？上述方式使学生在学习具体内容前就能与实际生活中的一些情景相联系，融入对实际问题的思考，有利于激发学生的学习兴趣，引导学生发现问题，进而思考如何解决问题。

（2）采用与政策运用相关的多样灵活的体例设计。多样灵活的体例设计有助于增强教材的可读性和提高学生的实践能力。本教材灵活采用法规运用案例、政策实训、知识链接、实践情况、要点提示、具体政策提示、政策应用提示、拓展思考、小知识、区分等方式，使学生能充分把握基本规则和特殊规则、重点问题与难点问题。更重要的是，本教材在思维方式上始终将政策法规的学习与应用联系在一起，以解决学生实践能力欠缺的问题。

（3）案例运用的多样性与现实性。案例运用可以增加学生学习的趣味性，同时提高学生的实践能力。在案例的选取上，本教材注重典型性与通俗性。例如，关于实质课税原则，本教材运用了“陈建伟等与鑫隆公司的交易名为房屋买卖，实为借贷”这一案例；关于增值税纳税地点，本教材运用了北京某大型连锁经营企业提出总分机构汇总纳税申请的案例；关于消费税中工业企业以外的单位和个人视为应税消费品生产行为的情形，本教材运用了2016年赋隆公司购进沥青等非消费税应税产品，然后按消费税应税产品燃料油销售的案例。

另外，本教材注重反映新的经营方式和经济业态，比如网约车平台适用的增值税政策、网络红包适用的个人所得税政策等。

3. 准确性与关联性

我国的税收制度根据国家发展战略的要求一直处于变革过程中，近几年是我国完善税收立法的关键期。2013 年党的十八届三中全会通过的《中共中央关于全面深化改革若干重大问题的决定》首次明确提出“落实税收法定原则”；2015 年修订后的《中华人民共和国立法法》规定：税种的设立、税率的确定和税收征收管理等税收基本制度只能制定法律。在上述背景下，自 2016 年以来，多部立法条件成熟的税收条例已逐步上升为法律。目前，我国的增值税、土地增值税等尚未完成立法，但财政部、国家税务总局已公布了立法征求意见稿。因为现行的法律法规是相关税种的征纳依据，所以本教材的内容以现行已颁布的法律法规为准，并以知识链接等方式帮助学生了解未来立法拟做出的修改，既保证了内容的准确性，又有利于学生了解税收政策的变化过程。

在保证内容准确的同时，本教材注重知识的关联性，并对关联知识点所在章节进行了标注。例如，零税率是与出口退税政策相关联的，在零税率及其适用范围的内容中，标注了出口税收政策所在的章节；在纳税人购进农产品的扣除方法中，标注了烟叶税计算方法所在的章节；在企业所得税利息费用的扣除规定中，标注了资本弱化管理所在的章节；等等。注重知识的关联性，这就使本教材更具可读性，同时有利于强化学生对税收政策的整体把握。

本教材的写作分工如下：第 1 章、第 2 章、第 3 章、第 4 章、第 5 章、第 6 章、第 9 章、第 10 章、第 13 章由高萍教授编写，第 7 章由汪昊教授编写，第 8 章由徐涛副教授编写，第 11 章、第 12 章由杨龙见副教授编写。孙玺媛、杨晴、高羽清三位同学参与了资料整理。全书由高萍教授担任主编并负责总纂，汪昊教授、徐涛副教授、杨龙见副教授担任副主编。

本教材可供本科生、研究生及相关专业人士学习税法使用。希望本教材的出版，能为教师的教学提供帮助，为学生的预习、复习等提供方便。由于本教材是首次付梓，不足及疏漏之处，敬请大家批评指正！

高　萍

2021 年 9 月 10 日

目　录

第一篇　税法基础知识

第二篇　商品服务税及附加税费

第三篇　所得税

第四篇　财产和行为税

第一篇

税法基础知识

第 1 章 税收、税法的含义及分类

导语： 税法是税收的存在形式。理解税收的含义是理解税法的逻辑起点。马克思指出，“赋税是政府机器的经济基础”；富兰克林曾说，“世界上只有两件事是不可避免的，那就是税收和死亡”。关于税收的本质，有分配论、交换论、债务论等不同的认识。从不同角度对税收、税法进行分类，是多维度理解、研究税法制度的基础。

教学目标：

1. 理解税收的含义与本质。
2. 掌握税收的分类、税法的分类。

1.1 税收的含义及分类

1.1.1 税收的含义

税收是政府为了满足社会公共需要，凭借政治权力，依法强制、无偿地取得财政收入的一种形式。税收的含义需要从目的、基本功能、本质等方面综合理解。

1. 从目的上看，国家征税是为了满足社会公共需要

国家征税的目的是提供社会公共产品以满足社会公共需要。公共产品具有非排他性、非竞争性等特点，提供公共产品必须有公共支出予以保证，而公共支出很难采用由社会个体自愿出价的方式，只能采用由政府强制征税的方式，并由社会个体来负担。相应地，国家征税也应受到所提供公共产品的规模和质量的制约。

2. 从基本功能上看，税收是国家取得财政收入的重要工具

国家筹集财政收入有多种方式，包括征税、发行货币、发行国债、收费、罚没等，但税收是大多数国家取得财政收入的最主要形式。财政职能也是税收的最基本职能，绝大部分税种的首要功能是组织财政收入。

3. 从本质上看，税收体现了国家凭借政治权力实现的特殊分配关系

征税的过程实际上是国家参与社会产品分配，将一部分社会产品由纳税人所有转变为国家所有的过程，因而税收在本质上体现的是一种国家与纳税人之间的社会再分配关系。国家与纳税人之间形成的这种分配关系与社会再生产中的一般分配关系不同，两者的区别体现为：税收分配以国家为主体进行，一般分配以各个生产者集体为主体进行；税收分配是国家凭借政治权力，以法律形式进行的分配，而一般分配是基于劳动、资本等生产要素进行的分配。税收体现特殊分配关系的本质使税收在具有财政功能的同时，伴生一定的调节功能，在弥补市场失灵、优化经济结构、缩小收入差距等方面可以发挥调节作用。

关于税收本质的"国家分配论"是马克思主义经典作家的基本观点，也是我国税收理论界长期以来的主流认识。国家分配论将税收理解为以国家权力为依据的一种国家分配关系，并据此得出税收具有三性，即强制性、无偿性、固定性。

知识链接

对于税收本质的认识，除了国家分配论，还有税收交换论、税收价格论、税收债务论。①

税收交换论是将税收理解为一种交换关系——国家提供公共服务，人们需要纳税，属于交换范畴。此后，以税收交换论为基础，产生了税收价格论，该学说将税收理解为购买公共产品的一种价格。林达尔均衡模型揭示了人们缴税与公共产品之间的本质联系，即税收是社会个体为消费公共产品而向政府支付的"价格"。

税收债务论（即税收债务关系说）是将税收理解为社会个体的一种债务，纳税人和政府之间是一种债权与债务关系。该学说以 1919 年《德国税收通则》的制定为开端，该法运用"债"的理念和观点对税收进行界定。法学家阿尔伯特·亨泽尔在《税法》一书中提出，税收债务关系说将税收法律关系定性为国家要求纳税人履行税收债务的关系，即国家和纳税人之间是法律上的债权人与债务人的关系，税收法律关系是一种公法上的债务关系。

税收债务论是以社会契约论和税收交换论为思想基础，随着市场经济的发展，得到越来越多的认同。

拓展思考：如何理解税收的本质？

1.1.2 税种的分类

绝大多数国家实行的都是由多种税构成的复税制体系。从不同角度对税种进行归

① 刘尚希. 税收究竟是什么? 中国财经报，2015－12－15.

类，是多维度理解、研究税收的基础。以我国现有的18个税种为例，可以按不同的标准进行分类。

1. 根据征税对象的不同，可分为商品服务税、所得税、财产税、特定行为目的税四大类

（1）商品服务税是指以商品或者服务的交易额为征税对象征收的税种，包括增值税、消费税和关税。

（2）所得税是指以所得额为征税对象征收的税种，包括企业所得税、个人所得税。

（3）财产税是指以不动产或者动产为征税对象，在财产保有或者转移环节征收的税种，包括房产税、车船税、契税、城镇土地使用税、土地增值税等。

（4）特定行为目的税是指上述四类税种之外的其他税种，包括城市维护建设税、车辆购置税、资源税、环境保护税、船舶吨税、烟叶税、印花税、耕地占用税等，这也是一种兜底的划分类型。

为了突出生态环境保护的政策导向，也可将全部税种划分为商品服务税、所得税、财产税、资源和环境保护税、特定行为目的税五大类。

在上述税种中，进口环节的增值税和消费税、关税、船舶吨税由海关负责征收管理，其他税种由税务机关负责征收管理。我国现行的税制框架见图1-1。

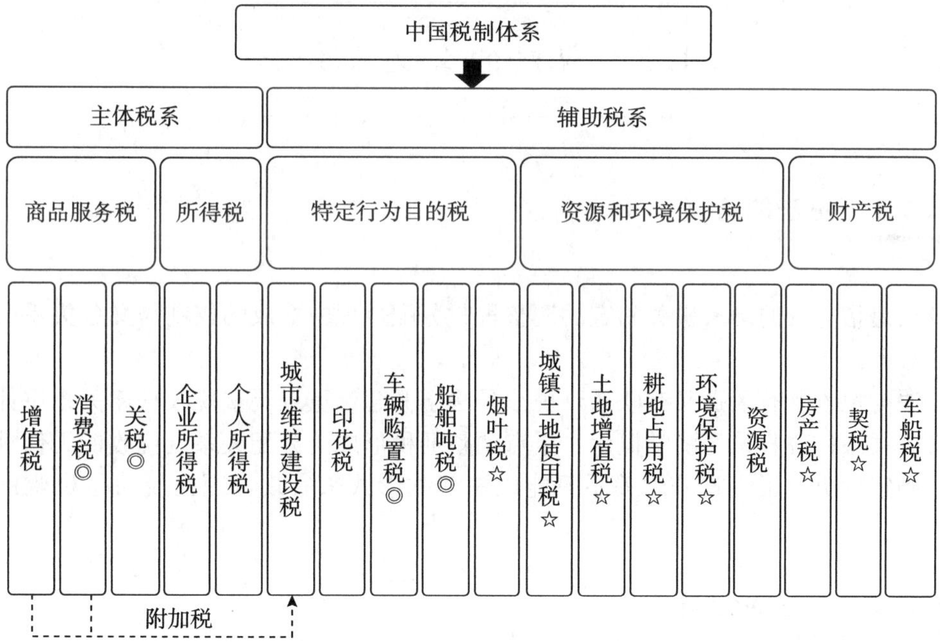

注：◎表示中央税；☆表示地方税；未做标注为中央地方共享税。

图1-1 我国现行的税制框架

2. 以收入归属和支配权限为标准，可分为中央税、地方税和中央地方共享税

（1）中央税是指收入完全属于中央政府固定收入的税种，包括关税、消费税、车辆购置税等。

（2）地方税是指收入完全属于地方政府固定收入的税种，包括房产税、城镇土地使用税、车船税、耕地占用税、契税、土地增值税等。

（3）中央地方共享税是指收入由中央政府与地方政府共同分享的税种，包括增值税、企业所得税、个人所得税、资源税等。

3. 以税负是否容易转嫁为标准，可分为直接税和间接税

（1）直接税是指税负不易转嫁，只能由纳税人直接负担的税种，如企业所得税、个人所得税、契税等。

（2）间接税是指纳税人可以将税负通过一定的途径和方式部分或者全部转嫁给他人负担的税种。因为提高售价或压低进价是实现税负转嫁的基本路径，所以处于生产流通环节的税种属于间接税，包括增值税、消费税、关税、资源税等。

4. 按计税价格是否含税，可分为价外税和价内税

（1）价外税是指税款本身不构成计税价格组成部分的税种。我国现行的增值税为价外税，计算增值税的销售收入是不含增值税的收入。

（2）价内税是指税款本身构成计税价格组成部分的税种，即计税价格为含税价的税种。例如，我国现行的消费税为价内税，消费税的销售收入是不含增值税但包含消费税的收入。

1.2　税法的含义及分类

1.2.1　税法的含义

税法是指有权的国家机关制定的调整税收分配过程中形成的权利与义务关系的法律规范的总和。

税法与税收既有区别又有联系，税法是法学概念，重点调整税收法律关系主体的权利与义务关系；税收是经济学概念，重点调整征税形成的分配关系。税收的无偿性、强制性、固定性决定了税收分配关系只能以法律的形式来实现，因而税法是税收的存在形式。

1.2.2　税法的分类

1. 按法律级次和效力的不同，税法可分为税收法律、授权立法、税收行政法规、税收部门规章、税收地方性法规、税收地方规章

（1）税收法律由全国人民代表大会及其常务委员会制定。

（2）全国人民代表大会或全国人民代表大会常务委员会授权国务院立法。在我国改革开放的特定历史阶段，全国人民代表大会及其常务委员会曾授权国务院制定某些具有法律效力的暂行规定或者条例，如国务院经授权立法制定的《中华人民共和国增值税暂行条例》《中华人民共和国消费税暂行条例》等。

（3）税收行政法规由国务院制定。例如，国务院制定并颁布的《中华人民共和国税收征收管理法实施细则》《中华人民共和国企业所得税法实施条例》等。

（4）税收部门规章由国务院税务主管部门制定。有权制定税收部门规章的税务主管机关包括财政部、国家税务总局及海关总署。例如，财政部、国家税务总局发布的《中华人民共和国增值税暂行条例实施细则》，国家税务总局颁发的《税务代理试行办法》等。

（5）税收地方性法规由地方人民代表大会及其常务委员会制定。我国在税收立法上坚持“统一税法”的原则，除了海南省、民族自治地区按照全国人民代表大会授权立法规定可以制定有关税收的地方性法规外，其他省、市一般无权制定税收地方性法规。

（6）税收地方规章由地方政府制定。例如，国务院发布实施的房产税等地方性税种暂行条例，规定了省、自治区、直辖市人民政府可根据条例制定实施细则。

2. 按基本内容或功能划分，税法可分为税收实体法、税收程序法

税收实体法主要规定各税种的纳税人、征税范围、税基、税率、减免税等具体的征税要素，如《中华人民共和国企业所得税法》《中华人民共和国个人所得税法》等，具有一税一法相对应的特点。税收程序法是指税务管理方面的法律，其功能是为实体法的实施提供必要的规则、方式和秩序等。《中华人民共和国税收征收管理法》就属于典型的税收程序法。

3. 按照主权国家行使税收管辖权的不同，税法可分为国内税法和国际税法

国内税法是基于属人和属地原则确立的，规定一个国家内部税收制度的法律规范。国际税法是指国家间形成的税收协调制度，主要包括双边或多边国际税收协定、条约和国际惯例等。一般来说，国际税法的效力高于国内税法。

第2章 税法原则及税法要素

导语：税法原则包括税法的基本原则和税法的适用原则，这是指导税收立法、执法、司法的基本准则。税收实体法对每个税种的征税要素进行规定，主要包括纳税人、征税对象、适用税率、减免税等，理解税法要素的共性是学习各税种具体制度的基础。

教学目标：

1. 掌握税法的基本原则与适用原则。
2. 掌握纳税人、征税范围、适用税率三个要素。
3. 熟悉纳税时限的规定以及税收优惠的分类。

2.1 税法原则

情景导入

1765年，英国议会通过《印花税法》，规定对法律文件、契约文件等征收印花税。同年10月，北美殖民地派出代表在纽约举行反印花税会议并声明，未经他们本人或其代表的同意，不得向他们征税，征税的唯一合法机构应当是殖民地议会，而不是英国议会。北美殖民地这一“无代表不纳税”的要求体现了什么税法原则？

税法原则包括税法的基本原则和税法的适用原则。税法的基本原则是为制定税收法律规范提供基础或本源的综合性、指导性规范，是贯穿税法立法、执法、司法全过程的具有普遍指导意义的法律准则。税法的适用原则是指税务行政机关和司法机关运用税收法律规范解决具体问题所必须遵循的法律准则。税法的适用原则在一定程度上体现着税法的基本原则，但含有更多的法律技术性准则，更为具体化。

2.1.1 税法的基本原则

（1）税收法定原则是指税法的各类构成要素必须且只能由法律予以明确，没有法律依据，任何主体不得征税，具体包括课税要素法定、课税要素明确、课税程序合法原则。其实质在于对国家权力加以约束，即国家征税权的行使必须得到立法机关的同意，以法律的形式颁布实施。

税收法定原则是税收领域最重要的基本原则，肇始于英国，是近代资产阶级法治思想与实践在税收领域的体现，很多国家将其作为一项宪法原则加以采纳。税收法定与罪刑法定是人类社会法制文明的两大成果，共同构成保护公民财产权和人身权的两大基石。

☞ 实践情况

我国税收立法进程

1984 年，《全国人民代表大会常务委员会关于授权国务院改革工商税制发布有关税收条例草案试行的决定》（已废止）授权国务院在实施国营企业利改税和改革工商税制的过程中，拟定有关税收条例，以草案形式发布试行。

1985 年，《全国人民代表大会关于授权国务院在经济体制改革和对外开放方面可以制定暂行的规定或者条例的决定》授权国务院对于有关经济体制改革和对外开放方面的问题，包括税收方面的问题，必要时可以根据宪法，在与有关法律和全国人民代表大会及其常务委员会有关决定的基本原则不相抵触的前提下，制定暂行的规定或者条例。

1984—1994 年国务院根据上述授权颁布实施了一系列税收暂行条例。

2013 年，党的十八届三中全会通过的《中共中央关于全面深化改革若干重大问题的决定》首次明确提出“落实税收法定原则”。

2015 年，《中华人民共和国立法法》修订，规定“税种的设立、税率的确定和税收征收管理等税收基本制度”只能制定法律。

自 2016 年以来，我国以立法的形式开征了环境保护税，同时立法条件成熟的税收条例已逐步上升为法律。

（2）税收公平原则是指在各种税收法律关系中，国民的地位是平等的；税收负担必须在国民之间公平分配，并且税收负担必须根据负担能力进行分配。

2.1.2 税法的适用原则

1. 实质课税原则

实质课税原则是指在某些情况下，应依据纳税人经营活动的实质而非表面形式予以征税。实质课税原则起源于德国税法中的经济观察法，其确立对于弥补税法疏漏具有重要意义。该原则主要运用于反避税领域，即对于转让定价等情形，不能仅根据其外观和形式确定是否应税，而应根据其经济目的等实际情况来判断是否符合课税要件。此外，该原则在实践中还用于某些名义与实质存在差异的征税要素的判定以及避免信托重复征税等情形。

【案例 2-1】 2013 年初，鑫隆公司与陈建伟、林某签订了总价为 5 500 万元的商品房买卖合同，合同约定出卖人鑫隆公司承担逾期交房的违约责任。1 年后，鑫隆公司以商品房买卖合同无法履行为由，向泉州仲裁委员会申请仲裁，最终解除了商品房买卖合同，并支付了违约金。陈建伟和林某除收回签订合同时支付的人民币 5 500 万元外，还以违约金的名义收取了人民币 3 328 万元。税务局认为，陈建伟、林某等与鑫隆公司的交易名为房屋买卖，实为借贷，即陈建伟等取得的收入名为“违约金”，实为“利息收入”，因此陈建伟等应就借贷利息所得 3 328 万元缴纳营业税和个人所得税。征纳双方就涉案收入是否属于营业税课征范围等发生争议。最高人民法院在再审决定中支持了税务局的处理决定，认为税务机关可以根据实质课税原则独立认定案涉民事法律关系，对案涉民间借贷利息收入应征收营业税、个人所得税等税款。

2. 上位法优于下位法原则

该原则是指税收法律的效力高于税收行政法规的效力，税收行政法规的效力高于税收行政规章的效力。该原则主要适用于位阶具有高低之分的法律规范，在发生冲突时，位阶低的税法应当服从位阶高的税法。

3. 法律不溯及既往原则

该原则是指在一部新法实施后，对新法实施前的行为不得适用新法，只能沿用旧法。

法律不溯及既往原则在税法上往往表现为“实体从旧、程序从新”原则，其含义包括两个方面：一是实体税法不具备溯及力，即在纳税义务的确定上，以纳税义务发生时的税法规定为准；二是程序性税法在特定条件下具备一定的溯及力，即对于新税法公布实施前发生，但在新税法公布实施后进入税款征收程序的纳税义务，新税法在原则上具有约束力。

例如，2011 年 9 月 1 日我国对个人所得税的费用扣除、税率进行了调整，同时纳税申报时间也进行了修改，将扣缴义务人每月所扣税款应当在次月 7 日内缴入国库改为应当在次月 15 日内缴入国库。纳税人李某当年 8 月取得工资薪金收入 10 000 元，他需要依据 9 月 1 日前的费用扣除标准和税率计算应纳税款，但该笔税款在 9 月缴纳时，可执行所扣税款应在次月 15 日内缴入国库的新规定。

2.2 税收实体法要素

税收实体法对各税种的具体征税制度进行规定。每一部税收实体法都会对基本的征税要素进行规定，包括纳税人、征税对象、税率、纳税环节、纳税时限、纳税地点、减免税等。其中，纳税人、征税对象、税率是最基本的税法要素，回答了对谁征税、对什么征税、征多少税等最基本的税收问题。

2.2.1 基本要素

1. 纳税人

纳税人又称纳税主体，是税法规定的直接负有纳税义务的单位和个人，解决一个税种对谁征收的问题。

纳税人有两种基本形式：法人和自然人。法人包括负有纳税义务的机关法人、事业法人、企业法人和社团法人，作为纳税人的法人主要是企业法人。自然人包括个体经营者和其他个人。

根据承担纳税义务的不同，纳税人还可划分为居民纳税人和非居民纳税人。

区分：（1）纳税人与负税人。纳税人是由税法规定的、直接向税务机关缴纳税款的单位和个人，而负税人是实际负担税款的单位和个人。在发生税负转嫁的情况下，纳税人与负税人会发生分离。例如，卷烟生产厂家是增值税、消费税的纳税人，但其缴纳的增值税、消费税可以通过提高售价的方式转嫁给消费者。在这种情况下，消费者是实际负税人。

（2）纳税人与扣缴义务人。纳税人负有缴纳税款的义务，扣缴义务人并不承担纳税义务，但按税法的规定，负有为国家代扣代缴、代收代缴税款的义务。例如，出版社代扣代缴作者稿酬所得应缴纳的个人所得税等。如果代扣代缴义务人按规定履行代扣代缴义务，税务机关将支付一定的手续费；反之，代扣代缴义务人将承担相应的法律责任。源泉扣缴税款的方式可以减少税款流失、降低征纳成本。

2. 征税对象

情景导入

某化妆品生产企业销售高档化妆品，取得计税销售额300万元。高档化妆品的消费税税率为15%，应纳消费税为：

$$300\times15\%=45\text{（万元）}$$

请说明该例中纳税人计征消费税适用的税目与税基。

征税对象又称课税对象、征税客体，是指税法规定的课税目的物，解决对什么征税的问题。征税对象是税法要素中最基础的要素：第一，它决定了一种税的名称或性质；第二，税法对纳税人的规定是由征税范围决定的；第三，它决定了一种税的计税基础。

征税对象可以从目的物和数量依据两个方面进行划分，目的物体现为征税范围与税目，数量依据体现为计征税款的税基。

（1）征税范围与税目。征税范围是税法规定的征税对象的基本范畴，体现着征税与否的基本界限。凡是列入征税范围的，都应征税。税目是税法规定的具体征税项目，反映具体的征税范围。例如，消费税的征税对象是《中华人民共和国消费税暂行条例》所规定的应税消费品，这些应税消费品在该条例中以高档化妆品、电池、涂料等税目的形式进行列举。设置税目既可以明确具体的征税范围，又可以针对不同的税目设计差别税率。

在企业所得税、个人所得税等特定税种中，跨境纳税人与跨境收入的存在，使得征税范围的确定还包含我国政府对某些经营行为或取得的收入是否具有征税权的判定。

知识链接

在国际法中，确定管辖权的基本原则是属人原则和属地原则，税收管辖权也是依据属人原则和属地原则来确立的。

属人原则以纳税人的国籍、住所等为标准，按属人原则确立的税收管辖权为居民税收管辖权，是指政府对本国的居民纳税人来自世界范围的全部所得都拥有征税权。

属地原则以国家领土为标准，按属地原则确立的税收管辖权又称地域管辖权、收入来源地管辖权，是指政府对发生于其领土范围内的应税行为和收入具有征税权。具体包括两种情况：一是对本国居民，只就其本国范围内的应税行为和收益征税；二是对非本国居民，其在该国境内取得的收益应承担纳税义务。新加坡以及中国香港等地区采用收入来源地管辖权，该类国家或地区通常具有“避税地”特征。

从世界范围看，为了保障本国税收权益，大部分国家（或地区）将属人原则与属地原则结合起来，同时行使居民税收管辖权和收入来源地管辖权。

（2）税基。税基又称计税依据，是据以计算应纳税款的数量依据。例如，企业所得税应纳税额的基本计算方法是应纳税所得额乘以适用税率，其中的应纳税所得额是据以计算企业所得税的数量基础，为企业所得税的税基。

计税依据根据基本形态的不同，可分为价值形态和物理形态。价值形态包括应纳税所得额、销售收入、营业收入等，物理形态包括面积、体积、容积、重量等。以价值形态为税基征税又称从价计征，如生产销售高档化妆品的消费税税基为计税销售收入；以物理形态为税基征税又称从量计征，也就是直接按征税对象物理形态的数量计算，如城镇土地使用税的税基为占用土地的面积。

3. 税率

税率是对征税对象的征税比例或征收额度，也是衡量税负轻重的重要标志。从负担上看，税率有名义税率与实际税率之分。税法规定的税率又称名义税率。由于减免税、征收方式等制度设计以及征管因素的存在，纳税人的实际税率（即实际缴纳的税额占实际课税对象数额的比例）常常会低于名义税率。

我国税法使用的基本税率形式包括比例税率、累进税率和定额税率。

问题导入：

在税制设计中，比例税率、累进税率、定额税率分别适合在哪些情形下使用？

（1）比例税率是指对同一征税对象，不分数额大小，规定相同的征收比例。例如，我国增值税、城市维护建设税、企业所得税等采用的是比例税率。比例税率又可分为单一比例税率、差别比例税率、幅度比例税率等具体形式。

政策实训

2021年度甲企业的应纳税所得额为800万元，企业所得税税率为25%，如何计算其应纳企业所得税？

解析：

应纳企业所得税＝800×25%＝200（万元）

比例税率具有计算简单、税负透明度高、不妨碍经营规模的扩大、有利于保证财政收入和公平竞争等优点，符合税收横向公平原则。然而，比例税率不能针对不同的收入水平实施不同的税收负担，难以对收入水平进行合理调节。

（2）累进税率是指随着征税对象的数量增大，税率也会随之提高的税率形式。具体说来，按征税对象的数额大小划分为若干等级，不同等级的课税数额分别适用不同的税率，课税的数额越大，适用税率越高。累进税率一般在对所得的课税中使用，可以充分体现收入多的多征、收入少的少征、无收入不征的立法宗旨，有利于对纳税人的收入进行调节，符合税收纵向公平原则。根据累进方式的不同，累进税率分为全额累进税率与超额累进税率。

全额累进税率是指根据课税对象的全部数额确定相应的适用税率，并且征税对象的全部数额按相应的适用税率征税。超额累进税率是指征税对象的数额按划分的级距分别适用不同的税率，再将各等级税额相加后得出应纳税款。

政策实训

李先生取得年度应税所得200 000元，相应的税率表如下，如同按全额累进和超额累进的方式计算应纳税额？

	年应纳税所得额（元）	税率（%）	速算扣除数（仅在超额累进税率表中适用）
1	不超过36 000元的	3	0
2	超过36 000元～144 000元的	10	2 520
3	超过144 000元～300 000元的	20	16 920
	………………		

解析：按全额累进税率计算的应纳税额为：

200 000×20%＝40 000（元）

按超额累进税率计算的应纳税额为：

36 000×3%＋(144 000－36 000)×10%＋(200 000－144 000)×20%
＝23 080（元）

由此可见，全额累进方法比较简便，但累进幅度大、税收负担不合理，特别是在划分级距的临界点附近，税负呈跳跃式增加，甚至出现税额增加超过课税对象数额增加的不合理现象。超额累进方法的负担相对合理，但在级数划分较多的情况下（如我国现行工资、薪金所得的计算适用7级超额累进税率），计算较为烦琐。

在实践中，为了简化超额累进方法的计算，目前引入了速算法。速算法的基本思路是：由于存在重复计算部分，对于同样的课税对象数额，按全额累进方法计算出的税额比按超额累进方法计算出的税额多，这个多征的常数叫作速算扣除数。用公式可表示为：

$$速算扣除数=\begin{matrix}对课税对象按全额\\累进方法计算的税额\end{matrix}-\begin{matrix}按超额累进方法\\计算的税额\end{matrix}$$

移项可得：

$$\begin{matrix}对课税对象按超额\\累进方法计算的税额\end{matrix}=\begin{matrix}按全额累进\\方法计算的税额\end{matrix}-\begin{matrix}当级的速算\\扣除数\end{matrix}$$

用速算法计算出的上例中李先生的应纳税额为：

200 000×20%－16 920＝23 080（元）

小贴士：

当累进依据为相对数时，累进税率可分为全率累进税率与超率累进税率。我国现行土地增值税实行四级超率累进税率。

在比例税率条件下，边际税率与平均税率相同。在累进税率条件下，边际税率往往要大于平均税率，边际税率的提高会带动平均税率的上升（边际税率是指在增加一些收入时，这部分收入所纳的税额与增加的收入之比；平均税率是指全部税额与全部收入之比）。例如，李先生适用的边际税率为20%，平均税率为11.54%（＝23 080÷200 000×100%）。两者的比较易于表明税率的累进程度和税负的变化情况。

（3）定额税率是指对每一单位的征税对象直接规定固定税额的税率形式，适用于从量定额征收的方式。目前，我国采用定额税率的有城镇土地使用税、车船税等。

2.2.2　其他要素

1. 纳税环节

纳税环节是指税法规定的课征税款的环节。例如，资源税在应税资源的开采环节征收，增值税在生产和流通环节征收，契税在不动产权属发生转移环节征收，等等。

由于商品在流转过程中涉及多个环节，各环节都存在销售额，都可能成为纳税环节，因此，根据对商品征税环节的多少，又可以将税种划分为一次课征制、二次课征制、多环节课征制。

增值税是多环节课征制，即道道征税，对商品或服务的每次流转都要征税；在消费税的课征中，除有特殊规定外，大部分应税消费品是一次课征制，即应税消费品从生产到消费只征一次税。消费税中的卷烟批发和超豪华小汽车是二次课征制，比如对超豪华小汽车分别在生产和零售环节征收消费税。

2. 纳税时限

税法关于纳税时限的规定，有以下三个层次：

（1）纳税义务发生时间是指纳税人依照税法规定负有纳税义务的时间。由于纳税人的某些应税行为和取得的应税收入在发生时间上不尽一致，税法对纳税义务发生时间一般都做了明确规定。

（2）计税期间是指税法规定的每隔固定时间汇总一次纳税义务的时间周期。由于纳税人每次发生纳税义务后，不可能立即缴纳税款，所以税法规定了每种税的计税期间。例如，增值税的计税期间分别为1日、3日、5日、10日、15日、1个月或者1个季度。纳税人的具体计税期间由主管税务机关根据纳税人应纳税额的大小分别核定。

为了保证税款的均衡入库，某些税种实行按年计征，采用预缴税款或者分期缴纳的方式。例如，企业所得税实行按年计征、分月或者分季预缴、年终汇算清缴、多退少补的征收方式，房产税和城镇土地使用税实行按年计征、分期缴纳的方式。

（3）缴库期限是指在税法规定的计税期间或者预缴期满后，纳税人将应纳税款缴入国库的期限。例如，《中华人民共和国增值税暂行条例》（以下简称《增值税暂行条例》）规定，纳税人以1个月或者1个季度为1个纳税期的，自期满之日起15日内申报纳税。

3. 纳税地点

纳税地点是指纳税人以及代征、代扣、代缴义务人具体申报并缴纳税款的地点。纳税地点涉及不同地区的经济利益，需要按照税法的规定准确确定。

4. 减免税

情景导入

某高新技术企业适用15%的企业所得税税率。2020年，该企业开展了研发活动，实际发生研发费用500万元。该企业在计算企业所得税时，可在据实扣除的基础上再按照实际发生额的75%加计扣除。此外，该企业投资800万元购入符合规定条件的环保专用设备，并将该专用设备投资额的10%从当年的应纳税额中抵免。该企业运用了哪些税收优惠方式？

减免税主要是基于鼓励或者照顾等目的，对某些纳税人和征税对象采取部分减征或者免予征税的特殊规定。由于税法涉及的纳税人和征税对象范围广，对于特定纳税人和特定情形需要专门考虑，给予区别对待。减免税体现了税法原则性与灵活性的统一，现行税法大量运用了各种减免税政策。

（1）按内容划分，包括特定主体、特定方向、特定区域等的减免税。特定主体包括对符合规定的小微企业、高新技术企业、国家机关、事业单位、社会团体等的减免税；特定方向包括自然资源与环境保护，教育、医疗、养老服务，研发投入等；特定区域包括西部地区、保税区、自贸区等。

（2）按法律效力划分，包括法定减免税和专项减免税。法定减免税是指在税法中列举的减免税条款，具有稳定性和长期性。专项减免税是指国务院根据授权，结合国民经济和社会发展的需要，或者由于突发事件等原因对纳税人的生产经营活动产生重大影响的情况下制定的专项优惠政策。专项优惠政策需要报全国人民代表大会常务委员会备案。

（3）按优惠方式以及作用层面划分，包括税基式减免、税率式减免、税额式减免。税基式减免是指通过缩小计税依据的方式实现的减免税，具体包括起征点、免征额、项目扣除以及跨期结转等。起征点是收入达到一定数量开始征税的起点，达到或超过起征点后，全部收入均需纳税。免税额是在全部收入中免于征税的税额。项目扣除是指在税基中扣除规定项目的一定金额。跨期结转是允许将以前纳税年度的亏损等在以后年度的税基中扣除。

税率式减免是指通过降低适用税率的方式实现的减免税。

税额式减免是指对应纳税额减征一定比例或者以抵免税额的方式实现的减免税。

第二篇

商品服务税及附加税费

第3章 增值税

导语： 增值税起源于法国，避免重复征税的制度设计使其具有显著的中性特征，已被大约 170 个国家广泛采用。我国增值税制度的建立和发展与改革开放的进程及关键节点紧密契合，从 1979 年试行增值税、1994 年正式开征增值税、2009 年由生产型增值税转换为消费型增值税，到 2016 年全面实行“营改增”，已建立起全面覆盖商品与服务领域的增值税制度格局。增值税是我国税制体系中具有重大财政意义、能够对商品和服务价格产生直接影响的第一大税种。

教学目标：

1. 理解增值额的概念与增值税的类型。
2. 理解增值税的特点与优点。
3. 了解我国增值税制度的改革历程。
4. 掌握征税范围、纳税人与适用税率。
5. 掌握一般计税方法。
6. 掌握简易计税方法。
7. 掌握进口环节应纳税额的计算，熟悉出口环节的增值税政策。
8. 了解增值税的税收优惠。
9. 熟悉增值税的征收管理。

3.1 增值税基本原理

3.1.1 理论增值额与增值税计税方法

增值税（value added tax，VAT）是以单位和个人从事应税经营活动取得的增值额为课税对象征收的一种税。它与各流转环节都按销售收入全额征税的传统商品税不同，其基本特点是对增值额征税，避免了在商品和服务流转过程中对上一环节转移价值的重复征税。大多数增值税是从重复征税的税种转换而来的，如法国以增值税代替原营业税，我国以增值税代替原产品税等。各国增值税的名称不尽相同，但对经营主体取得的增值额而非销售收入征税是其本质特点。理解增值额的概念是学习增值税的起点。增值额有理论增值额与法定增值额之分。

1. 理论增值额

理论增值额是指生产经营主体在其生产经营活动中新创造的那部分价值。以商品的生产销售活动为例，根据马克思的劳动价值理论，商品价值由 $C+V+M$ 构成，C 代表上一环节转移的物化劳动的价值，V 代表工资，M 代表剩余价值或利润。增值额相当于商品价值中的 $V+M$ 部分，等于商品价值（$C+V+M$）扣除在生产上消耗掉的生产资料的转移价值（C）之后的余额。

从一件商品最终销售价格的角度来看，该商品经历的生产、流通各环节所创造的增值额之和，相当于该商品的最终销售价格。以 V_n 代表第 n 环节的增值额，用公式表示为：

$$\text{最终销售价格 } P=V_1+V_2+\cdots+V_n$$

据此，有

$$P\times T' = V_1\times T'+ V_2\times T'+\cdots+V_n\times T'$$

其含义是以最终销售价格乘以增值税税率计算出的税额相当于各环节缴纳的增值税之和，体现了该商品缴纳的增值税总税负。

各环节的增值额与最终销售价、各环节的增值税与增值税总税负的关系见表 3-1。假定增值税税率为 10%，某商品经历了以下流转环节：原材料生产→产成品生产→批发→零售。其最终销售价 200 元是各环节增值额之和，用 200×10%即可计算出该商品的增值税总税负（即 20 元），该数值为各环节缴纳的增值税之和。

2. 计税方法

先计算增值额，再以增值额乘以适用税率计算应纳税额的方法称为直接计税法。由于增值额的确定过程烦琐且具有不确定性，而凭发票扣税的办法在法律和技术上远优于

表 3-1 各环节的增值额与最终销售价、各环节的增值税与增值税总税负的关系 单位：元

流转环节	进价	售价	增值额 （售价一进价）	增值税 （增值额×税率）
原材料生产	0（假定第一环节无购进项目）	100	100	10
产成品生产	100	150	50	5
批发	150	180	30	3
零售	180	200	20	2
合计	—	630	200	20

直接计税法，因而在实践中采用间接计税法，或称发票扣税法。间接计税法的基本思路如下：

$$V+M=(C+V+M)-C \tag{3-1}$$

由（3-1）式可知：

$$(V+M)\times T'=(C+V+M)\times T'-C\times T' \tag{3-2}$$

（3-2）式中的（$C+V+M$）$\times T'$（即销售收入乘以适用税率）称为销项税额。因为商品销售额是本环节及以前各环节的增值额之和，所以销项税额反映的是本环节及以前环节缴纳的税款之和，体现商品的总税负。$C\times T'$（即购进金额乘以适用税率）称为进项税额，表明购进商品或服务在以前环节缴纳的税款。购进环节的进项税额一般实行凭销售方开具的增值税专用发票上注明的税额进行抵扣的办法，因而间接计税法又称发票扣税法。

3.1.2 法定增值额与增值税类型

1. 法定增值额

增值税的征税对象并不完全与理论增值额吻合，依据增值税法的规定确定的增值额为法定增值额，它是各国政府根据增值税原理，并结合自身的国情、政策要求等确定的增值额。一般来说，对外购流动资产的价款都允许扣除，理论增值额与法定增值额的差异主要是对外购固定资产（即资本性投入）的处理方法不同，正是基于这种差异，增值税可分为三种类型。

2. 增值税的类型

（1）生产型增值税是指在确定法定增值额时不允许扣除固定资产的价款，其税基为工资、利润、利息、租金与折旧之和；从全社会看，这相当于国民生产总值，故称为生产型增值税。我国在 2008 年 12 月 31 日以前实行的是生产型增值税。

（2）收入型增值税是指在确定法定增值额时，允许扣除固定资产的价款，但当期只允许扣除折旧额的部分。从全社会看，其税基相当于国民收入，故称为收入型增值税。因为折旧额的计算存在人为因素，缺乏客观性，所以收入型增值税在实践中极少采用。

（3）消费型增值税是指在确定法定增值额时，允许将外购固定资产的价款一次性扣除。从全社会看，其征税对象不包括生产资料，仅对当期生产销售的所有消费品征税，因而称为消费型增值税。消费型增值税从征税范围角度彻底避免了重复征税，并且可以实行发票扣税法，因而可操作性强，是绝大部分国家采用的增值税类型。

自 2009 年 1 月 1 日起，我国实行消费型增值税。

上述三种类型的增值税由于税基不同，其经济效果、财政功能、征管难度等也不同，具体区别见表 3－2。

表 3－2　三种类型增值税比较

类型	特点	优点	缺点
生产型增值税	外购固定资产的价款不允许扣除，法定增值额＞理论增值额	有利于保证财政收入	未消除对固定资产的重复征税，不利于鼓励投资；在征管上需要区分是不是固定资产
收入型增值税	外购固定资产的价款按折旧额分期扣除，法定增值额＝理论增值额	完全避免了重复征税	固定资产的扣除缺乏客观依据，不便于征管
消费型增值税	外购固定资产的价款一次性扣除，法定增值额＜理论增值额	完全避免了重复征税；可以采用发票扣税法，便于征管	

3.1.3　增值税的特点

1. 不重复征税，具有税收中性

增值税只对增值额征税，避免了在传统的流转税制度下由于对转移价值的重复征税造成商品总税负随流转环节增加而增加的弊端，对纳税人生产经营形式的选择干扰更小，因而具有税收中性的特征。以表 3－1 中的商品为例，在传统的流转税制度下，该商品的总税负为 63 元（＝630×10％）；在增值税制度下，该商品的总税负为 20 元（＝200×10％）。

2. 实行价外税，税负具有转嫁性

增值税实行价外征收，即作为计税依据的销售额是不含增值税的销售额。与此同时，增值税是间接税，其税负具有转嫁性，由购买方支付价税合计款，并实际承担增值税税负。

3. 实行凭发票扣税办法，抵扣链条有利于购销双方相互制约

增值税采用购进扣税法，购买方凭取得的增值税专用发票（见图 3－1）上注明的税额进行抵扣。由于增值税专用发票上注明的税额既是销售方的销项税额，又是购买方的进项税额，购买方为了减轻税收负担，会主动索要合法凭证用于进项税额抵扣，从而在客观上有利于对上游商家依法纳税形成制约。

4. 普遍征收，税源充裕

增值税的征税范围覆盖了经济交易中的商品和服务，具有征税范围广、税源充足稳定的特点，是我国最具财政意义的第一大税种。2019 年，我国国内增值税收入占全部税收收入的比重为 39.5％，占 GDP 的比重为 6.3％。

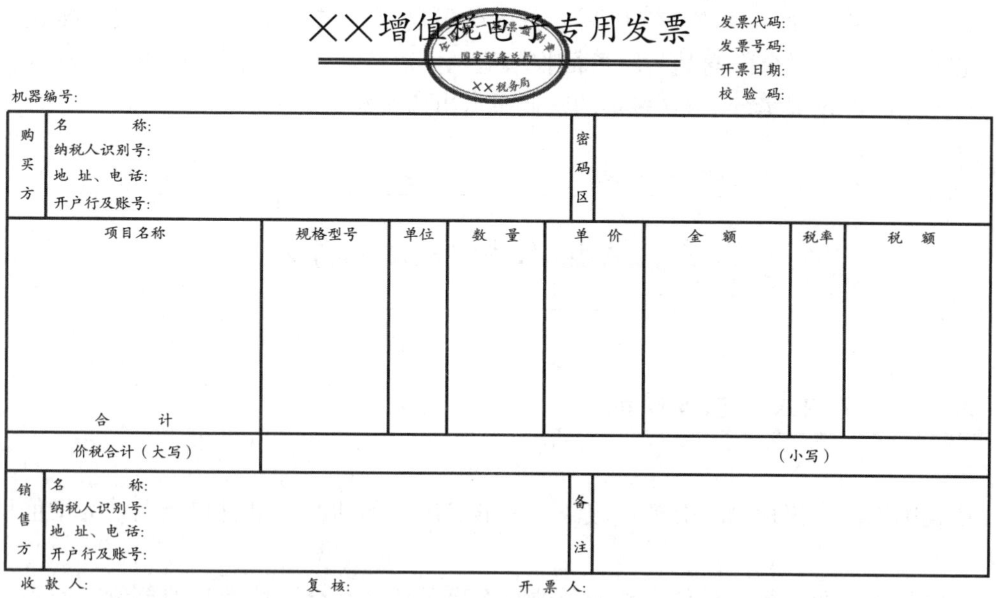

××增值税电子专用发票

发票代码:
发票号码:
开票日期:
校 验 码:

机器编号:

购买方	名　　称: 纳税人识别号: 地 址、电 话: 开户行及账号:	密码区					
项目名称	规格型号	单位	数　量	单　价	金　额	税率	税　额
合　　计							
价税合计（大写）					（小写）		
销售方	名　　称: 纳税人识别号: 地 址、电 话: 开户行及账号:	备注					

收 款 人:　　　　复 核:　　　　开 票 人:

图 3-1　增值税电子专用发票

3.1.4　我国增值税改革的重要节点与内容

1. 1979 年在部分城市、行业开始试行增值税制度

在改革开放之初，我国在部分城市、行业试行了增值税制度，并从 1983 年开始在全国试行。

2. 1994 年将增值税的征税范围扩大到所有货物，实行生产型增值税

在推进社会主义市场经济建设之际，我国将增值税的征税范围扩大到所有货物。

3. 2009 年转型为消费型增值税

从 2004 年开始，在东北三省的八大行业实行了由生产型增值税向消费型增值税的转型试点，2007 年将试点扩大到中部地区 26 个老工业基地城市的八大行业。

2009 年 1 月 1 日，以应对国际金融危机为契机，我国实现了由生产型增值税向消费型增值税的转变，并将机器设备等纳入了抵扣范围。

4. 2016 年营业税改征增值税

从 2012 年开始，我国在部分行业先后进行了“营改增”试点。

在加快转变经济发展方式、促进产业结构优化升级的关键时期，为了适应供给侧结构性改革的要求，我国从 2016 年 5 月 1 日开始全面实行“营改增”。

综观我国增值税的改革历史，也是从部分消除重复征税到打通抵扣链条的过程，从而持续推动了中国经济社会的发展。伴随增值税的改革，我国流转税格局也发生了根本变化。在 1994 年税制改革以前，我国的流转税格局是产品税、增值税、营业税三税并立，互不交叉；1994 年，我国的增值税对所有货物征收，同时取消原产品税并开征消费税，形成了增值税与营业税并立、对特定消费品的增值税与消费税交叉征收的制度格局；2016 年，在全面“营改增”以后，我国的税制结构进一步优化，现代间接税制度格局基本形成，即对全部商品与服务征收增值税，对特定消费品同时征收增值税与消费税。与此同时，我国实行了 60 多年的营业税退出历史舞台。

3.2 纳税人和扣缴义务人

3.2.1 纳税人的基本规定

在我国境内销售货物、劳务、服务、无形资产、不动产的单位和个人，为增值税纳税人。

单位是指企业、行政单位、事业单位、军事单位、社会团体及其他单位。

个人包括个体工商户和其他个人。

具体政策提示：

以承包方式进行经营的，按下列规定确定纳税人：单位以承包、承租、挂靠方式经营的，承包人、承租人、挂靠人（统称为“承包人”）以发包人、出租人、被挂靠人（统称为“发包人”）名义对外经营并由发包人承担相关法律责任的，以该发包人为纳税人；否则，以承包人为纳税人。

要点提示：关于境内的界定

情景导入

境外甲咨询服务公司与境内乙公司签订咨询合同，就乙公司开拓境内外市场进行实地调研并提出合理化管理建议。该服务是否属于发生在我国境内的服务？

关于“境内”的界定，税法进行了正列举与反列举。

下列情形属于发生在境内的情形（正列举）：

（1）货物起运地或所在地在境内。

（2）劳务发生地在境内。

（3）服务（租赁不动产除外）或者无形资产（自然资源使用权除外）的销售方或者购买方在境内。

（4）所销售或者租赁的不动产在境内。

（5）所销售自然资源使用权的自然资源在境内。

下列情形不属于在境内销售服务或者无形资产（反列举）：

（1）境外单位或者个人向境内单位或者个人销售完全在境外发生的服务。

（2）境外单位或者个人向境内单位或者个人销售完全在境外使用的无形资产。

（3）境外单位或者个人向境内单位或者个人出租完全在境外使用的有形动产。

（4）财政部和国家税务总局规定的其他情形，包括：

1）为出境的函件、包裹在境外提供的邮政服务、收派服务。

2）向境内单位或者个人提供的工程施工地点在境外的建筑服务、工程监理服务。

3）向境内单位或者个人提供的工程、矿产资源在境外的工程勘察勘探服务。

4）向境内单位或者个人提供的会议展览地点在境外的会议展览服务。

政策实训

请判断在下列情形中，哪些属于发生在我国境内的应税行为，应缴纳增值税。

A. 美国某公司将其拥有的深圳一处办公楼销售给意大利某公司

B. 境外某公司向境内公司转让一项专利技术，该技术同时用于该境内公司在广州和越南的生产线

C. 境外某公司向境内公司转让一项专用于该境内公司所属南非子公司在南非生产线上的专利技术

D. 境外某咨询公司与境内某公司签订咨询合同，就境内公司开拓境内外市场进行实地调研并提出合理化管理建议

解析：ABD属于发生在我国境内的应税行为。在情形A中，销售的不动产位于我国；在情形B中，境外单位向境内单位销售的无形资产未完全在境外使用；在情形D中，境外咨询公司提供的咨询服务同时在境内和境外发生，属于在境内销售服务。在情形C中，境外单位向境内单位销售的无形资产完全在境外使用，故不属于发生在境内的情形。

3.2.2 扣缴义务人

情景导入

瑞士甲公司将一项专有技术转让给境内乙公司，双方合同约定的转让价款为108万元。该专有技术在我国境内使用，瑞士甲公司在我国没有设立经营机构，甲公司是否应就该笔转让收入申报缴纳增值税？

境外的单位或个人在境内销售服务、无形资产或者不动产，在境内未设有经营机构的，以购买方为扣缴义务人。

3.2.3 两类纳税人的划分

从税务行政效率及可操作性角度出发，为便于征管、降低征纳成本，增值税制度将纳税人区分为一般纳税人与小规模纳税人，对一般纳税人适用一般计税方法计征增值税（另有规定除外），对小规模纳税人采用简易计税方法计征增值税。一般纳税人与小规模纳税人依据经营规模和会计核算水平来划分。

1. 按经营规模划分

纳税人的年应税销售额超过财政部、国家税务总局规定的小规模纳税人标准的，除按规定不办理一般纳税人登记的情形外，应当向机构所在地主管税务机关办理一般纳税人登记。

小规模纳税人的具体认定标准为年应征增值税销售额500万元及以下。

年应税销售额是指纳税人在连续不超过12个月或四个季度的经营期内累计应征增值税销售额，包括纳税申报销售额、稽查查补销售额、纳税评估调整销售额。销售服务、无形资产或者不动产有扣除项目的纳税人，其应税行为的年应税销售额按未扣除前的销售额计算。纳税人偶然发生的销售无形资产、转让不动产的销售额，不计入应税行为的年应税销售额。

“销售服务、无形资产或者不动产有扣除项目”的情形，具体见3.5.1节中“按差额确定销售额的情形”。

政策应用提示：

下列纳税人不办理一般纳税人登记：按照政策规定选择按照小规模纳税人纳税的；年应税销售额超过规定标准的其他个人。

政策实训

根据一般纳税人登记管理办法的规定，在下列关于划分一般纳税人和小规模纳税人年应税销售额范围的说法中，正确的是（　　）。

A. 税务稽查查补销售额，应计入应税行为的年应税销售额

B. 纳税人偶然发生的转让不动产的销售额，应计入应税行为的年应税销售额

C. 纳税评估调整销售额，应计入应税行为的年应税销售额

D. 销售服务有扣除项目的纳税人，其应税行为的年销售额按扣除后的销售额计算

答案： AC

2. 按会计核算水平划分

年应税销售额未超过规定标准的纳税人，如果会计核算健全、能够提供准确税务资料的，可以向主管税务机关办理一般纳税人登记。会计核算健全是指能够按照国家统一的会计制度规定设置账簿，并根据合法、有效凭证进行核算。

政策应用提示：

纳税人登记为一般纳税人后，除另有规定外，不得转为小规模纳税人。

3.3　征税范围

征税范围是确认一项交易是否应征增值税的法律依据，与此同时，若在征税范围内

的应税交易归属于不同税目，则适用相应的税率水平及税收政策。征税范围的界定包括一般规定和特殊规定。

3.3.1 征税范围的一般规定

情景导入

1. 某月，甲汽车生产厂销售汽车取得不含税收入2 000万元，同时从国外进口一批生产用零件，到岸价格为300万元，甲厂的上述行为是否应缴纳增值税？

2. 单位员工将自己的房屋出租给本单位使用并收取房租、利用自己的交通工具为本单位运输货物并收取运费、将自有资金贷给本单位使用并收取利息，员工提供的上述服务是否应缴纳增值税？

增值税的征税范围是指在我国境内发生应税交易以及进口货物的行为，具体可分为销售及进口货物以及销售劳务、服务、无形资产、不动产五大类。其中，销售服务、无形资产和不动产属于“营改增”的项目。

销售是指有偿转让货物所有权，有偿提供劳务、服务，有偿转让无形资产所有权或使用权，有偿转让不动产所有权，但属于非经营活动的情形除外。

有偿是指取得货币、货物或者其他经济利益。

非经营活动的情形包括：

（1）行政单位收取时满足以下条件的政府性基金或者行政事业性收费：①由国务院或者财政部批准设立的政府性基金，由国务院或者省级人民政府及其财政、价格主管部门批准设立的行政事业性收费；②收取时开具省级以上（含省级）财政部门监（印）制的财政票据；③所收款项全额上缴财政。

（2）单位或者个体工商户聘用的员工为本单位或者雇主提供取得工资的服务。

（3）单位或者个体工商户为聘用的员工提供服务。

（4）财政部和国家税务总局规定的其他情形。

政策应用提示：

1. 属于非经营活动的政府性基金，必须是国务院或财政部批准设立的政府性基金。属于非经营活动的行政事业性收费，必须是由国务院或者省级人民政府及其财政、价格主管部门批准设立的行政事业性收费。

2. 员工为本单位或者雇主提供取得工资的职务性服务属于非经营活动，有偿提供非职务性服务则属于应税行为。

1. 销售和进口货物

销售货物是指有偿转让货物的所有权。其中，货物是指有形动产，包括电力、热力、气体在内。

进口货物是指申报进入我国海关境内的货物。只要是报关进口的应税货物，除按规定免税的货物以外，均属于增值税的征税范围，应在进口环节缴纳增值税。

2. 销售加工、修理修配劳务

加工是指受托加工货物，即委托方提供原料及主要材料，受托方按照委托方的要求制造货物并收取加工费的业务。

修理修配是指受托对损伤和丧失功能的货物进行修复，使其恢复原状和功能的业务。

要点提示：

单位或者个体工商户聘用的员工为本单位或者雇主提供劳务不包括在内。

3. 销售服务

情景导入

某网约车平台由私家车在平台上注册，客户通过平台下单呼叫用车，私家车车主在接单完成运输服务后，客户通过平台支付车费，而后平台收取佣金并承担承运人责任。该网约车平台提供的服务应按什么项目缴纳增值税?

服务包括交通运输服务、邮政服务、电信服务、建筑服务、金融服务、现代服务、生活服务 7 类。

(1) 交通运输服务是指利用运输工具将货物或者旅客送达目的地，使其空间位置得到转移的业务活动，包括陆路运输服务、水路运输服务、航空运输服务和管道运输服务。

具体政策提示：

1. 出租车公司向使用本公司自有出租车的出租车司机收取的管理费用，按照陆路运输服务缴纳增值税。

2. 航天运输服务按照航空运输服务缴纳增值税。

3. 无运输工具承运业务按照“交通运输服务”缴纳增值税。无运输工具承运业务是指经营者以承运人身份与托运人签订运输服务合同，收取运费并承担承运人责任，然后委托实际承运人完成运输服务的经营活动。

4. 水路运输的程租、期租业务以及航空运输的湿租业务属于提供交通运输服务，水路运输的光租业务、航空运输的干租业务属于有形动产经营租赁。

知识链接

对于船舶与飞机租赁业务，根据租赁的方式及性质不同，分别按运输服务或者经营租赁服务征税（见表 3-3）。

表 3-3 船舶与飞机的不同租赁业务

业务	特点	适用征税项目
程租	运输企业为租船人完成某一特定航次的运输任务并收取租赁费的业务。	水路运输服务
期租	运输企业将配备有操作人员的船舶承租给他人使用一定期限，承租期内听候承租方调遣，不论是否经营，均按天向承租方收取租赁费，发生的固定费用均由船东负担的业务。	

续表

业务	特点	适用征税项目
湿租	航空运输企业将配备有机组人员的飞机承租给他人使用一定期限，承租期内听候承租方调遣，不论是否经营，均按一定标准向承租方收取租赁费，发生的固定费用均由承租方承担的业务。湿租业务按航空运输服务征税。	航空运输服务
光租	运输企业将船舶在约定的时间内出租给他人使用，不配备操作人员，不承担运输过程中发生的各项费用，只收取固定租赁费的业务活动。光租业务按有形动产租赁征税。	有形动产租赁
干租	航空运输企业将飞机在约定的时间内出租给他人使用，不配备机组人员，不承担运输过程中发生的各项费用，只收取固定租赁费的业务活动。干租业务按有形动产租赁征税。	

水路运输的程租、期租业务和航空运输的湿租业务按交通运输服务征税，水路运输的光租业务、航空运输的干租业务按有形动产经营租赁征税。在出租运输工具时是否同时配备操作人员是不同租赁方式的主要区别。

政策实训

出租车公司向使用本公司自有出租车的出租车司机收取的管理费用，应缴纳增值税。该业务属于增值税征税范围中的（　　）。

A. 物流辅助服务　　B. 陆路运输服务

C. 商务辅助服务　　D. 居民日常服务

答案：B

（2）邮政服务包括邮政普遍服务、邮政特殊服务和其他邮政服务。邮政普遍服务是指函件、包裹等邮件寄递，以及邮票发行、报刊发行和邮政汇兑等业务活动；邮政特殊服务是指义务兵平常信函、机要通信、盲人读物和革命烈士遗物的寄递等业务活动；其他邮政服务是指邮册等邮品销售、邮政代理等业务活动。

（3）电信服务包括基础电信服务和增值电信服务。

1）基础电信服务是指利用固网、移动网、卫星、互联网提供语音通话服务的业务活动，以及出租或者出售带宽、波长等网络元素的业务活动。

2）增值电信服务是指利用固网、移动网、卫星、互联网、有线电视网络提供短信和彩信、电子数据和信息的传输及应用、互联网接入等业务活动。

要点提示：

基础电信服务与增值电信服务适用的税率不同，需要准确区分。电视信号落地转接服务，按增值电信服务纳税。

（4）建筑服务包括工程服务、安装服务、修缮服务、装饰服务和其他建筑服务。其中，其他建筑服务包括钻井（打井）、拆除建筑物或者构筑物、平整土地、园林绿化、疏浚（不包括航道疏浚）、建筑物平移、搭脚手架、爆破、矿山穿孔等工程作业。

具体政策提示：

固定电话、有线电视、宽带、水、电、燃气、暖气等经营者向用户收取的安装费、初装费、开户费、扩容费以及类似收费，按照安装服务缴纳增值税；纳税人将建筑施工设备出租给他人使用并配备操作人员的，按照“建筑服务”缴纳增值税。

（5）金融服务是指经营金融、保险的业务活动，包括贷款服务、直接收费金融服务、保险服务和金融商品转让。

1）贷款服务是指将资金贷给他人使用而取得利息收入的业务活动。各种占用、拆借资金取得的收入，包括金融商品持有期间（含到期）利息（保本收益、报酬、资金占用费、补偿金等）收入、信用卡透支利息收入、买入返售金融商品利息收入、融资融券收取的利息收入，以及融资性售后回租、押汇、罚息、票据贴现、转贷等业务取得的利息及利息性质的收入，按照“贷款服务”缴纳增值税。

要点提示：

以货币资金投资收取的固定利润或者保底利润，按照“贷款服务”缴纳增值税。

小知识：

融资性售后回租是指承租方以融资为目的，将资产出售给从事融资性售后回租业务的公司后，再将该资产租回使用的业务活动。

2）直接收费金融服务是指为货币资金融通及其他金融业务提供相关服务并收取费用的业务活动。

3）保险服务包括人身保险服务和财产保险服务。

4）金融商品转让是指转让外汇、有价证券、非货物期货和其他金融商品所有权的业务活动。其他金融商品转让包括基金、信托、理财产品等各类资产管理产品和各种金融衍生品的转让。

具体政策提示：

纳税人购入基金、信托、理财产品等各类资产管理产品持有至到期，不属于金融商品转让。

政策实训

在金融企业提供金融服务取得的下列收入中，按贷款服务缴纳增值税的有（　　）。

A. 买入返售金融商品利息收入

B. 以货币资金投资收取的保底利润

C. 融资性售后回租取得的利息收入

D. 金融商品持有期间取得的非保本收益

答案：ABC

（6）现代服务包括研发和技术服务、信息技术服务、文化创意服务、物流辅助服务、租赁服务、鉴证咨询服务、广播影视服务、商务辅助服务和其他现代服务，共9类。

1）研发和技术服务包括研发服务、合同能源管理服务、工程勘察勘探服务、专业技术服务。

2）信息技术服务包括软件服务、电路设计及测试服务、信息系统服务、业务流程管理服务和信息系统增值服务。

3）文化创意服务包括设计服务、知识产权服务、广告服务和会议展览服务。

具体政策提示：

宾馆、旅馆、旅社、度假村和其他经营性住宿场所提供会议场地及配套服务的活动，按照“会议展览服务”缴纳增值税。

4）物流辅助服务包括航空服务、港口码头服务、货运客运场站服务、打捞救助服务、装卸搬运服务、仓储服务和收派服务。

具体政策提示：

港口设施经营人收取的港口设施保安费按照“港口码头服务”缴纳增值税。

5）租赁服务包括融资租赁服务和经营租赁服务。按照标的物的不同，融资租赁服务可进一步分为有形动产融资租赁服务和不动产融资租赁服务，经营租赁服务可进一步分为有形动产经营租赁服务和不动产经营租赁服务。

小知识：

经营租赁服务是指在约定时间内将有形动产或者不动产转让给他人使用且租赁物所有权不变更的业务活动。融资租赁服务是指具有融资性质和所有权转移特点的租赁活动，即出租人根据承租人要求购入有形动产或者不动产租赁给承租人，合同期内租赁物的所有权属于出租人，承租人只拥有使用权，在合同期满付清租金后，承租人有权按残值购入租赁物，以拥有其所有权。不论出租人是否将租赁物销售给承租人，均属于融资租赁。

具体政策提示：

1. 水路运输的光租业务、航空运输的干租业务，属于有形动产经营租赁。

2. 将建筑物、构筑物等不动产或者飞机、车辆等有形动产的广告位出租给其他单位或者个人用于发布广告，分别按照不动产经营租赁、有形动产租赁服务缴纳增值税。

3. 车辆停放服务、道路通行服务（包括过路费、过桥费、过闸费等）等按照“不动产经营租赁服务”缴纳增值税。

政策实训

在下列应税服务项目中，应按照“租赁服务”计征增值税的有（　　）。

A. 融资性售后回租　　B. 写字楼广告位出租

C. 航空运输的湿租业务　　D. 提供会议场地及配套服务

答案：B

6）鉴证咨询服务包括认证服务、鉴证服务和咨询服务。

7）广播影视服务包括广播影视节目（作品）的制作服务、发行服务和播映服务。

8）商务辅助服务包括企业管理服务、经纪代理服务、人力资源服务、安全保护服务。

具体政策提示：

1. 拍卖行受托拍卖取得的手续费或佣金收入，按照“经纪代理服务”缴纳增值税。

2. 纳税人提供武装守护押运服务，按照“安全保护服务”缴纳增值税。

9）其他现代服务。例如，纳税人为客户办理退票而向客户收取的退票费、手续费等收入，按照“其他现代服务”缴纳增值税；纳税人对安装运行后的电梯提供的维护保养服务，按照“其他现代服务”缴纳增值税。

（7）生活服务包括文化体育服务、教育医疗服务、旅游娱乐服务、餐饮住宿服务、居民日常服务和其他生活服务。

具体政策提示：

1. 提供餐饮服务的纳税人销售的外卖食品，按照“餐饮服务”缴纳增值税。

2. 纳税人在游览场所经营索道、摆渡车、电瓶车、游船等取得的收入，按照“文化体育服务”缴纳增值税。

3. 纳税人提供植物养护服务，按照“其他生活服务”缴纳增值税。

4. 销售无形资产

销售无形资产是指转让无形资产所有权或者使用权的业务活动。无形资产是指不具实物形态，但能带来经济利益的资产，包括技术、商标、著作权、自然资源使用权和其他权益性无形资产。

（1）技术包括专利技术和非专利技术。

（2）自然资源使用权包括土地使用权、海域使用权、探矿权、采矿权、取水权和其他自然资源使用权。

（3）其他权益性无形资产包括基础设施资产经营权、公共事业特许权、配额、经营权（包括特许经营权、连锁经营权、其他经营权）、经销权、分销权、代理权、会员权、席位权、网络游戏虚拟道具、域名、名称权、肖像权、冠名权、转会费等。

法规运用案例

甲公司是一家餐饮连锁企业，属于增值税一般纳税人。为了扩大市场占有率，甲公司与乙加盟商签订了一份加盟合同。根据该合同的约定，乙加盟商在合同签署之日向甲公司一次性缴纳协议期内的连锁经营权许可使用费20万元。在合同期内，乙加盟商可以使用甲公司授权的标识等从事经营活动。甲公司取得的连锁经营权许可使用费20万元是否应缴纳增值税？

解析：甲公司取得的连锁经营权许可使用费属于销售其他权益性无形资产，应按“销售无形资产”缴纳增值税。

5. 销售不动产

销售不动产是指有偿转让不动产所有权的业务活动。

不动产是指不能移动或者移动后会引起性质、形状改变的财产，包括建筑物、构筑物等。建筑物包括住宅、商业营业用房、办公楼等可供居住、工作或者进行其他活动的建造物；构筑物包括道路、桥梁、隧道、水坝等建造物。

转让建筑物有限产权或者永久使用权的，转让在建的建筑物或者构筑物所有权的，以及在转让建筑物或者构筑物时一并转让其所占土地的使用权的，按照“销售不动产”缴纳增值税。

政策实训

在下列行为中，属于增值税征税范围的有（　　）。

A. 甲公司将房屋与乙公司的土地交换

B. 丙银行将房屋出租给丁饭店，而丁饭店长期不付租金，后经双方协商，由银行在饭店就餐抵账

C. 戊房地产开发企业委托己建筑工程公司建造房屋，双方在结算价款时，房地产企业将若干套房屋给建筑公司冲抵工程款

D. 庚运输公司与辛汽车修理公司商订，庚运输公司为辛汽车修理公司免费提供运输服务，辛汽车修理公司为其免费提供汽车维修服务作为回报

答案： ABCD

解析： 在A选项中，甲公司用不动产换取了乙公司的土地使用权，属于有偿转让不动产；在B选项中，丙银行出租房屋取得免费接受餐饮服务的经济利益，丁饭店提供餐饮服务取得免费使用房屋的经济利益，二者都应征收增值税；在C选项中，戊房地产开发企业将若干套房屋给己建筑工程公司冲抵工程款，双方都取得了经济利益，二者都应征收增值税；在D选项中，庚运输公司为辛汽车修理公司免费提供运输服务，辛汽车修理公司为其免费提供汽车维修服务作为回报，双方都取得了经济利益，二者都应征收增值税。

3.3.2　征税范围的特殊规定

1. 视同销售行为

出于防止纳税人通过某些方式逃避纳税以及保证增值税抵扣链条完整等方面的考虑，税法将某些特定行为界定为视同销售行为，其纳税人应承担相应的纳税义务。

（1）视同销售货物的情形。

单位或者个体工商户的下列行为，视同发生应税销售行为：

1）将货物交付其他单位或者个人代销。

2）销售代销货物。

3）设有两个以上机构并实行统一核算的纳税人，将货物从一个机构移送至其他机构用于销售，但相关机构设在同一县（市）的除外。

4）将自产、委托加工的货物用于集体福利或者个人消费。

5）将自产、委托加工或者购进的货物作为投资，提供给其他单位或者个体工商户。

6）将自产、委托加工或者购进的货物分配给股东或者投资者。

7）将自产、委托加工或者购进的货物无偿赠送其他单位或者个人。

(2) 视同销售服务、无形资产、不动产的情形。

1) 单位或者个体工商户向其他单位或者个人无偿提供服务，但用于公益事业或者以社会公众为对象的除外。

2) 单位或者个人向其他单位或者个人无偿转让无形资产或者不动产，但用于公益事业或者以社会公众为对象的除外。

3) 财政部和国家税务总局规定的其他情形。

法规运用案例

时值中秋佳节，甲企业将自己生产的成套护肤品作为福利向每位职工发放一套，同时外购稻香村月饼向每位职工发放一份。甲企业发放给职工的成套护肤品和稻香村月饼是否应缴纳增值税?

解析：甲企业发放给职工的成套护肤品和稻香村月饼都是用于职工福利，依据税法的规定，将自产、委托加工的货物用于集体福利或者个人消费应视同销售，因而甲企业将自己生产的成套护肤品作为福利发放给职工应视同销售缴纳增值税；甲企业将外购稻香村月饼发放给职工不属于视同销售行为，但其相关的进项税额不得从企业当期的销项税额中抵扣（见 3.5.2 节中不得从销项税额中抵扣的进项税额）。

2. 混合销售行为与兼营行为

(1) 混合销售行为。如果一项销售行为既涉及货物又涉及服务，为混合销售行为。混合销售行为的增值税征收适用经营主业原则：从事货物的生产、批发或者零售的单位和个体工商户（包括以从事货物的生产、批发或者零售为主，并兼营销售服务的单位和个体工商户）发生的混合销售行为，按照销售货物缴纳增值税；其他单位和个体工商户的混合销售，按照销售服务缴纳增值税。

法规运用案例

甲汽车制造厂向乙汽车贸易公司销售一批汽车，取得计税销售额 120 万元，同时收取运费 5 万元。该销售行为是否属于混合销售行为，应如何计税?

解析：该销售行为既涉及货物又涉及服务，是混合销售行为，甲汽车制造厂的汽车销售额和运费收入应按照“销售货物”计征增值税。

政策实训

在下列经营行为中，属于增值税混合销售行为的是（　　）。

A. 4S 店销售汽车及内饰用品　　B. 商场销售空调并提供安装服务

C. 餐厅提供餐饮及音乐舞蹈表演　　D. 酒店提供住宿及机场接送服务

答案：B

(2) 兼营行为。纳税人发生适用不同税率或征收率的应税交易，应分别核算适用不同税率或者征收率的销售额；未分别核算的，从高适用税率。

具体政策提示：

纳税人在销售活动板房、机器设备、钢结构件等自产货物的同时提供建筑、安装服务，不属于混合销售行为，按兼营行为征税，应分别核算货物和建筑服务的销售额，分别适用不同的税率或者征收率。对于一般纳税人在销售自产机器设备的同时提供安装服务，应分别核算机器设备和安装服务的销售额，安装服务可以按照甲供工程选择适用简易计税方法计税。

法规运用案例

某活动板房生产企业（一般纳税人）将自产活动板房销售给乙公司并负责安装。双方合同约定，活动板房的金额为50万元（不含增值税，下同），安装费为5万元，则该企业上述业务应分别按销售货物（税率为13%）和销售建筑服务（税率为9%）确定销售额。增值税的销项税额为：

$$50\times13\%+5\times9\%=6.95\text{（万元）}$$

法规运用案例

甲钢构公司只有安装资质，与乙工业企业签订包工包料合同1 000万元（不含增值税，下同），甲钢构公司外购钢结构并提供安装服务，合同中的材料价款为600万元，安装服务价款为400万元，则甲钢构公司的包工包料行为属于混合销售行为，材料价款和安装服务价款全部按照建筑服务的税率9%征税。上述业务的增值税销项税额为：

$$1\,000\times9\%=90\text{（万元）}$$

3. 不征增值税的情形

情景导入

为鼓励航空公司在本地区开辟航线，某市政府与航空公司商定，如果航空公司从事该航线经营业务的年销售额达到1 000万元，则不予补贴；如果年销售额未达到1 000万元，则按实际年销售额与1 000万元的差额给予航空公司航线补贴。如果航空公司取得该航线补贴，是否需要缴纳增值税？

（1）罚没物品增值税的处理。执罚部门和单位查处的属于一般商业部门经营的商品，通过拍卖或由国家指定销售单位纳入正常销售渠道变价处理取得的罚没收入如数上缴财政的，不予征税。但经营单位购入拍卖物品再销售、国家指定销售单位将罚没物品纳入正常销售渠道销售的，应照章征收增值税。

（2）纳税人取得的财政补贴收入，与其销售货物、劳务、服务、无形资产、不动产的收入或者数量直接挂钩的，应按规定计算缴纳增值税。纳税人取得的其他情形的财政补贴收入，不属于增值税应税收入，不征收增值税。

情景解析：

航空公司取得补贴的计算方法虽与其销售收入有关，但实质上是市政府为弥补航空公司运营成本给予的补贴，且不影响航空公司向旅客提供航空运输服务的价格（机票款）和数量（旅客人数），不属于与销售收入或者数量直接挂钩的补贴，无须缴纳增值税。

（3）根据国家指令无偿提供的铁路运输服务、航空运输服务，不征收增值税。

（4）存款利息不征收增值税。

（5）被保险人获得的保险赔付，不征收增值税。

（6）房地产主管部门或者其指定机构、公积金管理中心、开发企业以及物业管理单位代收的住宅专项维修资金，不征收增值税。

（7）各党派、共青团、工会、妇联、中科协、青联、台联、侨联收取党费、团费、会费，以及政府间国际组织收取会费，不征收增值税。

（8）资产重组增值税政策。纳税人在资产重组过程中，通过合并、分立、出售、置换等方式，将全部或者部分实物资产以及与其相关联的债权、负债和劳动力一并转让给其他单位和个人，不属于增值税的征税范围。其中涉及的货物转让，不征收增值税。

如果纳税人在资产重组过程中，通过合并、分立、出售、置换等方式，将全部或者部分实物资产以及与其相关联的债权、负债经多次转让后，最终的受让方与劳动力接收方为同一单位和个人的，仍适用前述规定，对其中涉及的货物多次转让行为均不征收增值税。

自 2016 年 5 月 1 日起，在资产重组过程中涉及的不动产、土地使用权转让行为，不征收增值税。

法规运用案例

某餐饮企业（一般纳税人）将一家经营不善的餐厅连同所有资产、负债和员工一并转让给某个体工商户，取得转让对价 120 万元。该转让行为是否应征收增值税？

解析：将全部或者部分实物资产以及与其相关联的债权、负债和劳动力一并转让给其他单位和个人，不属于增值税的征税范围。因此，该转让行为不征收增值税。

政策实训

在下列收入中，不征收增值税的有（　　）。

A. 存款利息

B. 被保险人获得的保险赔付

C. 纳税人取得的中央财政补贴

D. 纳税人销售货物的同时收取的延期付款利息

答案：ABC

3.4 税率及其适用范围

3.4.1 基本税率及适用范围

纳税人销售货物、劳务、有形动产租赁服务或者进口货物，除另有规定外，税率为13%。

3.4.2 低税率及适用范围

低税率包括9%和6%两档。

（1）9%税率的适用范围：销售交通运输、邮政、基础电信、建筑、不动产租赁服务；销售不动产；转让土地使用权；销售或者进口列举的货物。

按9%税率征税的货物包括：

1）农业产品、食用植物油、食用盐。

2）自来水、暖气、冷气、热水、煤气、石油液化气、天然气、二甲醚、沼气、居民用煤炭制品。

3）图书、报纸、杂志、音像制品、电子出版物。

4）饲料、化肥、农药、农机、农膜。

（2）6%税率的适用范围：销售服务中的增值电信服务、金融服务、现代服务（不动产租赁除外）、生活服务；销售无形资产（转让土地使用权除外）。

3.4.3 零税率及适用范围

零税率适用于出口商品与服务。零税率的基本含义是课税对象的应纳增值税为零，即不含增值税。如果商品、服务等在出口以前已经承担了增值税，应予退还。零税率是与出口退税政策相联系的，在实践中，由于出口退税政策是政府的宏观调控工具，在以零税率为基本原则的基础上，根据不同情形分别适用不同的出口税收政策（详见3.9节）。

区分：零税率与免税不同，免税是指对商品或服务在某个环节免于征收税款，零税率是指对商品或服务在所有环节不征税，即商品或服务不含税。

适用零税率的范围如下：

（1）纳税人出口货物，税率为零。国务院另有规定的除外。

（2）境内单位和个人跨境销售规定的服务、无形资产，税率为零。

1）国际运输服务，包括：

① 在境内载运旅客或者货物出境。

② 在境外载运旅客或者货物入境。

③ 在境外载运旅客或者货物。

政策应用提示：

按照国家有关规定应取得相关资质的国际运输服务项目，如果纳税人取得了要求的资质，可适用零税率政策，未取得的，适用增值税免税政策。相关资质是指：以水路运输方式提供国际运输服务的，应当取得《中华人民共和国国际船舶运输经营许可证》；以陆路运输方式提供国际运输服务的，应当取得《中华人民共和国道路运输经营许可证》和《国际汽车运输行车许可证》，且《中华人民共和国道路运输经营许可证》的经营范围应当包括“国际运输”；以航空运输方式提供国际运输服务的，应当取得《公共航空运输企业经营许可证》，且其经营范围应当包括“国际航空客货邮运输业务”。

2）航天运输服务。

3）向境外单位提供的完全在境外消费的下列服务：①研发服务。②合同能源管理服务。③设计服务。④广播影视节目（作品）的制作和发行服务。⑤软件服务。⑥电路设计及测试服务。⑦信息系统服务。⑧业务流程管理服务。⑨离岸服务外包业务。⑩转让技术。

4）财政部和国家税务总局规定的其他服务。

政策实训

在增值税一般纳税人发生的下列应税行为中，适用6%税率计征增值税的有（　　）。

A. 提供建筑施工服务　　B. 销售非现场制作食品

C. 出租房产　　D. 提供照相服务

答案：D

3.5　一般计税方法

一般纳税人发生应税交易，除按规定可适用简易计税方法的情形以外，均适用一般计税方法，即按当期销售额和适用税率计算出销项税额，然后将当期准予抵扣的进项税额进行抵扣，计算出应纳税额。当销项税额小于进项税额时，不足抵扣的部分可以按规定申请留抵退税或者结转下期继续抵扣。其计算公式为：

当期应纳税额＝当期销项税额－当期进项税额

上式中的当期是指计税期间，销项税额与进项税额是决定当期应纳税额的两个基本方面和要素。

3.5.1 销项税额的计算

销项税额是指在纳税人发生应税交易时，按照销售额乘以规定税率计算并向购买方收取的增值税税额。其计算公式为：

销项税额＝销售额×适用税率

销售额是指纳税人发生应税交易取得的与之相关的对价，包括全部货币或者非货币形式的经济利益，不包括按照一般计税方法计算的销项税额。销售额为非货币形式的，按照市场公允价格确定销售额。销售额以人民币计算，纳税人以人民币以外的货币结算销售额的，应当折合成人民币计算。折合率可以选择销售发生当天或者当月 1 日的人民币汇率中间价。纳税人应当在事先确定采用何种折合率，确定后 12 个月内不得变更。

增值税为价外税，应税交易的计税价格不包括增值税税额。对于一般纳税人发生的应税交易行为，采用销售额和销项税额合并定价方法的，可按下列公式将含税销售额换算成不含税销售额：

销售额＝含税销售额÷(1＋税率)

1. 一般销售方式下的销售额确认

销售额是纳税人发生应税交易向购买方收取的全部价款和价外费用，但不包括向购买方收取的销项税额。价外费用是指价外收取的各种性质的收费，但下列项目不包括在内：

(1) 受托加工应征消费税的消费品所代收代缴的消费税。

(2) 同时符合以下条件代为收取的政府性基金或者行政事业性收费：由国务院或者财政部批准设立的政府性基金，由国务院或者省级人民政府及其财政、价格主管部门批准设立的行政事业性收费；收取时开具省级以上财政部门印制的财政票据；所收款项全额上缴财政。

(3) 以委托方名义开具发票代委托方收取的款项。

(4) 销售货物的同时因代办保险等而向购买方收取的保险费，以及向购买方收取的代购买方缴纳的车辆购置税、车辆牌照费。

政策应用提示：

纳税人收取的价外费用和逾期包装物押金，应视为含税收入，在征税时应换算成不含税收入并入销售额计算销项税额。

2. 特殊销售方式下的销售额确认

(1) 打折销售。销售中会发生不同形式的价格折扣或折让，符合税法规定的，可以按减去折扣或折让后的销售额计税。

折扣销售是企业为促进销售而给予价格优惠的经营方式。例如，购买方买 50 件商品，给予价格折扣 10%；购买 100 件商品，给予价格折扣 20%等。纳税人采取折扣方式销售货物、服务、无形资产或者不动产的，将价款和折扣额在同一张发票上的“金额”栏分别注明的，纳税人可以按价款减除折扣额后的金额作为销售额计算缴纳增值税；没有在同一张发票上的“金额”栏分别注明，或者将价款和折扣额在同一张发票上的“金额”栏和“备注”栏分别注明的，纳税人不得按价款减除折扣额后的金额作为销售额，应按价款作为销售额计算缴纳增值税。

区分： 销售折扣（又称现金折扣）不得从销售额中减除。销售折扣是鼓励购货方及早偿还货款而协议许诺给予的折扣优待，是一种融资性质的理财费用，如10天内付款折扣2%、30天内全价付款等。销售折扣与折扣销售不同：第一，销售折扣的目的是鼓励购货方在信用期限内尽快付款，属于财务费用，而折扣销售的目的是鼓励购买方增加购货数量。第二，销售折扣是先销售，然后视付款情况给予折扣；折扣销售是根据购买情况给予折扣，折扣与销售同时发生。

（2）销售额的冲减。纳税人在发生应税销售行为并向购买方开具增值税专用发票后，由于购货方在一定时期内累计购买商品或服务达到一定数量，或者企业将商品销售后，由于商品在质量、规格等方面不符合要求而在价格上给予一定的减让，以及由于市场价格下降等原因销货方给予购货方相应的价格优惠或补偿等折扣、折让行为，销货方可按规定开具红字增值税专用发票，冲减销售额。

对销售方而言，因销售折让、中止或者退回而退还给购买方的增值税税额，应当从当期的销项税额中扣减；对购买方而言，因销售折让、中止或者退回而收回的增值税税额，应当从当期的进项税额中扣减。

（3）采取以旧换新方式销售。以旧换新是指纳税人在销售自己的货物时，有偿收回旧货物的行为。采取以旧换新方式销售货物（金银首饰除外），应按新货物的同期销售价格确定销售额，不得扣减旧货物的收购价格。对于金银首饰以旧换新业务，可以按销售方实际收取的不含增值税的价款征收增值税。

（4）采取还本销售方式销售。采取还本销售方式销售货物，其销售额为货物的销售价格，不得从销售额中减除还本支出。

小知识：

还本销售是指纳税人销售货物后，在一定期限内，由销售方一次或分次退还给购货方全部或部分价款。实际上，该方式是一种筹资行为，是以货物换取资金的使用价值，到期还本不付息的方法。

法规运用案例

甲商场（一般纳税人）采用以旧换新方式销售了100台电视机，每台新电视机不含税销售价为3 500元，每台旧电视机折价200元。另以还本销售方式销售了20台洗衣机，每台洗衣机的不含税销售价为1 000元，分5年将货款返回购买方，销售当月发生还本支出200元。该商场上述业务的销项税额如何确定？

解析： 1. 采取以旧换新方式销售电视机，以新货物的同期销售价格确定销售额。

销项税额＝100×3 500×13%＝45 500（元）

2. 以还本销售方式销售洗衣机，不得从销售额中减除还本支出。

销项税额＝20×1 000×13%＝2 600（元）

（5）采取以物易物方式销售。以物易物是指购销双方不以货币结算，而是以同等价款的应税销售行为相互结算，实现购销的一种方式。采用以物易物销售方式，双方都应作购销处理，以各自发出的货物核算销售额并计算销项税额，以各自收到的货物核算购进金额并计算进项税额。双方应分别开具合法的票据，如收到的货物不能取得相应的增值税专用发票或其他合法票据，不能抵扣进项税额。

（6）收取包装物押金。

1）纳税人为销售货物（含销售啤酒、黄酒）而出租、出借包装物收取的押金，单独记账核算的，时间在 1 年内又未过期的，不并入销售额征税。但对逾期未退还的押金，应按所包装货物的适用税率计算销项税额。

逾期是指按合同约定时间或最长不超过 1 年，对收取的 1 年以上的押金，无论是否退还均并入销售额征税。

在将包装物押金并入销售额征税时，应先将该押金换算为不含税价，再并入销售额征税。

2）对销售除啤酒、黄酒外的其他酒类产品收取的包装物押金，无论是否返还以及会计上如何核算，均应并入当期销售额征税。

区分：包装物租金与包装物押金不同，包装物租金在销货时作为价外费用计算销项税额。包装物押金除有特殊规定外，逾期未退回才征税。

（7）提供贷款服务。以提供贷款服务取得的全部利息及利息性质的收入为销售额。

（8）提供直接收费金融服务。以提供直接收费金融服务收取的手续费、佣金、酬金、管理费、服务费、经手费、开户费、过户费、结算费、转托管费等各类费用为销售额。

3. 税务机关核定销售额的情形与方法

纳税人发生的应税行为价格明显偏低或者偏高且不具有合理的商业目的，或者发生视同销售行为而无销售额的，主管税务机关有权按照下列顺序确定销售额：

（1）按照纳税人最近时期发生同类应税销售行为的平均价格确定。

（2）按照其他纳税人最近时期发生同类应税销售行为的平均价格确定。

（3）按照组成计税价格确定。组成计税价格的公式为：

组成计税价格＝成本＋利润＋消费税

1）对于销售不征消费税的货物，组成计税价格由成本、利润构成：

组成计税价格＝成本×(1＋成本利润率)

其中，全国统一平均成本利润率为 10％。

2）对于销售应征消费税的货物，组成计税价格由成本、利润、消费税构成：

组成计税价格＝成本×(1＋成本利润率)＋消费税

成本利润率为《中华人民共和国消费税暂行条例》规定的成本利润率。

法规运用案例

某糕点厂为本厂职工特制一批糕点，并将其作为春节福利发放。该批糕点从未对外销售，制作成本为5万元，如何确定该笔业务的销项税额？

解析：

组成计税价格＝50 000×(1＋10%)＝55 000（元）

销项税额＝55 000×13%＝7 150（元）

---

4. 按差额确定销售额的情形

在"营改增"后，部分业务无法通过税款抵扣机制避免重复征税，因而制度设计沿用了原营业税中通过差额计税避免重复征税的方法，以避免因"营改增"造成纳税人的税负增加。对于采用差额计税方式的情形，相应项目的进项税额不得从销项税额中抵扣。

(1) 金融商品转让，按照卖出价扣除买入价后的余额为销售额。转让金融商品出现的正负差，以盈亏相抵后的余额为销售额。若盈亏相抵后出现负差，可结转下一纳税期与下期转让金融商品的销售额相抵，但年末仍出现负差的，不得转入下一个会计年度。

金融商品的买入价可以按照加权平均法或者移动加权平均法进行核算，但选择后36个月内不得变更。

法规运用案例

2021年11月，某证券公司（一般纳税人）转让债券，卖出价为100 000元（含增值税，下同），该债券是2020年9月购入的，买入价为60 000元。该公司在2021年第四季度前转让金融商品亏损15 000元。如何计算其应纳税额？

转让债券销售额＝100 000－60 000－15 000＝25 000（元）

应纳税额＝25 000÷(1＋6%)×6%＝1 415.09（元）

要点提示：

金融商品转让按照卖出价扣除买入价后的余额为销售额，在交易过程中发生的税费等成本不得扣除。

(2) 经纪代理服务以取得的全部价款和价外费用，扣除向委托方收取并代为支付的政府性基金或者行政事业性收费后的余额为销售额。

(3) 符合条件的融资租赁和融资性售后回租业务可按差额确定销售额。

1) 经人民银行、银保监会或者商务部批准从事融资租赁业务的试点纳税人（包括经上述部门备案从事融资租赁业务的试点纳税人），提供融资租赁服务，以取得的全部价款和价外费用，扣除支付的借款利息（包括外汇借款和人民币借款利息）、发行债券利息和车辆购置税后的余额为销售额。

2) 经人民银行、银保监会或者商务部批准从事融资租赁业务的试点纳税人，提供融资性售后回租服务，以取得的全部价款和价外费用（不含本金），扣除对外支付的借款利息（包括外汇借款和人民币借款利息）、发行债券利息后的余额作为销售额。

(4) 航空运输企业的销售额，不包括代收的机场建设费和代售其他航空运输企业客票而代收转付的价款。

(5) 试点纳税人中的一般纳税人提供客运场站服务，以其取得的全部价款和价外费用，扣除支付给承运方运费后的余额为销售额。

(6) 试点纳税人提供旅游服务，可以选择以取得的全部价款和价外费用，扣除向旅游服务购买方收取并支付给其他单位或者个人的住宿费、餐饮费、交通费、签证费、门票费和支付给其他接团旅游企业的旅游费用后的余额为销售额。

(7) 纳税人提供建筑服务适用简易计税方法的，以取得的全部价款和价外费用扣除支付的分包款后的余额为销售额。分包款是指支付给分包方的全部价款和价外费用。

(8) 房地产开发企业中的一般纳税人销售其开发的房地产项目（选择简易计税方法的房地产老项目除外），以取得的全部价款和价外费用，扣除受让土地时向政府部门支付的土地价款后的余额为销售额。"向政府部门支付的土地价款"包括土地受让人向政府部门支付的征地和拆迁补偿费用、土地前期开发费用和土地出让收益等。

纳税人按照上述 (2)～(8) 款的规定从全部价款和价外费用中扣除的价款，应当按以下法定有效凭证进行扣除：

1) 支付给境内单位或者个人的款项，以发票为合法有效凭证。

2) 支付给境外单位或者个人的款项，以该单位或者个人的签收单据为合法有效凭证，税务机关对签收单据有疑义的，可以要求其提供境外公证机构的确认证明。

3) 缴纳的税款，以完税凭证为合法有效凭证。

4) 扣除的政府性基金、行政事业性收费或者向政府支付的土地价款，以省级以上（含省级）财政部门监（印）制的财政票据为合法有效凭证。

5) 国家税务总局规定的其他凭证。

政策应用提示：

由于已采用差额计税的方式对销售额进行了扣减，纳税人取得的上述凭证属于增值税扣税凭证的，其进项税额不得从销项税额中抵扣。

政策实训

下列行为在计算增值税时，应按照差额确定销售额的是（　　）。

A. 转让金融商品

B. 试点纳税人中的一般纳税人提供客运场站服务

C. 符合条件的融资租赁业务

D. 商业银行提供贷款服务

答案： ABC

3.5.2 进项税额的确认和计算

进项税额是指纳税人购进货物、劳务、服务、无形资产、不动产所支付或者负担的增值税税额。进项税额是与销项税额相对应的概念，在开具增值税专用发票的情况下，销售方收取的销项税额就是购买方支付的进项税额。采用一般计税方法的纳税人，发生应税交易会收取相应的销项税额，购进应税项目会支付相应的进项税额。进项税额的大小直接影响应纳税额的计算，税法对于哪些进项税额可以抵扣、哪些进项税额不能抵扣做了严格的规定。

1. 准予从销项税额中抵扣的进项税额

(1) 取得的增值税专用发票上注明的增值税税额。这是指纳税人从销售方取得的增值税专用发票（含《机动车销售统一发票》，下同）上注明的增值税税额。

(2) 取得的完税凭证上注明的增值税税额。

1) 纳税人从海关取得的进口增值税专用缴款书上注明的增值税税额。

2) 纳税人自境外单位或者个人购进劳务、服务、无形资产或者境内的不动产，从税务机关或者扣缴义务人取得的代扣代缴税款的完税凭证上注明的增值税税额。纳税人凭完税凭证抵扣进项税额的，应当具备书面合同、付款证明和境外单位的对账单或者发票。资料不全的，其进项税额不得从销项税额中抵扣。

(3) 纳税人购进农产品的扣除方法。

第一类：直接按发票注明的税额扣除。

对于取得增值税专用发票或海关进口增值税专用缴款书的，以增值税专用发票或海关进口增值税专用缴款书上注明的增值税税额为进项税额。

第二类：计算扣除。

1) 取得农产品销售发票或开具收购发票的，以农产品销售发票或收购发票上注明的农产品买价和 9%的扣除率计算进项税额。

由于税法规定对农业生产者销售自产农产品免征增值税，为了扶持“三农”，同时鼓励农产品加工业的发展，允许一般纳税人在购入免税农产品时按买价和扣除率计算进项税额进行抵扣。用公式可表示为：

进项税额＝买价×扣除率

上式中的“买价”是指购进农产品在收购发票或销售发票上注明的农产品价款和按规定缴纳的烟叶税。

购入除烟叶以外的农产品，则有

准予抵扣的增值税进项税额＝购买农产品支付的价款×扣除率

购入烟叶，则有

准予抵扣的进项税额＝(收购烟叶支付的价款＋烟叶税税额)×扣除率

(烟叶税的具体计算方法见 13.2 节。)

要点提示：

在采用计算扣除法时应注意，纳税人从批发、零售环节购进适用免征增值税政策的蔬菜、部分鲜活肉蛋而取得的普通发票，不得作为计算抵扣进项税额的凭证。

2) 从按照简易计税方法依照 3%的征收率计算缴纳增值税的小规模纳税人取得增值税专用发票的，以增值税专用发票上注明的金额和 9%的扣除率计算进项税额。

3) 加计扣除率的适用情形与方法。自 2019 年 4 月 1 日起，纳税人购进用于生产销售或委托（受托）加工 13%税率货物的农产品，按照 10%的扣除率计算进项税额。该规定旨在保持税率降低前的扣除力度，即从 2019 年 4 月 1 日农产品税率从 10%降到 9%以后，通过加计扣除 1%保护农产品深加工企业的原有利益。

适用方法如下：

1）分开核算。纳税人购进农产品既用于生产销售或委托（受托）加工 13%税率货物又用于生产销售其他货物、服务的，应当分别核算其进项税额；未分别核算的，不适用加计扣除政策。

2）领用时计算加计抵扣额。在操作时应分为两个环节：一是在购进农产品当期，所有纳税人按照购进农产品抵扣进项税额的一般规定，凭票抵扣或计算抵扣。二是用于生产销售或委托加工 13%税率货物的，在生产领用农产品当期，根据领用的农产品加计 1%抵扣进项税额。

$$\text{加计扣除农产品进项税额}=\frac{\text{当期生产领用的农产品已按规定扣除率(税率)抵扣税额}}{\text{扣除率(税率)}}\times 1\%$$

法规运用案例[①]

2020 年 6 月，某制糖厂（一般纳税人）购进甘蔗 300 吨，不含税单价为 0.1 万元/吨，销售方是小规模纳税人，申请税务局代开了增值税专用发票，该发票上注明的增值税税额为 0.9 万元，已认证通过。当月，该企业生产领用 100 吨甘蔗用于糖的生产加工，同时其购进农产品兼用于其他货物和服务（非 13%的税率），上述业务未单独核算。7 月，该制糖厂购进甘蔗 1 000 吨，不含税单价为 0.1 万元/吨，对方开具的增值税专用发票上注明的增值税税额为 9 万元，已认证通过；8 月，该企业将 7 月购买的甘蔗全部领用加工蔗糖。请回答：

（1）该制糖厂在 6 月能否加计扣除农产品进项税额？

（2）7 月，农产品的进项税额如何确定？

（3）加计扣除的农产品进项税额何时计算？金额是多少？

解析：（1）该纳税人在 6 月购进的农产品既用于生产 13%税率的货物，又用于生产销售其他货物，而且并未单独核算，因而不得加计扣除农产品的进项税额。

（2）该纳税人在 7 月的进项税额为增值税专用发票上注明的税额 9 万元。

（3）该纳税人应在 8 月领用时计算加计扣除的农产品进项税额，加计扣除金额为 1 万元（=9÷9%×1%）。

（4）支付收费公路通行费的增值税抵扣规定。通行费是指有关单位依法或者依规设立并收取的过路、过桥和过闸费用。

1）纳税人支付的道路通行费，按照收费公路通行费增值税电子普通发票上注明的增值税税额抵扣进项税额。

2）纳税人支付的桥、闸通行费，暂凭取得的通行费发票上注明的收费金额按下列

① 根据国家税务总局货物和劳务税司出版的《深化增值税改革业务操作指引》（中国税务出版社，2019）中的案例编写。

公式计算可抵扣的进项税额：

$$\text{桥、闸通行费可抵扣进项税额}=\text{桥、闸通行费发票上注明的金额}\div(1+5\%)\times5\%$$

（5）购入国内旅客运输服务的抵扣规定。国内旅客运输服务，限于与本单位签订了劳动合同的员工，以及本单位作为用工单位接受的劳务派遣员工发生的国内旅客运输服务。

纳税人未取得增值税专用发票的，暂按以下规定确定进项税额：

1）纳税人购进国内旅客运输服务，以取得的增值税电子普通发票上注明的增值税税额为进项税额。

2）取得注明旅客身份信息的航空运输电子客票行程单的，可按照下列公式计算进项税额：

$$\text{航空旅客运输进项税额}=(\text{票价}+\text{燃油附加费})\div(1+9\%)\times9\%$$

3）取得注明旅客身份信息的铁路车票的，可按照下列公式计算进项税额：

$$\text{铁路旅客运输进项税额}=\text{票面金额}\div(1+9\%)\times9\%$$

4）取得注明旅客身份信息的公路、水路等其他客票的，可按照下列公式计算进项税额：

$$\text{公路、水路等其他旅客运输进项税额}=\text{票面金额}\div(1+3\%)\times3\%$$

法规运用案例

某企业（一般纳税人）邀请客户李某来公司实地考察、商谈业务合作等相关事宜，并为李某承担了来回路费，取得两张高铁车票。这两张车票上注明了李某的姓名和身份证号码。该企业入账的两张客票能否抵扣进项税额？

解析： 尽管该企业入账的两张客票从内容上符合进项税额抵扣的要求，但李某未与该企业建立合法用工关系，并非该企业的员工，因而这笔进项税额不得从销项税额中抵扣。

法规运用案例

某企业（一般纳税人）提供网络预约出租汽车运输服务，并按照公共交通服务的增值税政策，选择适用简易计税方法。该企业针对客户的需求，对消费者提供以单位为抬头的电子发票，票面税率栏为3%。购买运输服务的一般纳税人收到这种电子发票，能否抵扣进项税额？如果可以抵扣，如何确定可抵扣的进项税额？

解析： 一般纳税人向网约车公司购买国内旅客运输服务并取得了运输凭证，虽然运输凭证上未注明旅客的个人身份信息，但如果取得的是增值税电子普通发票，可按规定抵扣进项税额。网约车公司通常按公共交通运输服务选择适用简易计税方法计税，开具的增值税电子普通发票上注明的增值税税额按3%的征收率计算得出；相应地，取得电子发票的纳税人应按发票上注明的增值税税额进行抵扣。

2. 不得从销项税额中抵扣的进项税额及金额的确定

（1）不得从销项税额中抵扣的进项税额。

情景导入 1

某企业（一般纳税人）购进一台发电设备，取得的增值税专用发票上注明的税额为10万元。该设备既用于增值税应税项目的生产，又用于增值税免税项目的生产，购入设备的进项税额能否从销项税额中抵扣？

情景导入 2

甲公司（一般纳税人）为混凝土生产企业，销售自产的以水泥为原料的商品混凝土，并按规定选择适用简易计税方法。税务人员查询增值税发票管理系统时发现，在甲公司取得的增值税专用发票中，有混凝土设备、搅拌车、粉煤灰、水泥等品目。对于购进的水泥等原材料所对应的增值税进项税额，甲公司全额计算抵扣，并未进行增值税进项税额转出处理。该公司对增值税进项税额的处理正确吗？

1）纳税人取得的增值税扣税凭证不符合法律、行政法规或者国务院税务主管部门有关规定的。

2）用于简易计税方法计税项目、免征增值税项目、集体福利或者个人消费（含纳税人交际应酬消费）的购进货物、劳务、服务、无形资产和不动产的进项税额。其中，涉及的固定资产、无形资产、不动产，仅指专用于上述项目的固定资产、无形资产（不包括其他权益性无形资产）、不动产。

从使用方向上看，购进的货物、劳务、服务、无形资产和不动产如果用于简易计税方法计税项目、免征增值税项目、集体福利或者个人消费，并没有形成相应的销项税额，因而其进项税额也不能扣除。

由于固定资产、无形资产、不动产使用的特殊性，发生兼用于允许抵扣项目和上述不允许抵扣项目的情况较多，而且它们的比例难以准确区分，故税法选取了有利于纳税人的处理原则，即只有固定资产、无形资产（不包括其他权益性无形资产）、不动产专用于简易计税方法计税项目、免征增值税项目、集体福利或者个人消费的情形，才不允许抵扣进项税额；兼用于允许抵扣项目和上述不允许抵扣项目的，其进项税额准予全部抵扣。

另外，其他权益性无形资产的涵盖面非常广，往往涉及纳税人生产经营的各个方面，没有具体的使用对象，因而将其从不得抵扣进项税额的范围中剔除，即纳税人购进其他权益性无形资产，不考虑使用方向，只要取得合法抵扣凭证，均可抵扣进项税额。

自2018年1月1日起，纳税人租入固定资产、不动产，既用于一般计税方法计税项目，又用于简易计税方法计税项目、免征增值税项目、集体福利或者个人消费的，其进项税额准予从销项税额中全额抵扣。

3）非正常损失项目对应的进项税额。非正常损失是指因管理不善造成货物被盗、丢失、霉烂变质，以及因违反法律法规造成货物或者不动产被依法没收、销毁、拆除的情形。

法规运用案例

甲公司的销售人员由于在交通要道兜售货物，导致货物被工商部门没收，没收货物的价值为3万元。当月，因值班人员抽烟导致公司仓库着火，烧毁了一批价值5万元的货物。上述情形是否符合“非正常损失”的定义？被没收和烧毁货物的进项税额能否进行抵扣？

解析：在交通要道兜售货物导致货物被工商部门没收、公司仓库因值班人员抽烟导致着火并烧毁货物，均是因公司管理不善所致，符合“非正常损失”的定义，因而相应货物的进项税额不得从销项税额中抵扣。

4）购进贷款服务的进项税额。

纳税人接受贷款服务以及因接受贷款服务向贷款方支付的与该笔贷款直接相关的投融资顾问费、手续费、咨询费等费用，其进项税额不得从销项税额中抵扣。

5）购进并直接用于消费的餐饮服务、居民日常服务和娱乐服务的进项税额。

（2）不得抵扣进项税额的确定。

在实务中，纳税人通常在取得合法抵扣凭证后就进行进项税额的抵扣处理。对于进项税额已经抵扣，而后又发生不得抵扣的情形，需要进行进项税额转出处理。如果不能准确确定这部分税额，应区分不同情形，分别采用销售额比例分配法、实际成本计算法、净值计算法进行计算。

1）情形1适用销售额比例分配法。

情形1：适用一般计税方法的纳税人因兼营简易计税方法计税项目、免征增值税项目而无法划分不得抵扣的进项税额，可按销售额比例分配法计算不得抵扣的进项税额，相应的计算公式如下：

$$\begin{matrix}\text{不得抵扣的}\\\text{进项税额}\end{matrix}=\begin{matrix}\text{当期无法划分的}\\\text{全部进项税额}\end{matrix}\times\left(\begin{matrix}\text{当期简易计税方法}\\\text{计税项目销售额}\end{matrix}+\begin{matrix}\text{免征增值税}\\\text{项目销售额}\end{matrix}\right)\div\begin{matrix}\text{当期全部}\\\text{销售额}\end{matrix}$$

主管税务机关可以按照上述公式依据年度数据对不得抵扣的进项税额进行清算。

法规运用案例

2021年5月，某药品生产企业（一般纳税人）购进一批药材，取得的增值税专用发票上注明的税款为20万元。当月，该企业销售普通应税药品，取得不含税收入100万元；销售罕见病药品，取得不含税收入80万元。该企业在销售罕见病药品时选择采用简易计税办法缴纳增值税，但原材料成本无法在两种药品间准确划分，如何计算不得抵扣的进项税额？

解析：

$$\begin{aligned}\begin{matrix}\text{不得抵扣的}\\\text{进项税额}\end{matrix}&=\begin{matrix}\text{当期无法划分的}\\\text{全部进项税额}\end{matrix}\times\left(\begin{matrix}\text{当期简易计税方法}\\\text{计税项目销售额}\end{matrix}+\begin{matrix}\text{免征增值税}\\\text{项目销售额}\end{matrix}\right)\div\begin{matrix}\text{当期全部}\\\text{销售额}\end{matrix}\\&=20\times80\div180=8.89\text{（万元）}\end{aligned}$$

2）情形 2 适用实际成本计算法。

情形 2：除情形 1 以外的其他无法准确确定不得抵扣进项税额的（资产类项目除外），按实际成本计算应扣减的进项税额。

法规运用案例

上月，某公司（一般纳税人）购买的一批货物因管理不善被盗，这批货物的实际成本为 20 000 元，如何计算应转出的进项税额？

解析：

应转出的进项税额＝20 000×13％＝2 600（元）

3）情形 3 适用净值计算法。

情形 3：资产类项目发生不得抵扣情形的，按净值计算不得抵扣的进项税额。

已抵扣进项税额的固定资产、无形资产或者不动产，发生不得抵扣情形的，按照下列公式计算不得抵扣的进项税额：

不得抵扣的进项税额＝固定资产、无形资产或者不动产净值×适用税率

净值是指纳税人根据财务会计制度计提折旧或摊销后的余额。

法规运用案例

甲企业（一般纳税人）于 2019 年 12 月购进一间厂房，价款为 1 000 万元，税额为 90 万元，取得增值税专用发票。当月，该厂房用于生产经营并作为固定资产管理。2021 年 12 月，甲企业将该厂房改造成“职工之家”，用于为职工文化活动提供场所。该厂房的折旧期限为 20 年，预计净残值为 10％，采用直线法计算折旧。如何计算该业务应转出的进项税额？

解析：企业购入不动产改变用途，用于职工福利，应按其净值和适用税率计算应转出的进项税额。

厂房的年折旧额＝(1 000－1 000×10％)÷20＝45（万元）

厂房净值＝原值－累计折旧＝1 000－45×2＝910（万元）

应转出的进项税额＝910×9％＝81.9（万元）

知识链接

按规定不得抵扣且未抵扣进项税额的固定资产、无形资产、不动产，发生用途改变，用于允许抵扣进项税额的应税项目，可在用途改变的次月按照规定计算可以抵扣的进项税额：

$$\text{可以抵扣的进项税额}=\text{固定资产、无形资产、不动产净值}\div\left(1+\text{适用税率}\right)\times\text{适用税率}$$

3. 进项税额的冲减

（1）对于商业企业向供货方收取的与商品销售量、销售额挂钩（如以一定比例、金额、数量计算）的各种返还收入，均应按照平销返利行为的有关规定冲减当期增值税进项税额。当期应冲减的进项税额的计算公式为：

$$\text{当期应冲减的进项税额}=\text{当期取得的返还资金}\div\left(1+\text{所购货物适用的增值税税率}\right)\times\text{所购货物适用的增值税税率}$$

商业企业向供货方收取的各种返还收入，一律不得开具增值税专用发票。

（2）因销售折让、中止或者退回而退还给购买方的增值税税额，应当从当期的销项税额中扣减；因销售折让、中止或者退回而收回的增值税税额，应当从当期的进项税额中扣减。

3.5.3 应纳税额的计算

采用一般计税方法的，在确定销项税额和进项税额后就可以得出实际的应纳税额。在实际工作中，还有一些影响准确计算应纳税额的重要规定，需要掌握。

1. 计算销项税额的时间限定

纳税人只要发生纳税义务，就应计算销项税额，掌握纳税义务发生时间的规定是正确计算、缴纳当期增值税的重要前提。

情景导入

某汽车租赁公司出租一辆小轿车，租金为 5 000 元/月，一次性预收了对方一年的租金共 60 000 元。该应税交易的纳税义务应在收到 60 000 元租金的当天确认，还是应按月分摊确认应税收入？

（1）基本规定。纳税人发生应税交易，其纳税义务发生时间为收讫销售款项或者取得索取销售款项凭据的当天；先开具发票的，为开具发票的当天。

（2）有关不同销售结算方式的具体规定。

1）采取直接收款方式销售货物，不论货物是否发出，均为收到销售款项或者取得索取销售款项凭据的当天。

2）采取托收承付和委托银行收款方式销售货物，为发出货物并办妥托收手续的当天。

3）采取赊销和分期收款方式销售货物，为书面合同约定的收款日期的当天，无书面合同的或者书面合同没有约定收款日期的，为货物发出的当天。

4）采取预收货款方式销售货物，为货物发出的当天，但生产销售生产工期超过 12 个月的大型机械设备、船舶、飞机等货物，为收到预收款或者书面合同约定的收款日期的当天。

5）委托其他纳税人代销货物，为收到代销单位的代销清单或者收到全部或者部分货款的当天。未收到代销清单及货款的，为发出代销货物满 180 天的当天。

6）纳税人提供租赁服务采取预收款方式的，其纳税义务发生时间为收到预收款的当天。

法规运用案例

甲商贸企业以预收款方式销售货物，2019 年 3 月 20 日收到货款，4 月 10 日发货。如何确定该业务的纳税义务发生时间？

解析：采取预收货款方式销售货物，以货物发出的当天为准，甲商贸企业的纳税义务发生时间为 4 月 10 日。2019 年 4 月 1 日，增值税的基本税率由 16%下调到 13%，因而甲商贸企业的销售收入应适用调整后的税率。

(3) 有关不同应税行为的具体规定。

1) 纳税人从事金融商品转让的，为金融商品所有权转移的当天。

2) 纳税人发生视同销售服务、无形资产或者不动产情形的，其纳税义务发生时间为服务、无形资产转让完成的当天或者不动产权属变更的当天。

3) 进口货物，为报关进口的当天。

4) 增值税的扣缴义务发生时间为纳税人增值税纳税义务发生的当天。

2. 税控系统专用设备和技术维护费用抵减增值税税额

纳税人初次购买增值税税控系统专用设备（包括分开票机）支付的费用，可凭购买增值税税控系统专用设备取得的增值税专用发票，在增值税应纳税额中全额抵减（抵减额为价税合计额），不足抵减的可结转下期继续抵减。纳税人非初次购买增值税税控系统专用设备支付的费用，由其自行负担，不得在增值税应纳税额中抵减。

纳税人缴纳的技术维护费，可凭技术维护服务单位开具的技术维护费发票，在增值税应纳税额中全额抵减，不足抵减的可结转下期继续抵减。技术维护费按照价格主管部门核定的标准执行。

上述一般纳税人支付的两项费用在增值税应纳税额中全额抵减的，相应的增值税专用发票不作为增值税抵扣凭证，相应的进项税额不得从销项税额中抵扣。

3.5.4 留抵税额的处理

在当期销项税额不足以弥补进项税额时，其差额为留抵税额。

1. 结转抵扣

当期销项税额不足抵扣进项税额的留抵税额可以结转下期继续抵扣。

2. 符合条件的，退还增量留抵税额

增量留抵税额是指与 2019 年 3 月底相比新增加的期末留抵税额。对于 2019 年 4 月后新成立的纳税人，以及 2019 年 4 月前为小规模纳税人等不存在留抵税额的情形，视同其 2019 年 3 月底的留抵税额为零。

我国过去一直实行留抵税额结转下期继续抵扣的制度，仅对出口货物的进项税额建立了出口退税制度。从国际上看，实行留抵退税是主流做法。随着我国深化增值税改革、减税降费的推进以及持续改善营商环境的要求，2018 年在部分行业实施了一次性的留抵退税。自 2019 年 4 月 1 日起，我国开始面向所有行业试点增值税留抵退税制度。一般行业和部分先进制造业实施不同的留抵退税办法。

(1) 一般行业的留抵退税办法。一般行业按照《财政部、税务总局、海关总署关于深化增值税改革有关政策的公告》(财政部、税务总局、海关总署公告 2019 年第 39 号，以下简称“39 号公告”）的相关内容执行。

1) 对于同时符合以下条件的纳税人，可以向主管税务机关申请退还增量留抵税额。

第一，自 2019 年 4 月税款所属期起，连续六个月（按季纳税的，连续两个季度）增量留抵税额均大于零，且第六个月增量留抵税额不低于 50 万元。

第二，纳税信用等级为 A 级或者 B 级。

第三，申请退税前 36 个月未发生骗取留抵退税、出口退税或虚开增值税专用发票情形的。

第四，申请退税前 36 个月未因偷税被税务机关处罚两次及以上的。

第五，自 2019 年 4 月 1 日起未享受即征即退、先征后返（退）政策的。

法规运用案例

某企业于 2019 年 5 月成立，同月登记为一般纳税人，并享受即征即退增值税优惠政策。假设符合其他退税条件，该企业能否申请增量留抵退税?

解析：该企业享受即征即退增值税优惠政策，不能满足退税条件，形成的留抵税额均不能退税。

2) 增量留抵税额的计算方法。纳税人当期允许退还的增量留抵税额，按照以下公式计算：

允许退还的增量留抵税额＝增量留抵税额×进项构成比例×60％

其中，进项构成比例是指 2019 年 4 月至申请退税前一税款所属期内已抵扣的增值税专用发票（含税控机动车销售统一发票）、海关进口增值税专用缴款书、解缴税款完税凭证上注明的增值税税额占同期全部已抵扣进项税额的比重。

法规运用案例

2019 年 3—9 月甲企业的增值税申报数据见表 3－4，除增量留抵税额金额要求以外的其他退税条件均符合。9 月末的增量留抵税额为 100 万元，在其 3—9 月的进项税额中，增值税专用发票上注明的税额为 100 万元，海关进口增值税专用缴款书上注明的税额为 100 万元，航空旅客运输凭行程单抵扣进项税额 200 万元，农产品收购发票抵扣进项税额 100 万元。10 月，该企业申请退税。请问该企业是否满足申请退税条件？如果满足，如何计算允许退还的增量留抵税额？

解析：3—9 月甲企业连续 6 个月的增量留抵税额均大于零，并且 9 月的增量留抵税额不低于 50 万元，其他退税条件均符合，可以申请退税。

允许退还的增量留抵税额

＝9 月末的增量留抵税额 100 万元×(100＋100)÷500×60％

＝24 (万元)

表 3-4 甲企业增值税申报表数据

单位：万元

税款所属期	留抵税额	增量留抵税额
2019 年 3 月	100	
2019 年 4 月	150	50
2019 年 5 月	110	10
2019 年 6 月	120	20
2019 年 7 月	180	80
2019 年 8 月	160	60
2019 年 9 月	200	100

(2) 部分先进制造业的留抵退税办法。部分先进制造业的留抵退税按照《财政部、税务总局关于明确部分先进制造业增值税期末留抵退税政策的公告》(财政部、税务总局公告 2019 年第 84 号) 的相关规定执行。

1) 部分先进制造业纳税人是指按照《国民经济行业分类》，生产并销售非金属矿物制品、通用设备、专用设备及计算机、通信和其他电子设备销售额占全部销售额的比重超过 50%的纳税人。该销售额比重根据纳税人申请退税前连续 12 个月的销售额计算确定；申请退税前经营期不满 12 个月但满 3 个月的，按照实际经营期的销售额计算确定。

2) 在一般行业留抵退税制度的基础上，先进制造业享有更有利的退税政策，主要包括：

第一，从 2019 年 6 月起，部分先进制造业的纳税人只要当月存在增值税增量留抵进项税额，在符合其他条件的情况下，可以在即期向主管税务机关申请退还增量留抵税额，无须满足 39 号公告的"六个月"增量留抵税额的一般条件。

第二，允许退还的增量留抵税额，以申报期增量留抵税额按照进项构成比例计算后全部退还。其计算公式为：

$$\text{允许退还的增量留抵税额}=\text{增量留抵税额}\times\text{进项构成比例}$$

而 39 号公告允许退还的增量留抵税额的计算公式为：

$$\text{允许退还的增量留抵税额}=\text{增量留抵税额}\times\text{进项构成比例}\times 60\%$$

3.6 简易计税方法

3.6.1 应纳税额的计算

纳税人发生应税销售行为适用简易计税方法的，按照销售额和征收率计算应纳增值税税额，并且不得抵扣进项税额。其计算公式为：

应纳税额＝销售额×征收率

销售额是不含增值税的销售额，纳税人采用销售额和应纳增值税税额合并定价方法的，应将含税销售额换算成不含税销售额。换算公式为：

不含税销售额＝含税销售额÷(1＋征收率)

适用简易计税方法，除有特殊规定（见 3.6.3 节）外，征收率为 3%。

小规模纳税人一律采用简易计税方法计税。一般纳税人发生财政部和国家税务总局规定的特定应税行为（见 3.6.2 节），可以选择适用简易计税方法计税，但一经选择，36 个月内不得变更。

法规应用案例

某月，某餐馆（小规模纳税人）共取得餐饮总收入 51.5 万元。如何计算该餐馆当月应缴纳的增值税？

解析：

不含税销售额＝51.5÷(1＋3%)＝50（万元）

应纳增值税税额＝50×3%＝1.5（万元）

3.6.2 一般纳税人适用简易计税方法的情形

情景导入

甲公司（一般纳税人）是混凝土生产企业，其经营范围包括预拌商品混凝土、沥青混凝土、石膏混凝土、混凝土预制件等。某月，甲公司销售了自产沥青混凝土，并选择适用简易计税方法按照 3%的征收率计算缴纳了增值税；另因生产的商品混凝土供不应求，甲公司从其他企业外购了一部分商品混凝土，作为自产混凝土的补充销售给客户。对于这部分转销售的外购混凝土，甲公司同样采用简易计税方法按照 3%的征收率计算缴纳了增值税。① 甲公司对上述业务的处理正确吗？

1. 销售下列自产货物，可选择按简易计税方法计征增值税

(1) 县级及县级以下小型水力发电单位生产的自产电力。小型水力发电单位是指各类投资主体建设的装机容量为 5 万千瓦以下（含 5 万千瓦）的小型水力发电单位。

(2) 自产建筑用和生产建筑材料所用的砂、土、石料。

(3) 以自己采掘的砂、土、石料或其他矿物连续生产的砖、瓦、石灰（不含黏土实心砖、瓦）。

(4) 自己用微生物、微生物代谢产物、动物毒素、人或动物的血液或组织制成的生

① 伍兆. 选择简易计税，进项税额抵扣要匹配. 中国税务报，2021-08-20.

物制品。

（5）自产的自来水。

（6）自来水公司销售自来水。

（7）自产的商品混凝土（仅限于以水泥为原料生产的水泥混凝土）。

政策实训

在下列一般纳税人销售货物的情形中，可选择按简易计税方法计算缴纳增值税的有(　　)。

A. 甲建筑公司生产的黏土实心砖

B. 乙药品零售企业销售的抗癌药品

C. 丙小型水力发电单位生产的自产电力（县级）

D. 丁建材公司销售自产的以水泥为原料生产的水泥混凝土

答案：BCD

解析：生产黏土实心砖不能适用简易计税方法，选项A不正确。

---

2. 销售下列服务和不动产，可选择按简易计税方法计征增值税

（1）公共交通运输服务。公共交通运输服务包括轮客渡、公交客运、地铁、城市轻轨、出租车、长途客运、班车。

（2）经认定的动漫企业为开发动漫产品提供的动漫脚本编撰、形象设计、背景设计、动画设计、分镜、动画制作、摄制、描线、上色、画面合成、配音、配乐、音效合成、剪辑、字幕制作、压缩转码（面向网络动漫、手机动漫格式适配）服务，以及在境内转让动漫版权（包括动漫品牌、形象或者内容的授权及再授权）。

（3）电影放映服务、仓储服务、装卸搬运服务、收派服务和文化体育服务。

（4）以纳入“营改增”试点之日前取得的有形动产为标的物提供的经营租赁服务。

（5）在纳入“营改增”试点之日前签订的尚未执行完毕的有形动产租赁合同。

（6）以清包工方式提供的建筑服务。以清包工方式提供建筑服务是指施工方不采购建筑工程所需的材料或只采购辅助材料，并收取人工费、管理费或者其他费用的建筑服务。

（7）为甲供工程提供的建筑服务。甲供工程是指全部或部分设备、材料、动力由工程发包方自行采购的建筑工程。

（8）销售或出租2016年4月30日前取得的不动产。

（9）房地产开发企业销售自行开发的房地产老项目。房地产老项目是指：

1）《建筑工程施工许可证》注明的合同开工日期在2016年4月30日前的建筑工程项目。

2）未取得《建筑工程施工许可证》的，建筑工程承包合同注明的开工日期在2016年4月30日前的建筑工程项目。

（10）提供非学历教育服务。

（11）一般纳税人提供劳务派遣服务，可以选择差额纳税，以取得的全部价款和价外费用，扣除代用工单位支付劳务派遣员工的工资、福利和为其办理社会保险及住房公积金后的余额为销售额，按照简易计税方法依5%的征收率计算缴纳增值税。

（12）一般纳税人在销售电梯的同时提供安装服务，其安装服务可以按照甲供工程选择适用简易计税方法计税。

政策实训

在一般纳税人发生的下列业务中，可选择按简易计税方法计算缴纳增值税的有（　）。

A. 收派服务

B. 电影放映服务

C. 以清包工方式提供的建筑服务

D. 出租2016年4月30日前取得的不动产

答案：ABCD

---

3. 对于下列情形，暂按简易计税方法计征增值税

（1）资管产品管理人运营资管产品过程中发生的增值税应税行为。

（2）寄售商店代销寄售物品（包括居民个人寄售的物品在内）。

（3）典当业销售绝当物品。

4. 对于下列情形，可选择按简易计税方法计征增值税

（1）单采血浆站销售非临床用人体血液。

（2）药品经营企业销售生物制品。

（3）生产销售和批发、零售抗癌药品

政策应用提示：

一般纳税人按规定选择适用简易计税方法计税，一经选择，36个月内不得变更。

3.6.3　适用特殊征收率的情形

1. 适用5%征收率的情形

（1）一般纳税人销售或经营租赁不动产，选择适用简易计税方法的。

（2）一般纳税人在2016年4月30日前签订的不动产融资租赁合同，或以2016年4月30日前取得的不动产提供的融资租赁服务，选择适用简易计税方法的。

（3）纳税人转让在2016年4月30日前取得的土地使用权，选择适用简易计税方法的。

（4）一般纳税人提供人力资源外包服务，选择差额计税的。

（5）纳税人提供安全保护服务，选择差额计税的。

（6）一般纳税人收取试点前开工的一级公路、二级公路、桥、闸通行费，选择适用简易计税方法的。

（7）小规模纳税人销售自建或者取得的不动产。

(8) 小规模纳税人出租（经营租赁）其取得的不动产（不含个人出租住房）。个人出租住房应按照5%的征收率减按1.5%计算应纳税额。

2. 减按2%计征增值税的情形

适用3%征收率的一般纳税人和小规模纳税人在下列情形可以减按2%计征增值税。

(1) 小规模纳税人（其他个人除外）销售自己使用过的固定资产，减按2%的征收率征收增值税。一般纳税人销售自己使用过的属于不得抵扣且未抵扣进项税额的固定资产，按照简易计税方法依照3%的征收率减按2%征收增值税，纳税人应开具普通发票。纳税人可以选择放弃该政策，按照简易计税方法依照3%的征收率缴纳增值税并可以开具增值税专用发票。

(2) 纳税人销售旧货，按照简易计税方法依照3%的征收率减按2%征收增值税。

旧货是指进入二次流通的具有部分使用价值的货物（含旧汽车、旧摩托车和旧游艇），但不包括自己使用过的物品。

上述适用3%的征收率减按2%征收增值税的情形，按下列公式确定销售额和应纳税额：

销售额＝含税销售额÷(1＋3%)

应纳税额＝销售额×2%

具体政策提示：

自2020年5月1日至2023年12月31日，从事二手车经销业务的纳税人销售其收购的二手车，减按0.5%的征收率征收增值税，并按下列公式计算销售额：

销售额＝含税销售额÷(1＋0.5%)

知识链接

销售旧货、自己使用过的固定资产和物品（即除了固定资产外的其他物品），适用不同的税收政策，需要正确区分。销售旧货是指经营者从其他单位或个人收购已使用过的物品再对外出售，如专门从事二手车交易的企业，其特点是旧货的使用人与销售人不是同一主体；销售自己使用过的固定资产和物品，其特点是使用人与销售人为同一主体。销售旧货、自己使用过的固定资产可按规定减按2%征税，销售自己使用过的物品（其他个人除外）按一般规定计征增值税，其他个人（即自然人）销售自己使用过的物品适用免税政策。

政策实训

某月，甲企业（一般纳税人）出售使用过的包装物、低值易耗品、材料等取得含税销售额56.5万元，企业会计人员按照简易计税方法依照3%的征收率减按2%计算缴纳增值税1.1万元，相应的计算方法为：

56.5÷(1＋3%)×2%＝1.1（万元）

甲企业会计人员计算缴纳增值税的方法正确吗？

解析：该会计人员计算缴纳增值税的方法不正确。企业出售使用过的包装物、低值易耗品、材料等不属于销售旧货，而是销售使用过的物品，应按一般计税方法计算销项税额：

销项税额＝56.5÷(1＋13％)×13％＝6.5（万元）

政策实训

某二手车经销企业（小规模纳税人）于 2021 年 6 月分别向一般纳税人甲公司和自然人王先生销售其收购的二手车，取得的含税销售额分别为 10.05 万元和 8.04 万元，应如何计算应纳税额？

解析：根据二手车经销阶段的税收优惠政策，二手车经销企业在销售其收购的二手车时，按 0.5％的征收率缴纳增值税，则该企业销售二手车应缴纳的税款为：

应纳增值税＝(10.05＋8.04)÷(1＋0.5％)×0.5％＝0.09（万元）

3.7　进口货物计税方法、进口服务扣缴计税方法

3.7.1　进口货物计税方法

纳税人进口货物，按照组成计税价格和规定的税率计算应纳税额，不得抵扣任何税额。其计算公式为：

组成计税价格＝关税完税价格＋关税＋消费税

应纳税额＝组成计税价格×税率

上式中的关税完税价格是征收关税的税基，其确定方法详见 6.4 节。

法规运用案例

某月，甲商贸公司进口一批货物。这批货物在国外的买价为 40 万元，运抵我国海关前发生包装费、运输费、保险费等共计 20 万元。这批货物的进口关税税率为 15％，增值税税率为 13％。应如何计算进口这批货物的应纳增值税？

解析：

关税完税价格＝40＋20＝60（万元）

进口环节应纳增值税＝60×(1＋15％)×13％＝8.97（万元）

3.7.2 扣缴计税方法

情景导入

瑞士甲公司为我国乙公司提供一项咨询服务，合同价款为106万元。瑞士甲公司在我国没有设立经营机构，如何计算这笔咨询服务的应纳增值税？是否应由甲公司申报缴纳？

境外的单位或个人在境内销售服务、无形资产或者不动产，在境内未设有经营机构的，以购买方为扣缴义务人。

情景解析：

由于瑞士甲公司在我国没有设立经营机构，应由购买方乙公司代扣代缴这笔税款。

代扣代缴增值税＝106÷(1＋6%)×6%＝6（万元）

3.8 几种特殊经营行为应纳税额的计算

3.8.1 不动产转让行为应纳税额与预缴税额的计算

一般情形下的不动产转让行为与房地产开发企业销售自行开发的房地产项目不同，分别适用不同的税收政策。本小节内容是针对一般情形下不动产转让行为的税收规定，房地产开发企业销售自行开发房地产项目适用的税收政策，见3.8.2节。

纳税人转让其取得的不动产，包括以直接购买、接受捐赠、接受投资入股、自建以及抵债等各种形式取得的不动产。

1. 一般纳税人转让2016年4月30日前取得的不动产应纳税额的计算

（1）转让2016年4月30日前取得（不含自建）的不动产，可以选择适用简易计税方法计税，以取得的全部价款和价外费用扣除不动产购置原价或者取得不动产时的作价后的余额为销售额，按照5%的征收率计算应纳税额。选择适用一般计税方法计税的，以取得的全部价款和价外费用为销售额计算应纳税额。

（2）一般纳税人转让其2016年4月30日前自建的不动产，可以选择适用简易计税方法计税，以取得的全部价款和价外费用为销售额，按照5%的征收率计算应纳税额。选择适用一般计税方法计税的，以取得的全部价款和价外费用为销售额计算应纳税额。

2. 一般纳税人转让2016年5月1日后取得的不动产应纳税额的计算

这种情形适用一般计税方法，以取得的全部价款和价外费用为销售额计算应纳税额。

3. 小规模纳税人转让取得的不动产应纳税额的计算

（1）除个人转让其购买的住房外，按以下规定缴纳增值税：

1）小规模纳税人转让其取得（不含自建）的不动产，以取得的全部价款和价外费用扣除不动产购置原价或者取得不动产时的作价后的余额为销售额，按照5%的征收率计算应纳税额。

2）小规模纳税人转让其自建的不动产，以取得的全部价款和价外费用为销售额，按照5%的征收率计算应纳税额。

（2）个人转让其购买的住房，按以下规定缴纳增值税：

1）北京市、上海市、广州市和深圳市适用的税收政策：个人将购买2年以上（含2年）的非普通住房对外销售的，以销售收入减去购买住房价款后的差额按照5%的征收率缴纳增值税；个人将购买2年以上（含2年）的普通住房对外销售的，免征增值税。

2）其他地区适用的税收政策：个人将购买不足2年的住房对外销售的，按照5%的征收率全额缴纳增值税；个人将购买2年以上（含2年）的住房对外销售的，免征增值税。

4. 预缴税额的计算与纳税地点

自然人按规定的计税方法向不动产所在地主管税务机关申报纳税，无须预缴税款。除自然人以外的纳税人转让取得的不动产，在不动产所在地税务机关预缴税款后，回到机构所在地自行申报纳税。预缴税款的计算方法不区分纳税人类型、不区分计税方法，只区分不动产的来源是取得（非自建）还是自建两种情形进行预缴。

（1）非自建不动产。对于纳税人销售非自建的不动产，应以取得的全部价款和价外费用扣除不动产购置原价或者取得不动产时的作价后的余额，按照5%的预征率（或者征收率）向不动产所在地主管地税机关预缴（或者缴纳）税款。其计算公式为：

$$\text{应预缴税款}=\left(\text{全部价款和价外费用}-\text{不动产购置原价或者取得不动产时的作价}\right)\div(1+5\%)\times5\%$$

（2）自建不动产。对于纳税人销售自建的不动产，应以取得的全部价款和价外费用，按照5%的预征率向不动产所在地主管税务机关预缴（或者缴纳）税款。其计算公式为：

$$\text{应预缴税款}=\text{全部价款和价外费用}\div(1+5\%)\times5\%$$

政策实训

某纳税人（非自然人）于2021年6月30日转让其2015年购买的位于外省某市区的写字楼一层，取得转让收入1 000万元（含税，下同）。纳税人在2015年购买时的价格为700万元，保留了所有合法有效凭证。如果该纳税人为一般纳税人，那么选择适用简易计税方法和一般计税方法应分别预缴多少税款？如果该纳税人为小规模纳税人，又应该如何预缴税款？

解析：在预缴税款时，不需要区分纳税人的性质，也不需要区分房产取得的时间是“营改增”之前还是之后，只需要判断纳税人销售的不动产是自建的不动产还是购入的不动产。在本例中，纳税人转让的不动产为2015年外购的，应以取得的全部价款和价外费用扣除不动产购置原价后的余额，按照5%的预征率向不动产所在地主管税务机关

预缴税款，即

应预缴税款＝300÷(1＋5%)×5%＝14.29（万元）

3.8.2 房地产开发企业销售自行开发的房地产项目应纳税额与预缴税额的计算

1. 销售额的确定

房地产开发企业中的一般纳税人销售自行开发的房地产项目，除按规定采用简易计税方法的，适用一般计税方法计税，按取得的全部价款和价外费用，扣除当期销售房地产项目对应的土地价款后的余额计算销售额。销售额的计算公式如下：

销售额＝(全部价款和价外费用－当期允许扣除的土地价款)÷(1＋9%)

当期允许扣除的土地价款＝当期销售房地产项目建筑面积÷房地产项目可供销售建筑面积×支付的土地价款

其中，当期销售房地产项目建筑面积是指当期进行纳税申报的增值税销售额对应的建筑面积；房地产项目可供销售建筑面积是指房地产项目可以出售的总建筑面积，不包括销售房地产项目时未单独作价结算的配套公共设施的建筑面积。

一般纳税人销售自行开发的房地产老项目，可以选择适用简易计税方法按照5%的征收率计税，以取得的全部价款和价外费用为销售额，不得扣除对应的土地价款，但一经选择简易计税方法计税，在36个月内不得变更为一般计税方法计税。

2. 预缴税款

房地产开发企业的一般纳税人采用预收款方式销售自行开发的房地产项目，应在收到预收款时按照3%的预征率预缴增值税。

应预缴税款＝预收款÷(1＋适用税率或征收率)×3%

在上式中，适用一般计税方法计税的，按照9%的适用税率计算；适用简易计税方法计税的，按照5%的征收率计算。

房地产开发企业的一般纳税人应在取得预收款的次月纳税申报期向主管税务机关预缴税款。

3. 进项税额

房地产开发企业的一般纳税人销售自行开发的房地产项目，兼有一般计税方法计税、简易计税方法计税、免征增值税的房地产项目而无法划分不得抵扣的进项税额的，应以《建筑工程施工许可证》上注明的“建设规模”为依据进行划分。

不得抵扣的进项税额＝当期无法划分的全部进项税额×简易计税、免税房地产项目建设规模÷房地产项目总建设规模

3.8.3 纳税人（其他个人除外）跨县（市、区）提供建筑服务的增值税处理

建筑服务的纳税地点遵循在机构所在地纳税的基本原则，辅之以在建筑服务发

生地预缴机制。对于在异地提供建筑服务，实行先在建筑服务发生地预缴，然后回到机构所在地申报纳税的征管模式。对于纳税人在同一直辖市、计划单列市范围内跨县（市、区）提供建筑服务的，由直辖市、计划单列市税务局决定是否适用该规定。

纳税人跨县（市、区）提供建筑服务，按照以下规定预缴税款：

（1）一般纳税人跨县（市、区）提供建筑服务，适用一般计税方法计税的，以取得的全部价款和价外费用扣除支付的分包款后的余额，按照2%的预征率计算应预缴税款。

$$应预缴税款=(全部价款和价外费用-支付的分包款)\div(1+9\%)\times 2\%$$

（2）简易计税方法纳税人跨县（市、区）提供建筑服务，以取得的全部价款和价外费用扣除支付的分包款后的余额，按照3%的征收率计算应预缴税款。

$$应预缴税款=(全部价款和价外费用-支付的分包款)\div(1+3\%)\times 3\%$$

纳税人取得的全部价款和价外费用扣除支付的分包款后的余额为负数的，可结转下次预缴税款时继续扣除。

纳税人应按照工程项目分别计算应预缴税款，分别预缴。

3.8.4 不动产经营租赁的增值税处理

纳税人以经营租赁方式出租其取得的不动产（提供道路通行服务除外），适用下列办法。取得的不动产包括以直接购买、接受捐赠、接受投资入股、自建以及抵债等各种形式取得的不动产。

纳税人（其他个人除外）出租的不动产与其机构所在地不在同一县（市、区）的，需要在不动产所在地预缴税款，然后回机构所在地申报缴纳。其他个人出租不动产，不需要预缴税款，直接在不动产所在地申报纳税。对于不动产所在地与其机构所在地不在同一县（市、区），但在同一直辖市或计划单列市的，可由直辖市或计划单列市税务局决定是否需要预缴税款。

1. 出租不动产适用一般计税方法的情形

一般纳税人出租在2016年5月1日后取得的不动产，适用一般计税方法计税。

2. 出租不动产适用简易计税方法的情形

（1）一般纳税人出租在2016年4月30日前取得的不动产（个人出租住房除外），可以选择适用简易计税方法，按照5%的征收率计算应纳税额。

（2）单位和个人（小规模纳税人）出租不动产（不含出租住房），按5%的征收率计算应纳税额。

（3）个体工商户、其他个人出租住房，按照5%的征收率减按1.5%计算应纳税额。

3. 预缴税款的计算

（1）适用一般计税方法的，应预缴税款的计算公式为：

应预缴税款＝含税销售额÷(1＋9％)×3％

（2）适用简易计税方法计税的，应预缴税款的计算公式为：

应预缴税款＝含税销售额÷(1＋5％)×5％

（3）个体工商户出租住房的，应预缴税款的计算公式为：

应预缴税款＝含税销售额÷(1＋5％)×1.5％

法规运用案例

北京海淀区某纳税人（一般纳税人）在 2020 年 6 月购入位于石家庄的一栋写字楼。自 2021 年 7 月 1 日起，该纳税人将这栋写字楼出租，应如何计算应纳增值税？如何预缴税款？

解析：该纳税人的机构所在地为北京海淀区，而购买的不动产在河北，也就是不动产所在地与机构所在地不在同一县（市、区），因而该纳税人应向不动产所在地预缴税款。由于该纳税人出租的是在“营改增”后取得的不动产，应适用一般计税方法，以取得的不含税租金收入按照 3％ 的预征率计算应预缴税额，先向河北的主管税务机关预缴税款，再回机构所在地按照销项税额减去进项税额的方法计算应纳税额，向主管税务机关申报纳税，已预缴税款可以凭完税证明扣除。

【综合案例 3－1】某生产企业（一般纳税人）生产的货物适用 13％的增值税税率。2021 年 6 月，该企业的有关生产经营业务如下：

（1）销售甲产品给某大商场，开具了增值税专用发票，取得不含税销售额 80 万元；同时取得销售甲产品的送货运输费收入 5.65 万元（含增值税价格，与销售货物不能分别核算）。

（2）销售乙产品，开具了增值税普通发票，取得含税销售额 22.6 万元。

（3）将自产的一批应税新产品用于本企业集体福利项目，成本价为 20 万元。该新产品无同类产品市场销售价格，国家税务总局确定该产品的成本利润率为 10％。

（4）销售在 2016 年 10 月购进的作为固定资产使用过的进口摩托车 5 辆，开具的增值税专用发票上注明的每辆摩托车不含税销售额为 1 万元。

（5）购进货物取得的增值税专用发票上注明的货款金额为 60 万元，税额为 7.8 万元；另外，支付购货的运输费用 6 万元，取得运输公司开具的增值税专用发票上注明的税额为 0.54 万元。

（6）从农产品经营者（小规模纳税人）购进农产品一批，作为生产货物的原材料，取得的增值税专用发票上注明的不含税金额为 30 万元，税额为 0.9 万元，企业已做加计扣除处理；与此同时，支付给运输单位运费 5 万元（不含增值税），取得运输部门开具的增值税专用发票上注明的税额为 0.45 万元。本月末将购进农产品的 20％用于本企业职工福利。

（7）当月租入商用楼房一层，取得对方开具的增值税专用发票上注明的税额为 5.22 万元。该楼房的 1/3 用于工会的集体福利项目，其余为企业管理部门使用。

计算该企业当月合计应缴纳的增值税税额。

解析：

销售甲产品的销项税额＝80×13%＋5.65÷(1＋13%)×13%＝11.05（万元）

销售乙产品的销项税额＝22.6÷(1＋13%)×13%＝2.6（万元）

自产自用新产品的销项税额＝20×(1＋10%)×13%＝2.86（万元）

销售使用过的摩托车销项税额＝1×13%×5＝0.65（万元）

合计允许抵扣的进项税额＝7.8＋0.54＋(30×10%＋0.45)×(1－20%)＋5.22
＝16.32（万元）

该企业当月应缴纳的增值税税额＝11.05＋2.6＋2.86＋0.65－16.32
＝0.84（万元）

【综合案例3－2】2021年6月，位于市区的某集团总部（一般纳税人）的经营业务如下：

（1）销售一批货物，价税合计额为2 260万元，因购货方在两天内付款，给予现金折扣，实际收取2 100万元。

（2）向境外客户提供完全在境外消费的咨询服务，取得30万元。

（3）向境内客户提供会展服务，取得价税合计金额424万元。

（4）将一栋位于市区的办公楼对外出租，预收半年的租金，价税合计额为105万元。该楼于2015年购入，选择简易计税方法计征增值税。

（5）购买银行非保本理财产品，取得收益300万元。

（6）处置使用过的一台设备，当年采购该设备时按规定未抵扣进项税额，取得含税金额1.03万元，并按购买方要求开具增值税专用发票。

（7）转让位于市区的一处厂房，取得含税金额1 040万元。该厂房于2010年购入，购置价为200万元，能够提供购房发票，选择简易计税方法计征增值税。

（8）进口一台厢式货车用于运营，关税完税价格为100万元。

（9）当月购进一批原材料，取得的增值税专用发票上注明的税额为180万元，因为管理不善造成部分原材料毁损，该部分的成本为20万元；发生其他准予抵扣项目的支出，取得的增值税专用发票上注明的税额为17.6万元。

企业销售货物的增值税税率为13%，进口厢式货车的关税税率为15%，上述业务涉及的相关票据均已申报抵扣。

请计算当期应向主管税务机关缴纳的增值税税额。

解析：

业务(1)的销项税额＝2 260÷(1＋13%)×13%＝260（万元）

业务(2)向境外客户提供完全在境外消费的咨询服务，免征增值税。

业务(3)销项税额＝424÷(1＋6%)×6%＝24（万元）

业务(4)应缴纳的增值税＝105÷(1＋5%)×5%＝5（万元）

业务(5)非保本理财产品的投资收益不征收增值税。

业务(6)应缴纳的增值税＝1.03÷(1＋3%)×3%＝0.03（万元）

业务(7)应缴纳的增值税＝(1 040－200)÷(1＋5%)×5%＝40（万元）

业务(8)进口厢式货车应缴纳的关税＝100×15%＝15（万元）

应缴纳的增值税＝(100＋15)×13%＝14.95（万元）

当期应向主管税务机关缴纳的增值税＝260＋24－(180－20×13%＋17.6＋14.95)＋5＋0.03＋40
＝119.08（万元）

3.9 出口货物、服务、无形资产的增值税政策

跨境交易涉及各国征税权的协调问题。为保持增值税制度在国际贸易中的中性，防止各国财政收入的流失，将增值税征税权赋予最终消费国是国际公认的解决征税权归属的基本原则。出口退税、进口征税都是贯彻这一目的地（或消费地）原则的基本措施，有利于解决增值税制度在跨境贸易中不协调的问题以及由此产生的税收不确定性、增值税重复征税或者双重不征税问题。

出口退税也符合 WTO 基本规则。《关税和贸易总协定》鼓励采用出口商品退税、进口商品征税的消费地征税原则，避免间接税在国家间的重复征收，以促进国际贸易的发展。

我国增值税法规定，对出口货物（国务院另有规定的除外）和规定的跨境应税行为实行零税率。零税率的基本含义是课税对象应纳增值税为零，即不含增值税。对于出口货物或者发生的跨境应税行为而言，在理论上可以通过出口环节免征增值税，同时退还以前环节所含的进项税额来实现零税率。但在实践中，出口退税政策是我国宏观调控的重要手段之一，针对出口货物或者发生跨境应税行为的不同情况，在遵循“征多少、退多少”基本原则的基础上，制定了不同的出口增值税政策。

3.9.1 出口行为适用的三种增值税政策

目前，我国出口货物、服务、无形资产的增值税政策分为以下三类：

(1) 出口免税并退税，又称出口退（免）税，是指对出口行为在出口销售环节免征增值税，对出口前实际承担的税收负担，按规定的退税率计算后予以退还。

(2) 出口免税不退税，又称出口免税，是指对出口行为在出口销售环节免征增值税，但由于应税行为在出口前的生产、销售或进口环节是免税的，其本身不含税，因而无须退税。

(3) 出口不免税也不退税，又称出口征税，是指对出口行为在出口销售环节视同内销环节征税；对出口前实际承担的税收负担也不退还。例如，基于宏观调控的考虑，对某些“两高一资”产品实施不予退（免）税的出口税收政策。

3.9.2 增值税退（免）税政策

1. 适用范围

情景导入

甲航空食品供应公司将生产的航空食品在首都机场销售给斯堪的纳维亚航空公司用于北京—瑞典航线，是否可以办理出口退税？

（1）出口企业出口货物。出口企业是指依法办理工商登记、税务登记、对外贸易经营者备案登记，自营或委托出口货物的单位或个体工商户，以及依法办理工商登记、税务登记但未办理对外贸易经营者备案登记，委托出口货物的生产企业。

出口货物是指向海关报关后实际离境并销售给境外单位或个人的货物，分为自营出口货物和委托出口货物两类。

（2）出口企业或其他单位视同出口的货物。

1）出口企业对外援助、对外承包、境外投资的出口货物。

2）出口企业经海关报关进入国家批准的出口加工区、保税物流园区、保税港区、综合保税区、珠澳跨境工业区（珠海园区）、中哈霍尔果斯国际边境合作中心（中方配套区域）、保税物流中心（B型）并销售给上述特殊区域内单位或境外单位、个人的货物。

3）免税品经营企业销售的货物（国家规定不允许经营和限制出口的货物、卷烟和超出免税品经营企业的《企业法人营业执照》中规定经营范围的货物除外）。

4）出口企业或其他单位销售给用于国际金融组织或外国政府贷款国际招标建设项目的中标机电产品，包括外国企业中标再分包给出口企业或其他单位的机电产品。

5）出口企业或其他单位销售给国际运输企业用于国际运输工具上的货物。上述规定暂仅适用于外轮供应公司、远洋运输供应公司销售给外轮、远洋国轮的货物，国内航空供应公司生产销售给国内外航空公司国际航班的航空食品。

6）出口企业或其他单位销售给特殊区域内生产企业生产耗用且不向海关报关而输入特殊区域的水（包括蒸汽）、电力、燃气（以下统称“输入特殊区域的水、电、气”）。

（3）出口企业对外提供加工、修理修配劳务。对外提供加工、修理修配劳务是指对进境复出口货物或从事国际运输的运输工具进行的加工、修理修配。

（4）境内单位和个人销售适用零税率的服务及无形资产（见3.4.3节）。

2. 退（免）税政策实施的两种办法

根据不同的适用主体，增值税退（免）税政策实行免、抵、退税办法和免、退税办法。

（1）免、抵、退税办法的含义和适用范围。

免、抵、退税办法是指在出口环节免征增值税，相应的进项税额先抵减内销货物的应纳增值税税额，未抵减完的部分予以退还。

免、抵、退税办法主要适用于生产企业以及外贸企业视同生产企业出口的情形，具体适用范围为：

1）适用一般计税方法的生产企业出口自产货物与视同自产货物，对外提供加工、修理修配劳务，以及列名生产企业①出口非自产货物。

2）境内的单位和个人提供适用增值税零税率的服务或者无形资产，属于适用一般计税方法的，生产企业实行免、抵、退税办法；外贸企业直接将服务或自行研发的无形资产出口，视同生产企业连同其出口货物统一实行免、抵、退税办法。

（2）免、退税办法的含义和适用范围。

免、退税办法是指在出口环节免征增值税，相应的进项税额予以退还。

免、退税办法主要适用于外贸企业出口，具体的适用范围为：

1）不具有生产能力的出口企业（即外贸企业）或其他单位出口货物、劳务。

2）适用一般计税方法的外贸企业外购服务或者无形资产出口。

3. 出口退税率

（1）基本规定。

1）出口货物。除有专门规定的以外，出口货物的退税率为其适用税率。

2）出口服务和无形资产。出口服务和无形资产的退税率为其适用税率。

【综合案例 3-3】② 2015 年 3 月至 2018 年 5 月，某公司将生产的外销产品以“纸或纸板制的各种标签”向海关申报，商品编码为 48219000（出口退税率为 13%），并申报出口退税 509 笔，实际获得退税额 16 680 224.73 元，未退税额 374 248.20 元。经海关抽取涉案纸张样品进行税则号列归类，认定为“纸制标签”，商品编码为 4811410000 或者 4811900000（出口退税率为 0）。经查，该公司实控人孙某明知公司报关用的发票、箱单、合同上的品名、HS 编码与订舱用的品名、HS 编码不同，且两者的出口退税率不同，但仍在出口货物的过程中向海关申报不实的货物品名和税则号，获取不当的出口退税。法院认定该公司及其实控人孙某构成骗税罪，对公司判处罚金，同时判处孙某有期徒刑 10 年并处罚金。

解析： 基于宏观调控的考虑，我国对于不同商品规定了不同的出口退税率。因此，出口业务中商品品名的申报直接关系到能否获得退税款与获得退税款的金额。实践中，如果外贸企业在申报出口时伪报货物品名或者发生品名申报错误的情况，容易被作为骗取出口退税的疑点，引发海关、税务与公安的关注。

（2）特殊规定。

1）外贸企业购进按简易计税方法征税的出口货物、从小规模纳税人购进的出口货物，其退税率分别为简易计税方法实际执行的征收率、小规模纳税人征收率。上述出口货物取得增值税专用发票的，退税率按照增值税专用发票上的税率和出口货物退税率孰低的原则确定。

2）出口企业委托加工、修理修配货物，其加工、修理修配费用的退税率，为出口

① 列名生产企业的具体范围参见《财政部、国家税务总局关于出口货物劳务增值税和消费税政策的通知》（财税［2012］39 号）的附件 5。

② 华税. 海关认定企业商品归类错误，税局能否以此推定企业具有骗税目的，2021-04-21.

货物的退税率。

3）中标机电产品、出口企业向海关报关进入特殊区域销售给特殊区域内生产企业生产耗用的列名原材料以及输入特殊区域的水、电、气，其退税率为适用税率。

政策应用提示：

适用不同退税率的货物、劳务及服务，应分开报关、核算并申报退（免）税，未分开报关、核算或划分不清的，从低适用退税率。

4. 退（免）税计税依据

（1）生产企业出口货物、劳务（进料加工复出口货物除外）的退（免）税计税依据为出口货物、劳务的实际离岸价（FOB）。实际离岸价应以出口发票上的离岸价为准，如果出口发票不能反映实际离岸价，主管税务机关有权予以核定。

生产企业进料加工复出口货物的退（免）税计税依据为出口货物的离岸价扣除出口货物所含的海关保税进口料件的金额。

（2）外贸企业出口货物（委托加工、修理修配货物除外）的退（免）税计税依据为购进出口货物的增值税专用发票上注明的金额或海关进口增值税专用缴款书上注明的完税价格。

外贸企业出口委托加工、修理修配货物的退（免）税计税依据为加工、修理修配费用增值税专用发票上注明的金额。外贸企业应将加工、修理修配使用的原材料（进料加工海关保税进口料件除外）作价销售给受托加工、修理修配的生产企业，受托方应将原材料并入加工、修理修配费用开具发票。

（3）除有特别规定外，适用零税率的跨境应税行为的退（免）税计税依据为提供增值税零税率应税行为取得的收入。

5. 增值税退（免）税计算

（1）免、抵、退税的计算。免、抵、退税办法的基本逻辑是在出口销售环节免税，而以前环节应退还的进项税额可以先抵减当期内销货物的应纳税额，未抵减完的部分再予以退还。

第一步：计算当期应纳税额。

$$当期应纳税额=当期销项税额-(当期进项税额-当期不得免征和抵扣税额) \tag{3-1}$$

其中，

$$\begin{matrix}当期不得免征\\和抵扣税额\end{matrix}=\begin{matrix}当期出口\\货物离岸价\end{matrix}\times\begin{matrix}外汇人民币\\折合率\end{matrix}\times\left(\begin{matrix}出口货物\\适用税率\end{matrix}-\begin{matrix}出口货物\\退税率\end{matrix}\right) \tag{3-2}$$

当期不得免征和抵扣税额是指超过退税率部分对应的进项税额，由于用于出口货物生产的原材料等成本难以核算，规定以当期货物离岸价乘以征税率与退税率之差计算出不得抵扣的税额。

第二步：计算当期免、抵、退税额。

当期免、抵、退税额是按退税率计算出的可以退税的最大额度。

$$\begin{matrix}当期免、抵、\\退税额\end{matrix}=\begin{matrix}当期出口\\货物离岸价\end{matrix}\times\begin{matrix}外汇人民币\\折合率\end{matrix}\times\begin{matrix}出口货物\\退税率\end{matrix} \tag{3-3}$$

第三步：确定当期应退税额。

将第一步计算的当期应纳税额与第二步计算的退税最大额度（即当期免、抵、退税额）进行比较，两者中的较小数为应退税额。

1）若

当期期末留抵税额≤当期免、抵、退税额

则

当期应退税额＝当期期末留抵税额

2）若

当期期末留抵税额＞当期免、抵、退税额

则

当期应退税额＝当期免、抵、退税额

第四步：计算当期免、抵税额。

当期免、抵税额＝当期免、抵、退税额－当期应退税额

政策应用提示：

1. 如果退税率与征税率一致，无须计算当期不得免征和抵扣税额。

2. 如果当期有进料加工免税购进的原材料，（3－2）式需要减去当期不得免征和抵扣税额抵减额：

$$\text{当期不得免征和抵扣税额抵减额}=\text{当期免税购进原材料价格}\times\left(\text{出口货物适用税率}-\text{出口货物退税率}\right)$$

（3－3）式需要减去当期免、抵、退税额抵减额：

$$\text{当期免、抵、退税额抵减额}=\text{当期免税购进原材料价格}\times\text{出口货物退税率}$$

政策实训

某自营出口的生产企业（一般纳税人）出口货物的适用税率为13％，退税率为11％。2021年5月，该生产企业的经营业务如下：购进原材料一批，取得的增值税专用发票上注明的价款为200万元，税额为26万元；上月末的留抵税款为3万元；本月内销货物的不含税销售额为100万元，出口货物的销售额折合人民币200万元。如何计算企业当期的应退税额和免、抵税额？

解析：

当期不得免征和抵扣税额＝200×(13％－11％)＝4（万元）

当期应纳税额＝100×13％－(26－4)－3＝13－22－3＝－12（万元）

出口货物免、抵、退税额＝200×11％＝22（万元）

由于期末留抵税额小于当期免、抵、退税额，故

当期应退税额＝当期期末留抵税额

该企业的当期应退税额＝12（万元）

当期免、抵税额＝当期免、抵、退税额－当期应退税额＝22－12＝10（万元）

政策实训

某自营出口生产企业（一般纳税人）出口货物的适用税率为13%，退税率为11%。2021年9月，该生产企业的经营业务如下：购进原材料一批，取得的增值税专用发票上注明的价款为200万元，税额为26万元；当月进料加工出口货物耗用的保税进口料件金额为100万元；上期末的留抵税款为6万元。本月内销货物不含税销售额为100万元，出口货物销售额折合人民币200万元。如何计算企业当期应退税额和免、抵税额？

解析：

$$\text{不得免征和抵扣税额抵减额}=\text{进料加工出口货物耗用的保税进口料件金额}\times\left(\text{出口货物征税率}-\text{出口货物退税率}\right)$$
$$=100\times(13\%-11\%)=2\text{（万元）}$$

$$\text{不得免征和抵扣税额}=\text{当期出口货物离岸价}\times\text{外汇人民币折合率}\times\left(\text{出口货物征税率}-\text{出口货物退税率}\right)-\text{不得免征和抵扣税额抵减额}$$
$$=200\times(13\%-11\%)-2=4-2=2\text{（万元）}$$

当期应纳税额＝100×13%－(26－2)－6＝13－24－6＝－17（万元）

当期免、抵、退税额抵减额＝免税购进原材料×材料出口货物退税率
＝100×11%＝11（万元）

出口货物免、抵、退税额＝200×11%－11＝11（万元）

由于当期期末留抵税额＞当期免、抵、退税额，故

当期应退税额＝当期免、抵、退税额

该企业应退税额＝11（万元）

当期免、抵税额＝当期免、抵、退税额－当期应退税额

当期该企业免、抵税额＝11－11＝0

9月期末留抵结转下期继续抵扣税额为6万元（＝17－11）。

（2）免、退税的计算。免、退税方法的基本逻辑是出口销售环节免税，而在以前环节的进项税额中按退税率计算的部分直接退还。

1）外贸企业出口一般货物。外贸企业出口委托加工、修理修配以外的货物，按以下方法计算应退税额：

增值税应退税额＝增值税退(免)税计税依据×出口货物退税率

增值税退（免）税计税依据为购进出口货物的增值税专用发票上注明的金额或海关进口增值税专用缴款书上注明的完税价格。

2）外贸企业出口委托加工、修理修配货物。

$$\text{出口委托加工、修理修配货物的增值税应退税额}=\text{委托加工、修理修配的增值税退（免）税计税依据}\times\text{出口货物退税率}$$

委托加工、修理修配的增值税退（免）税计税依据为加工、修理修配费用增值税专用发票上注明的金额。外贸企业应将加工、修理修配使用的原材料（进料加工海关保税进口料件除外）作价销售给受托加工、修理修配的生产企业，受托方应将原材料并入加工、修理修配费用开具发票。

政策实训

某进出口公司于2021年6月出口一批桑蚕丝面料，取得的增值税专用发票上注明的金额为100 000元，税额为13 000元；另购进牛仔布，委托乙企业加工成服装出口，购买牛仔布取得的增值税专用发票上注明的金额为50 000元，税额为6 500；受托方收取加工费10 000元（不含税），并将原材料成本并入加工费用开具了增值税专用发票。面料及服装的出口退税率为13%。如何确定外贸企业当期应退增值税税额？

出口桑蚕丝面料应退税额＝100 000×13%＝13 000（元）

出口委托加工服装应退税额＝(50 000＋10 000)×13%＝7 800（元）

3.9.3 增值税出口免税政策

适用增值税免税政策的出口货物、服务，其进项税额不得抵扣和退税，应当转入成本。

对符合下列条件的出口货物、劳务及服务，除适用征税政策的情形（见3.9.4节）外，适用增值税免税政策。

1. 出口企业或其他单位出口的免征增值税的货物

（1）增值税小规模纳税人出口的货物。

（2）避孕药品和用具，古旧图书。

（3）软件产品。其具体范围是指海关税则号前四位为“9803”的货物。动漫软件出口免征增值税。

（4）含黄金、铂金成分的货物，钻石及其饰品。

（5）国家计划内出口的卷烟。

（6）非出口企业委托出口的货物。

（7）非列名生产企业出口的非视同自产货物。

（8）农业生产者自产农产品。

（9）油、花生果仁、黑大豆等财政部和国家税务总局规定的出口免税货物。

（10）外贸企业取得普通发票、废旧物资收购凭证、农产品收购发票、政府非税收入票据的货物。

（11）来料加工复出口的货物。

（12）特殊区域内的企业出口的特殊区域内的货物。

（13）以人民币现金作为结算方式的边境地区出口企业从所在省（自治区）的边境口岸出口到接壤国家的一般贸易和边境小额贸易出口货物。

（14）以旅游购物贸易方式报关出口的货物。

2. 出口企业或其他单位视同出口免征增值税的货物和劳务

(1) 国家批准设立的免税店销售的免税货物，包括进口免税货物和已实现退（免）税的货物。

(2) 特殊区域内的企业为境外的单位或个人提供加工、修理修配劳务。

(3) 同一特殊区域、不同特殊区域内的企业之间销售特殊区域内的货物。

政策应用提示：

对于适用增值税免税政策的出口货物和劳务，出口企业或其他单位可以依照现行增值税的有关规定放弃免税。

政策实训

在下列货物中，适用增值税出口免税政策的有（　　）。

A. 来料加工复出口的货物

B. 非出口企业委托出口的货物

C. 增值税小规模纳税人出口的货物

D. 国家批准设立的免税店销售的免税货物

答案：ABCD

3. 纳税人提供的免征增值税的跨境应税行为

情景导入

我国某建筑企业承包位于南非的一项建筑工程，是否适用免税政策？我国境内的某电视台向境外播映影视节目，是否适用免税政策？某境外单位从事国际运输的飞机经停我国机场时，机场向其提供的航空地面服务是否适用免税政策？

境内的单位和个人提供的下列服务及无形资产免征增值税，但财政部和国家税务总局规定适用增值税零税率的除外。

(1) 工程项目在境外的建筑服务。工程总承包方和工程分包方为施工地点在境外的工程项目提供的建筑服务，均属于工程项目在境外的建筑服务。

(2) 工程项目在境外的工程监理服务。

(3) 工程、矿产资源在境外的工程勘察勘探服务。

(4) 会议展览地点在境外的会议展览服务。

(5) 存储地点在境外的仓储服务。

(6) 标的物在境外使用的有形动产租赁服务。

(7) 在境外提供的广播影视节目（作品）的播映服务，是指在境外的影院、剧院、录像厅及其他场所播映广播影视节目（作品）。通过境内的电台、电视台、卫星通信、互联网、有线电视等无线或者有线装置向境外播映广播影视节目（作品），不属于在境外提供的广播影视节目（作品）播映服务。

(8) 在境外提供的文化体育服务、教育医疗服务、旅游服务，是指纳税人在境外现场提供的文化体育服务和教育医疗服务。为参加在境外举办的科技活动、文化活动、文化演出、文化比赛、体育比赛、体育表演、体育活动而提供的组织安排服务，属于在境外提供的文化体育服务。通过境内的电台、电视台、卫星通信、互联网、有线电视等媒体向境外单位或个人提供的文化体育服务或教育医疗服务，不属于在境外提供的文化体育服务、教育医疗服务。

（9）为出口货物提供的邮政服务、收派服务、保险服务。

1）为出口货物提供的邮政服务，是指寄递函件、包裹等邮件出境，向境外发行邮票，出口邮册等邮品。

2）为出口货物提供的收派服务，是指为出境的函件、包裹提供的收件、分拣、派送服务。纳税人为出口货物提供收派服务，免税销售额为其向寄件人收取的全部价款和价外费用。

3）为出口货物提供的保险服务，包括出口货物保险和出口信用保险。

（10）向境外单位提供的完全在境外消费的电信服务。纳税人向境外单位或者个人提供的电信服务，通过境外电信单位结算费用的，服务接受方为境外电信单位，属于完全在境外消费的电信服务。

（11）向境外单位销售的完全在境外消费的知识产权服务。服务实际接受方为境内单位或者个人的知识产权服务，不属于完全在境外消费的知识产权服务。

（12）向境外单位销售的完全在境外消费的物流辅助服务（仓储服务、收派服务除外）。境外单位从事国际运输和港澳台运输业务经停我国机场、码头、车站、领空、内河、海域时，纳税人向其提供的航空地面服务、港口码头服务、货运客运站场服务、打捞救助服务、装卸搬运服务，属于完全在境外消费的物流辅助服务。

（13）向境外单位销售的完全在境外消费的鉴证咨询服务。

下列情形不属于完全在境外消费的鉴证咨询服务：

1）服务的实际接受方为境内单位或者个人。

2）对境内的货物或不动产进行的认证服务、鉴证服务和咨询服务。

（14）向境外单位销售的完全在境外消费的专业技术服务。

下列情形不属于完全在境外消费的专业技术服务：

1）服务的实际接受方为境内单位或者个人。

2）对境内的天气情况、地震情况、海洋情况、环境和生态情况进行的气象服务、地震服务、海洋服务、环境和生态监测服务。

3）为境内的地形地貌、地质构造、水文、矿藏等进行的测绘服务。

4）为境内的城、乡、镇提供的城市规划服务。

（15）向境外单位销售的完全在境外消费的商务辅助服务。

1）纳税人向境外单位提供的代理报关服务和货物运输代理服务，属于完全在境外消费的代理报关服务和货物运输代理服务。

2）纳税人向境外单位提供的外派海员服务，属于完全在境外消费的人力资源服务。

3）纳税人以对外劳务合作方式，向境外单位提供的完全在境外发生的人力资源服务，属于完全在境外消费的人力资源服务。

4）不属于完全在境外消费的商务辅助服务，包括：服务的实际接受方为境内单位或者个人，对境内不动产的投资与资产管理服务、物业管理服务、房地产中介服务，拍卖境内货物或不动产过程中提供的经纪代理服务，为境内货物或不动产的物权纠纷提供的法律代理服务，为境内货物或不动产提供的安全保护服务。

（16）向境外单位销售的广告投放地在境外的广告服务。广告投放地在境外的广告服务，是指为在境外发布的广告提供的广告服务。

（17）向境外单位销售的完全在境外消费的无形资产（技术除外）。

下列情形不属于向境外单位销售的完全在境外消费的无形资产：

1）无形资产未完全在境外使用。

2）所转让的自然资源使用权与境内自然资源相关。

3）所转让的基础设施资产经营权、公共事业特许权与境内货物或不动产相关。

4）向境外单位转让在境内销售货物、应税劳务、服务、无形资产或不动产的配额、经营权、经销权、分销权、代理权。

（18）为境外单位之间的货币资金融通及其他金融业务提供的直接收费金融服务，并且该服务与境内的货物、无形资产和不动产无关。

为境外单位之间、境外单位和个人之间的外币、人民币资金往来提供的资金清算、资金结算、金融支付、账户管理服务，属于为境外单位之间的货币资金融通及其他金融业务提供的直接收费金融服务。

（19）属于以下情形的国际运输服务：

1）以无运输工具承运方式提供的国际运输服务。

2）以水路运输方式提供国际运输服务但未取得《国际船舶运输经营许可证》的。

3）以公路运输方式提供国际运输服务但未取得《道路运输经营许可证》或者《国际汽车运输行车许可证》，或者《道路运输经营许可证》的经营范围未包括“国际运输”的。

4）以航空运输方式提供国际运输服务但未取得《公共航空运输企业经营许可证》，或者其经营范围未包括“国际航空客货邮运输业务”的。

5）以航空运输方式提供国际运输服务但未持有《通用航空经营许可证》，或者其经营范围未包括“公务飞行”的。

政策实训

在下列跨境应税行为中，适用增值税免税政策的有（　　）。

A. 保险公司提供的出口货物保险

B. 为境外单位提供的境内气象方面的服务

C. 为境外单位拍卖位于境内的不动产提供的经纪代理服务

D. 以水路运输方式提供国际运输服务但未取得《国际船舶运输经营许可证》的

答案：AD

政策实训

在境内的单位和个人提供的下列服务中，适用增值税免税政策的有（　　）。

A. 出租的设备在境外使用
B. 存储地点在境外的仓储服务
C. 向境外单位提供的代理报关服务
D. 以对外劳务合作方式，向境外单位提供的完全在境外发生的人力资源服务
答案：ABCD

3.9.4 增值税出口征税政策

1. 适用出口征税政策的范围

（1）出口企业出口或视同出口按规定取消出口退（免）税的货物（不包括来料加工复出口货物，中标机电产品，列名原材料，输入特殊区域的水、电、气，海洋工程结构物）。

（2）出口企业或其他单位销售给特殊区域内的生活消费用品和交通运输工具。

（3）出口企业或其他单位因骗取出口退税被税务机关停止办理增值税退（免）税期间出口的货物。

（4）出口企业或其他单位提供虚假备案单证的货物。

（5）出口企业或其他单位增值税退（免）税凭证有伪造或内容不实的货物。

（6）跨境应税行为中不适用零税率和免税政策规定的出口服务及无形资产。

2. 应纳增值税的计算

（1）一般纳税人出口货物、劳务和跨境应税行为：

$$\text{销项税额}=\left(\text{出口货物、劳务和跨境应税行为离岸价}-\text{出口货物耗用的进料加工保税进口料件金额}\right)\div\left(1+\text{适用税率}\right)\times\text{适用税率}$$

出口货物、劳务和跨境应税行为若已按征退税率之差计算了不得免征和抵扣税额，并已转入成本的，相应的税额应转回进项税额。

（2）小规模纳税人出口货物、劳务和跨境应税行为：

$$\text{应纳税额}=\text{出口货物、劳务和跨境应税行为离岸价}\div(1+\text{征收率})\times\text{征收率}$$

3.10 税收优惠

3.10.1 货物的免税

1. 法定免税项目

（1）农业生产者销售的自产农产品。农业生产者包括从事农业生产的单位和个

人；农产品是指种植业、养殖业、林业、牧业、水产业生产的各类植物、动物的初级产品。

纳税人采用“公司＋农户”经营模式从事畜禽饲养，即公司与农户签订委托养殖合同，向农户提供畜禽苗、饲料、兽药及疫苗等（所有权属于公司），农户饲养畜禽苗至成品后交付公司回收，公司将回收的成品畜禽用于销售。在上述经营模式下，纳税人回收再销售畜禽，属于农业生产者销售自产农产品，免征增值税。

（2）避孕药品和用具。

（3）古旧图书。古旧图书是指向社会收购的古书和旧书。

（4）直接用于科学研究、科学试验和教学的进口仪器、设备。

（5）外国政府、国际组织无偿援助的进口物资和设备。

（6）由残疾人的组织直接进口供残疾人专用的物品。

（7）销售自己使用过的物品。自己使用过的物品是指其他个人自己使用过的物品。

2. 特定免税项目

（1）对从事蔬菜批发、零售的纳税人销售的蔬菜，免征增值税。

（2）除豆粕以外的其他粕类饲料产品，免征增值税。

（3）自2008年6月1日起，纳税人生产销售和批发、零售有机肥产品，免征增值税。

3. 其他规定的免税项目

政策实训

在下列货物中，免征增值税的有（　　）。

A. 企业销售使用过的物品

B. 农业生产者销售的自产农产品

C. 除豆粕以外的其他粕类饲料产品

D. 从事蔬菜批发、零售的纳税人销售的蔬菜

答案：BCD

3.10.2　服务、无形资产、不动产的免税（“营改增”项目的免税）

情景导入

婚姻介绍服务是否免税？福利彩票、体育彩票的发行收入是否免税？将房产无偿赠送给配偶是否免税？居民个人买卖股票取得的收入是否免税？

（1）托儿所、幼儿园提供的保育和教育服务。

（2）养老机构提供的养老服务。

（3）残疾人福利机构提供的育养服务。

（4）婚姻介绍服务。

（5）殡葬服务。

(6) 残疾人员本人为社会提供的服务。

(7) 医疗机构提供的医疗服务。

(8) 从事学历教育的学校提供的教育服务。

(9) 学生勤工俭学提供的服务。

(10) 农业机耕、排灌、病虫害防治、植物保护、农牧保险以及相关技术培训业务，家禽、牲畜、水生动物的配种和疾病防治。

(11) 纪念馆、博物馆、文化馆、文物保护单位管理机构、美术馆、展览馆、书画院、图书馆在自己的场所提供文化体育服务取得的第一道门票收入。

(12) 寺院、宫观、清真寺和教堂举办文化、宗教活动的门票收入。

(13) 个人转让著作权。

(14) 个人销售自建自用住房。

(15) 纳税人提供的直接或者间接国际货物运输代理服务。

(16) 下列利息收入免征增值税：① 国家助学贷款；② 国债、地方政府债；③中国人民银行对金融机构的贷款；④ 住房公积金管理中心用住房公积金在指定的委托银行发放的个人住房贷款。

(17) 保险公司开办的一年期以上人身保险产品取得的保费收入。

一年期以上人身保险是指保险期间为一年期及以上返还本利的人寿保险、养老年金保险，以及保险期间为一年期及以上的健康保险。

(18) 证券投资基金（如封闭式证券投资基金、开放式证券投资基金）管理人运用基金买卖股票、债券。

(19) 下列金融商品的转让收入免征增值税：①合格境外投资者（QFII）委托境内公司在我国从事证券买卖业务。②香港市场投资者（包括单位和个人）通过沪港通和深港通买卖上海证券交易所和深圳证券交易所上市A股、通过基金互认买卖内地基金份额；内地投资者（包括单位和个人）通过沪港通买卖香港联交所上市股票。③证券投资基金（如封闭式证券投资基金、开放式证券投资基金）管理人运用基金买卖股票、债券。④全国社会保障基金理事会、全国社会保障基金投资管理人运用全国社会保障基金买卖证券投资基金、股票、债券。⑤个人从事金融商品转让业务。

(20) 金融同业往来利息收入，包括：①金融机构与中国人民银行所发生的资金往来业务，包括中国人民银行对一般金融机构贷款，以及中国人民银行对商业银行的再贴现等。②银行联行往来业务，即同一银行系统内部不同行、处之间所发生的资金账务往来业务。境内银行与其境外的总机构、母公司之间，以及境内银行与其境外的分支机构、全资子公司之间的资金往来业务也属于银行联行往来业务。③金融机构间的资金往来业务。该业务是指经中国人民银行批准，进入全国银行间同业拆借市场的金融机构之间通过全国统一的同业拆借网络进行的短期（一年以下，含一年）无担保资金融通行为。④金融机构之间开展的转贴现业务。⑤其他情形，包括同业存款、同业借款、买断式买入返售金融商品、持有金融债券、同业存单等。

(21) 纳税人提供技术转让、技术开发和与之相关的技术咨询及技术服务。

与技术转让、技术开发相关的技术咨询及技术服务，是指转让方（或者受托方）根据技术转让或者开发合同的规定，为帮助受让方（或者委托方）掌握所转让（或者委托开发）的技术而提供的技术咨询及技术服务业务，并且这部分技术咨询、技术服务的价款与技术转让或者技术开发的价款应当在同一张发票上开具。

（22）符合条件的合同能源管理服务。

（23）政府举办的从事学历教育的高等、中等和初等学校（不含下属单位），举办进修班、培训班取得的全部归该学校所有的收入。

（24）家政服务企业由员工制家政服务员提供家政服务取得的收入。

（25）福利彩票、体育彩票的发行收入。

（26）将土地使用权转让给农业生产者用于农业生产。

（27）土地所有者出让土地使用权和土地使用者将土地使用权归还给土地所有者。

（28）县级以上地方人民政府或自然资源行政主管部门出让、转让或收回自然资源使用权（不含土地使用权）。

（29）涉及家庭财产分割的个人无偿转让不动产、土地使用权。

家庭财产分割包括：离婚财产分割；无偿赠予配偶、父母、子女、祖父母、外祖父母、孙子女、外孙子女、兄弟姐妹；无偿赠予对其承担直接抚养或者赡养义务的抚养人或者赡养人；房屋产权所有人死亡，法定继承人、遗嘱继承人或者受遗赠人依法取得房屋产权。

（30）中国邮政集团公司及其所属邮政企业提供的邮政普遍服务和邮政特殊服务，免征增值税。

（31）其他规定的免税项目。

政策实训

在下列服务中，免征增值税的有（　　）。

A. 地方政府债利息收入

B. 体育彩票的发行收入

C. 纳税人提供技术转让取得的收入

D. 个人从事金融商品转让业务取得的收入

答案：ABCD

政策实训

在下列服务中，免征增值税的有（　　）。

A. 婚姻介绍服务

B. 医疗机构提供的医疗服务

C. 学生勤工俭学提供的服务

D. 金融机构之间开展的转贴现业务

答案：ABCD

3.10.3 增值税即征即退优惠政策

1. 资源综合利用产品和劳务优惠政策

纳税人销售自产综合利用产品和资源综合利用劳务，满足规定条件的，可享受增值税即征即退政策。退税比例包括30%、50%、70%和100%四个档次。

综合利用的资源名称、综合利用产品和劳务名称、技术标准和相关条件、退税比例等按照《资源综合利用产品和劳务增值税优惠目录》（以下简称《目录》）的相关规定执行。

法规运用案例

某石化公司下属分公司将开采的高含硫天然气在脱硫后用于生产硫黄，该硫黄的生产符合《目录》以及其他规定的条件，申请享受即征即退增值税50%的优惠政策，达到了较好的节税效应。

2. 实际税负超过3%的部分即征即退情形

增值税实际税负是指纳税人当期提供应税服务实际缴纳的增值税税额占纳税人当期提供应税服务取得的全部价款和价外费用的比例。

（1）一般纳税人销售其自行开发生产的软件产品，按规定税率征收增值税后，对其增值税实际税负超过3%的部分实行即征即退政策。

一般纳税人将进口软件产品进行本地化改造后对外销售，其销售的软件产品可享受增值税即征即退政策。本地化改造是指对进口软件产品进行重新设计、改进、转换等，单纯对进口软件产品进行汉字化处理不包括在内。

（2）一般纳税人提供管道运输服务，对其增值税实际税负超过3%的部分实行增值税即征即退政策。

法规运用案例

某管道运输公司（一般纳税人）在2021年9月提供管道运输服务，取得不含税收入500万元，发生的准予抵扣的进项税额为18万元。如何计算当月即征即退的增值税？

解析：

(500×9%－18)－500×3%＝12（万元）

（3）经中国人民银行、银保监会或者商务部批准从事融资租赁业务的试点纳税人中的一般纳税人，提供有形动产融资租赁服务和有形动产融资性售后回租服务，对其增值税实际税负超过3%的部分，实行增值税即征即退政策。

（4）自2018年5月1日至2020年12月31日，对动漫企业（一般纳税人）销售其自主开发生产的动漫软件，按照13%的税率征收增值税后，对其增值税实际税负超过3%的部分，实行即征即退政策。

3. 其他

对安置残疾人的单位和个体工商户，实行由税务机关按纳税人安置残疾人的人数限额即征即退增值税的办法。

安置的每位残疾人每月可退还的增值税具体限额，由县级以上税务机关根据纳税人所在区县（含县级市、旗）适用的经省（含自治区、直辖市、计划单列市）人民政府批准的月最低工资标准的4倍确定。

3.11 征收管理

3.11.1 纳税时限和纳税地点

1. 计税期间与缴款期限

增值税的计税期间分别为1日、3日、5日、10日、15日、1个月或者1个季度。

纳税人的具体计税期间，由主管税务机关根据纳税人应纳税额的大小分别核定。不能按照固定期限纳税的，可以按次纳税。

以1个季度为计税期间的规定适用于小规模纳税人、银行、财务公司、信托投资公司、信用社，以及财政部和国家税务总局规定的其他纳税人。

纳税人以1个月或者1个季度为1个计税期间的，自期满之日起15日内申报纳税；以1日、3日、5日、10日或者15日为1个计税期间的，自期满之日起5日内预缴税款，于次月1日起15日内申报纳税并结清上月应纳税款。

纳税人进口货物，应当自海关填发进口增值税专用缴款书之日起15日内缴纳税款。

按固定期限纳税的小规模纳税人可以选择以1个月或1个季度为纳税期限，一经选择，在一个会计年度内不得变更。

2. 纳税地点

（1）固定业户应当向其机构所在地主管税务机关申报纳税。总机构和分支机构不在同一县（市）的，应当分别向各自所在地的主管税务机关申报纳税；经财政部和国家税务总局或者其授权的财政和税务机关批准，可以由总机构汇总后向总机构所在地的主管税务机关申报纳税。

法规运用案例

随着业务的发展，北京某大型连锁经营企业开设了十几家非独立核算的分支机构，分别位于北京市各区（县）内。这些分支机构发生属地业务后，要分别向所在地主管税务机关申报纳税。免税备案、发票申领等日常税务工作也需要分别到各分支机构所在地的主管税务机关办理。随着分支机构数量的不断增加，为完成各分支机构的增值税计算、复核和申报工作，该企业投入的资金和人力不断增加。因此，该企业提出总分机构增值税汇总纳税的申请。北京市税务局接到该企业的申请后，经核实审批，同意该企业实行总分机构增值税汇总纳税。

解析：大型连锁经营企业各分支机构独立申报增值税，不仅管理成本增加，而且可能面临税负不均的问题。在总分机构经营模式下，通常由各地分支机构负责业务的推广、开展和运营，由总机构承担日常采购和管理职能。如果总分机构分别申报缴纳增值税，一方面因为分支机构产生主要的业务收入，但没有与之匹配的进项税额，可能需要缴纳大量增值税；另一方面，总机构存在不少进项税额，但由于总机构不直接产生收入，销项税额较少，导致进项税额无法充分抵扣。增值税税款的缴纳和进项税额的浪费，在一定程度上挤占了企业的经营现金流，可能影响企业的业务发展和规模扩张。

在实务中，除了统一连锁经营外，还存在自愿连锁、特许连锁等情形。在自愿连锁情形下，各连锁门店均为独立法人，其资产所有权不归属于总部；在特许连锁情形下，连锁门店与总部签订合同，可以使用总部的商标、商号、经营技术等。在这两种连锁模式下，由于连锁门店与总部均不构成总分支机构关系，因而不能提出汇总纳税的申请，应当由各独立核算门店分别向其所在地主管税务机关申报缴纳增值税。

(2) 固定业户到外县（市）销售货物或者劳务，应当向其机构所在地的主管税务机关报告外出经营事项，并向其机构所在地的主管税务机关申报纳税；未报告的，应当向销售地或者劳务发生地的主管税务机关申报纳税；未向销售地或者劳务发生地的主管税务机关申报纳税的，由其机构所在地的主管税务机关补征税款。

法规运用案例

2021 年，北京市某公司营销人员在外省 A 市长期包租客房，在未办理任何外出经营手续的情况下，在 A 市经销该公司生产的商品。A 市税务部门经过详细查证核实，按税务政策相关规定执行流程，送达补缴税款通知书，责令该公司限期补缴税款。

(3) 非固定业户销售货物或者劳务应当向销售地或者劳务发生地主管税务机关申报纳税；未向销售地或者劳务发生地的主管税务机关申报纳税的，由其机构所在地或者居住地主管税务机关补征税款。

(4) 进口货物，应当向报关地海关申报纳税。

(5) 扣缴义务人应当向其机构所在地或者居住地主管税务机关申报缴纳扣缴的税款。

3.11.2 增值税专用发票的管理

1. 增值税专用发票的联次

增值税专用发票由基本联次或者基本联次附加其他联次构成。基本联次为三联：发票联、抵扣联和记账联。发票联作为购买方核算采购成本和增值税进项税额的记账凭证；抵扣联作为购买方报送主管税务机关认证和留存备查的凭证；记账联作为销售方核算销售收入和增值税销项税额的记账凭证。其他联次的用途，由一般纳税人自行确定。

2. 开具要求

(1) 项目齐全，与实际交易相符。

(2) 字迹清楚，不得压线、错格。

(3) 发票联和抵扣联加盖财务专用章或者发票专用章。

(4) 按照增值税纳税义务的发生时间开具。

对不符合上列要求的增值税专用发票，购买方有权拒收。

3. 开具范围

纳税人发生应税销售行为，应当向索取增值税专用发票的购买方开具增值税专用发票，并在增值税专用发票上分别注明销售额和销项税额。除纳入自行开具增值税专用发票试点范围的小规模纳税人以外，小规模纳税人需要开具增值税专用发票的，可向主管税务机关申请代开。

属于下列情形之一的，不得开具增值税专用发票：

(1) 应税销售行为的购买方为消费者个人的。

(2) 发生的应税销售行为适用免税规定的。

(3) 商业企业一般纳税人零售的烟、酒、食品、服装、鞋帽（不包括劳保专用部分)、化妆品等消费品不得开具增值税专用发票。

政策实训

在下列情形中，不得开具增值税专用发票的有（ ）。

A. 甲商场销售化妆品　　B. 乙企业销售免税货物

C. 丙商场销售劳保手套　　D. 丁餐馆提供餐饮服务

答案：ABD

《增值税及附加税费申报表》见表 3-5 和表 3-6。

表 3-5 增值税及附加税费申报表

（一般纳税人适用）

根据国家税收法律法规及增值税相关规定制定本表。纳税人不论有无销售额，均应按税务机关核定的纳税期限填写本表，并向当地税务机关申报。

税款所属时间：自 年 月 日至 年 月 日 填表日期： 年 月 日

金额单位：元（列至角分）

纳税人识别号（统一社会信用代码）：□□□□□□□□□□□□□□□□□□□□

所属行业：

<table>
<tr><td colspan="2">纳税人名称：</td><td>法定代表人姓名</td><td colspan="2"></td><td>注册地址</td><td></td><td>生产经营地址</td><td></td></tr>
<tr><td colspan="2">开户银行及账号</td><td colspan="2"></td><td>登记注册类型</td><td></td><td></td><td>电话号码</td><td></td></tr>
<tr><td colspan="4" rowspan="2">项 目</td><td rowspan="2">栏 次</td><td colspan="2">一般项目</td><td colspan="2">即征即退项目</td></tr>
<tr><td>本月数</td><td>本年累计</td><td>本月数</td><td>本年累计</td></tr>
<tr><td rowspan="3">销售额</td><td colspan="3">(一) 按适用税率计税销售额</td><td>1</td><td></td><td></td><td></td><td></td></tr>
<tr><td colspan="3">其中：应税货物销售额</td><td>2</td><td></td><td></td><td></td><td></td></tr>
<tr><td colspan="3">应税劳务销售额</td><td>3</td><td></td><td></td><td></td><td></td></tr>
</table>

续表

项 目		栏 次	一般项目		即征即退项目	
			本月数	本年累计	本月数	本年累计
销售额	纳税检查调整的销售额	4				
	（二）按简易办法计税销售额	5				
	其中：纳税检查调整的销售额	6				
	（三）免、抵、退办法出口销售额	7			—	—
	（四）免税销售额	8			—	—
	其中：免税货物销售额	9			—	—
	免税劳务销售额	10			—	—
税款计算	销项税额	11				
	进项税额	12				
	上期留抵税额	13				—
	进项税额转出	14				
	免、抵、退应退税额	15			—	—
	按适用税率计算的纳税检查应补缴税额	16			—	—
	应抵扣税额合计	17＝12＋13－14－15＋16		—		—
	实际抵扣税额	18（如17＜11，则为17，否则为11）				
	应纳税额	19＝11－18				
	期末留抵税额	20＝17－18				—
	简易计税办法计算的应纳税额	21				
	按简易计税办法计算的纳税检查应补缴税额	22			—	—
	应纳税额减征额	23				
	应纳税额合计	24＝19＋21－23				

续表

项目		栏次	一般项目		即征即退项目	
			本月数	本年累计	本月数	本年累计
税款缴纳	期初未缴税额（多缴为负数）	25				
	实收出口开具专用缴款书退税额	26			—	—
	本期已缴税额	27＝28＋29＋30＋31				
	① 分次预缴税额	28		—		—
	② 出口开具专用缴款书预缴税额	29		—	—	—
	③ 本期缴纳上期应纳税额	30				
	④本期缴纳欠缴税额	31				
	期末未缴税额（多缴为负数）	32＝24＋25＋26－27				
	其中：欠缴税额（≥0）	33＝25＋26－27		—		—
	本期应补（退）税额	34＝24－28－29		—		—
	即征即退实际退税额	35	—	—		
	期初未缴查补税额	36			—	—
	本期入库查补税额	37			—	—
	期末未缴查补税额	38＝16＋22＋36－37			—	—
附加税费	城市维护建设税本期应补（退）税额	39			—	—
	教育费附加本期应补（退）费额	40			—	—
	地方教育附加本期应补（退）费额	41			—	—

声明：此表是根据国家税收法律法规及相关规定填写的，本人（单位）对填报内容（及附带资料）的真实性、可靠性、完整性负责。

纳税人（签章）：　　　　年　月　日

经办人： 经办人身份证号： 代理机构签章： 代理机构统一社会信用代码：	受理人： 受理税务机关（章）： 受理日期：　年　月　日

表 3-6 增值税及附加税费申报表

（小规模纳税人适用）

纳税人识别号（统一社会信用代码）：□□□□□□□□□□□□□□□□□□□□□□□□□

纳税人名称：　　　　　　　　　　　　　　　　　　　　　金额单位：元（列至角分）

税款所属期：　　年　月　日至　　年　月　日　　　　　填表日期：　　年　月　日

项　目		栏　次	本期数		本年累计	
			货物及劳务	服务、不动产和无形资产	货物及劳务	服务、不动产和无形资产
一、计税依据	（一）应征增值税不含税销售额（3%征收率）	1				
	增值税专用发票不含税销售额	2				
	其他增值税发票不含税销售额	3				
	（二）应征增值税不含税销售额（5%征收率）	4		—		—
	增值税专用发票不含税销售额	5	—		—	
	其他增值税发票不含税销售额	6	—		—	
	（三）销售使用过的固定资产不含税销售额	7（7≥8）		—		—
	其中：其他增值税发票不含税销售额	8		—		—
	（四）免税销售额	9=10+11+12				
	其中：小微企业免税销售额	10				
	未达起征点销售额	11				
	其他免税销售额	12				
	（五）出口免税销售额	13（13≥14）				
	其中：其他增值税发票不含税销售额	14				

续表

项　目		栏　次	本期数		本年累计	
			货物及劳务	服务、不动产和无形资产	货物及劳务	服务、不动产和无形资产
二、税款计算	本期应纳税额	15				
	本期应纳税额减征额	16				
	本期免税额	17				
	其中：小微企业免税额	18				
	未达起征点免税额	19				
	应纳税额合计	20＝15－16				
	本期预缴税额	21			—	—
	本期应补（退）税额	22＝20－21			—	—
三、附加税费	城市维护建设税本期应补（退）税额	23				
	教育费附加本期应补（退）费额	24				
	地方教育附加本期应补（退）费额	25				

声明：此表是根据国家税收法律法规及相关规定填写的，本人（单位）对填报内容（及附带资料）的真实性、可靠性、完整性负责。

纳税人（签章）：

年　月　日

经办人： 经办人身份证号： 代理机构签章： 代理机构统一社会信用代码：	受理人： 受理税务机关（章）： 受理日期：　　年　月　日

第4章 消费税

导语：我国征收的消费税属于特种消费税，只对特定消费品或消费行为征收。消费税自1994年开征，既弥补了当时因取消产品税所造成的收入减少，又构建起对应税消费品的增值税、消费税双层次调节制度。2018年国内消费税收入首次突破1万亿元，约占当期税收收入的6.8%。现行消费税主要在应税消费品的生产（或进口）环节征收，属于中央税，根据《国务院关于印发实施更大规模减税降费后调整中央与地方收入划分改革推进方案的通知》（国发〔2019〕21号），在征管可控的前提下，将对部分消费税品目逐步后移至批发或零售环节征收，并将消费税收入稳步下划地方。

教学目标：

1. 掌握消费税的特点。
2. 掌握消费税的纳税人与征税环节。
3. 掌握消费税的税目及税率形式。
4. 掌握消费税的计算。
5. 熟悉出口环节的消费税政策。
6. 熟悉消费税的征收管理。

4.1 特点

消费税是对特定消费品和消费行为按销售额征收的商品税，在征税范围、税率设计、征收环节、计税方法等方面都体现出与增值税不同的特点。

（1）征税范围具有选择性。根据国家的产业政策与消费政策，仅选择部分消费品征税，并非对所有消费品都征收消费税。

（2）征税环节具有单一性（有特殊规定的除外）。消费税主要在生产销售、委托加工和进口环节征收，出于税源可控、征管水平的考虑，主要选择在应税消费品生产、流通的起始环节征收。

（3）平均税率水平较高且税负差异大。基于政策功能与特殊调节的需要，消费税的平均税率水平较高，并且不同征税项目的税负差异较大。例如，小汽车按排气量大小划分，最低税率为1%，最高税率为40%。

（4）计税方法具有灵活性。根据不同的应税消费品，分别采用从价定率、从量定额以及从价与从量相结合的复合计税方式。

4.2　纳税人与征税环节

情景导入

吸烟对身体健康有害。我国对卷烟除了征收增值税以外，还征收消费税。假定卷烟从生产厂家到消费者手中经历了生产、批发、零售三个流通环节，哪些环节需要缴纳增值税？哪些环节需要缴纳消费税？

在我国境内生产、委托加工和进口应税消费品的单位及个人，为消费税的纳税人。

单位是指企业、行政单位、事业单位、军事单位、社会团体及其他单位。

个人是指个体工商户及其他个人。

一般来说，消费税只在应税消费品流转的某一个环节征收，并且主要在生产流通的起始环节（生产、委托加工与进口环节）征收。

现行消费税共有15个应税项目，除了贵重首饰及珠宝玉石税目下的金银首饰、铂金首饰、钻石及钻石饰品在零售环节征收消费税以外，其他应税消费品的基本征税环节是生产、委托加工和进口环节。为了加强调控，对卷烟在批发环节加征一道消费税，对超豪华小汽车在零售环节加征一道消费税。

4.2.1　基本征税环节及纳税人

零售金银首饰、铂金首饰、钻石及钻石饰品的，零售商为纳税人。其他应税消费品的基本征税环节及纳税人为：

（1）生产销售应税消费品的，生产单位或个人为纳税人。

（2）自产自用应税消费品的，自产自用的单位或个人为纳税人。

（3）委托加工应税消费品的，委托方为纳税人。

（4）进口应税消费品的，进口的单位或个人为纳税人。

4.2.2 加征环节及纳税人

（1）在卷烟批发环节，加征一道消费税，从事卷烟批发业务的单位和个人为纳税人。

（2）在超豪华小汽车零售环节，加征一道消费税，将超豪华小汽车销售给消费者的单位和个人为纳税人。

政策实训

在下列应税消费品中，属于单一环节征收消费税的有（　　）。

A. 卷烟　　　　B. 白酒

C. 金银首饰　　　　D. 超豪华小汽车

答案：BC

4.3 税目与税率

4.3.1 税目

消费税的征税范围根据国家经济发展、环境保护等大政方针以及人民生活水平提高的状况进行修订，目前包括烟、酒、高档化妆品等15个税目，部分税目还进一步划分了若干子目。征税的商品主要集中在以下四类：一是影响人类健康及生态环境的商品；二是奢侈品；三是不可再生资源；四是高污染、高能耗产品。对这些产品征税体现了抑制消费、引导消费的立法宗旨。

1. 烟

（1）卷烟，又分为甲类卷烟和乙类卷烟。

甲类卷烟是指每标准条（200支，下同）调拨价格在70元（不含增值税）以上（含70元）的卷烟。乙类卷烟是指每标准条调拨价格在70元（不含增值税）以下的卷烟。

（2）雪茄烟。

（3）烟丝。

2. 酒

酒是酒精度在1度以上的各种酒类饮料，包括白酒、黄酒、啤酒和其他酒。

葡萄酒适用“酒”税目下设的“其他酒”子目。

对饮食业、商业、娱乐业举办的啤酒屋（啤酒坊）利用啤酒生产设备生产的啤酒，也应当征收消费税。果啤属于啤酒，按啤酒征收消费税。啤酒分为甲类啤酒和乙类啤酒：每吨出厂价（含包装物及包装物押金）在 3 000 元（含 3 000 元，不含增值税）以上的是甲类啤酒；每吨出厂价（含包装物及包装物押金）在 3 000 元（不含增值税）以下的是乙类啤酒。包装物押金不包括重复使用的塑料周转箱的押金。

配制酒按以下规定适用税目和税率：

（1）以蒸馏酒或食用酒精为酒基，具有国家相关部门批准的国食健字或卫食健字文号并且酒精度低于 38 度（含）的配制酒，按“其他酒”适用 10%的税率征收消费税。

（2）以发酵酒为酒基，酒精度低于 20 度（含）的配制酒，按“其他酒”适用 10%的税率征收消费税。

（3）其他配制酒，按“白酒”的适用税率征收消费税。

政策应用提示：

调味料酒不征消费税。

3. 高档化妆品

高档化妆品是指达到规定单价的高档美容、修饰类化妆品，高档护肤类化妆品和成套化妆品，即生产（进口）环节销售（完税）价格（不含增值税）在 10 元/毫升（克）或 15 元/片（张）及以上的美容、修饰类化妆品和护肤类化妆品。

美容、修饰类化妆品是指香水、香水精、香粉、口红、指甲油、胭脂、眉笔、唇笔、蓝眼油、眼睫毛以及成套化妆品。

政策应用提示：

舞台、戏剧、影视演员化妆用的上妆油、卸妆油、油彩，不属于本税目的征税范围。

4. 贵重首饰及珠宝玉石

贵重首饰及珠宝玉石包括以金、银、白金、宝石、珍珠、钻石、翡翠、珊瑚、玛瑙等高贵稀有物质以及其他金属、人造宝石等制作的各种纯金银首饰及镶嵌首饰和经采掘、打磨、加工的各种珠宝玉石。

5. 鞭炮、焰火

鞭炮、焰火包括各种鞭炮、焰火。

政策应用提示：

体育上用的发令纸、鞭炮药引线，不按本税目征收。

6. 成品油

本税目包括汽油、柴油、航空煤油、石脑油、溶剂油、润滑油、燃料油 7 个子目；航空煤油暂缓征收。

以汽油、汽油组分调和生产的甲醇汽油、乙醇汽油也属于本税目的征税范围。

政策应用提示：

变压器油、导热类油等绝缘油类产品不属于润滑油，不征收消费税。

7. 小汽车

小汽车是指由动力驱动，具有 4 个或 4 个以上车轮的非轨道承载的车辆。

本税目的征税范围包括：

（1）乘用车。含驾驶员座位在内最多不超过9个座位（含）的，在设计与技术特性上用于载运乘客和货物的各类乘用车。

用排气量小于1.5升（含）的乘用车底盘（车架）改装、改制的车辆属于乘用车的征税范围。

（2）中轻型商用客车。含驾驶员座位在内的座位数在10～23座（含23座）的在设计与技术特性上用于载运乘客和货物的各类中轻型商用客车。

用排气量大于1.5升的乘用车底盘（车架）或用中轻型商用客车底盘（车架）改装、改制的车辆属于中轻型商用客车的征税范围。

（3）超豪华小汽车。每辆零售价格为130万元（不含增值税）及以上的乘用车和中轻型商用客车。

政策应用提示：

电动汽车不属于本税目的征税范围；车身长度大于7米（含），并且座位数在10～23座（含）以下的商用客车，不属于中轻型商用客车的征税范围，不征收消费税；沙滩车、雪地车、卡丁车、高尔夫车不属于消费税的征税范围，不征收消费税。

8. 摩托车

摩托车包括轻便摩托车和普通摩托车两种。

政策应用提示：

气缸容量在250毫升（不含）以下的小排量摩托车，不征收消费税。

9. 高尔夫球及球具

高尔夫球及球具是指从事高尔夫球运动所需的各种专用装备，包括高尔夫球、高尔夫球杆及高尔夫球包（袋）等。

高尔夫球杆由杆头、杆身和握把三部分组成。本税目的征税范围包括高尔夫球杆的杆头、杆身和握把。

10. 高档手表

高档手表是指每只销售价格（不含增值税）在10 000元（含）以上的各类手表。

11. 游艇

游艇是指长度大于8米小于90米，船体由玻璃钢、钢、铝合金、塑料等多种材料制作，可以在水上移动的水上浮载体。按照动力划分，游艇分为无动力艇、帆艇和机动艇。

本税目的征税范围包括艇身长度大于8米（含）小于90米（含），内置发动机，可以在水上移动，一般为私人或团体购置，主要用于水上运动和休闲娱乐等非营利活动的各类机动艇。

12. 木制一次性筷子

木制一次性筷子包括各种规格的木制一次性筷子。未经打磨、倒角的木制一次性筷子属于本税目的征税范围。

13. 实木地板

实木地板是指以木材为原料，经加工而成的块状或条状的地面装饰材料，按生产工艺不同，可分为独板（块）实木地板、实木指接地板、实木复合地板三类；按表面处理状态不同，可分为未涂饰地板（白坯板、素板）和漆饰地板两类。

本税目的征税范围包括各类规格的实木地板、实木指接地板、实木复合地板及用于装饰墙壁、天棚的侧端面为榫、槽的实木装饰板。未经涂饰的素板也属于本税目的征税范围。

14. 电池

电池包括原电池、蓄电池、燃料电池、太阳能电池和其他电池。

对无汞原电池、金属氢化物镍蓄电池（又称氢镍蓄电池或镍氢蓄电池）、锂原电池、锂离子蓄电池、太阳能电池、燃料电池、全钒液流电池，免征消费税。

15. 涂料

涂料是指涂于物体表面，能形成具有保护、装饰或特殊性能的固态涂膜的一类液体或固体材料的总称。施工状态下挥发性有机物含量低于 420 克/升（含）的涂料，免征消费税。

政策实训

在下列产品中，属于消费税征税范围的是（　　）。

A. 果啤　　B. 高尔夫球车

C. 变压器油　　D. 洗发香波

答案：A

4.3.2　税率

情景导入

某酿酒厂既生产销售粮食白酒，又生产销售药酒，还将生产的白酒与药酒用小瓶组成礼品套酒销售。对于上述情形，在计征消费税时应如何适用税率？

消费税采用从价征收、从量征收和复合计税三种方式，相应地，税率也体现为比例税率、定额税率和复合税率。大部分应税消费品适用比例税率；黄酒、啤酒、成品油适用定额税率；卷烟、白酒适用复合税率。

消费税的税目、税率见表 4-1。

表 4-1　消费税的税目、税率

税目	税率（额）	备注
一、烟		
1. 卷烟		
(1) 甲类卷烟	56%加 0.003 元/支	每支 0.003 元，即每标准条 0.6 元，每标准箱 150 元

续表

税目	税率（额）	备注
（2）乙类卷烟	36%加0.003元/支	每支0.003元
（3）批发环节加征	11%加0.005元/支	每支0.005元，即每标准条1.0元，每标准箱250元
2. 雪茄烟	36%	
3. 烟丝	30%	
二、酒		
1. 白酒	20%加0.5元/500克（或者500毫升）	
2. 黄酒	240元/吨	
3. 啤酒		
（1）甲类啤酒	250元/吨	
（2）乙类啤酒	220元/吨	
4. 其他酒	10%	
三、高档化妆品	15%	
四、贵重首饰及珠宝玉石		
1. 金银首饰、铂金首饰和钻石及钻石饰品（在零售环节征收）	5%	
2. 其他贵重首饰和珠宝玉石	10%	
五、鞭炮、焰火	15%	
六、成品油		
1. 汽油	1.52元/升	
2. 柴油	1.2元/升	
3. 航空煤油	1.2元/升	
4. 石脑油	1.52元/升	
5. 溶剂油	1.52元/升	
6. 润滑油	1.52元/升	
7. 燃料油	1.2元/升	
七、小汽车		
1. 乘用车		
（1）气缸容量（排气量，下同）在1.0升（含1.0升）以下的	1%	
（2）气缸容量在1.0升以上至1.5升（含1.5升）的	3%	
（3）气缸容量在1.5升以上至2.0升（含2.0升）的	5%	

续表

税目	税率（额）	备注
(4) 气缸容量在 2.0 升以上至 2.5 升（含 2.5 升）的	9%	
(5) 气缸容量在 2.5 升以上至 3.0 升（含 3.0 升）的	12%	
(6) 气缸容量在 3.0 升以上至 4.0 升（含 4.0 升）的	25%	
(7) 气缸容量在 4.0 升以上的	40%	
2. 中轻型商用客车	5%	
3. 超豪华小汽车（零售环节加征）	10%	
八、摩托车		
1. 气缸容量为 250 毫升的	3%	
2. 气缸容量为 250 毫升以上的	10%	
九、高尔夫球及球具	10%	
十、高档手表	20%	
十一、游艇	10%	
十二、木制一次性筷子	5%	
十三、实木地板	5%	
十四、电池	4%	
十五、涂料	4%	

纳税人兼营不同税率的应税消费品，应当分别核算不同税率应税消费品的销售额、销售数量。未分别核算的，或者将不同税率的应税消费品组成成套消费品销售的，从高适用税率。

情景解析：

酿酒厂应分别核算白酒与药酒的销售额，然后分别按各自的适用税率计税；如果不分别核算各自的销售额，药酒也要按白酒的税率计算纳税。该酒厂生产的白酒与其他酒组成的小瓶装礼品套酒，全部销售额应按白酒 20%的税率计算应纳消费税税额，不能以其他酒 10%的税率计算其中任何一部分的应纳税额。

4.4 生产销售应税消费品应纳税额的计算

生产销售应税消费品是消费税征收的主要环节，除有特殊规定外，应税消费品在生产环节征税以后，在流通环节不再征收消费税。

4.4.1 税基的确定

根据计征方式的不同，消费税的税基体现为销售额、销售数量。

1. 销售额的确定

在从价定率计算方法下，应纳税额等于应税消费品的销售额乘以适用税率，销售额为计税依据。

（1）基本规定。销售额是纳税人销售应税消费品向购买方收取的全部价款和价外费用，但不包括应向购货方收取的增值税税款。在一般情况下，计算消费税的销售额与计算增值税销项税额的销售额是一致的。

价外费用是指价外向购买方收取的手续费、补贴、基金、集资费、返还利润、奖励费、违约金、滞纳金、延期付款利息、赔偿金、代收款项、代垫款项、包装费、包装物租金、储备费、优质费、运输装卸费以及其他各种性质的价外收费，但下列项目不包括在内。

1）同时符合以下条件的代垫运输费用：承运部门的运输费用发票开具给购买方的；纳税人将该项发票转交给购买方的。

2）同时符合以下条件代为收取的政府性基金或者行政事业性收费：由国务院或者财政部批准设立的政府性基金，由国务院或者省级人民政府及其财政、价格主管部门批准设立的行政事业性收费；收取时开具省级以上财政部门印制的财政票据；所收款项全额上缴财政。

（2）含增值税销售额的换算。应税消费品的销售额不包括应向购货方收取的增值税税款。如果纳税人应税消费品的销售额中未扣除增值税税款，或者因不得开具增值税专用发票而发生价款和增值税税款合并收取的，在计算消费税时，应将含增值税的销售额换算为不含增值税的销售额。

应税消费品的销售额＝含增值税的销售额÷(1＋增值税税率或征收率)

（3）包装物的计税规定。

1）应税消费品连同包装销售的，无论包装是否单独计价，也不论在会计上如何核算，均应并入应税消费品的销售额中征收消费税。

2）对于收取的包装物押金，不并入应税消费品的销售额中征税。但对因逾期未收回的包装物不再退还的或者已收取的时间超过 12 个月的押金，应并入应税消费品的销售额，按照应税消费品的适用税率缴纳消费税。

具体政策提示：

对销售除啤酒、黄酒外的其他酒类产品而收取的包装物押金，无论是否返还以及会计上如何核算，均应并入当期销售额征税。

（4）汇率选择。纳税人销售的应税消费品，以外汇结算销售额的，其销售额的人民币折合率可以选择销售发生的当天或者当月 1 日的人民币汇率中间价。纳税人应事先确定采取何种折合率，确定后 1 年内不得变更。

（5）计税依据的特殊规定。

1）自设非独立核算门市部销售应税消费品的计税规定。纳税人通过自设非独立核算门市部销售的自产应税消费品，应当按照门市部对外销售额或者销售数量征收消费税。

2）应税消费品用于换取生产资料和消费资料、投资入股和抵偿债务的计税规定。纳税人用于换取生产资料和消费资料、投资入股和抵偿债务等方面的应税消费品，应以纳税人同类应税消费品的最高销售价格作为计税依据计算消费税。

3）卷烟计税价格的核定。卷烟的计税价格由国家税务总局按照卷烟批发环节销售价格扣除卷烟批发环节批发毛利核定并发布。卷烟计税价格的核定公式为：

某牌号、规格卷烟的计税价格＝批发环节的销售价格×(1－适用的批发毛利率)

卷烟批发环节的销售价格按照税务机关采集的所有卷烟批发企业在价格采集期内销售的该牌号、规格卷烟的数量和销售额进行加权平均计算。已经国家税务总局核定计税价格的卷烟，生产企业实际销售价格高于计税价格的，按实际销售价格确定适用税率，计算应纳税款并申报纳税；实际销售价格低于计税价格的，按计税价格确定适用税率，计算应纳税款并申报纳税。

4）白酒最低计税价格的核定。对于白酒生产企业销售给销售单位的白酒，白酒生产企业的消费税计税价格高于销售单位对外销售价格70％（含70％）的，税务机关暂不核定消费税的最低计税价格；白酒生产企业的消费税计税价格低于销售单位对外销售价格70％的，消费税的最低计税价格由税务机关根据生产规模、白酒品牌、利润水平等情况在销售单位对外销售价格50％～70％的范围内自行核定。

☞知识链接

该规定中的销售单位包括：①专门购进并销售白酒生产企业生产的白酒，并与该白酒生产企业存在关联性质的销售公司、购销公司。②白酒生产企业委托境内其他单位或个人包销该企业所生产白酒的商业机构。包销是指销售单位依据协定价格从白酒生产企业购进白酒，同时承担大部分包装材料等成本费用，并负责销售白酒。

生产规模较大、利润水平较高的企业生产的需要核定消费税最低计税价格的白酒，税务机关的核价幅度原则上应选择在销售单位对外销售价格60％～70％的范围内。

已核定最低计税价格的白酒，销售单位对外销售价格持续上涨或下降时间达到3个月以上、累计上涨或下降幅度在20％（含）以上的白酒，税务机关需要重新核定最低计税价格。

上述白酒生产企业向商业销售单位收取的“品牌使用费”是随着应税白酒的销售而向购货方收取的，属于应税白酒销售价款的组成部分，因此，不论企业采取何种方式或以何种名义收取价款，均应并入白酒的销售额中缴纳消费税。

具体政策提示：

为防范消费税的流失，税法规定：工业企业以外的单位和个人的下列行为，视为应税消费品的生产行为，按规定征收消费税。

第一，将外购的消费税非应税产品以消费税应税产品对外销售的。

第二，将外购的消费税低税率应税产品以高税率应税产品对外销售的。

【综合案例 4-1】[①] 2016 年，赋隆公司购进“沥青、沥青混合物、沥青料、原料油、重质油”等消费税非应税产品，并取得增值税专用发票合计 201 392 716.6 元，数量为 84 505.51 吨。在销售环节，赋隆公司对外开具的增值税专用发票货物名称中沥青仅为 824 786.32 元、500 吨；开具的消费税应税产品“燃料油”，合计金额为 201 664 384.14 元，数量为83 181.13吨。徐州税务稽查局经调查后认定，赋隆公司将外购的消费税非应税产品以消费税应税产品对外销售。对于赋隆公司的上述行为，徐州税务稽查局根据《中华人民共和国消费税暂行条例》（以下简称《消费税暂行条例》）第四条、第五条和《中华人民共和国消费税暂行条例实施细则》第十条以及《国家税务总局关于消费税有关政策问题的公告》（国家税务总局公告 2012 年第 47 号）第三条第（一）项的规定，做出以下处理决定：赋隆公司应补缴 2016 年消费税 101 314 616.34 元；依据《中华人民共和国税收征收管理法》（以下简称《税收征管法》）第三十二条的规定，对以上少缴纳的税款从滞纳之日起按日加收万分之五滞纳金；根据《税收征管法》第六十三条的规定，对赋隆公司少缴的消费税税款定性为偷税，处少缴税款 101 314 616.34 元 50% 的罚款，合计 50 657 308.17 元。

2. 销售数量的确定

在从量定额计算方法下，应纳税额等于应税消费品的销售数量乘以单位税额。

纳税人生产应税消费品的，其销售数量为消费税的计税依据。

《消费税暂行条例》规定，黄酒、啤酒以吨为税额单位；汽油、柴油以升为税额单位。纳税人在实际销售过程中存在吨或升这两个计量单位混用的情况，税法规范了不同产品的计量单位（见表 4-2），以准确计算应纳税额。

表 4-2 吨、升换算表

序号	名称	计量单位的换算标准
1	黄酒	1 吨＝962 升
2	啤酒	1 吨＝988 升
3	汽油	1 吨＝1 388 升
4	柴油	1 吨＝1 176 升
5	航空煤油	1 吨＝1 246 升
6	石脑油	1 吨＝1 385 升
7	溶剂油	1 吨＝1 282 升
8	润滑油	1 吨＝1 126 升
9	燃料油	1 吨＝1 015 升

① 徐州赋隆能源有限公司与国家税务总局徐州市税务局稽查局行政检查、行政处罚二审行政判决书［(2019) 苏 03 行终 585 号］，税乎网，2020-03-20.

4.4.2 应纳税额的计算

根据计税方式的不同，应纳税额的计算包括三种办法。

1. 从价定率办法

应纳税额＝应税消费品的销售额×比例税率

法规运用案例

2021 年 6 月 15 日，某化妆品生产企业（一般纳税人）向某大型商场销售高档化妆品一批，开具增值税专用发票，取得不含增值税销售额 50 万元、增值税税额 6.5 万元；6 月 20 日，向某单位销售高档化妆品一批，取得含增值税销售额 4.64 万元。如何计算该化妆品生产企业上述业务应缴纳的消费税？

解析：

销售高档化妆品应税销售额＝50＋4.64÷(1＋13%)＝54.11（万元）

应纳消费税税额＝54.11×15%＝8.12（万元）

2. 从量定额办法

啤酒、黄酒、成品油采用从量定额办法。

应纳税额＝应税消费品的销售数量×定额税率

法规运用案例

2021 年 5 月，某啤酒厂（一般纳税人）销售啤酒 1 000 吨，取得不含增值税销售额 295 万元、增值税税款 38.35 万元，另收取包装物押金 23.4 万元。如何计算该啤酒厂的应纳消费税？

解析：每吨啤酒的出厂价为：

(295＋23.4÷1.13)×10 000÷1 000＝3 157.08（元）

由于出厂价大于 3 000 元，属于销售甲类啤酒，适用定额税率每吨 250 元，故有

应纳消费税税额＝1 000×250＝250 000(元)

3. 复合计税办法

卷烟、白酒采用复合计税办法。

应纳税额＝应税销售额×比例税率＋应税消费品的销售数量×定额税率

法规运用案例

2021 年 6 月，某白酒生产企业（一般纳税人）销售白酒 50 吨，取得不含增值税销售额 200 万元。白酒适用的比例税率为 20%，定额税率为每 500 克 0.5 元。如何计算该企业 6 月应缴纳的消费税？

解析：

应纳消费税税额＝50×2 000×0.000 05＋200×20%＝45（万元）

4.5 自产自用应纳消费税的计算

情景导入

某企业酿制了一批葡萄酒，将其中的10%用于生产酒心巧克力，85%装瓶对外销售并已收到货款，其余5%作为福利发给本厂职工。上述情形是否应缴纳消费税？

自产自用是指纳税人在生产应税消费品后，不是用于直接对外销售，而是用于自己连续生产或用于其他方面。自产自用应税消费品的形式，在实际经济活动中很常见，也是容易漏征漏管的情形。税法规定：纳税人自产自用应税消费品，用于连续生产应税消费品的，不纳税；用于其他方面的，于移送使用时纳税。

4.5.1 是否纳税的界定

1. 用于连续生产应税消费品的，不纳税

纳税人将自产应税消费品用于连续生产应税消费品，是指将自产的应税消费品作为生产最终应税消费品的直接材料或中间产品，构成最终产品实体的情形。例如，卷烟厂生产出烟丝，再用生产的烟丝继续生产卷烟。虽然烟丝是应税消费品，但用于生产卷烟的烟丝属于中间产品，不征消费税，也就是只对最终产品卷烟征收消费税，以避免对原材料或中间产品重复征收消费税。

2. 用于其他方面的，于移送使用时纳税

纳税人自产自用的应税消费品，除用于连续生产应税消费品以外，凡用于其他方面的，于移送使用时纳税，包括用于生产非应税消费品以及在建工程、管理部门、非生产机构、馈赠、赞助等其他用途。

（1）用于生产非应税消费品，是指将自产的应税消费品用于生产消费税税目以外的产品。例如，原油加工厂用生产出的汽油调和制成溶剂汽油，该溶剂汽油属于非应税消费品，该原油加工厂应就这种自产自用行为缴纳消费税。

（2）其他用途，是指将自产的应税消费品用于在建工程、管理部门、非生产机构、提供劳务，以及用于馈赠、赞助、集资、广告、样品、职工福利、奖励等。例如，石化工厂将自己生产的柴油提供给本厂基建工程的车辆、设备使用；汽车制造厂将生产出的小汽车提供给上级主管部门使用；小汽车生产企业将自己生产的小汽车赠送或赞助给汽车拉力赛赛车手使用，兼作商品广告；酒厂把生产的滋补药酒以福利的形式发给职工；等等。

政策实训

在下列行为中，既缴纳增值税又缴纳消费税的有（ ）。

A. 酒厂将自产的白酒赠送给协作单位

B. 卷烟厂将自产的烟丝移送用于生产卷烟

C. 汽车厂将自产的应税小汽车赞助给某艺术节组委会

D. 地板厂将生产的新型实木地板奖励给有突出贡献的职工

答案：ACD

解析：B属于将自产应税消费品用于连续生产应税消费品，不缴纳消费税，同时也不缴纳增值税。

4.5.2 计税价格的确定及税额的计算

纳税人自产自用应税消费品应当纳税的，按以下顺序确定销售额：

（1）按照纳税人生产的同类消费品的销售价格计算纳税。同类消费品的销售价格是指纳税人当月销售的同类消费品的销售价格，如果当月同类消费品各期销售价格高低不同，应按销售数量加权平均计算。但销售的应税消费品有下列情况之一的，不得列入加权平均计算：①销售价格明显偏低又无正当理由的；②无销售价格的。

（2）如果当月无销售或者当月未完结，应按照同类消费品上月或者最近月份的销售价格计算纳税。

（3）没有同类消费品销售价格的，按照组成计税价格计算纳税。

1）从价定率征收方式。

组成计税价格＝(成本＋利润)÷(1－比例税率)

应纳税额＝组成计税价格×比例税率

2）复合计税方式。

组成计税价格＝(成本＋利润＋自产自用数量×定额税率)÷(1－比例税率)

应纳税额＝组成计税价格×比例税率＋自产自用数量×定额税率

上述公式中的“成本”是指应税消费品的产品生产成本，“利润”是指根据应税消费品的全国平均成本利润率计算的利润，全国平均成本利润率由国家税务总局确定（见表4-3）。

表4-3 平均成本利润率

单位：%

应税消费品	利润率	应税消费品	利润率
1. 甲类卷烟	10	4. 烟丝	5
2. 乙类卷烟	5	5. 粮食白酒	10
3. 雪茄烟	5	6. 薯类白酒	5

续表

应税消费品	利润率	应税消费品	利润率
7. 其他酒	5	13. 高档手表	20
8. 高档化妆品	5	14. 游艇	10
9. 鞭炮、焰火	5	15. 木制一次性筷子	5
10. 贵重首饰及珠宝玉石	6	16. 实木地板	5
11. 摩托车	6	17. 乘用车	8
12. 高尔夫球及球具	10	18. 中轻型商用客车	5

法规运用案例

某化妆品公司将一批自产的高档化妆品用作职工福利，这批高档化妆品的成本为80 000元；另将新研制的高档化妆品用于广告样品，生产成本为20 000元。上述货物已全部发出，均无同类产品售价。高档化妆品的成本利润率为5%，消费税税率为15%。如何计算应缴纳的消费税?

解析：将高档化妆品用作职工福利、广告样品，均应视同销售缴纳消费税。由于无同类产品市场销售价格，按组成计税价格计税。

组成计税价格＝成本×(1＋成本利润率)÷(1－消费税税率)

＝(80 000＋20 000)×(1＋5%)÷(1－15%)

＝123 529.41（元）

应纳消费税税额＝123 529.41×15%＝18 529.41（元）

4.6 委托加工应税消费品应纳税额的计算

情景导入

甲企业委托乙企业加工一批焰火，双方协商决定：由乙企业以甲企业的名义购买原材料并进行加工，乙企业收到甲企业支付的材料款和加工费，并将完成加工的焰火移送甲企业。这项业务是否应按照委托加工应税消费品缴纳消费税?

4.6.1 委托加工应税消费品经营行为的确定

企业、单位或个人由于设备、技术、人力等方面的局限或其他方面的原因，常常要委托其他单位代为加工应税消费品，然后将加工好的应税消费品收回，直接销售或自己使用。委托加工是生产应税消费品的另一种形式，也需要纳入征收消费税的范围。

委托加工应税消费品是指由委托方提供原料和主要材料，受托方只收取加工费和代垫部分辅助材料加工的应税消费品。对于由受托方提供原材料生产的应税消费品，或者受托方先将原材料卖给委托方，然后再接受加工的应税消费品，以及由受托方以委托方名义购进原材料生产的应税消费品，不论纳税人在财务上是否作销售处理，都不得作为委托加工应税消费品，而应当按照销售自制应税消费品缴纳消费税。

4.6.2　纳税人与代收代缴义务人

对于委托加工应税消费品，委托方是消费税的纳税人，该笔税款由受托方（受托方是个人的除外，下同）在向委托方交货时代收代缴。

受托方是法定的代收代缴义务人，如果受托方对委托加工的应税消费品没有代收代缴或少代收代缴消费税，应按照《税收征管法》的规定承担相应的法律责任。对于受托方没有按规定代收代缴税款的，不能因此免除委托方补缴税款的责任。在对委托方进行税务检查时，如果发现受托方没有代收代缴税款，则应对受托方处以应代收代缴税款50%以上3倍以下的罚款；与此同时，委托方要补缴税款，对委托方补征税款的计税依据是：在检查时，收回的应税消费品已经直接销售的，按销售额计税；收回的应税消费品尚未销售或不能直接销售的（如收回后用于连续生产等），按组成计税价格计税。

为了加强对受托方代收代缴税款的管理，委托个人（含个体工商户）加工的应税消费品，由委托方收回后缴纳消费税。

4.6.3　计税价格的确定及税额的计算

委托加工应税消费品按照受托方的同类消费品销售价格计算纳税，没有同类消费品销售价格的，按照组成计税价格计算纳税。

实行从价定率办法计算纳税的组成计税价格计算公式为：

$$\text{组成计税价格}=(\text{材料成本}+\text{加工费})\div(1-\text{比例税率})$$

实行复合计税办法计算纳税的组成计税价格计算公式为：

$$\text{组成计税价格}=\left(\text{材料成本}+\text{加工费}+\text{委托加工数量}\times\text{定额税率}\right)\div\left(1-\text{比例税率}\right)$$

上述公式中的“材料成本”是指委托方所提供加工材料的实际成本。委托加工应税消费品的纳税人，必须在委托加工合同上如实注明（或以其他方式提供）材料成本，凡未提供材料成本的，受托方所在地主管税务机关有权核定其材料成本。

上述公式中的“加工费”是指受托方加工应税消费品向委托方收取的全部费用（包括代垫辅助材料的实际成本，不包括增值税税款）。

法规运用案例

某月，甲鞭炮生产企业受托为乙公司加工一批焰火，乙公司提供原材料的金额为60万元，甲企业收取不含增值税的加工费8万元。甲企业无同类产品的市场价格。焰火的适用税率为15%，如何计算甲企业应代收代缴的消费税？

解析：

组成计税价格=(60+8)÷(1−15%)=80（万元）

应代收代缴消费税=80×15%=12（万元）

4.6.4 委托方收回已税消费品用于销售的计税规定

对于委托加工的应税消费品，由于受托方在交货时已代收代缴消费税，委托方收回应税消费品后，如果以不高于受托方的计税价格出售，为直接出售，不再缴纳消费税；如果委托方以高于受托方的计税价格出售，不属于直接出售，需要按照规定申报缴纳消费税，但在计税时准予扣除受托方已代收代缴的消费税。

4.7 进口环节应纳消费税的计算

进口的应税消费品于报关进口时缴纳消费税；进口环节的消费税由海关代征；进口的应税消费品由进口人或其代理向报关地海关申报纳税；纳税人进口应税消费品，应当自海关填发进口消费税专用缴款书之日起15日内缴纳税款。

纳税人进口应税消费品，应按照组成计税价格和规定的税率计算应纳税额。其计算方法如下：

1. 从价定率计征方式

组成计税价格=(关税完税价格+关税)÷(1−消费税比例税率)

应纳税额=组成计税价格×消费税比例税率

公式中所称的“关税完税价格”是指海关核定的关税计税价格。

法规运用案例

某月，某商贸公司从国外进口一批应税消费品。这批应税消费品的关税完税价格为90万元，按规定缴纳关税18万元，进口应税消费品的消费税税率为10%。请计算这批消费品在进口环节应缴纳的消费税税额。

解析：

组成计税价格=(90+18)÷(1−10%)=120（万元）

应缴纳的消费税税额＝120×10％＝12（万元）

2. 从量定额计征方式

应纳税额＝应税消费品的进口数量×消费税定额税率

3. 复合计税方式

$$组成计税价格=\left(关税完税价格+关税+应税消费品的进口数量\times消费税定额税率\right)\div\left(1-消费税比例税率\right)$$

$$应纳税额=组成计税价格\times消费税比例税率+应税消费品的进口数量\times消费税定额税率$$

政策应用提示：

由于卷烟区分甲类卷烟与乙类卷烟，并分别适用不同的比例税率，故进口卷烟需要先计算每标准条卷烟的价格以确定适用税率。因此，进口卷烟组成计税价格的计算分为两步：

第一步，按组成计税价格公式确定每标准条进口卷烟的价格，公式中的比例税率统一适用36％，即

$$每标准条进口卷烟价格=\left(关税完税价格+关税+进口数量\times消费税定额税率\right)\div(1-36\%)$$

第二步，根据第一步的计算结果确定卷烟的适用税率，然后计算组成计税价格，即

$$组成计税价格=\left(关税完税价格+关税+进口数量\times消费税定额税率\right)\div(1-36\%或56\%)$$

4.8 已纳消费税的扣除

由于某些应税消费品是用外购或委托加工收回的已缴纳过消费税的产品连续生产出来的，为了避免重复征税，税法规定：用外购和委托加工收回的已税消费品继续生产应税消费品销售的，可按当期生产领用数量计算扣除以前环节的已纳消费税税额。

4.8.1 扣除范围

（1）以外购或者委托加工收回的已税烟丝为原料生产的卷烟。

（2）以外购或者委托加工收回的已税高档化妆品为原料生产的高档化妆品。

（3）以外购或者委托加工收回的已税珠宝玉石为原料生产的贵重首饰及珠宝玉石。

（4）以外购或者委托加工收回的已税鞭炮、焰火为原料生产的鞭炮、焰火。

（5）以外购或者委托加工收回的已税杆头、杆身和握把为原料生产的高尔夫球杆。

（6）以外购或者委托加工收回的已税木制一次性筷子为原料生产的木制一次性筷子。

(7) 以外购或者委托加工收回的已税实木地板为原料生产的实木地板。

(8) 以外购或者委托加工收回的已税汽油、柴油、石脑油、燃料油、润滑油为原料连续生产的应税成品油。

(9) 以外购或者委托加工收回的已税葡萄酒连续生产葡萄酒。

纳税人用外购的已税珠宝玉石生产的改在零售环节征收消费税的金银首饰(镶嵌首饰),在计税时一律不得扣除外购珠宝玉石的已纳税款。

对于自己不生产应税消费品,而只是购进后再销售应税消费品的工业企业,其销售的化妆品、鞭炮和焰火及珠宝玉石,凡不能构成最终消费品直接进入消费品市场,而需要进一步生产加工、包装、贴标或者组合的珠宝玉石、化妆品、鞭炮和焰火等,应当征收消费税,同时允许扣除上述外购应税消费品的已纳税款。

政策应用提示:

作为原料的已税消费品以及继续生产出的对应的应税消费品,均须符合税法规定的范围。

4.8.2 扣除计算方法

按当期生产领用数量计算扣除以前环节的已纳消费税税额。

1. 外购应税消费品已纳税款的扣除

$$\text{当期准予扣除的外购应税消费品已纳税款}=\text{当期准予扣除的外购应税消费品买价}\times\text{外购应税消费品适用税率}$$

$$\text{当期准予扣除的外购应税消费品买价}=\text{期初库存的外购应税消费品买价}+\text{当期购进的应税消费品买价}-\text{期末库存的外购应税消费品买价}$$

外购应税消费品买价是指购货发票上注明的销售额(不包括增值税税款)。

法规运用案例

甲鞭炮厂(一般纳税人)用外购已税的焰火继续加工高档焰火。某月销售高档焰火,开具的增值税专用发票上注明的销售额为1 000万元;当月外购焰火取得的增值税专用发票上注明的金额为400万元,月初库存外购焰火60万元,月末库存外购焰火50万元,上述价格均不含增值税。焰火的消费税税率为15%。如何计算当月鞭炮厂的应纳消费税?

解析:

应纳消费税=1 000×15%-(60+400-50)×15%=88.5(万元)

2. 委托加工收回的应税消费品已纳消费税的扣除

$$\begin{aligned}&\text{当期准予扣除的委托加工应税消费品已纳税款}\\&=\text{期初库存的委托加工应税消费品已纳税款}+\text{当期收回的委托加工应税消费品已纳税款}-\text{期末库存的委托加工应税消费品已纳税款}\end{aligned}$$

法规运用案例

某月，甲卷烟厂委托乙卷烟厂加工一批烟丝，甲、乙均为一般纳税人。甲厂提供的烟叶价值 48 700 元，乙厂收取加工费 15 000 元，增值税税额为 1 950 元，乙厂无同类烟丝的售价。甲厂收回烟丝后将其中的 60%用于连续加工卷烟。甲厂当月销售 10 个标准箱的乙类卷烟，取得不含税销售额 120 000 元，月初库存的委托加工烟丝已纳消费税 20 000 元，期末库存的委托加工应税烟丝已纳消费税 10 000 元。如何计算甲厂当月的应纳消费税?

解析：

准予扣除的委托加工
应税消费品已纳税款
=20 000+(48 700+15 000)÷(1−30%)×30%×60%−10 000
=26 380（元）

应纳消费税=120 000×36%+10×150−26 380=18 320（元）

4.9 特殊环节应纳消费税的计算

4.9.1 卷烟批发环节应纳消费税的计算

情景导入

甲贸易公司向乙卷烟零售店批发销售卷烟 200 条，取得不含税销售额 16 000 元；另向丙烟草批发企业批发销售卷烟 300 条，取得不含税销售额 45 000 元。甲贸易公司发生的上述两笔交易，是否应缴纳批发环节的消费税?

为了适当增加财政收入、完善烟产品消费税制度，自 2009 年 5 月 1 日起，在卷烟批发环节加征一道从价税。

(1) 纳税人。在我国境内从事卷烟批发业务的单位和个人。

纳税人销售给纳税人以外的单位和个人的卷烟于销售时纳税，纳税人之间销售的卷烟不缴纳消费税。

(2) 征税范围。纳税人批发销售的所有牌号、规格的卷烟。

(3) 适用税率。从价税税率为 11%，从量税税率为 0.005 元/支。

(4) 计税依据。纳税人批发卷烟的销售额（不含增值税）、销售数量。

纳税人应将卷烟销售额与其他商品销售额分开核算，未分开核算的，一并征收消费税。

纳税人兼营卷烟批发和零售业务的，应当分别核算批发和零售环节的销售额、销售数量；未分别核算批发和零售环节的销售额、销售数量的，按照全部销售额、销售数量计征批发环节消费税。

(5) 纳税义务发生时间。纳税人收讫销售款项或者取得索取销售款项凭据的当天。

(6) 纳税地点。卷烟批发企业的机构所在地，总机构与分支机构不在同一地区的，由总机构申报纳税。

(7) 卷烟消费税在生产和批发两个环节征收，批发企业在计算纳税时不得扣除已含的生产环节的消费税税款。

4.9.2 超豪华小汽车零售环节应纳消费税的计算

为了引导合理消费、促进节能减排，自2016年12月1日起，在生产（进口）环节按现行税率征收消费税的基础上，超豪华小汽车在零售环节加征一道消费税。

(1) 征税范围。每辆零售价格130万元（不含增值税）及以上的乘用车和中轻型商用客车，即乘用车和中轻型商用客车子税目中的超豪华小汽车。

(2) 纳税人。将超豪华小汽车销售给消费者的单位和个人为超豪华小汽车零售环节纳税人。

(3) 税率。税率为10%。

(4) 应纳税额的计算。

应纳税额＝零售环节销售额（不含增值税）×零售环节税率

具体政策提示：

国内汽车生产企业直接销售给消费者的超豪华小汽车，消费税税率按照生产环节税率和零售环节税率加总计算。

消费税应纳税额＝销售额(不含增值税)×(生产环节税率＋零售环节税率)

法规运用案例

某月，某汽车制造厂将生产的3辆气缸容量为2.5升的A型小汽车销售给消费者，A型小汽车的不含税销售价为50万元/辆；另将生产的气缸容量为4.0升的B型小汽车1辆销售给消费者，取得含税销售价156万元。如何计算上述业务的应纳消费税？

解析：(1) A型小汽车的气缸容量为2.5升，税率为9%。

销售A型小汽车应纳消费税＝3×50×9%＝13.5（万元）

(2) B型小汽车的气缸容量为4.0升，税率为25%。

不含税销售价＝156÷(1＋13%)＝138.05（万元）

属于超豪华小汽车，应加征零售环节消费税。

销售B型小汽车应纳消费税＝138.05×(25%＋10%)＝48.32（万元）

4.9.3 金银首饰应纳消费税的计算

对于既销售金银首饰，又销售非金银首饰的生产经营单位，应将两类商品划分清楚，分别核算销售额。凡划分不清楚或不能分别核算的，在生产环节销售的，一律从高适用税率征收消费税；在零售环节销售的，一律按金银首饰征收消费税。金银首饰与其他产品组成成套消费品销售的，应按销售额全额征收消费税。

带料加工的金银首饰，应按受托方销售同类金银首饰的销售价格确定计税依据并征收消费税；没有同类金银首饰销售价格的，按照组成计税价格计算纳税。

纳税人采用以旧换新（含翻新改制）方式销售的金银首饰，应按实际收取的不含增值税的价款确定计税依据并征收消费税。

4.10 出口应税消费品退（免）税

4.10.1 出口应税消费品适用的税收政策

情景导入

甲商贸企业委托乙外贸公司代理出口一批高档化妆品，乙外贸公司出口这批高档化妆品应适用哪种出口税收政策？

纳税人出口应税消费品，分别适用出口免税并退税、出口免税但不退税、出口不免税也不退税三种政策。

消费税的出口退税率为应税商品的征税率。

1. 出口免税并退税

出口免税并退税适用于有出口经营权的外贸企业购进应税消费品直接出口，以及外贸企业受其他外贸企业委托代理出口应税消费品。

政策应用提示：

外贸企业只有受其他外贸企业委托，代理出口应税消费品才可以办理退税，外贸企业受其他企业（主要是非生产性商贸企业）委托，代理出口应税消费品是不予退（免）税的。

2. 出口免税但不退税

出口免税但不退税适用于有出口经营权的生产性企业自营出口或生产性企业委托外贸企业代理出口自产应税消费品，依据其实际出口数量免征消费税，不予办理退还消费税。

由于该种情形已免征生产环节的消费税，也就是该应税消费品在出口时已不含消费税，因而无须再办理退还消费税。

3. 出口不免税也不退税

出口不免税也不退税适用于除生产性企业、外贸企业外的其他企业，具体是指一般商贸企业，这类企业委托外贸企业代理出口应税消费品，一律不予退（免）税。

4.10.2 退税率

消费税的出口退税率为应税商品的征税率。

4.10.3 出口退税的计算

出口货物的消费税应退税额的计税依据，按购进出口货物的消费税专用缴款书或海关进口消费税专用缴款书确定。

（1）属于从价定率计征消费税的，应退税额的计税依据为已征且未在内销应税消费品应纳税额中抵扣的购进出口货物金额。

$$消费税应退税额=购进出口货物金额\times比例税率$$

（2）属于从量定额计征消费税的，应退税额的计税依据为已征且未在内销应税消费品应纳税额中抵扣的购进出口货物数量。

$$消费税应退税额=购进出口货物数量\times定额税率$$

（3）属于复合计征消费税的，按从价定率和从量定额的计税依据分别确定。

$$\begin{matrix}消费税\\应退税额\end{matrix}=\begin{matrix}购进出口\\货物金额\end{matrix}\times\begin{matrix}比例\\税率\end{matrix}+\begin{matrix}购进出口\\货物数量\end{matrix}\times\begin{matrix}定额\\税率\end{matrix}$$

纳税人直接出口的应税消费品办理免税后，发生退关或国外退货，在复进口时已予以免税的，可暂不办理补税，待其转为国内销售的当月申报缴纳消费税。

法规运用案例

某月，某外贸企业购进一批高尔夫球包用于出口，取得的增值税专用发票上注明的外购金额为 300 万元，增值税税额为 39 万元。这批高尔夫球包到达出口口岸的境内运输、保险等费用共计 10 万元，出口离岸价格为 380 万元。高尔夫球包的消费税税率为 10%，如何计算该外贸企业应退消费税税额？

解析：实行从价计税方法计征消费税的应税消费品，应以外贸企业从工厂购进该应税消费品时取得的增值税专用发票上注明的价格作为退税依据，并依此计算应退消费税税额。

$$应退消费税税额=300\times10\%=30（万元）$$

法规运用案例

某外贸公司从生产企业购进一批高档化妆品，取得的增值税专用发票上注明的价款为 30 万元，增值税税额为 3.9 万元，支付购买高档化妆品的运输费用 2 万元。当月，这批高档化妆品全部出口并取得销售收入 40 万元。高档化妆品的增值税退税率为 13%，消费税税率为 15%，如何计算该外贸公司出口高档化妆品应退的增值税和消费税？

解析：

应退增值税＝30×13％＝3.9（万元）

应退消费税＝30×15％＝4.5（万元）

4.11 征收管理

4.11.1 纳税义务发生时间

（1）纳税人销售应税消费品，其纳税义务发生时间为：

1）纳税人采取赊销和分期收款结算方式的，为书面合同约定的收款日期的当天，书面合同没有约定收款日期或者无书面合同的，为发出应税消费品的当天。

2）纳税人采取预收货款结算方式的，其纳税义务发生时间为发出应税消费品的当天。

3）纳税人采取托收承付和委托银行收款方式销售的应税消费品，其纳税义务发生时间为发出应税消费品并办妥托收手续的当天。

4）纳税人采取其他结算方式的，其纳税义务发生时间为收讫销售款项或者取得索取销售款项凭据的当天。

（2）纳税人自产自用应税消费品，其纳税义务发生时间为移送使用的当天。

（3）纳税人委托加工应税消费品，其纳税义务发生时间为纳税人提货的当天。

（4）纳税人进口应税消费品，其纳税义务发生时间为报关进口的当天。

4.11.2 计税期间与缴款期限

消费税的计税期间分别为 1 日、3 日、5 日、10 日、15 日、1 个月或者 1 个季度。纳税人的具体纳税期限由主管税务机关根据纳税人应纳税额的大小分别核定；不能按照固定期限纳税的，可以按次纳税。

纳税人以 1 个月或以 1 个季度为一期纳税的，自期满之日起 15 日内申报纳税；以 1 日、3 日、5 日、10 日或者 15 日为一期纳税的，自期满之日起 5 日内预缴税款，于次月 1 日起至 15 日内申报纳税并结清上月应纳税款。

纳税人进口应税消费品，应当自海关填发进口消费税专用缴款书之日起 15 日内缴纳税款。

4.11.3 纳税地点

（1）对于纳税人销售的应税消费品以及自产自用的应税消费品，除国务院财政、税务主管部门另有规定外，应当向纳税人机构所在地或者居住地的主管税务机关申报纳税。

（2）对于委托加工的应税消费品，除受托方为个人外，由受托方向机构所在地或者居住地的主管税务机关申报纳税。

（3）对于进口的应税消费品，由进口人或其代理向报关地海关申报纳税。

（4）纳税人到外县（市）销售或者委托外县（市）代销自产应税消费品的，于应税消费品销售后，向机构所在地或者居住地主管税务机关申报纳税。

纳税人的总机构与分支机构不在同一县（市），但在同一省（自治区、直辖市）范围内，经省（自治区、直辖市）财政厅（局）、税务局审批同意，可以由总机构汇总后向总机构所在地的主管税务机关申报缴纳消费税，同时应将审批同意结果上报财政部、国家税务总局备案。

4.11.4 消费税的退还

纳税人销售的应税消费品，因质量等原因发生退货的，其已缴纳的消费税税款可予以退还。纳税人在办理退税手续时，应将开具的红字增值税发票、退税证明等资料报主管税务机关备案。主管税务机关在核对无误后办理退税。

【综合案例4-2】甲涂料生产公司（以下简称“甲公司”）为增值税一般纳税人。涂料的消费税税率为4%。某月，甲公司发生如下业务：

（1）以直接收款方式销售涂料，取得不含税销售额350万元；以预收货款方式销售涂料，取得不含税销售额200万元，本月已发出销售涂料的80%。

（2）赠送给某医院20桶涂料用于装修，将100桶涂料用于换取其他厂家的原材料。当月，涂料的不含税平均销售价为500元/桶，最高不含税销售价为540元/桶。

（3）委托乙厂加工涂料，双方约定由甲公司提供原材料，材料的成本为80万元，乙厂开具的增值税专用发票上注明的加工费为10万元（含代垫辅助材料费用1万元）、增值税税额为1.3万元。乙厂无同类产品对外销售。

（4）收回委托乙厂加工的涂料并于本月售出80%，取得不含税销售额85万元。

请按顺序计算或回答下列问题：

（1）计算业务(1)中甲公司的应纳消费税。

（2）计算业务(2)中甲公司的应纳消费税。

（3）计算业务(3)中由乙厂代收代缴的消费税。

（4）说明业务(4)中甲公司是否应缴纳消费税。如果需要缴纳，计算消费税的应纳税额。

答案：（1）业务(1)中甲公司以直接收款方式销售涂料的应纳消费税为：

$$350\times4\%=14\text{（万元）}$$

以预收货款方式销售涂料的应纳消费税为：

$$200\times80\%\times4\%=6.4\text{（万元）}$$

（2）业务(2)中甲公司无偿赠送涂料的应纳消费税为：

$20\times500\div10\ 000\times4\%=0.04$（万元）

业务(2)中甲公司换取原材料的应纳消费税为：

$100\times540\div10\ 000\times4\%=0.22$（万元）

(3) 业务(3)中由乙厂代收代缴的消费税为：

$(80+10)\div(1-4\%)\times4\%=3.75$（万元）

(4) 受托方的计税价格为：

$(80+10+3.75)\times80\%=75$（万元）

由于销售额85万元大于计税价格，甲公司应缴纳消费税。

甲公司应纳税额$=85\times4\%-75\times4\%=0.4$(万元)

4.11.5 消费税的纳税申报

《消费税及附加税费申报表》见表4-4。

表4-4 消费税及附加税费申报表

（一般纳税人适用）

税款所属期：自　　年　月　日至　　年　月　日

纳税人识别号（统一社会信用代码）：□□□□□□□□□□□□□□□□□□□□□□□□□

纳税人名称：　　　　　　　　　　　　　　　　金额单位：人民币元（列至角分）

应税消费品名称	适用税率		计量单位	本期销售数量	本期销售额	本期应纳税额
	定额税率	比例税率				
	1	2	3	4	5	6=1×4+2×5
合计	—	—	—	—	—	
				栏次	本期税费额	
本期减（免）税额				7		
期初留抵税额				8		
本期准予扣除税额				9		
本期应扣除税额				10=8+9		
本期实际扣除税额				11［10<(6-7)，则为10，否则为6-7］		

<table>
<tr><td>期末留抵税额</td><td>12＝10－11</td><td></td></tr>
<tr><td>本期预缴税额</td><td>13</td><td></td></tr>
<tr><td>本期应补（退）税额</td><td>14＝6－7－11－13</td><td></td></tr>
<tr><td>城市维护建设税本期应补（退）税额</td><td>15</td><td></td></tr>
<tr><td>教育费附加本期应补（退）费额</td><td>16</td><td></td></tr>
<tr><td>地方教育附加本期应补（退）费额</td><td>17</td><td></td></tr>
<tr><td colspan="3">声明：此表是根据国家税收法律法规及相关规定填写的，本人（单位）对填报内容（及附带资料）的真实性、可靠性、完整性负责。
纳税人（签章）： 年 月 日</td></tr>
<tr><td>经办人：
经办人身份证号：
代理机构签章：
代理机构统一社会信用代码：</td><td colspan="2">受理人：
受理税务机关（章）：
受理日期： 年 月 日</td></tr>
</table>

第5章 城市维护建设税和教育费附加

导语：城市维护建设税和教育费附加均对从事经营活动，缴纳增值税、消费税的单位和个人征收，并均以纳税人实际缴纳的增值税、消费税税额为计税依据，随增值税、消费税同时征收，其本身没有特定的课税对象。教育费附加收入实行专款专用，在城市维护建设税开征后，曾规定专款专用，但随着预算制度的不断改革，自2016年起，其收入已纳入一般公共预算统筹安排，不再指定专项用途。

教学目标：

1. 掌握城市维护建设税的纳税人与征税范围。
2. 掌握城市维护建设税的税率、税基与税额的计算。
3. 掌握城市维护建设税的税收优惠。
4. 掌握教育费附加、地方教育附加的计算。

5.1 城市维护建设税

1985年2月8日，国务院发布了《中华人民共和国城市维护建设税暂行条例》，并自同年1月1日起实施。2020年8月11日，第十三届全国人民代表大会常务委员会第二十一次会议通过《中华人民共和国城市维护建设税法》，并自2021年9月1日起施行。

城市维护建设税的主要特点如下：①属于一种附加税，以纳税人实际缴纳的增值税、消费税税额为计税依据，随增值税、消费税同时征收，其征管方法也比照增值税、消费税的有关规定办理。②根据城镇规模设计不同的比例税率。

城市维护建设税的征收以增值税、消费税的应纳税额作为计税依据，保证了税源的充足。历史上曾长期实行专款专用，对补充城市维护建设资金的不足发挥了积极的作用，也充分调动了地方政府协税、护税、征税的积极性。

5.1.1 纳税人与征税范围

在我国境内缴纳增值税、消费税的单位和个人，为城市维护建设税的纳税人。城市维护建设税的纳税义务发生时间与增值税、消费税的纳税义务发生时间一致，与增值税、消费税同时缴纳。城市维护建设税的纳税义务发生时间与两税的纳税义务发生时间一致，并与两税同时缴纳。同时缴纳是指在缴纳两税时，应当在两税同一缴纳地点、同一缴纳期限内，一并缴纳对应的城市维护建设税。

采用委托代征、代扣代缴、代收代缴、预缴、补缴等方式缴纳两税的，应当同时缴纳城市维护建设税。

城市维护建设税的扣缴义务人为负有增值税、消费税扣缴义务的单位和个人，在扣缴增值税、消费税的同时，还需要扣缴城市维护建设税。

对进口货物或者境外单位和个人向境内销售劳务、服务、无形资产缴纳的增值税、消费税税额，不征收城市维护建设税。

对出口产品退还增值税、消费税的，不退还已缴纳的城市维护建设税。经税务局正式审核批准的当期免、抵的增值税税额应纳入城市维护建设税和教育费附加的计征范围，分别按规定的税（费）率征收城市维护建设税和教育费附加。

5.1.2 税率、计税依据和应纳税额的计算

根据纳税人所在地的不同，设置三档地区差别比例税率。

（1）纳税人所在地为市区的，税率为7%。

（2）纳税人所在地为县城、镇的，税率为5%。撤县建市后，城市维护建设税的适用税率为7%。

（3）纳税人所在地不在市区、县城或者镇的，税率为1%；开采海洋石油资源的中外合作油（气）田所在地在海上，其城市维护建设税适用1%的税率。

市区、县城、镇按照行政区划确定。行政区划变更的，自变更完成当月起适用新行政区划对应的城市维护建设税税率，纳税人在变更完成当月的下一个纳税申报期按新税率申报缴纳。

城市维护建设税的适用税率应当按纳税人所在地的规定税率执行。但是，对于下列两种情况，可按缴纳增值税、消费税所在地的规定税率就地缴纳城市维护建设税：

（1）由受托方代扣代缴、代收代缴增值税、消费税的单位和个人，其代扣代缴、代收代缴的城市维护建设税按受托方所在地适用税率执行。

（2）流动经营等无固定纳税地点的单位和个人，在经营地缴纳增值税、消费税的，

其城市维护建设税的缴纳按经营地适用税率执行。

5.1.3 计税依据和应纳税额的计算

1. 计税依据

城市维护建设税的计税依据为纳税人依法实际缴纳的增值税、消费税税额。

依法实际缴纳的两税税额是指纳税人依照增值税、消费税相关法律法规和税收政策规定计算的应当缴纳的两税税额（不含因进口货物或境外单位和个人向境内销售劳务、服务、无形资产缴纳的两税税额），加上增值税免抵税额，扣除直接减免的两税税额和期末留抵退税退还的增值税税额后的金额。

城市维护建设税的计税依据＝依法实际缴纳的增值税税额＋依法实际缴纳的消费税税额

依法实际缴纳的增值税税额＝纳税人依照增值税相关规定计算应当缴纳的增值税税额＋增值税免抵税额－直接减免的增值税税额－留抵退税额

依法实际缴纳的消费税税额＝纳税人依照消费税相关规定计算应当缴纳的消费税税额－直接减免的消费税税额

其中，直接减免的两税税额是指依照增值税、消费税相关规定直接减征或免征的两税税额，不包括实行先征后返、先征后退、即征即退办法退还的两税税额。

政策应用提示：

（1）留抵退税额仅允许在按照一般计税方法确定的城市维护建设税计税依据中扣除。当期未扣除完的余额，在以后纳税申报期可按规定继续扣除。纳税人自收到留抵退税额之日起，应当在下一个纳税申报期从城市维护建设税的计税依据中扣除。

（2）对增值税免抵税额征收的城市维护建设税，纳税人应在税务机关核准免抵税额的下一个纳税申报期内向主管税务机关申报缴纳。

（3）纳税人违反增值税、消费税有关税法而加收的滞纳金和罚款，是税务机关对纳税人违法行为的处罚，不作为城市维护建设税的计税依据，但纳税人在被查补增值税、消费税和被处以罚款时，应同时对其少缴的城市维护建设税进行补税、征收滞纳金，并处罚款。

2. 应纳税额的计算

应纳税额＝纳税人实际缴纳的增值税、消费税税额×适用税率

法规运用案例

某工业生产企业位于县城，2021 年 9 月收到增值税留抵退税额 50 000 元，已核准增值税免抵税额 100 000 元（其中，涉及出口货物 60 000 元，涉及增值税零税率应税服务 40 000 元）。10 月，享受直接减免增值税优惠（不包含先征后退、即征即退）后缴纳增值税 560 000 元。税务机关在检查中发现该企业以前月份以虚报收入的方式少缴增值税 60 000 元，税务机关对其征收滞纳金 4 800 元，罚款 35 000 元。如何计算该企业在 2021 年 10 月应缴纳的城市维护建设税？

解析：

应纳城市维护建设税=(560 000+60 000+100 000−50 000)×5%
=33 500（元）

法规运用案例

某企业位于县城，2021 年 9 月撤县设区，该企业当月实际缴纳增值税 500 000 元，缴纳消费税 400 000 元。如何计算该企业的应纳城市维护建设税税额？

解析：

应纳城市维护建设税=(500 000+400 000)×7%=63 000（元）

法规运用案例

2021 年 8 月，位于某市的甲企业缴纳增值税 50 万元，其中含进口环节增值税 13 万元；缴纳消费税 30 万元，其中含进口环节消费税 10 万元。如何计算该企业的应纳城市维护建设税？

解析：

应纳城市维护建设税=(50−13+30−10)×7%=3.99(万元)

5.1.4 税收优惠

城市维护建设税原则上不单独减免，但因其附加税的性质，当主税发生减免时，城市维护建设税相应发生税收减免。

(1) 对黄金交易所会员单位通过黄金交易所销售且发生实物交割的标准黄金，免征城市维护建设税。

(2) 对上海期货交易所会员和客户通过上海期货交易所销售且发生实物交割并已出库的标准黄金，免征城市维护建设税。

(3) 为支持国家重大水利工程建设，对国家重大水利工程建设基金，免征城市维护建设税。

根据国民经济和社会发展的需要，国务院对重大公共基础设施建设、特殊产业和群体以及重大突发事件应对等情形可以规定减征或者免征城市维护建设税，报全国人民代表大会常务委员会备案。

5.1.5 征收管理

城市维护建设税的纳税义务发生时间与增值税、消费税的纳税义务发生时间一致，分别在缴纳两税的同一缴纳地点、同一缴纳期限内，一并缴纳对应的城市维护建设税。以委托代征、代扣代缴、代收代缴、预缴、补缴等方式缴纳两税的，也应当同时缴纳城市维护建设税。

因纳税人多缴发生的增值税、消费税退税，同时退还已缴纳的城市维护建设税。

增值税、消费税实行先征后返、先征后退、即征即退的，除另有规定外，不予退还随增值税、消费税附征的城市维护建设税。“另有规定”主要是指在增值税实行即征即退等情形下，城市维护建设税可以给予免税的特殊规定。例如，《财政部、国家税务总局关于黄金税收政策问题的通知》（财税［2002］142 号）规定：黄金交易所会员单位通过黄金交易所销售标准黄金（持有黄金交易所开具的《黄金交易结算凭证》），发生实物交割的，由税务机关按照实际成交价格代开增值税专用发票，并实行增值税即征即退的政策，同时免征城市维护建设税。

5.2 教育费附加和地方教育附加

教育费附加和地方教育附加是对缴纳增值税、消费税的单位和个人，就其实际缴纳的税额为计算依据征收的一种附加费。

教育费附加是为加快地方教育事业、扩大地方教育经费的资金而在全国范围内征收的一种专用基金。国务院于 1986 年 4 月 28 日颁布了《征收教育费附加的暂行规定》，自同年 7 月 1 日起在全国范围内征收教育费附加。

自 2006 年 9 月 1 日起施行的《中华人民共和国教育法》规定：“税务机关依法足额征收教育费附加，由教育行政部门统筹管理，主要用于实施义务教育。省、自治区、直辖市人民政府根据国务院的有关规定，可以决定开征用于教育的地方附加费，专款专用。”2010 年，财政部下发了《关于统一地方教育附加政策有关问题的通知》，对各省、市、自治区的地方教育附加进行了统一。

5.2.1 征税范围及计征依据

教育费附加和地方教育附加对缴纳增值税、消费税的单位和个人征收，以其实际缴纳的增值税、消费税税款为计征依据，分别与增值税、消费税同时缴纳。

5.2.2 计征比率

教育费附加的计征比率曾几经变化。在 1986 年开征时，规定为 1%；1990 年 6 月，《征收教育费附加的暂行规定》中规定为 2%；按照 1994 年 2 月 7 日《国务院关于教育费附加征收问题的紧急通知》的规定，现行教育费附加的征收比率为 3%。

地方教育附加的征收率从 2010 年起统一为 2%。

5.2.3 教育费附加和地方教育附加的计算

按照实际缴纳的增值税、消费税乘以具体适用费率计算。其计算公式为：

$$\begin{matrix}\text{应纳教育费附加} \\ \text{或地方教育附加}\end{matrix} = \begin{matrix}\text{实际缴纳的} \\ \text{增值税、消费税}\end{matrix} \times \begin{matrix}\text{征收比率} \\ \text{(3\%或 2\%)}\end{matrix}$$

政策实训

2021年10月，某企业实际缴纳增值税300 000元，缴纳消费税300 000元。如何计算该企业当月应缴纳的教育费附加和地方教育附加？

解析：

应纳教育费附加=(300 000+300 000)×3%=18 000（元）

应纳地方教育附加=(300 000+300 000)×2%=12 000（元）

5.2.4 教育费附加和地方教育附加的减免规定

（1）对海关进口产品征收的增值税、消费税，不征收教育费附加。

（2）对由于减免增值税、消费税而发生退税的，可同时退还已征收的教育费附加。但对出口产品退还增值税、消费税的，不退还已征收的教育费附加。

（3）对国家重大水利工程建设基金，免征教育费附加。

第6章 关税

导语：关税是对进出关境的货物和物品征收的特定税种。关税主要是进口关税，出口关税较少。通过价格机制的传导，关税对相关行业的生产、贸易以及公众消费产生影响，最终影响收入再分配格局。我国于2001年加入世界贸易组织，当时承诺将关税总水平降到10%，2010年实际已降到9.8%，2019年的关税总水平进一步降至7.5%。作为全球最大的货物贸易国，2019年我国进口货物贸易超过14万亿元，关税制度对这些进口商品以及对外贸易会产生直接影响。

教学目标：

1. 了解关税的类型。
2. 掌握征税对象与纳税人。
3. 掌握进口关税的税率形式及适用范围。
4. 理解原产地规则。
5. 掌握进口货物关税完税价格、出口货物关税完税价格的确定。
6. 了解税收优惠与征收管理。

6.1 关税的类型

6.1.1 以货物和物品流向为标准，分为进口关税和出口关税

进口关税是以进口货物为征税对象征收的关税，出口关税是以出口货物为征税对象征收的关税。现代关税主要是进口关税，因为各国都鼓励出口，所以流转税还实施

出口退税以增加本国产品在国际市场上的竞争力。出口关税非常少，主要用于两个方面：一是保护本国资源，如挪威对出口木材征收关税，我国对出口铬、铁等商品征收关税；二是避免贸易摩擦，如巴西对出口咖啡征收关税、古巴对出口烟草征收关税，主要是避免贸易顺差过大。

6.1.2 以课征目的为标准，分为财政关税和保护关税

财政关税是以增加国家财政收入为目的而征收的关税，保护关税是为保护本国产业发展而征收的关税。关税的这两个作用很难截然分开，征收关税必然同时产生收入和产业保护的双重作用。但在不同时期，由于主要目的不同，征税方式、税率选择等必然存在差异。关税的这一分类其实也显示了关税的历史发展过程。在历史上，关税曾经是很多国家财政收入的重要来源。比如在17世纪末，很多欧洲国家的关税收入占其财政收入的80%以上。1902年美国的关税收入占其政府税收总额的47.4%。随着经济全球化的发展，很多国家先后放弃了财政关税政策，以促进贸易发展。

6.1.3 以是否按关税税则征收为标准，分为正税和附加税

正税是按税则规定的商品编码和税率征收的关税。关税税则是通过一定的立法程序公布实施的关税税率表，是具有稳定性的法律规范，税率在税则中详细列明，税则中商品分类精细，以便对不同商品实行差别关税。

附加税是税则外临时征收的关税，即由于特殊需要，临时公布征收的关税。通常是在国内相关行业受到重大损害时加征的关税，包括反补贴税、反倾销税、报复性关税等，又称特别关税。例如，我国针对特朗普政府的关税战发起了三轮反制，加征的关税就属于附加税。

6.1.4 按计征方法不同，分为从价税、从量税、复合税、选择税、滑准税

1. 从价税

以货物的价格或者价值为征税标准。海关计征关税主要采用从价税，绝大多数进出口货物采用从价计征的方法。

2. 其他计征方法

(1) 从量税。从量税是以货物的数量、重量、体积、容量等计量单位为计税标准，目前我国仅对原油、胶卷等进口商品征收从量税。

(2) 复合税。对某种进口货物同时采用从价、从量两种税率征收，目前我国仅对部分摄像机、数字照相机和摄录一体机等进口商品征收复合税。

法规运用案例

某公司从国外进口税号为8525801200的非特种用途广播级电视摄像机1台，适用

的最惠国税率为：完税价格不高于 32 523 元/台，税率为 5.8%；完税价格高于 32 523 元/台，税率为 3%+9 728 元/台。该摄像机的 CIF 价为 16 000 美元，征税日美元与人民币的外汇中间价为 1∶6.41。如何计算应纳关税？

解析：折合成人民币的进口摄像机 CIF 价为：

16 000×6.41=102 560（元）

该价格大于 32 523 元，因而适用税率为 3%+9 728 元/台。

应纳关税=102 560×3%+9 728=12 804.8（元）

（3）选择税。选择税是对一种进口商品同时规定有从价和从量两种税率，但在征税时选择其中一种征税。一般选择税额较高的征收，在特殊情况下（如迫切需要进口某种商品）也可按税额较小的征收。

（4）滑准税。滑准税是指关税税率随进口商品的价格由高至低而由低至高设置的关税征收方法。具体说来，进口商品的价格越高，关税税率越低；进口商品的价格越低，关税税率越高。滑准税旨在保持特定商品国内市场价格的相对稳定，使其不受国际市场价格波动的影响。我国对棉花实行滑准税，还曾对进口新闻纸实行过滑准税。

6.2 关税的征税对象与纳税人

6.2.1 征税对象

关税的征税对象是进出我国关境的货物和物品。

（1）货物和物品的区分。货物是指贸易性商品，比如外贸公司进口商品用于销售，企业进口原材料、设备用于生产等；物品是非贸易性的个人物品，包括入境旅客随身携带的行李物品、个人邮递物品、各种运输工具上的服务人员携带进口的自用物品、馈赠物品等，强调自用。为了简便征管，这些个人物品的关税并不是单独征收的，而是把关税和进口环节的增值税、消费税合并，征收行李物品和个人邮递物品进口税（以下简称“行邮税”）。行邮税将进口物品分为三类，分别适用不同的进口税税率（见表 6-1）。

表 6-1 行李物品和个人邮递物品进口税税率表

税目序号	物品名称	税率（%）
1	书报、刊物、教育用影视资料；计算机、视频摄录一体机、数字照相机等信息技术产品；食品、饮料；金银；家具；玩具，游戏用品，节日或其他娱乐用品；药品	13

续表

税目序号	物品名称	税率（%）
2	运动用品（不含高尔夫球及球具）、钓鱼用品；纺织品及其制成品；电视摄像机及其他电器用具；自行车；税目1、3中未包含的其他商品	20
3	烟、酒；贵重首饰及珠宝玉石；高尔夫球及球具；高档手表；高档化妆品	50

拓展思考：跨境电商零售进口商品应按货物还是个人物品征税？

自2016年4月8日起，跨境电子商务零售（企业对消费者，即B2C）进口商品，按照货物征收关税和进口环节增值税、消费税，不再适用行邮税的征收方法。

（2）关境与国境的区分。关境是指一国的海关法得以有效实施的全部领域。关境与国境并不完全吻合，欧盟等关税同盟的存在使其成员国的关境大于国境；相反，一国境内自贸港、自贸区的设立会使关境小于国境。例如，我国设立的海南自贸港，就会使关境范围发生变化。

6.2.2 纳税人

对于贸易型货物来说，进口货物的收货人、出口货物的发货人都是关税的纳税人。进出境物品的纳税人是物品的所有人或者推定所有人。在一般情况下，对携带进境的物品，推定其携带人为所有人；对分离运输的行李，推定相应的进出境旅客为所有人；对以邮递方式进境的物品，推定其收件人为所有人；对以邮递或其他运输方式出境的物品，推定其寄件人或托运人为所有人。

6.3 税率及原产地规则

6.3.1 税率形式及适用范围

我国出口税则为单式税则，只有一栏税率，就是出口税率，较为简单。进口税则采用复式税则，即同一税则号列（商品编码）存在不同的关税税率，包括最惠国税率、协定税率、特惠税率、普通税率、关税配额税率等。对进口货物在一定期限内还可以实行暂定税率。对来自不同国家和地区的货物，可以根据进口货物的原产地以及与我国的相关协议选择适用。

1. 最惠国税率

最惠国税率是对大多数国家进口货物适用的税率。用于以下三种情形：①原产于与我国共同适用最惠国待遇条款的WTO成员的进口货物；②原产于与我国签订有相互给予最惠国待遇条款的双边贸易协定的国家或地区的进口货物；③原产于我国境内的进口货物。

最惠国税率的适用面广，但不是最优惠的税率，各国或区域间可以通过签订协议实施更优惠的关税待遇。

2. 协定税率

协定税率是两个或两个以上国家通过缔结条约或贸易协定相互给予的优惠待遇，适用原产于与我国签有关税优惠条款协议的缔约方的进口货物，包括原产于《亚洲-太平洋贸易协定》缔约方的货物，原产于《中国-东盟自由贸易协定》缔约方的货物等。另外，我国与新加坡、智利、秘鲁、新西兰等都有协定关税。例如，自 2019 年 3 月 1 日起，我国对原产于智利的部分进口货物适用协定税率。

3. 特惠税率

特惠税率主要表现为经济较发达国家给予发展中国家最优惠的关税税率，通常是单方给予的、非互惠的，与前两种相互给予的优惠待遇不同。我国特惠税率的适用对象主要是最不发达的非洲国家，以及老挝、柬埔寨、缅甸等亚洲国家。

4. 普通税率

对原产于上述国家或地区以外的其他国家或地区的进口货物，以及原产地不明的进口货物，适用普通税率。

上述四种税率形式为进口关税的基本税率形式，进口货物按照原产地国家或地区与我国的相关协议选择较低税率征税。在一般情况下，税率由高至低可排列为普通税率、最惠国税率、协定税率、特惠税率。例如，根据 2021 年的进口税则，税则号列为 0201.1000 的货品是整头及半头鲜冷牛肉，其适用的最惠国税率为 20%，原产于瑞士的适用协定税率为 8%，原产于澳大利亚的适用协定税率为 10%，原产于柬埔寨、老挝的适用特惠税率为 0，普通税率为 70%。

5. 暂定进口税率

暂定进口税率是指对部分进口货物在最惠国税率的基础上临时降低一定幅度的优惠税率，一般根据国民经济发展的实际需要进行调整。

近年来，我国以暂定税率方式降低关税的覆盖面非常广，包括药品、医疗器材、节能环保产品等。例如，《国务院关税税则委员会关于 2021 年关税调整方案的通知》（税委会［2020］33 号）规定：自 2021 年 1 月 1 日起，对 883 项商品实施低于最惠国税率的进口暂定税率。

政策应用提示：

1. 适用最惠国税率的进口货物有暂定税率的，优先适用暂定税率。
2. 适用协定税率、特惠税率的进口货物有暂定税率的，从低适用税率。
3. 适用普通税率的进口货物，不能适用暂定税率。

6. 关税配额税率

关税配额税率是指实行关税配额管理的进口货物，在配额内进口的货物所适用的税率。例如，2021 年我国羊毛的普通税率为 50%，最惠国税率为 38%，配额税率为 1%。

6.3.2 原产地规则

由于大多数国家都根据进口货物的不同来源分别给予不同的待遇，所以在实行差别关税的国家，进口货物的原产地（origin）是决定其能否享受关税优惠待遇的重要依据，因而判定进口货物的原产地是正确适用进口关税税率的前提。

原产地是指货物的来源地，也就是根据一定的规则和标准来确定生产和制造某种产品的国家、单独关税区或由国家、单独关税区组成的区域贸易集团。

☞知识链接

优惠原产地规则与非优惠原产地规则

根据适用对象的不同，原产地规则分为优惠原产地规则与非优惠原产地规则。优惠原产地规则是指一国为了实施国别优惠政策而制定的法律法规，是通过双边、多边协定形式或是由本国自主制定的一些特殊原产地认定标准，又称协定原产地规则。优惠原产地规则具有很强的排他性，其优惠范围只是原产地为受惠国（地区）的进口货物。优惠原产地规则是自由贸易协定的主要内容之一，作为谈判双方博弈的结果，既要使本国利益最大化，又要与谈判各方实现共赢，因而它与非优惠原产地规则有很大区别。

非优惠原产地规则是一国根据实施其海关税则和其他贸易措施的需要，由本国立法自主制定的，又称自主原产地规则。非优惠原产地规则适用于实施最惠国待遇、反倾销和反补贴、保障措施、原产地标记管理、国别数量限制、关税配额等非优惠性贸易措施以及进行政府采购、贸易统计等活动对进出口货物原产地的确定。按照WTO的规定，实施非优惠性贸易政策措施的原产地规则必须遵守最惠国待遇原则，《WTO协调非优惠原产地规则》正在统一协调中，完成后，世界贸易组织成员将实施统一的非优惠原产地规则，以取代各国自主制定的非优惠原产地规则。

以我国为例，《中华人民共和国进出口货物原产地条例》是规范我国非优惠原产地规则的主要法律文件，而实施国别优惠政策的优惠原产地的确定规则，则是在参考非优惠原产地规则并进行谈判的基础上，依照我国缔结或者参加的国际条约、协定的有关规定另行分别制定的。

根据《中华人民共和国进出口货物原产地条例》，进出口货物原产地的确定标准包括完全获得标准和实质性改变标准。

1. 完全在一个国家（地区）获得的货物，以该国（地区）为原产地

完全在一个国家（地区）获得的货物，包括：在该国（地区）出生并饲养的活的动物，野外捕捉、捕捞、搜集的动物，收获的植物和植物产品，采掘的矿物；从该国（地区）的活的动物获得的未经加工的物品；在该国（地区）生产过程中产生的只能弃置或者回收用作材料的废碎料，收集的不能修复或修理的物品或者从该物品中回收的零件或材料；由合法悬挂该国旗帜的船舶从其领海以外海域获得的海洋捕捞物和其他物品以及在加工船上对其加工获得的产品；从该国领海以外享有专有开采权的海床或者海床底土获得的物品；在该国（地区）完全从上述物品中生产的产品。

2. 两个以上国家（地区）参与生产的货物，以最后完成实质性改变的国家（地区）为原产地

情景导入

位于A国的某厂商将一批葡萄运往B国，在B国加工成葡萄酒，再由位于B国的企业将葡萄酒卖给中国某进出口公司，葡萄的四位数级税目为0806，葡萄酒的四位数级税目为2204，如何确定该批葡萄酒的原产地？

实质性改变以税则归类改变为基本标准；税则归类改变不能反映实质性改变的，以从价百分比、制造或者加工工序等为补充标准。

（1）税则归类改变标准是指在某一国家（地区）对非该国（地区）原产材料进行制造、加工后，所得货物在《中华人民共和国海关进出口税则》中的四位数级税目归类发生了变化。例如，用其他国家或地区生产的零部件组装收音机，由于收音机与零部件的税号不同，故收音机的组装地就是原产地。

情景解析：

葡萄酒与葡萄的四位数级税目归类发生了变化，属于完成实质性改变，应以最终完成实质性改变的国家B国为原产地。

（2）从价百分比标准是指在某一国家（地区）对非该国（地区）原产材料进行制造、加工后的增值部分超过了所得货物价值的30%。

（3）制造或者加工工序标准是指在某一国家（地区）进行的赋予制造、加工后所得货物基本特征的主要工序。比如生产衬衫，发生实质性改变的标准是裁剪、缝纫至成衣。

知识链接

1886年美国在贝壳贸易案中最早提出了关于产品原产地认定的思路。该案争论的焦点是“进口的经清洗和磨光后的贝壳是否仍为贝壳制品”。如果是贝壳制品，按美国当时的法律应征收35%的从价税；如果不是贝壳制品，则免征进口关税。美国法院最后认定，“经清洗及磨光后的贝壳仍为贝壳。与贝壳相比，清洗及磨光后的贝壳并未加工成具有完全不同的名称、特征或用途的一项不同的新产品”。该案对于原产地认定的思路以及国际贸易中货物“原产地”的界定标准产生了重大影响。

6.4 进口货物关税完税价格的确定与应纳税额的计算

6.4.1 关税完税价格的确定

1. 基本规定

进口货物的关税完税价格由海关以该货物的成交价格以及该货物运抵中华人民共和

国境内输入地点起卸前的运输及其相关费用、保险费为基础审查确定。其中，进口货物的成交价格是指买方为进口该货物向卖方实付、应付的，并按照规定调整后的价款总额，包括直接支付的价款和间接支付的价款。

拓展思考：国际贸易中的到岸价、离岸价分别由哪些项目构成？

货价、运费、保险费是构成关税完税价格的必备要素，与国际贸易中的到岸价格CIF（cost，insurance and freight）构成要素相同。如果进口货物的保险费无法确定或者未实际发生，海关应当按照“货价”和“运费”两项总额的3‰计算保险费。其计算公式为：

保险费=(货价+运费)×3‰

2. 成交价格的调整项目

（1）应计入项。

下列项目由买方支付且未包含在价格中，需要计入成交价格：

1）由买方负担的购货佣金以外的佣金和经纪费。

2）由买方负担的在审查确定关税完税价格时与该货物视为一体的容器的费用。

3）由买方负担的包装材料费用和包装劳务费用。

4）与该货物的生产和向中华人民共和国境内销售有关的，由买方以免费或者以低于成本的方式提供并可以按适当比例分摊的料件、工具、模具、消耗材料及类似货物的价款，以及在境外开发、设计等相关服务的费用。

5）作为该货物向中华人民共和国境内销售的条件，买方必须支付的、与该货物有关的特许权使用费。

6）卖方直接或者间接从买方获得的该货物进口后转售、处置或者使用的收益。

法规运用案例

国内甲服装生产企业与美国乙公司签订商标使用协议，获准在国内生产销售的服装上使用乙公司的商标；作为条件，甲企业对外支付每套服装6美元的商标使用费。甲企业支付的商标使用费是否应征收关税？

解析：该案例中的商标使用协议针对甲企业在国内生产销售的服装收取，其进口环节并无对应的有形货物，因而该商标使用费不属于海关征税的管辖范围，不征收关税。

法规运用案例

根据某专利制造的一台机器按不包括专利费的价格销售给我国，卖方要求进口商向持有专利的境外第三方支付专利费。这笔特许权使用费是否应该计入成交价？

解析：由买方支付的专利费是与进口机器有关的，同时卖方要求进口商向持有专利的第三者支付专利费，而不支付专利费，这项交易就不能完成，所以支付专利费构成该机器销售的条件。因为两个条件同时满足，所以这笔特许权使用费应计入成交价计税。

（2）不计入项。

在进口货物的价款中单独列明的下列税收、费用，不计入该货物的关税完税价格：

1）厂房、机械、设备等货物进口后进行建设、安装、装配、维修和技术服务的费用。

2）进口货物运抵境内输入地点起卸后的运输及其相关费用、保险费。

3）进口关税及国内税收。

法规运用案例

某企业从德国进口机床，该机床的到岸价为 50 万美元，卖方佣金为 2 000 美元，该机床的操作系统使用费为 7 万美元，设备进口安装调试费为 15 000 美元。如何确定该机床的关税完税价格？

解析：卖方佣金 2 000 美元属于应计入项，机床操作系统使用费 70 000 美元直接与进口设备有关，而且属于销售的条件，是应计入项；设备进口安装调试费 15 000 美元是入境后的费用，属于不计入项。

关税完税价格＝500 000＋2 000＋70 000＝572 000（美元）

3. 海关估价情形及方法

出口货物的成交价格不能确定的，海关经了解有关情况，并与纳税义务人进行价格磋商后，依次以下列方法估定该货物的完税价格：

（1）相同货物成交价格法。

（2）类似货物成交价格法。

（3）倒扣价格法，即以进口货物、相同或者类似进口货物在境内的销售价格为基础，扣除境内发生的有关费用后，确定进口货物的关税完税价格。

（4）计算价格法，即按照下列各项总和计算的价格：生产该货物所使用的料件成本和加工费用，向中华人民共和国境内销售同等级或者同种类货物通常的利润和一般费用，该货物运抵境内输入地点起卸前的运输及其相关费用、保险费。

（5）其他合理方法。纳税义务人向海关提供有关资料后，可以提出申请，颠倒（3）和（4）的适用次序。

政策实训

当进口货物的关税完税价格不能按照成交价格确定时，海关应当依次使用相应的方法估定关税完税价格，依次使用的正确顺序是（　　）。

A. 相同货物成交价格法、类似货物成交价格法、倒扣价格法、计算价格法

B. 相同货物成交价格法、类似货物成交价格法、成本估价法、倒扣价格法

C. 倒扣价格法、计算价格法、相同货物成交价格法、类似货物成交价格法

D. 相同货物成交价格法、倒扣价格法、类似货物成交价格法、计算价格法

答案：A

4. 特殊进口方式货物关税完税价格的确定

（1）以租赁方式进口的货物，以海关审查确定的该货物的租金作为关税完税价格。

（2）运往境外加工的货物，出境时已向海关报明并在海关规定的期限内复运进境的，以境外加工费和料件费以及复运进境的运输及其相关费用和保险费审查确定关税完税价格。

（3）运往境外修理的机械器具、运输工具或者其他货物，出境时已向海关报明并在海关规定的期限内复运进境的，以境外修理费和料件费审查确定关税完税价格。

6.4.2 应纳税额的计算

应纳税额＝进口货物的关税完税价格×进口关税税率

法规运用案例

2021 年 6 月，某汽车贸易公司进口一批排气量为 2.0 的小汽车，海关审定的货价折合人民币 1 450 万元，支付到达我国输入地点起卸前的运费折合人民币 50 万元，境内运费 3 万元，支付给中介的经纪费为 5 万元。小汽车的进口关税税率为 15%，保险费无法确定。如何计算进口这批小汽车应缴纳的关税？除了缴纳关税以外，进口环节还应缴纳哪些税收？应如何计算？进口环节是否应缴纳城市维护建设税和教育费附加？

解析：（1）如果进口货物的保险费无法确定或者未实际发生，海关应当按照“货价加运费”两者总额的 3‰计算保险费。该企业进口该批货物的保险费为：

(1 450＋50)×3‰＝4.5（万元）

支付给中介的经纪费 5 万元应计入关税完税价格中，境内运费 3 万元不计入关税完税价格。

应缴纳关税＝(1 450＋50＋4.5＋5)×15%＝226.425（万元）

（2）进口环节还应缴纳增值税、消费税。排气量为 2.0 的小汽车的消费税税率为 5%。

组成计税价格＝(1 509.5＋226.425)÷(1－5%)＝1 827.29（万元）
应纳增值税＝1 827.29×13%＝237.55（万元）
应纳消费税＝1 827.29×5%＝91.36（万元）

（3）进口环节不缴纳城市维护建设税和教育费附加。

6.5 出口货物关税完税价格的确定与应纳税额的计算

出口货物的关税完税价格由海关以该货物的成交价格为基础审查确定，并且应当包括货物运至中华人民共和国境内输出地点装载前的运输及其相关费用、保险费。

下列税费不计入出口货物的关税完税价格：

（1）出口关税。

（2）在货物价款中单独列明的货物运至中华人民共和国境内输出地点装载后的运输及其相关费用、保险费。

因此，出口货物的关税完税价格是扣除出口关税以后的离岸价格。其计算公式为：

出口货物的关税完税价格＝货物离岸价－出口关税

＝货物离岸价÷(1＋出口税率)

应纳税额＝出口货物的关税完税价格×出口关税税率

法规运用案例

2020年6月，某企业出口一批锰铁，FOB价格为人民币600万元，出口税率为20%，如何计算该企业的应纳出口关税？

解析：

应纳税额＝600÷(1＋20%)×20%＝100（万元）

6.6 跨境电子商务零售进口税收政策

自2016年4月8日起，跨境电子商务零售进口商品按照货物征收关税和进口环节增值税、消费税，购买跨境电子商务零售进口商品的个人作为纳税义务人，实际交易价格（包括货物零售价格、运费和保险费）作为关税完税价格，电子商务企业、电子商务交易平台企业或物流企业可作为代收代缴义务人。

6.6.1 适用范围

跨境电子商务零售进口税收政策适用于从其他国家或地区进口的、《跨境电子商务零售进口商品清单》范围内的以下商品：

（1）所有通过与海关联网的电子商务交易平台交易，能够实现交易、支付、物流电子信息“三单”比对的跨境电子商务零售进口商品。

（2）未通过与海关联网的电子商务交易平台交易，但快递、邮政企业能够统一提供交易、支付、物流等电子信息，并承诺承担相应法律责任进境的跨境电子商务零售进口商品。

《跨境电子商务零售进口商品清单》由财政部商有关部门公布。

6.6.2 计征限额

跨境电子商务零售进口商品的单次交易限额为人民币 5 000 元，个人年度交易限额为人民币 26 000 元。在限额以内进口的跨境电子商务零售进口商品，关税税率暂设为 0；进口环节的增值税、消费税取消免征税额，暂按法定应纳税额的 70%征收。超过单次限额、累加后超过个人年度限额的单次交易，以及关税完税价格超过 5 000 元限额的单个不可分割商品，均按照一般贸易方式全额征税。

跨境电子商务零售进口商品自海关放行之日起 30 日内退货的，可申请退税，并相应调整个人年度交易总额。

6.7 减免税

情景导入

A 国甲公司生产的产品运抵我国某市，作为样品参加该市举办的国际博览会，该产品是否应缴纳关税?

关税减免分为法定减免税、特定减免税和暂时免税。根据《中华人民共和国海关法》（以下简称《海关法》）的规定，除法定减免税以外的其他减免税均由国务院决定。

6.7.1 法定减免税

《海关法》中明确列出了减税或免税。符合规定可予减免税的进出口货物，纳税义务人无须提出申请，海关可按规定直接予以减免税。海关对法定减免税货物一般不进行后续管理。

下列进出口货物，免征关税：

（1）无商业价值的广告品和货样。

（2）外国政府、国际组织无偿赠送的物资。

（3）在海关放行前遭受损坏或者损失的货物。

（4）规定数额以内的物品。

（5）法律规定减征、免征关税的其他货物、物品。

（6）中华人民共和国缔结或者参加的国际条约规定减征、免征关税的货物、物品。

6.7.2 特定减免税

特定地区、特定企业或者有特定用途的进出口货物，可以减征或者免征关税，具体范围和办法由国务院规定。按规定减征或者免征关税的进口货物，只能用于特定地区、特定企业或者特定用途，未经海关核准并补缴关税，不得移作他用。享受减免税优惠的进口货物只能在一些特别的区域内保管使用，如出口加工区、保税区、珠海园区、保税物流园区、保税港区以及自由贸易试验区等经国务院批准的海关特殊监管区域。

特定减免税货物一般有地区、企业和用途的限制，海关需要进行后续管理，也需要进行减免税统计。减免税的范围涉及科教用品、残疾人专用品、慈善捐赠物资、加工贸易产品、边境贸易进口物资等。

6.7.3　暂时免税

暂时进境或者暂时出境的特定货物，在进境或者出境时纳税人向海关缴纳相当于应纳税款的保证金或者提供其他担保的，可以暂不缴纳关税，并应自进境或者出境之日起6个月内复运出境或者复运进境；需要延长复运出境或者复运进境期限的，纳税人应当按规定向海关办理延期手续。

暂时免税的特定货物包括：①在展览会、交易会、会议及类似活动中展示或者使用的货物；②文化、体育交流活动中使用的表演、比赛用品；③进行新闻报道或者摄制电影、电视节目使用的仪器、设备及用品；④开展科研、教学、医疗活动使用的仪器、设备及用品；⑤在上述第①～④所列活动中使用的交通工具及特种车辆；⑥货样；⑦供安装、调试、检测设备时使用的仪器、工具；⑧盛装货物的容器；⑨其他用于非商业目的的货物。

知识链接

当减税或免税的货物需要予以补税时，应当以海关审定的该货物原进口时的价格，扣除折旧部分价值作为关税完税价格。其计算方法为：

$$\text{完税价格}=\text{海关审定的该货物原进口时的价格}\times\left[1-\text{申请补税时实际已使用的时间(月)}\div\left(\text{监管年限}\times 12\right)\right]$$

进口减免税货物的监管年限为：船舶、飞机，8年；机动车辆，6年；其他货物，3年。

监管年限自货物进口放行之日起计算。

法规运用案例

某市红十字会下属单位进口一辆残疾人专用车辆，CIF价为8万美元。经海关审批后，该货物获准免税进口并于2018年9月1日运抵我国口岸。2021年8月31日，该车辆经海关批准，改为红十字会商务用车。该车辆补税时的关税完税价格如何确定？

解析：

补税时的关税完税价格＝8×[1－36÷(6×12)]＝4（万美元）

6.8 征收管理

6.8.1 申报缴纳

进口货物的纳税义务人应当自运输工具申报进境之日起 14 日内，出口货物的纳税义务人除海关特准的外，应当在货物运抵海关监管区后、装货的 24 小时以前，向货物的进出境地海关申报。

纳税义务人应当自海关填发税款缴款书之日起 15 日内，向指定银行缴纳税款。

6.8.2 强制执行

纳税人未在关税缴纳期限内缴纳税款，即构成关税滞纳。《海关法》赋予海关对滞纳关税的纳税义务人强制执行的权力。强制措施主要有两类：

(1) 征收关税滞纳金。关税滞纳金自关税缴纳期限届满滞纳之日起，至纳税义务人缴纳关税之日止，按滞纳税款万分之五的比例按日征收，周末或法定节假日不予扣除。

应纳关税滞纳金＝滞纳关税税额×滞纳金征收比率×滞纳天数

知识链接

滞纳天数是指从滞纳税款之日（海关填发缴款通知书第 16 日）起至进出口货物的纳税义务人缴纳税款之日止，其中的法定节假日不予扣除。如果关税缴纳期限的最后一日（海关填发缴款通知书第 15 日）是星期六、星期日或法定节假日，则关税缴纳期限顺延至节假日后的第一个工作日，国务院临时调整休息日与工作日的，则按照调整后的情况计算缴款期限。滞纳金计算到人民币“分”后四舍五入，起征点为人民币 50 元。

法规运用案例

某公司进口一批货物，应纳关税 200 万元，海关于 2021 年 5 月 10 日填发税款缴款书，该公司因故延迟到 5 月 28 日缴纳。如何计算该公司的关税滞纳金？

解析： 该公司应于海关填发缴款通知书之日起 15 日内缴纳关税，即最迟于 5 月 25 日（星期二）缴纳，该公司延迟到 5 月 28 日缴纳，滞纳时间为 3 天。

应纳关税滞纳金＝200×0.5‰×3＝0.3（万元）

(2) 强制征收。若纳税义务人自缴纳税款期限届满之日起 3 个月仍未缴纳税款，经直属海关关长或者其授权的隶属海关关长批准，海关可以采取强制扣缴、变价抵缴等强制措施。强制扣缴是指海关书面通知纳税义务人的开户银行或者其他金融机构从其存款中扣缴税款。变价抵缴是指海关将纳税义务人的应税货物依法变卖，或者扣留并依法变卖其价值相当于应纳税款的货物或者其他财产，以变卖所得抵缴税款。

6.8.3 退还

关税退还是纳税义务人按海关核定的税额缴纳关税后，因某种原因的出现，海关将实际征收多于应当征收的税额（称为溢征关税）退还给原纳税义务人的一种行政行为。对于海关多征的税款，海关在发现后应当立即退还；纳税义务人发现多缴税款的，自缴纳税款之日起1年内，可以书面形式要求海关退还多缴的税款并加算银行同期活期存款利息；海关应当自受理退税申请之日起30日内查实并通知纳税义务人办理退还手续。此外，有下列情形之一的，纳税义务人自缴纳税款之日起1年内，可以申请退还关税，并应当以书面形式向海关说明理由，提供原缴款凭证及相关资料：已征进口关税的货物，因品质或者规格原因，原状退货复运出境的；已征出口关税的货物，因品质或者规格原因，原状退货复运进境，并已重新缴纳因出口而退还的国内环节有关税收的；已征出口关税的货物，因故未装运出口，申报退关的。

6.8.4 追征和补征

由于纳税人违反海关规定造成短征关税的，称为追征；非因纳税人违反海关规定造成短征关税的，称为补征。进出境货物和物品放行后，海关发现少征或者漏征税款，应当自缴纳税款或者货物、物品放行之日起1年内，向纳税义务人补征税款；因纳税义务人违反规定而造成的少征或者漏征的税款，海关可以自纳税义务人缴纳税款或者货物、物品放行之日起3年以内追征，并从缴纳税款或者货物、物品放行之日起按日加收少征或者漏征税款万分之五的关税滞纳金。

第三篇

所得税

第7章 企业所得税

导语： 企业所得税是以企业或其他组织取得的应纳税所得额为课税对象征收的税种，直接体现了企业与政府对经营成果的分配关系，具有对所得额征税、征税范围广、征管较复杂等特点。我国企业所得税制度采用比例税率，体现了税收的横向公平原则。从收入规模来看，企业所得税是我国第二大税种，也是税收优惠政策最多的税种，还是国家调控经济的重要政策工具，对组织财政收入、调整产业结构、促进经济转型等具有广泛深入的影响。

教学目标：

1. 掌握纳税人、征税对象与适用税率。
2. 掌握收入总额、不征税收入、免税收入的界定。
3. 掌握扣除项目及其金额的确定。
4. 掌握资产税务处理的相关规定。
5. 掌握应纳税额的计算。
6. 理解企业重组的税务处理。
7. 了解关联企业特别纳税调整的方法。
8. 了解税收优惠与征收管理。

7.1 纳税人、征税对象与税率

7.1.1 纳税人

情景导入

2003 年，特斯拉（Tesla）汽车公司在美国加利福尼亚州硅谷设立，2014 年向中国出口新能源汽车约 4 000 辆。2017 年特斯拉（北京）新能源研发有限公司成立，2018 年特斯拉（上海）有限公司成立，2020 年特斯拉（海南）新能源汽车创新中心成立。2014 年向中国出口时，特斯拉公司是中国企业所得税的纳税义务人吗？特斯拉（北京）新能源研发有限公司、特斯拉（上海）有限公司、特斯拉（海南）新能源汽车创新中心是中国企业所得税的纳税义务人吗？

企业所得税的纳税人是在我国境内的企业和其他取得收入的组织。

要点提示：

个人独资企业、合伙企业适用《中华人民共和国个人所得税法》（以下简称《个人所得税法》），不适用《中华人民共和国企业所得税法》（以下简称《企业所得税法》）。

企业所得税的纳税人分为居民企业和非居民企业，根据国际上的通行做法，我国选择了地域管辖权和居民管辖权的双重管辖权标准，以最大限度地维护国家税收利益。

1. 居民企业

居民企业是指依法在中国境内成立，或者依照外国（地区）法律成立但实际管理机构在中国境内的企业。其中，实际管理机构是指对企业的生产经营、人员、账务、财产等实施实质性全面管理和控制的机构。例如，在我国注册成立的沃尔玛（中国）公司和通用汽车（中国）公司，是我国的居民企业；在巴哈马、开曼群岛、百慕大等国家和地区注册的公司，如果实际管理机构在我国境内，也是我国的居民企业。

2. 非居民企业

情景导入

中国台湾某艺人在境内某市甲体育中心举办演唱会，主办方为中国台湾乙演艺经纪有限公司，承包方为甲体育中心。合同约定，甲体育中心需要就此次演出支付给乙演艺经纪有限公司 180 万元。中国台湾乙公司在境内从事演艺活动，是否构成在境内的机构、场所，其所得是否应在境内缴纳企业所得税？

非居民企业是指依照外国（地区）法律成立且实际管理机构不在中国境内，但在中国境内设立机构、场所，或者在中国境内未设立机构、场所，但有来源于中国境内所得的企业。

上述所称机构、场所，是指在中国境内从事生产经营活动的机构、场所，包括：

（1）管理机构、营业机构、办事机构。

（2）工厂、农场、开采自然资源的场所。

（3）提供劳务的场所。

（4）从事建筑、安装、装配、修理、勘探等工程作业的场所。

（5）其他从事生产经营活动的机构、场所。

具体政策提示：

非居民企业委托营业代理人在中国境内从事生产经营活动的，包括委托单位或者个人经常代其签订合同，或者储存、交付货物等，该营业代理人视为非居民企业在中国境内设立的机构、场所。

☞知识链接

此处的机构、场所在数字化交易下受到挑战。数字化商业模式可以脱离“物理存在”，非居民企业不需要在目的国设立实体的机构、场所，通过网络便可以实现在任意目的国市场销售其数字化产品或服务，进而获得跨境营业利润的目的。按照传统税收征管规则，数字化产品或服务的购买方所在国显然无法依据实体机构、场所的存在主张行使来源地税收管辖权。针对数字经济，OECD发布BEPS行动计划并提出改革设想，主要包括：考虑增设虚拟常设机构，体现数字经济条件下用户对价值的贡献，对于依托互联网和通信技术在利润来源国开展营业活动的，可以视为其在该国具有实质性存在，从而该国具有征税权等。

政策实训

根据《企业所得税法》的规定，以下属于非居民企业的是（ ）。

A. 根据我国法律成立，实际管理机构在中国的W公司

B. 根据外国法律成立，实际管理机构在中国的N公司

C. 根据外国法律成立且实际管理机构在国外，在我国设立机构、场所的

D. 根据我国法律成立，在国外设立机构、场所的

答案：C

7.1.2 征税对象

情景导入

A国甲公司将位于该国的一处房产出租，取得租金收入。该房产是甲公司在我国设立的机构所拥有的，甲公司取得的租金收入是否属于发生在中国境外但与其所设机构、场所有实际联系的所得？

企业所得税的征税对象是指企业的生产经营所得、其他所得和清算所得。

1. 居民企业的征税对象

居民企业应就来源于中国境内、境外的所得作为征税对象。所得包括销售货物所得、提供劳务所得、转让财产所得、股息和红利等权益性投资所得、利息所得、租金所得、特许权使用费所得、接受捐赠所得和其他所得。

2. 非居民企业的征税对象

（1）非居民企业在中国境内设立机构、场所的，应当就其所设机构、场所取得的来源于中国境内的所得，以及发生在中国境外但与其所设机构、场所有实际联系的所得，缴纳企业所得税。

（2）非居民企业在中国境内未设立机构、场所的，或者虽设立机构、场所但取得的

所得与其所设机构、场所没有实际联系的，应当就其来源于中国境内的所得缴纳企业所得税。

上述所称实际联系，是指非居民企业在中国境内设立的机构、场所拥有的据以取得所得的股权、债权，以及拥有、管理、控制据以取得所得的财产。

☞知识链接

由中国境内的企业或企业集团为主要控股投资者，在境外依据外国（地区）法律注册成立的企业称为境外中资企业。境外中资企业同时符合以下条件的，应判定其为实际管理机构在中国境内的居民企业（即非境内注册居民企业），并实施相应的税收管理，就其来源于中国境内、境外的所得征收企业所得税。条件包括：①企业负责实施日常生产经营管理运作的高层管理人员及其高层管理部门履行职责的场所主要位于中国境内；②企业的财务决策（如借款、放款、融资、财务风险管理等）和人事决策（如任命、解聘和薪酬等）由位于中国境内的机构或人员决定，或需要得到位于中国境内的机构或人员批准；③企业的主要财产、会计账簿、公司印章、董事会和股东会议纪要档案等位于或存放于中国境内；④企业 1/2（含 1/2）以上有投票权的董事或高层管理人员经常居住于中国境内。

7.1.3 所得来源地的确定

来源于境内、境外的所得，根据不同收入类型，按表 7－1 所列的原则确定。

表 7－1 不同收入类型所得来源地的确定

收入类型	所得来源地确定原则
销售货物所得	按照交易活动发生地确定
提供劳务所得	按照劳务发生地确定
不动产转让所得	按照不动产所在地确定
动产转让所得	按照转让动产的企业或者机构、场所所在地确定
股息、红利等权益性投资所得	按照分配所得的企业所在地确定
利息所得、租金所得、特许权使用费所得	按照负担、支付所得的企业或者机构、场所所在地确定，或者按照负担、支付所得的个人的住所地确定
其他所得	由国务院财政、税务主管部门确定

法规运用案例

日本某企业（实际管理机构不在中国境内）在中国境内设立了一个分支机构。2021 年，该分支机构在中国境内取得咨询收入 500 万元，在中国境内培训技术人员，取得日方支付的培训收入 200 万元，在中国香港取得与该分支机构无实际联系的所得 80 万元，如何确定该分支机构企业所得税的应纳税收入总额？

解析：该分支机构来自境内的应纳税收入应该是500万元的咨询收入和境内培训收入200万元，合计700万元。在中国香港取得的所得与该分支机构无关，所以不属于境内应税收入。

政策实训

在下列关于所得来源地确定方法的表述中，符合《企业所得税法》规定的有（　　）。

A. 股息所得按照取得方所在地确定

B. 销售货物所得按照交易活动发生地确定

C. 不动产转让所得按照不动产所在地确定

D. 特许权使用费所得按照收取特许权使用费所得的企业所在地确定

答案：BC

7.1.4 税率

企业所得税实行比例税率。比例税率具有简便易行、透明度高的特点，不会因征税而改变企业间的收入分配比例，有利于横向公平以及促进效率的提高。

（1）基本税率为25%，适用于：①居民企业；②在中国境内设有机构、场所且所得与机构、场所有关联的非居民企业。现行企业所得税的基本税率设定为25%，既考虑了我国财政的承受能力，又考虑了企业负担水平。

（2）低税率为20%，适用于在中国境内未设立机构、场所，或者虽设立机构、场所但取得的所得与其所设机构、场所没有实际联系的非居民企业。目前，非居民企业减按10%的税率征收企业所得税。

7.2 应纳税所得额

应纳税所得额是企业所得税的计税依据。应纳税所得额为企业每一个纳税年度的收入总额，减除不征税收入、免税收入、各项扣除以及允许弥补的以前年度亏损后的余额。除有专门规定外，以权责发生制为原则，属于当期的收入和费用，不论款项是否收付，均作为当期的收入和费用；不属于当期的收入和费用，即使款项已经在当期收付，均不作为当期的收入和费用。

$$\text{应纳税所得额}=\text{收入总额}-\text{不征税收入}-\text{免税收入}-\text{各项扣除}-\text{允许弥补的以前年度亏损}$$

☞知识链接

应纳税所得额与利润不同，利润依据财务会计制度的规定计算，而应纳税所得额依据税法规定计算。企业在进行会计核算时，按会计制度的有关规定进行账务处理，但在申报纳税时，对于税法规定与会计制度规定有差异的，要按税法规定进行纳税调整。利润总额按税法的规定进行必要调整后，才能作为应纳税所得额计算缴纳企业所得税。7.2 节的内容是对利润进行调整、确定企业所得税税基的主要依据。

7.2.1 收入总额

企业的收入总额包括以货币形式和非货币形式从各种来源取得的收入。

货币形式包括现金、存款、应收账款、应收票据、准备持有至到期的债券投资以及债务的豁免等。

非货币形式包括固定资产、生物资产、无形资产、股权投资、存货、不准备持有至到期的债券投资、劳务以及有关权益等。这些非货币资产应当按照公允价值确定收入额。公允价值是指按照市场价格确定的价值。

7.2.1.1 一般收入的确认

（1）销售收入是指企业销售商品、产品、原材料、包装物、低值易耗品以及其他存货取得的收入。企业销售收入的确认，必须遵循权责发生制原则和实质重于形式原则。

1）企业销售商品同时满足下列条件的，应确认收入的实现：①商品销售合同已经签订，企业已将与商品所有权相关的主要风险和报酬转移给购货方。②企业对已售出的商品既没有保留通常与所有权相联系的继续管理权，又没有实施有效控制。③收入的金额能够可靠地计量。④已发生或将发生的销售方的成本能够可靠地核算。

2）符合上述收入确认条件，采取下列商品销售方式的，应按以下规定确认收入的实现时间：

① 销售商品采用托收承付方式的，在办妥托收手续时确认收入。

② 销售商品采取预收款方式的，在发出商品时确认收入。

③ 销售商品需要安装和检验的，在购买方接受商品以及安装和检验完毕时确认收入。如果安装程序比较简单，可在发出商品时确认收入。

④ 销售商品采用支付手续费方式委托代销的，在收到代销清单时确认收入。

⑤ 以分期收款方式销售货物的，按照合同约定的收款日期确认收入的实现。

3）采用以旧换新方式销售商品的，应当按照销售商品收入确认条件确认收入，回收的商品作为购进商品处理。

4）企业为促进商品销售而在商品价格上给予的价格扣除属于商业折扣，商品销售涉及商业折扣的，应当按照扣除商业折扣后的金额确认收入。

债权人为鼓励债务人在规定的期限内付款而向债务人提供的债务扣除属于现金折

扣，销售商品涉及现金折扣的，应当按扣除现金折扣前的金额确认收入。现金折扣在实际发生时作为财务费用扣除。

企业因售出商品的质量不合格等原因而在售价上给予的减让属于销售折让；企业因售出商品的质量、品种不符合要求等原因而发生的退货属于销售退回。企业已经确认销售收入的售出商品发生销售折让和销售退回，应当在发生当期冲减当期销售商品收入。

5）企业以买一赠一等方式组合销售本企业商品的，不属于捐赠，应将总的销售金额按各项商品公允价值的比例来分摊确认各项销售收入。

（2）提供劳务收入是指企业从事建筑安装、修理修配、交通运输、仓储租赁、金融保险、邮电通信、咨询经纪、文化体育、科学研究、技术服务、教育培训、餐饮住宿、中介代理、卫生保健、社区服务、旅游、娱乐、加工以及其他劳务服务活动取得的收入。

在各个纳税期末，企业提供劳务服务的结果能够可靠估计的，应采用完工进度（完工百分比）法确认提供劳务收入。

（3）转让财产收入是指企业转让固定资产、生物资产、无形资产、股权、债权等财产取得的收入。

企业转让股权收入，应于转让协议生效且完成股权变更手续时确认收入的实现。转让股权收入扣除为取得该股权所发生的成本后，为股权转让所得。企业在计算股权转让所得时，不得扣除被投资企业未分配利润等股东留存收益中按该项股权可能分配的金额。

法规运用案例

2021 年 3 月，甲企业将持有的乙企业 5%的股权以 1 000 万元的价格转让，该转让价格中包含乙企业未分配利润中归属于该股权的 20 万元，股权的购置成本为 800 万元。如何确定甲企业的股权转让所得？

解析：

甲企业的股权转让所得＝1 000－800＝200（万元）

（4）股息、红利等权益性投资收益是指企业因权益性投资从被投资方取得的收入。对于股息、红利等权益性投资收益，除国务院财政、税务主管部门另有规定外，按照被投资方做出利润分配决定的日期确认收入的实现。

被投资企业将股权（票）溢价所形成的资本公积转为股本的，不作为投资方企业的股息、红利收入，投资方企业也不得增加该项长期投资的计税基础。

知识链接

计税基础（tax basis）是 2006 年发布的《企业新会计准则》中提出的概念。简单地说，资产的计税基础是指该项资产在未来使用或最终处置时，允许作为成本或费用于税前列支的金额。

法规运用案例

2019 年初，A 居民企业通过投资，拥有 B 上市公司 10%的股权。2020 年 3 月，B 上市公司增发普通股 1 000 万股，每股面值 1 元，发行价格为 3 元/股，股款已全部收到并存入银行。2020 年 6 月，B 上市公司将股本溢价形成的资本公积金全部转增股本。根据税法的规定，被投资企业将股权（票）溢价所形成的资本公积转为股本的，不作为投资方企业的股息、红利收入，投资方企业也不得增加该项长期投资的计税基础。因此，A 居民企业在转让股权时也不得扣除转增股本增加的 200 万元。

（5）利息收入是指企业将资金提供给他人使用但不构成权益性投资，或者因他人占用本企业资金而取得的收入，包括存款利息、贷款利息、债券利息、欠款利息等收入。利息收入应按照合同约定的债务人应付利息的日期确认收入的实现。

（6）租金收入是指企业提供固定资产、包装物或者其他有形资产的使用权取得的收入。租金收入应按照合同约定的承租人应付租金的日期确认收入的实现。如果交易合同或协议规定租赁期限跨年度且租金提前一次性支付，出租人可对上述已确认的收入，在租赁期内分期均匀计入相关年度收入。

（7）特许权使用费收入是指企业提供专利权、非专利技术、商标权、著作权以及其他特许权的使用权取得的收入。特许权使用费收入应按照合同约定的特许权使用人应付特许权使用费的日期确认收入的实现。

（8）接受捐赠收入是指企业接受的来自其他企业、组织或者个人无偿给予的货币性资产、非货币性资产。接受捐赠收入应按照实际收到捐赠资产的日期确认收入的实现。

（9）其他收入是指企业取得的除以上收入外的其他收入，包括企业资产溢余收入、逾期未退包装物押金收入、确实无法偿付的应付款项、已作坏账损失处理后又收回的应收款项、债务重组收入、补贴收入、违约金收入、汇兑收益等。

政策实训

在企业取得的下列各项收入中，应缴纳企业所得税的有（　　）。

A. 接受捐赠收入　　　　B. 企业资产溢余收入

C. 逾期未退包装物押金收入　　　　D. 确实无法偿付的应付账款

答案： ABCD

法规运用案例

2018 年，某公司签订了一份委托贷款合同，合同约定两年后在合同到期时一次性收取利息。2020 年，会计上已将其中 40 万元利息收入计入其他业务收入。2018 年，该公司签订了一份商标使用权合同，合同约定商标的使用期限为 4 年，使用费总额为 240 万元，每两年收费一次。2020 年，该公司第一次收取使用费，实际收取 120 万元，会计上已将 60 万元计入其他业务收入。2020 年 7 月，该公司接受捐赠货物一批，取得的增值税专用发票上注明的价款为 10 万元、增值税税额为 1.3 万元，未做账务处理。该公司在进行 2020 年所得税处理时，需要对会计利润进行如下调整：①利息收入应按合同约定的债务人应付利息的日期确认收入的实现，利息收入应调减会计利润 40 万元；②特许权使用费收入应按合同约定的特许权使用人应付特许权使用费的日期确认收入的实现，因而商标使用权收入应调增会计利润 60 万元；③需要将接受捐赠收入 10 万元计入应纳税所得额。

7.2.1.2 特殊收入的确认

（1）企业受托加工制造大型机械设备、船舶、飞机，以及从事建筑、安装、装配工程业务或者提供其他劳务等，持续时间超过 12 个月的，按照纳税年度内的完工进度或者完成的工作量确认收入的实现。

（2）采取产品分成方式取得收入的，按照企业分得产品的日期确认收入的实现，其收入额按照产品的公允价值确定。

（3）企业发生非货币性资产交换，以及将货物、财产、劳务用于捐赠、偿债、赞助、集资、广告、样品、职工福利或者利润分配等用途的，应当视同销售货物、转让财产或者提供劳务，但国务院财政、税务主管部门另有规定的除外。

7.2.1.3 处置资产收入的确认

1. 不视同销售确认收入的情形

企业发生下列情形的处置资产，除将资产转移至境外，由于资产所有权属在形式和实质上均不发生改变，可作为内部处置资产，不视同销售确认收入，相关资产的计税基础延续计算。

（1）将资产用于生产、制造、加工另一产品。

（2）改变资产的形状、结构或性能。

（3）改变资产的用途（如自建商品房转为自用或经营）。

（4）将资产在总机构及其分支机构之间转移。

（5）上述两种或两种以上情形的混合。

（6）其他不改变资产所有权属的用途。

2. 视同销售确认收入的情形

对于企业将资产移送他人的下列情形，因资产所有权属已发生改变而不属于内部处置资产，应按规定视同销售确认收入。属于企业自制的资产，应按企业同期同类资产的对外销售价格确认销售收入；属于外购的资产，应按照被移送资产的公允价值确定销售收入。

（1）用于市场推广或销售。

（2）用于交际应酬。

（3）用于职工奖励或福利。

（4）用于股息分配。

（5）用于对外捐赠。

（6）其他改变资产所有权属的用途。

政策实训

在下列情形中，应确认企业所得税收入的有（　　）。

A. 将生产的货物用于职工福利　　B. 将自建商品房用于经营

C. 将资产用于对外捐赠　　D. 提供劳务以偿还债务

答案：ACD

政策实训

在下列关于企业所得税收入确认的说法中，正确的有（　　）。

A. 转让股权收入，在签订股权转让合同时确认收入

B. 利息收入应按合同约定的应付利息的日期确认收入

C. 销售退回应当冲减销售所属期的销售商品收入

D. 销售商品采取预收款方式的，在发出商品时确认收入

答案：BD

7.2.2　不征税收入和免税收入

情景导入

2021 年，某生产企业销售商品取得收入 5 000 万元，获得财政补贴 300 万元，获得出口退税款 170 万元，从所投资的境内企业分得税后利润 1 000 万元。上述收入是否应计入收入总额？上述各项收入的税收待遇相同吗？

不征税收入从根源和性质上看，是非营利性活动带来的经济利益，不属于征税的范畴。免税收入是纳税人应税收入的组成部分，国家出于对某些经济活动的鼓励和支持，对一些应当交税的经济利益允许不交税，属于税收优惠的范畴。

7.2.2.1　不征税收入

（1）财政拨款是指各级人民政府对纳入预算管理的事业单位、社会团体等组织拨付的财政资金，但国务院和国务院财政、税务主管部门另有规定的除外。

（2）企业按规定缴纳的、由国务院或财政部批准设立的政府性基金以及由国务院和省、自治区、直辖市人民政府及其财政、价格主管部门批准设立的行政事业性收费。

政策应用提示：

企业收取的各种基金、收费，应计入企业当年的收入总额。对企业依照法律、法规

及国务院有关规定收取并上缴财政的政府性基金和行政事业性收费，准予作为不征税收入，于上缴财政的当年在计算应纳税所得额时从收入总额中减除；未上缴财政的部分，不得从收入总额中减除。

(3) 国务院规定的其他不征税收入是指企业取得的，由国务院财政、税务主管部门规定专项用途并经国务院批准的财政性资金。

财政性资金是指企业取得的来源于政府及其有关部门的财政补助、补贴、贷款贴息，以及其他各类财政专项资金，包括直接减免的增值税和即征即退、先征后退、先征后返的各种税收，但不包括企业按规定取得的出口退税款。

(4) 自2011年1月1日起，企业从县级以上各级人民政府财政部门及其他部门取得的应计入收入总额的财政性资金，凡同时符合以下条件的，可以作为不征税收入，在计算应纳税所得额时从收入总额中减除：① 企业能够提供规定资金专项用途的资金拨付文件；② 财政部门或其他拨付资金的政府部门对该资金有专门的资金管理办法或具体管理要求；③ 企业对该资金以及该资金发生的支出单独进行核算。

政策应用提示：

不征税收入用于支出所形成的费用，不得在计算应纳税所得额时扣除；不征税收入用于支出所形成的资产，其计算的折旧、摊销不得在计算应纳税所得额时扣除。

政策实训

在下列关于不征税收入的说法中，正确的是（　　）。

A. 不征税收入不需要计入收入总额

B. 不征税收入形成的支出可以扣除

C. 出口退税需要计入收入总额，不得计入不征税收入

D. 企业依法收取的政府性基金为不征税收入

答案：CD

7.2.2.2 免税收入

情景导入

注册在北京的一家股份有限公司，适用的企业所得税税率为25%，拟在海南注册一家子公司。根据海南自由贸易港税收优惠政策，对注册在海南自由贸易港并实质性运营的鼓励类产业企业，减按15%的税率征收企业所得税。假定海南子公司符合相关条件，可以适用15%的税率，那么母公司从海南子公司取得的利润分配收入是否属于免税收入？

《企业所得税法》规定了四种免税收入。其他税收优惠的具体内容见7.6节。

(1) 取得的国债利息、地方政府债券利息。为鼓励企业积极购买国债、支援国家建设，企业因购买国债所得的利息收入，免征企业所得税。

对企业取得的2009年及以后年度发行的地方政府债券利息所得，免征企业所得税。

地方政府债券是指经国务院批准，以省、自治区、直辖市和计划单列市政府为发行和偿还主体的债券。

（2）符合条件的居民企业之间的股息、红利等权益性投资收益。该收益是指居民企业直接投资于其他居民企业取得的投资收益。

（3）在中国境内设立机构、场所的非居民企业从居民企业取得的与该机构、场所有实际联系的股息、红利等权益性投资收益。该收益不包括连续持有居民企业公开发行并上市流通的股票不足 12 个月取得的投资收益。

（4）符合条件的非营利组织的收入。非营利组织的下列收入为免税收入：①接受其他单位或者个人捐赠的收入。②除《企业所得税法》第七条规定的财政拨款以外的其他政府补助收入，但不包括因政府购买服务取得的收入。③按照省级以上民政、财政部门规定收取的会费。④不征税收入和免税收入滋生的银行存款利息收入。⑤财政部、国家税务总局规定的其他收入。

政策应用提示：

符合条件的非营利组织的收入，不包括非营利组织从事营利性活动取得的收入，但国务院财政、税务主管部门另有规定的除外。

7.2.3 扣除原则和范围

情景导入

企业在正常经营中会发生各种性质的支出。例如，某企业发生如下支出项目：支付给员工的奖金、缴纳的增值税、从关联企业借款的利息支出、分配给投资者的股息和红利。想一想，以上各项收入能否从收入中扣除？为什么？

7.2.3.1 税前扣除的基本原则

企业申报的扣除项目和金额要真实、合法。税前扣除一般应遵循以下原则：

（1）权责发生制原则是指企业发生的费用应在所属期扣除，而不是在实际支付时确认扣除。

（2）配比原则是指企业发生的费用应当与收入配比扣除。除特殊规定外，企业发生的费用不得提前或滞后申报扣除。

（3）合理性原则是指符合生产经营活动常规，应当计入当期损益或者有关资产成本的必要和正常的支出。

（4）相关性原则是指企业可扣除的项目金额从性质和根源上必须与取得的应税收入直接相关。

（5）区分收益性支出和资本性支出进行扣除原则是指收益性支出在发生当期直接扣除，资本性支出应当分期扣除或者计入有关资产成本，不得在发生当期直接扣除。

7.2.3.2 扣除项目的基本范围

企业实际发生的与取得收入有关的、合理的支出，包括成本、费用、税金、损失和其他支出，准予在计算应纳税所得额时扣除。

（1）成本是指企业在生产经营活动中发生的销售成本、销货成本、业务支出以及其他耗费，即企业销售商品（产品、材料、下脚料、废料、废旧物资等）、提供劳务、转让固定资产、无形资产（包括技术转让）的成本。

（2）费用是指企业每一个纳税年度为生产经营商品和提供劳务等所发生的销售（经营）费用、管理费用和财务费用。已经计入成本的有关费用除外。

销售费用是指应由企业负担的为销售商品而发生的费用，包括广告费、运输费、装卸费、包装费、展览费、保险费、销售佣金（能直接认定的进口佣金调整商品进价成本）、代销手续费、经营性租赁费及销售部门发生的差旅费、工资、福利费等费用。

管理费用是指企业的行政管理部门为管理、组织经营活动提供各项支援性服务而发生的费用。

财务费用是指企业筹集经营性资金而发生的费用，包括利息净支出、汇兑净损失、金融机构手续费以及其他非资本化支出。

（3）税金是指除企业所得税和允许抵扣的增值税以外的企业缴纳的各项税金及其附加，即企业按规定缴纳的消费税、城市维护建设税、关税、资源税、土地增值税、房产税、车船税、土地使用税、印花税、教育费附加等产品销售税金及附加。这些已纳税金准予税前扣除。准许扣除的税金有两种扣除方式：一是在发生当期扣除；二是在发生当期计入相关资产的成本，在以后各期分摊扣除。

（4）损失是指企业在生产经营活动中发生的固定资产和存货的盘亏、毁损、报废损失，转让财产损失，呆账损失，坏账损失，自然灾害等不可抗力因素造成的损失以及其他损失。

政策应用提示：企业发生的损失，减除责任人赔偿和保险赔款后的余额应按规定扣除。企业已经作为损失处理的资产，在以后纳税年度又全部收回或者部分收回的，应当计入当期收入。

（5）其他支出是指除成本、费用、税金、损失外，企业在生产经营活动中发生的与生产经营活动有关的、合理的支出。

7.2.3.3 具体扣除项目及其标准

下列项目按照实际发生额或规定的标准扣除。

1. 工资、薪金支出

（1）企业发生的合理的工资、薪金支出，准予据实扣除。工资、薪金支出是企业每一纳税年度支付给在本企业任职或与其有雇佣关系的员工的所有现金或非现金形式的劳动报酬，包括基本工资、奖金、津贴、补贴、年终加薪、加班工资以及与任职或者是受雇有关的其他支出。

知识链接

合理的工资、薪金是指企业按照股东大会、董事会、薪酬委员会或相关管理机构制定的工资薪金制度规定，实际发放给员工的工资、薪金。税务机关在对工资、薪金进行合理性确认时，可按以下原则掌握：①企业制定了较为规范的员工工资薪金制度。②企业制定的工资薪金制度符合行业及地区水平。③企业在一定时期所发放的工资、薪金是相对固定的，工资、薪金的调整是有序进行的。④企业对实际发放的工资、薪金，已依法履行了代扣代缴个人所得税义务。⑤有关工资、薪金的安排，不以减少或逃避税款为目的。

(2) 属于国有性质的企业，其工资、薪金不得超过政府有关部门给予的限定数额；超过部分，不得计入企业工资、薪金总额，也不得在计算企业应纳税所得额时扣除。

(3) 企业因雇用季节工、临时工、实习生、返聘离退休人员以及接受外部劳务派遣用工所实际发生的费用，应区分为工资、薪金支出和职工福利费支出，按规定在企业所得税税前扣除。其中，属于工资、薪金支出的，准予计入企业工资、薪金总额的基数，作为计算其他各项相关费用扣除的依据。

2. 职工福利费、工会经费、职工教育经费

企业发生的职工福利费、工会经费、职工教育经费按规定标准扣除，未超过标准的，按实际发生数扣除。

(1) 企业发生的职工福利费支出，不超过工资、薪金总额14%的部分准予扣除。

(2) 企业拨缴的工会经费，不超过工资、薪金总额2%的部分，凭工会组织开具的工会经费收入专用收据，在企业所得税税前扣除。

(3) 除国务院财政、税务主管部门另有规定外，企业发生的职工教育经费支出，自2018年1月1日起，不超过工资、薪金总额8%的部分，准予在计算企业所得税应纳税所得额时扣除；超过部分，准予在以后纳税年度结转扣除。

软件生产企业发生的职工教育经费中的职工培训费用，可以全额在企业所得税税前扣除。软件生产企业应准确划分职工教育经费中的职工培训费用支出，对于不能准确划分的，以及准确划分后用职工教育经费扣除职工培训费用的余额，一律按照工资、薪金总额8%的比例扣除。

核力发电企业为培养核电厂操纵员发生的培养费用，可作为企业的发电成本在税前扣除。企业应将核电厂操纵员培养费与员工的职工教育经费严格区分，并单独核算，员工实际发生的职工教育经费支出不得计入核电厂操纵员的培养费用而直接扣除。

政策应用提示：

用于计算职工福利费、工会经费、职工教育经费的工资、薪金总额，是指企业按规定实际发放的工资、薪金总和，不包括企业的职工福利费、职工教育经费、工会经费以及养老保险费、医疗保险费、失业保险费、工伤保险费、生育保险费等社会保险费和住房公积金。属于国有性质的企业，其工资、薪金不得超过政府有关部门给予的限定数额；超过部分，不得计入企业的工资、薪金总额，也不得在计算企业的应纳税所得额时扣除。

政策实训

2021年，某企业已计入成本、费用中的全年实发工资总额为400万元（属于合理限度的范围)，实际发生的职工工会经费为 7 万元、职工福利费为 62 万元、职工教育经费为 36 万元。如何确定当年在计算企业所得税时可扣除的三项经费?

解析：(1) 允许扣除的工会经费限额为 8 万元 (=400×2%)，实际发生 7 万元，7 万元可全部扣除。

(2) 允许扣除的职工福利费限额为 56 万元 (=400×14%)，实际发生 62 万元，可扣除 56 万元，超过的 6 万元不允许扣除，也不允许结转以后年度扣除。

(3) 允许扣除的职工教育经费为 32 万元 (=400×8%)，实际发生 36 万元，当年可扣除 32 万元，超过的 4 万元可以结转以后年度扣除。

---

3. 社会保险费

(1) 企业依照国务院有关主管部门或者省级人民政府规定的范围和标准为职工缴纳的五险一金，即基本养老保险费、基本医疗保险费、失业保险费、工伤保险费、生育保险费和住房公积金，准予扣除。

(2) 企业为投资者或者职工支付的补充养老保险费、补充医疗保险费，在国务院财政、税务主管部门规定的范围和标准内，准予扣除。

(3) 企业依照国家有关规定为特殊工种职工支付的人身安全保险费和符合国务院财政、税务主管部门规定可以扣除的商业保险费，准予扣除。

(4) 企业参加财产保险，按照规定缴纳的保险费，准予扣除。企业为投资者或者职工支付的商业保险费，不得扣除。

4. 利息费用

企业在生产经营活动中发生的利息费用，按下列规定扣除：

(1) 非金融企业向金融企业借款的利息支出、金融企业的各项存款利息支出和同业拆借利息支出、企业经批准发行债券的利息支出，可据实扣除。

(2) 非金融企业向非金融企业借款的利息支出，不超过按照金融企业同期同类贷款利率计算的数额部分，可据实扣除，超过部分不许扣除。

(3) 关联企业利息费用的扣除。企业从其关联方接受的债权性投资与权益性投资的比例超过规定标准而发生的利息支出，不得在计算应纳税所得额时扣除，详见 7.7.4 节。

(4) 企业向自然人借款的利息支出在企业所得税税前扣除。

1) 企业向属于非关联自然人的内部职工或其他人员借款的利息支出，同时符合以下条件的，其利息支出在不超过按照金融企业同期同类贷款利率计算的数额部分，准予扣除。第一，企业与个人之间的借贷是真实、合法、有效的，并且不具有非法集资目的或其他违反法律、法规的行为；第二，企业与个人之间签订了借款合同。

2) 企业向股东或其他与企业有关联关系的自然人借款的利息支出，根据《企业所得税法》第四十六条及《财政部、国家税务总局关于企业关联方利息支出税前扣除标准有关税收政策问题的通知》(财税〔2008〕121 号) 规定的条件，计算企业所得税扣除额。

5. 借款费用

(1) 企业在生产经营活动中发生的合理的不需要资本化的借款费用，准予扣除。

(2) 企业为购置、建造固定资产、无形资产和经过12个月以上的建造才能达到预定可销售状态的存货发生借款的，在有关资产购置、建造期间发生的合理的借款费用，应予以资本化，作为资本性支出计入有关资产的成本；有关资产交付使用后发生的借款利息，可在发生当期扣除。

(3) 企业通过发行债券、取得贷款、吸收保户储金等方式融资而发生的合理的费用支出，符合资本化条件的，应计入相关资产的成本；不符合资本化条件的，应作为财务费用，准予在企业所得税前据实扣除。

政策实训

2020年，某企业的“财务费用”账户列支350万元。其中，4月1日向银行借款500万元用于厂房扩建，贷款期限为1年，当年向银行支付了3个季度的借款利息22.5万元，该厂房于8月31日竣工结算并交付使用。6月1日，为弥补流动资金不足，该企业经批准向其他企业融资100万元，借款期限为1年，年利率为12%，按月付息，本年实际支付利息7万元。如何确定当年在计算企业所得税时可扣除的财务费用？

解析：

1年期银行利率＝(22.5×4÷3)÷500×100%＝6%

允许扣除的财务费用＝350－(22.5＋7)＋22.5×4÷9＋100×6%×7÷12
＝334（万元）

6. 汇兑损失

企业在货币交易中以及当纳税年度终了时将人民币以外的货币性资产、负债按照期末即期人民币汇率中间价折算为人民币所产生的汇兑损失，除已经计入有关资产成本以及与向所有者进行利润分配相关的部分外，准予扣除。

7. 业务招待费

(1) 企业发生的与生产经营活动有关的业务招待费支出，按照发生额的60%扣除，但最高不得超过当年销售（营业）收入的5‰。

(2) 对从事股权投资业务的企业（包括集团公司总部、创业投资企业等），其从被投资企业分配的股息、红利以及股权转让收入，可按规定的比例计算业务招待费扣除限额。

(3) 企业在筹建期间发生的与筹办活动有关的业务招待费支出，可按实际发生额的60%计入企业筹办费，并按有关规定在税前扣除。

要点提示：

销售（营业）收入包括主营业务收入（如销售商品收入、提供劳务收入、建造合同收入、让渡资产使用权收入）、其他业务收入（如销售材料收入、出租固定资产收入、出租无形资产收入、出租包装物和商品收入）、视同销售收入；不包括营业外收入（如非流动资产处置利得、非货币性资产交换利得、债务重组利得、政府补助利得、盘盈利得、捐赠利得、罚没利得、确实无法偿付的应付款项、汇兑收益）、投资收益、公允价值变动收益。具体可以参见《企业所得税年度纳税申报表（A类）》和《一般企业收入明细表》，上述两表清晰地显示了各项收入的性质。

政策实训

2021年，某生产企业销售产品取得了不含税销售额5 000万元，债券利息收入100万元（其中，国债利息收入30万元），发生管理费用800万元（其中，业务招待费80万元），销售费用1 200万元。如何确定当年在计算企业所得税时可扣除的业务招待费？

解析：

该企业业务招待费的扣除限额＝5 000×5‰＝25（万元）

由于该值小于48万元（＝80×60%），因而可以扣除的业务招待费为25万元。

---

8. 广告费和业务宣传费

企业发生的符合条件的广告费和业务宣传费支出，除国务院财政、税务主管部门另有规定外，不超过当年销售（营业）收入15%的部分，准予扣除；超过部分，准予结转以后纳税年度扣除。

对签订广告费和业务宣传费分摊协议的关联企业，其中一方发生的不超过当年销售（营业）收入税前扣除限额比例内的广告费和业务宣传费支出，可以在本企业扣除，也可以将其中的部分或全部按照分摊协议归集至另一方扣除。另一方在计算本企业广告费和业务宣传费支出扣除限额时，可将按照上述办法归集至本企业的广告费和业务宣传费不计算在内。

政策应用提示：

烟草企业的烟草广告费和业务宣传费支出，一律不得在计算应纳税所得额时扣除。企业申报扣除的广告费支出应与赞助支出严格区分。企业申报扣除的广告费支出，必须符合下列条件：广告是通过工商部门批准的专门机构制作的；已实际支付费用，并已取得相应发票；通过一定的媒体传播。

政策实训

2021年，甲企业实现销售收入3 000万元，当年发生广告费400万元，上年度结转未扣除广告费60万元。如何确定当年在计算企业所得税时可扣除的广告费？

解析：2021年，甲企业的广告费扣除限额为450万元（＝3 000×15%）。

因此，本年度实际发生的广告费400万元可以全额扣除。另外，甲企业还可以扣除上年度结转未扣除的广告费50万元。2021年甲企业合计可扣除广告费450万元。

---

9. 环境保护专项资金

企业依照法律、行政法规的有关规定提取的用于环境保护、生态恢复等方面的专项资金，准予扣除。上述专项资金提取后改变用途的，不得扣除。

10. 保险费

企业参加财产保险，按照规定缴纳的保险费，准予扣除。

11. 租赁费

企业根据生产经营活动的需要租入固定资产支付的租赁费，按照以下方法扣除：

（1）以经营租赁方式租入固定资产发生的租赁费支出，按照租赁期限均匀扣除。经营性租赁是指所有权不发生转移的租赁。

（2）以融资租赁方式租入固定资产发生的租赁费支出，按照规定构成融资租入固定资产价值的部分应当提取折旧费用，分期扣除。融资租赁是指在实质上转移与一项资产所有权有关的全部风险和报酬的一种租赁。

12. 劳动保护费

企业发生的合理的劳动保护支出，准予扣除。企业根据其工作性质和特点，由企业统一制作并要求员工工作时统一着装所发生的工作服饰费用，可以作为企业合理的支出给予税前扣除。

13. 公益性捐赠支出

公益性捐赠是指企业通过公益性社会团体或者县级（含县级）以上人民政府及其部门，用于《中华人民共和国公益事业捐赠法》规定的公益事业的捐赠。

企业发生的公益性捐赠支出，不超过年度利润总额12%的部分，准予扣除。超过年度利润总额12%的部分，准予以后三年内在计算应纳税所得额时结转扣除。年度利润总额是指企业依照国家统一会计制度的规定计算的年度会计利润。

自2019年1月1日至2022年12月31日，企业通过公益性社会组织或者县级（含县级）以上人民政府及其组成部门和直属机构，用于目标脱贫地区的扶贫捐赠支出，准予在计算企业所得税应纳税所得额时据实扣除。在政策执行期限内，目标脱贫地区实现脱贫的，可继续适用上述政策。目标脱贫地区包括832个国家扶贫开发工作重点县、集中连片特困地区县（新疆阿克苏地区6县1市享受片区政策）和建档立卡贫困村。

政策应用提示：

对符合条件的公益性群众团体（如中国红十字总会、中华全国总工会、中国宋庆龄基金会、中国国际交流基金会），按照管理权限，由财政部、国家税务总局和省、自治区、直辖市、计划单列市财政、税务部门分别每年联合公布名单。企业和个人在名单所属年度内向名单内的群众团体进行的公益性捐赠支出，可以按规定进行税前扣除。对存在接受捐赠的总收入中用于公益事业的支出比例不符合规定，在申请公益性捐赠税前扣除资格时有弄虚作假行为等情形的，将取消其公益性捐赠税前扣除资格。

政策实训

2021年，某企业实现会计利润300万元，当年发生营业外支出60万元。其中，通过当地民政部门向贫困地区捐赠40万元，通过某关联企业向灾区捐赠10万元。如何确定当年在计算企业所得税时可扣除的捐赠额？

解析：该企业通过某关联企业向灾区捐赠10万元，不符合捐赠扣除的规定，不能扣除。其通过当地民政部门向贫困地区捐赠40万元可以扣除，但不能超出限额，限额为36万元（=300×12%），因而2021年该企业可扣除的捐赠支出为36万元。

14. 有关资产的费用

企业转让各类固定资产发生的费用，允许扣除。企业按规定计算的固定资产折旧费、无形资产和递延资产的摊销费，准予扣除。

15. 总机构分摊的费用

非居民企业在中国境内设立的机构、场所，就其中国境外总机构发生的与该机构、场所生产经营有关的费用，能够提供总机构出具的费用汇集范围、定额、分配依据和方法等证明文件，并合理分摊的，准予扣除。

16. 资产损失

企业当期发生的固定资产和流动资产盘亏、毁损净损失，由其提供清查盘存资料经主管税务机关审核后，准予扣除。

17. 依照有关法律、行政法规和国家有关税法规定准予扣除的其他项目

例如，会员费、合理的会议费、差旅费、违约金、诉讼费用等。

18. 手续费及佣金支出

（1）企业发生的与生产经营有关的手续费及佣金支出，不超过以下规定限额的部分，准予扣除；超过部分，不得扣除。

1）保险企业。保险企业发生与其经营活动有关的手续费及佣金支出，不超过当年全部保费收入扣除退保金等后余额的18%（含本数）的部分，在计算应纳税所得额时准予扣除；超过部分，允许结转以后年度扣除。

2）其他企业。按与具有合法经营资格的中介服务机构或个人（不含交易双方及其雇员、代理和代表等）所签订服务协议或合同确认的收入金额的5%计算限额。

（2）企业应与具有合法经营资格的中介服务企业或个人签订代办协议或合同，并按国家有关规定支付手续费及佣金。除委托个人代理外，企业以现金等非转账方式支付的手续费及佣金不得在税前扣除。企业为发行权益性证券支付给有关证券承销机构的手续费及佣金不得在税前扣除。

（3）企业不得将手续费及佣金支出计入回扣、业务提成、返利、进场费等费用。

（4）企业已计入固定资产、无形资产等相关资产的手续费及佣金支出，应当通过折旧、摊销等方式分期扣除，不得在发生当期直接扣除。

（5）企业支付的手续费及佣金不得直接冲减服务协议或合同金额。

（6）电信企业在发展客户、拓展业务等的过程中（如委托销售电话入网卡、电话充值卡等），需要向经纪人、代办商支付手续费及佣金的，其实际发生的相关手续费及佣金支出，不超过企业当年收入总额5%的部分，准予在企业所得税前据实扣除。

（7）从事代理服务、主营业务收入为手续费及佣金的企业（如证券、期货、保险代理等企业），其为取得这类收入而实际发生的营业成本（包括手续费及佣金支出），准予在企业所得税前据实扣除。

7.2.3.4 不得扣除的项目

在计算应纳税所得额时，下列支出不得扣除：

（1）向投资者支付的股息、红利等权益性投资收益款项。

(2) 企业所得税税款。

(3) 税收滞纳金，是指纳税人因违反税收法规，被税务机关处以的滞纳金。

(4) 罚金、罚款和被没收财物的损失，是指纳税人因违反国家有关法律、法规的规定，被有关部门处以的罚款，以及被司法机关处以的罚金和被没收财物的损失。

(5) 超过规定标准的捐赠支出。

(6) 赞助支出，是指企业发生的与生产经营活动无关的各种非广告性质支出。

(7) 未经核定的准备金支出，是指不符合国务院财政、税务主管部门规定的各项资产减值准备、风险准备等准备金支出。

(8) 企业之间支付的管理费、企业内营业机构之间支付的租金和特许权使用费，以及非银行企业内营业机构之间支付的利息，不得扣除。

(9) 与取得收入无关的其他支出。

政策应用提示：

违约金、诉讼费用不属于因违法行为导致的惩罚性支出，允许扣除，而税收滞纳金、罚金、罚款和被没收财物的损失属于因违法行为导致的惩罚性支出，不允许扣除。

政策实训

对于企业发生的下列支出，在计算企业所得税应纳税所得额时准予扣除的是（　　）。

A. 税收滞纳金　　B. 被没收财物的损失

C. 向投资者支付的股息　　D. 因延期交货支付给购买方的违约金

答案：D

7.2.4 亏损弥补

亏损是指企业依照《企业所得税法》及其暂行条例的规定，将每一纳税年度的收入总额减除不征税收入、免税收入和各项扣除后小于零的数额。

1. 基本规定

企业某一纳税年度发生的亏损可以用下一年度的所得弥补，下一年度的所得不足以弥补的，可以逐年延续弥补，但最长不得超过5年。企业在汇总计算缴纳企业所得税时，其境外营业机构的亏损不得抵减境内营业机构的盈利。

政策应用提示：

注意税法与会计中对“亏损”定义的区别；注意“亏损”与“损失”的区别。

2. 具体规定

(1) 自2018年1月1日起，当年具备高新技术企业或科技型中小企业资格的企业，在其具备资格年度之前5个年度发生的尚未弥补完的亏损，准予结转以后年度弥补，最长结转年限由5年延长至10年。

(2) 企业筹办期间不计算为亏损年度，企业开始生产经营的年度为开始计算企业损益的年度。企业从事生产经营之前发生的筹办费用支出，不得计算为当期的亏损，企业可以在开始经营的当年一次性扣除，也可以按照新税法有关长期待摊费用的规定处理，但一经选定，不得改变。

政策应用提示：

企业可以根据自身情况选择开办费扣除方法，实现利益最大化。

（3）税务机关对企业以前年度纳税情况进行检查时调增的应纳税所得额，凡企业以前年度发生亏损且该亏损属于《企业所得税法》允许弥补的，应允许调增的应纳税所得额弥补该亏损。在弥补该亏损后仍有余额的，按规定计算缴纳企业所得税。对检查调增的应纳税所得额应根据其情节，依照《税收征管法》的有关规定进行处理或处罚。

（4）对企业发现以前年度实际发生的、按照税法规定应在企业所得税前扣除而未扣除或者少扣除的支出，企业做出专项申报及说明后，准予追补至该项目发生年度计算扣除，但追补确认期限不得超过5年。

企业由于上述原因多缴的企业所得税税款，可以在追补确认年度企业所得税应纳税额中抵扣，不足抵扣的，可以向以后年度递延抵扣或申请退税。

亏损企业追补确认以前年度未在企业所得税前扣除的支出，或盈利企业经过追补确认后出现亏损的，应首先调整该项支出所属年度的亏损额，然后再按照弥补亏损的原则计算以后年度多缴的企业所得税税款，并按前款规定处理。

政策实训

2014—2020年某企业的盈亏情况如下：

年度	2014	2015	2016	2017	2018	2019	2020
应纳税所得额（万元）	－90	－60	20	30	35	－10	100

如何确定2020年该企业的应纳税所得额？

解析：2014年亏损的弥补期到2019年结束，2016—2018年3年的所得共弥补85万元，剩余的未弥补亏损5万元不能再弥补。由于2016—2018年的所得已弥补2014年的亏损，加之2019年也亏损10万元，因而2020年是2015年亏损弥补期的最后一年，其亏损均可在2020年弥补，故2020年的应纳税所得额为30万元（＝100－60－10）。

7.2.5 清算所得税务处理

当企业依法清算时，以其清算终了后的清算所得为应纳税所得额，按规定缴纳企业所得税。清算所得是指企业的全部资产可变现价值或者交易价格减除资产净值、清算费用以及相关税费等后的余额。

被清算企业的股东分得的剩余资产的金额，其中相当于被清算企业累计未分配利润和累计盈余公积中按该股东所占股份比例计算的部分，应确认为股息所得；剩余资产减除股息所得后的余额，超过或低于股东投资成本的部分，应确认为股东的投资转让所得或损失。

政策实训

2019年1月，甲企业以800万元直接投资乙居民企业，取得股权40%。2020年12月，乙企业破产清算，甲企业分得资产1 000万元。在投资期间，乙企业的累计盈余公积和未分配利润为400万元。如何确定甲企业的投资转让所得？

解析：被清算企业累计未分配利润和累计盈余公积中属于该股东的部分为160万元（=400×40%），应确认为股息所得。剩余资产减股息所得后的余额为840万元（=1 000－160），超过股东投资成本的部分为40万元，应确认为投资转让所得。

7.2.6 税务机关核定应纳税所得额

企业不能提供完整、准确的收入及成本、费用凭证，不能正确计算应纳税所得额的，由税务机关核定其应纳税所得额。

7.3 资产的税务处理

企业除成本、费用可以在计算应纳税所得额时扣除外，其资本性支出也可以扣除，但不得一次性扣除，只能采取分次计提折旧或分次摊销的方式予以扣除。本节将对资产的税务处理进行专门学习。纳入税务处理范围的资产形式主要有固定资产、生物资产、无形资产、长期待摊费用、投资资产、存货等，均以历史成本为计税基础。

知识链接

资产的计税基础是指企业在收回资产账面价值的过程中，在计算应纳税所得额时按税法规定可以扣除的金额，即某项资产在未来期间计税时可以税前列支的金额。资产的扣除均以历史成本为计税基础。历史成本是指企业取得该项资产时实际发生的支出。企业持有各项资产期间的增值或者减值，除国务院财政、税务主管部门规定可以确认的损益外，不得调整该资产的计税基础。

7.3.1 固定资产的税务处理

情景导入

A市税务局稽查人员在对甲房地产公司申报纳税情况进行检查时发现，该企业在固定资产折旧账簿上计提了家具折旧1 800万元。经询问，这是该公司老总从拍卖会上购买的清代黄花梨家具，买价为9 000万元，公司按折旧期限5年进行了折旧计提。该公司的处理正确吗？

固定资产是指企业为生产产品、提供劳务、出租或者经营管理而持有的、使用时间超过12个月的非货币性资产，包括房屋、建筑物、机器、机械、运输工具以及其他与生产经营活动有关的设备、器具、工具等。

1. 计税基础的确定

（1）外购的固定资产，以购买价款和支付的相关税费以及直接归属于使该资产达到预定用途发生的其他支出为计税基础。

（2）自行建造的固定资产，以竣工结算前发生的支出为计税基础。

（3）融资租入的固定资产，以租赁合同约定的付款总额和承租人在签订租赁合同过程中发生的相关费用为计税基础，租赁合同未约定付款总额的，以该资产的公允价值和承租人在签订租赁合同过程中发生的相关费用为计税基础。

（4）盘盈的固定资产，以同类固定资产的重置完全价值为计税基础。

（5）通过捐赠、投资、非货币性资产交换、债务重组等方式取得的固定资产，以该资产的公允价值和支付的相关税费为计税基础。

（6）改建的固定资产，除已足额提取折旧的固定资产和租入的固定资产以外的其他固定资产，以改建过程中发生的改建支出增加计税基础。

2. 不得计提折旧的范围

在计算应纳税所得额时，企业按规定计算的固定资产折旧，准予扣除。下列固定资产不得计算折旧扣除：

（1）房屋、建筑物以外未投入使用的固定资产。

（2）以经营租赁方式租入的固定资产。

（3）以融资租赁方式租出的固定资产。

（4）已足额提取折旧仍继续使用的固定资产。

（5）与经营活动无关的固定资产。

（6）单独估价作为固定资产入账的土地。

（7）企业购买的文物、艺术品用于收藏、展示、保值增值的，作为投资资产进行税务处理。文物、艺术品资产在持有期间计提的折旧、摊销费用，不得税前扣除。

（8）其他不得计算折旧扣除的固定资产。

具体政策提示：

未投入使用的房屋和建筑物可以计提折旧。企业拥有的土地使用权应按无形资产进行摊销，而不是作为固定资产计提折旧。

3. 折旧计提方法

（1）固定资产按照直线法计算的折旧，准予扣除。企业按税法规定实行加速折旧的，其按加速折旧办法计算的折旧额可全额在税前扣除。

（2）企业应当根据固定资产的性质和使用情况，合理确定固定资产的预计净残值。固定资产的预计净残值一经确定，不得变更。

政策应用提示：

企业应当自固定资产投入使用月份的次月起计算折旧；停止使用的固定资产，应当自停止使用月份的次月起停止计算折旧。需要注意的是，开始和停止计算折旧的月份均为“次月”。

4. 折旧计提年限

除国务院财政、税务主管部门另有规定外，固定资产计算折旧的最低年限如下：

（1）房屋、建筑物，为20年。

（2）飞机、火车、轮船、机器、机械和其他生产设备，为10年。

（3）与生产经营活动有关的器具、工具、家具等，为5年。

（4）飞机、火车、轮船以外的运输工具，为4年。

（5）电子设备，为3年。

从事开采石油、天然气等矿产资源的企业，在开始商业性生产前发生的费用和有关固定资产的折耗、折旧方法，由国务院财政、税务主管部门另行规定。

政策应用提示：

注意“最低年限”，以电子设备为例，计提折旧年限可以是4年，但不可以是2年。计提折旧年限越长，企业年度扣除的折旧额越低。

政策实训

根据《企业所得税法》的规定，在下列关于固定资产税务处理的说法中，正确的有（　　）。

A. 盘盈的固定资产，以同类固定资产的重置完全价值为计税基础

B. 未投入使用的房屋不得扣除折旧

C. 小汽车可以按5年计提折旧

D. 以融资租赁方式租入的固定资产可以计提折旧

答案：ACD

7.3.2　生物资产的税务处理

生物资产是指有生命的动物和植物，分为消耗性生物资产、生产性生物资产和公益性生物资产。

消耗性生物资产是指为出售而持有的或在将来收获为农产品的生物资产，包括生长中的农田作物、蔬菜、用材林以及存栏待售的牲畜等。

生产性生物资产是指为产出农产品、提供劳务或出租等目的而持有的生物资产，包括经济林、薪炭林、产畜和役畜等。

公益性生物资产是指以防护、环境保护为主要目的的生物资产，包括防风固沙林、水土保持林和水源涵养林等。

要点提示：

只有生产性生物资产需要计提折旧，消耗性生物资产以成本方式进行扣除，公益性

生物资产是与生产经营无关的固定资产，不允许扣除。

1. 计税基础

生产性生物资产按照以下方法确定计税基础：

（1）外购的生产性生物资产，以购买价款和支付的相关税费为计税基础。

（2）通过捐赠、投资、非货币性资产交换、债务重组等方式取得的生产性生物资产，以该资产的公允价值和支付的相关税费为计税基础。

2. 折旧方法和折旧年限

生产性生物资产按照直线法计算的折旧，准予扣除。企业应当自生产性生物资产投入使用月份的次月起计算折旧；停止使用的生产性生物资产，应当自停止使用月份的次月起停止计算折旧。

企业应当根据生产性生物资产的性质和使用情况，合理确定生产性生物资产的预计净残值。生产性生物资产的预计净残值一经确定，不得变更。

生产性生物资产计算折旧的最低年限如下：

（1）林木类生产性生物资产，为10年。

（2）畜类生产性生物资产，为3年。

政策实训

某农场外购奶牛支付价款50万元，依据《企业所得税法》的相关规定，税前扣除方法为（　　）。

A. 一次性在税前扣除

B. 按奶牛寿命在税前分期扣除

C. 按直线法以不低于3年的折旧年限计算折旧在税前扣除

D. 按直线法以不低于10年的折旧年限计算折旧在税前扣除

答案： C

7.3.3 无形资产的税务处理

无形资产是指企业长期使用，但没有实物形态的资产，包括专利权、商标权、著作权、土地使用权、非专利技术、商誉等。

1. 计税基础

无形资产按以下方法确定计税基础：

（1）外购的无形资产，以购买价款和支付的相关税费以及直接归属于使该资产达到预定用途发生的其他支出为计税基础。

（2）自行开发的无形资产，以开发过程中该资产符合资本化条件后至达到预定用途前发生的支出为计税基础。

（3）通过捐赠、投资、非货币性资产交换、债务重组等方式取得的无形资产，以该资产的公允价值和支付的相关税费为计税基础。

2. 摊销的范围

在计算应纳税所得额时，企业按规定计算的无形资产摊销费用，准予扣除。

下列无形资产不得计算摊销费用扣除：

（1）自行开发的支出已在计算应纳税所得额时扣除的无形资产。

（2）自创商誉。

（3）与经营活动无关的无形资产。

（4）其他不得计算摊销费用扣除的无形资产。

知识链接

根据来源的不同，商誉可分为自创商誉和外购商誉。自创商誉是指企业在生产经营活动中创立和积累的、能给企业带来超额利润的资源，如拥有较高的品牌度、先进的技术、先进的管理水平、稳定的客户资源、优越的地理位置等。外购商誉是指收购企业在收购或兼并其他企业时，支付的价款超过被收购企业各项净资产总额的部分。自创商誉的成本以及价值都难以确定，不得计算摊销费用进行扣除。

3. 摊销方法及年限

无形资产的摊销采取直线法计算。无形资产的摊销年限不得低于 10 年。作为投资或者受让的无形资产，有关法律规定或者合同约定了使用年限的，可以按照规定或者约定的使用年限分期摊销。外购商誉的支出，在企业整体转让或者清算时，准予扣除。

政策实训

根据《企业所得税法》的规定，下列关于无形资产的税务处理，正确的有（　　）。

A. 外购的无形资产，以购买价款和支付的相关税费以及直接归属于使该资产达到预定用途发生的其他支出为计税基础

B. 通过债务重组方式取得的无形资产，以该资产的公允价值和支付的相关税费为计税基础

C. 自创商誉的摊销年限不得低于 10 年

D. 外购商誉的支出，在企业整体转让或者清算时，准予扣除

答案：ABD

7.3.4　长期待摊费用的税务处理

长期待摊费用是指企业发生的应在 1 个年度以上或几个年度进行摊销的费用。在计算应纳税所得额时，企业发生的长期待摊费用按照规定摊销的，准予扣除。

1. 固定资产的改建支出

固定资产的改建支出是指改变房屋或者建筑物结构、延长使用年限等发生的支出。

（1）已足额提取折旧的固定资产的改建支出，按照固定资产预计尚可使用年限分期摊销。

（2）租入固定资产的改建支出，按照合同约定的剩余租赁期限分期摊销。

除上述两项之外，以改建过程中发生的改建支出增加计税基础。

2. 固定资产的大修理支出

企业的固定资产修理支出可在发生当期直接扣除，但大修理支出需要按照固定资产尚可使用年限分期摊销。固定资产的大修理支出是指同时符合下列条件的支出：

（1）修理支出达到取得固定资产时的计税基础 50%以上。

（2）修理后固定资产的使用年限延长 2 年以上。

3. 其他应当作为长期待摊费用的支出

自支出发生月份的次月起，分期摊销，摊销年限不得低于 3 年。

政策实训

2020 年，某商贸公司以经营租赁方式租入临街门面，租期为 10 年。2021 年 3 月，该商贸公司对门面进行了改建装修，发生改建费用 20 万元。关于改建费用的税务处理，下列说法正确的是（　　）。

A. 改建费用应作为长期待摊费用处理

B. 改建费用应从 2021 年 3 月进行摊销

C. 改建费用可以在发生当期一次性税前扣除

D. 改建费用应在 3 年的期限内摊销

答案：A

7.3.5 存货的税务处理

存货是指企业持有以备出售的产品或者商品、处在生产过程中的在产品、在生产或者提供劳务过程中耗用的材料和物料等。

1. 计税基础

存货按照以下方法确定成本：

（1）通过支付现金方式取得的存货，以购买价款和支付的相关税费为成本。

（2）通过支付现金以外的方式取得的存货，以该存货的公允价值和支付的相关税费为成本。

（3）生产性生物资产收获的农产品，以产出或者采收过程中发生的材料费、人工费和分摊的间接费用等必要支出为成本。

2. 成本计算方法

企业使用或者销售存货的成本计算方法，可以在先进先出法、加权平均法、个别计价法中选用一种。计价方法一经选用，不得随意变更。

7.3.6 资产转让的税务处理

上述折旧、摊销等方式涉及资产在持有期间的税务处理，如果企业转让资产，则在计算企业应纳税所得额时，资产的净值允许扣除。资产的净值是指有关资产、财产的计税基础减除已经按规定扣除的折旧、折耗、摊销、准备金等后的余额。

除国务院财政、税务主管部门另有规定外，企业在重组过程中，应当在交易发生时确认有关资产的转让所得或者损失，相关资产应当按照交易价格重新确定计税基础。

7.3.7 投资资产的税务处理

投资资产是指企业对外进行权益性投资和债权性投资而形成的资产。

1. 投资资产的成本确定

投资资产按以下方法确定投资成本：

(1) 通过支付现金方式取得的投资资产，以购买价款为成本。

(2) 通过支付现金以外的方式取得的投资资产，以该资产的公允价值和支付的相关税费为成本。

2. 投资资产成本的扣除

企业对外投资期间，投资资产的成本在计算应纳税所得额时不得扣除，企业在转让或者处置投资资产时，投资资产的成本准予扣除。也就是说，投资资产在持有期间不计提折旧和摊销，仅在转让环节扣除资产计税基础（成本）。

3. 投资企业撤回或减少投资的税务处理

投资企业从被投资企业撤回或减少投资，取得的资产分为下列部分进行税务处理：①在取得的资产中，相当于初始出资的部分，应确认为投资收回；②相当于被投资企业累计未分配利润和累计盈余公积按减少实收资本比例计算的部分，确认为股息所得；③其余部分确认为投资资产转让所得。

被投资企业发生的经营亏损，由被投资企业按规定结转弥补；投资企业不得调整减低其投资成本，也不得将其确认为投资损失。

政策实训

2019 年初，甲居民企业以实物资产 400 万元直接投资于乙居民企业，取得乙居民企业 30%的股权。2020 年 11 月，甲居民企业全部撤回投资，取得资产总计 600 万元；在投资撤回时，乙居民企业累计未分配利润为 300 万元，累计盈余公积为 50 万元。甲居民企业在撤回投资时应如何进行税务处理？如何计算这笔业务的应纳所得税税额？

解析： 甲居民企业的初始投资 400 万元确认为投资收回。

应确认的股息所得＝(300＋50)×30%＝105（万元）

应确认的投资资产转让所得＝600－400－105＝95（万元）

由于居民企业之间符合条件的投资收益免税，因而甲居民企业应确认的应纳税所得额为 95 万元，故

应纳企业所得税＝95×25%＝23.75（万元）

7.3.8 非货币性资产投资的税务处理

非货币性资产是指现金、银行存款、应收账款、应收票据以及准备持有至到期的债券投资等货币性资产以外的资产。下列规定限于居民企业以非货币性资产出资设立新的居民企业，或将非货币性资产注入现存的居民企业。

（1）企业以非货币性资产对外投资确认的非货币性资产转让所得，可在不超过5年的期限内，分期均匀计入相应年度的应纳税所得额，按规定计算缴纳企业所得税。

（2）企业以非货币性资产对外投资，应对非货币性资产进行评估并按评估后的公允价值扣除计税基础后的余额，计算确认非货币性资产转让所得。

企业以非货币性资产对外投资，应于投资协议生效并办理股权登记手续时，确认非货币性资产转让收入的实现。

（3）企业以非货币性资产对外投资而取得被投资企业的股权，应以非货币性资产的原计税成本为计税基础，加上每年确认的非货币性资产转让所得，逐年进行调整。

被投资企业取得非货币性资产的计税基础，应按非货币性资产的公允价值确定。

（4）企业在对外投资5年内转让上述股权或投资收回的，应停止执行递延纳税政策，并就递延期内尚未确认的非货币性资产转让所得，在转让股权或投资收回当年的企业所得税年度汇算清缴时，一次性计算缴纳企业所得税；企业在计算股权转让所得时，可将股权的计税基础一次调整到位。

企业在对外投资5年内注销的，应停止执行递延纳税政策，并就递延期内尚未确认的非货币性资产转让所得，在注销当年的企业所得税年度汇算清缴时，一次性计算缴纳企业所得税。

（5）企业发生非货币性资产投资，符合《财政部、国家税务总局关于企业重组业务企业所得税处理若干问题的通知》（财税［2009］59号）等文件规定的特殊性税务处理条件，也可选择按特殊性税务处理规定执行（详见7.4.3节）。

政策应用提示：以非货币性资产对外投资，应将其视为非货币性资产视同销售和投资两个过程进行税务处理。在此过程中，企业并未获得现金流入，加之纳税金额可能较大，故允许企业在不超过5年内分期均匀纳税。与此相对应，根据每年确认的非货币性资产转让所得，逐年调整所获得的被投资企业股权的计税基础。

7.4 企业重组的所得税处理

情景导入

企业的市场需求和生产要素不断变化，特别是在科技突飞猛进、经济日益全球化、市场竞争加剧的情况下，企业要想保持竞争优势，就必须不断地进行资源的优化配置，培育和发展核心竞争力。Wind中国并购库数据显示，2019年中国企业境内并购和出境并购共发生 10 138 起，交易金额为 2.28 万亿元。企业重组涉及哪些所得税问题？应该如何进行税务处理？

7.4.1 企业重组形式与支付方式

1. 企业重组形式

企业重组是指企业在日常经营活动以外发生的法律结构或经济结构重大改变的交易，包括企业法律形式改变、债务重组、股权收购、资产收购、合并、分立等。

(1) 企业法律形式改变是指企业注册名称、住所以及企业组织形式等的简单改变，但符合规定的其他重组类型除外。

(2) 债务重组是指在债务人发生财务困难的情况下，债权人按照其与债务人达成的书面协议或者法院裁定书，就债务人的债务做出让步的事项。

(3) 股权收购是指一家企业（又称“收购企业”）购买另一家企业（又称“被收购企业”）的股权，以实现对被收购企业控制的交易。收购企业支付对价的形式包括股权支付、非股权支付或两者的组合。

(4) 资产收购是指一家企业（又称“受让企业”）购买另一家企业（又称“转让企业”）实质经营性资产的交易。受让企业支付对价的形式包括股权支付、非股权支付或两者的组合。

(5) 合并是指一家或多家企业（又称“被合并企业”）将其全部资产和负债转让给另一家现存或新设企业（又称“合并企业”），被合并企业股东换取合并企业的股权或非股权支付，实现两个或两个以上企业的依法合并。

(6) 分立是指一家企业（又称“被分立企业”）将部分或全部资产分离转让给现存或新设的企业（又称“分立企业”），被分立企业股东换取分立企业的股权或非股权支付，实现企业的依法分立。

2. 支付方式

(1) 股权支付是指在企业重组中购买、换取资产的一方，以本企业或其控股企业的股权、股份作为支付的形式。

(2) 非股权支付是指以本企业的现金、银行存款、应收款项、本企业或其控股企业股权和股份以外的有价证券、存货、固定资产、其他资产以及承担债务等作为支付的形式。

政策应用提示：

需要分清股权收购、资产收购、合并和分立四种交易形式中的买方和卖方，卖方卖出股权、资产或企业，买方得到支付对价，支付对价的形式有股权支付、非股权支付或两种方式的结合。

7.4.2 企业重组的一般性税务处理方法

1. 企业法律形式改变的税务处理

企业由法人转变为个人独资企业、合伙企业等非法人组织，或将登记注册地转移至中华人民共和国境外（包括港、澳、台地区），应视同企业进行清算、分配，股东重新投资成立新企业。企业的全部资产以及股东投资的计税基础均应以公允价值为基础确定。

企业发生其他法律形式简单改变的，可直接变更税务登记，除另有规定外，有关企业所得税纳税事项（包括亏损结转、税收优惠等权益和义务）由变更后的企业承继，但因住所发生变化而不符合税收优惠条件的除外。

2. 企业债务重组的税务处理

（1）以非货币资产清偿债务，应当分解为转让相关非货币性资产、按非货币性资产公允价值清偿债务两项业务，确认相关资产的所得或损失。

（2）发生债权转股权的，应当分解为债务清偿和股权投资两项业务，确认有关债务清偿所得或损失。

（3）债务人应当按照支付的债务清偿额低于债务计税基础的差额，确认债务重组所得；债权人应当按照收到的债务清偿额低于债权计税基础的差额，确认债务重组损失。

（4）债务人的相关所得税纳税事项原则上保持不变。

政策实训

甲公司与乙公司达成债务重组协议，甲公司以一批库存商品抵偿所欠乙公司的债务300万元。这批库存商品的账面成本为180万元，市场不含税销售价为260万元。这批商品的增值税税率为13%。甲公司适用的企业所得税税率为25%，在不考虑城市维护建设税和教育费附加的情况下，如何确定甲公司该项重组业务的应纳企业所得税？

解析：

债务重组收益＝300－260－260×13%＝6.2（万元）

应纳企业所得税＝6.2×25%＝1.55（万元）

---

3. 企业股权收购、资产的收购重组交易的税务处理

（1）被收购方应确认股权、资产的转让所得或损失。

（2）收购方取得股权或资产的计税基础应以公允价值为基础确定。

（3）被收购企业的相关所得税事项原则上保持不变。

4. 企业合并的税务处理

（1）合并企业应按公允价值确定接受被合并企业各项资产和负债的计税基础。

（2）被合并企业及其股东都应按清算进行所得税处理。

（3）被合并企业的亏损不得在合并企业结转弥补。

5. 企业分立的税务处理

（1）被分立企业对分立出去的资产应按公允价值确认资产转让所得或损失。

（2）分立企业应按公允价值确认接受资产的计税基础。

（3）被分立企业继续存在时，其股东取得的对价应视同被分立企业分配进行处理。

（4）被分立企业不再继续存在时，被分立企业的股东都应按清算进行所得税处理。

(5) 在企业分立中，相关企业的亏损不得相互结转弥补。

政策实训

甲公司共有股权 10 000 万股，其中 40%的股权由乙公司收购，甲公司成为乙公司的子公司。假定收购日甲公司每股资产的计税基础为 8 元，每股资产的公允价值为 10 元。在收购对价中，乙公司以股权形式支付了 5 000 万元，以银行存款支付了 3 000 万元。甲公司应如何确定股权转让所得？乙公司应如何确定所取得股权的计税基础？

甲公司的股权转让所得为 8 000 万元[=10 000×40%×(10−8)]，乙公司收到股权的计税基础为 40 000 万元。

政策应用提示：

企业重组的一般税务处理，又称应税重组。卖方的税务处理主要是确认所得和确认得到的非货币性资产的计税基础，买方的税务处理主要是确认买进资产的计税基础和卖方纳税事项（包括亏损结转、税收优惠等权益和义务）是否延续。在应税重组中，资产的计税基础按公允价值确认。

7.4.3 企业重组的特殊性税务处理方法

1. 适用特殊性税务处理的条件

企业重组同时符合下列条件的，适用特殊性税务处理规定：

(1) 具有合理的商业目的，且不以减少、免除或者推迟缴纳税款为主要目的。

(2) 被收购、合并或分立部分的资产或股权比例符合规定的比例。

(3) 企业重组后的连续 12 个月内不改变重组资产原来的实质性经营活动。

(4) 重组交易对价中涉及股权的支付金额符合规定的比例。

(5) 企业重组中取得股权支付的原主要股东，在重组后连续 12 个月内，不得转让所取得的股权。

2. 特殊性税务处理方法

企业重组符合上述特殊性税务处理条件的，交易各方对其交易中的股权支付部分，可以按规定进行特殊性税务处理。

政策应用提示：

特殊性税务处理，又称免税重组。为适用特殊性税务处理，需要“同时”符合规定的 5 个条件。对其中的“股权支付部分”“可以”适用特殊性税务处理，即非股权支付部分不得适用特殊性税务处理。另外，符合特殊性税务处理的企业也可以选择适用一般性税务处理。

(1) 企业债务重组确认的应纳税所得额占该企业当年应纳税所得额的 50%以上，可以在 5 个纳税年度的期间内，均匀计入各年度的应纳税所得额。

企业发生债权转股权业务，对债务清偿和股权投资两项业务暂不确认有关债务清偿所得或损失，股权投资的计税基础以原债权的计税基础确定。企业的其他相关所得税事项保持不变。

(2) 对于股权收购来说，收购企业购买的股权不低于被收购企业全部股权的 50%，且收购企业在该股权收购发生时的股权支付金额不低于其交易支付总额的 85%，可以选择按以下规定处理：

1) 被收购企业的股东取得收购企业股权的计税基础，以被收购股权的原有计税基础确定。

2) 收购企业取得被收购企业股权的计税基础，以被收购股权的原有计税基础确定。

3) 收购企业、被收购企业的原有各项资产及负债的计税基础和其他相关所得税事项保持不变。

(3) 对于资产收购来说，受让企业收购的资产不低于转让企业全部资产的 50%，且受让企业在该资产收购发生时的股权支付金额不低于其交易支付总额的 85%，可以选择按以下规定处理：

1) 转让企业取得受让企业股权的计税基础，以被转让资产的原有计税基础确定。

2) 受让企业取得转让企业资产的计税基础，以被转让资产的原有计税基础确定。

(4) 对于企业合并来说，企业股东在该企业合并发生时取得的股权支付金额不低于其交易支付总额的 85%，以及同一控制下且不需要支付对价的企业合并，可以选择按以下规定处理：

1) 合并企业接受被合并企业资产和负债的计税基础，以被合并企业的原有计税基础确定。

2) 被合并企业合并前的相关所得税事项由合并企业承继。

3) 可由合并企业弥补的被合并企业亏损的限额＝被合并企业净资产的公允价值×截至合并业务发生当年末国家发行的最长期限的国债利率。

4) 被合并企业股东取得合并企业股权的计税基础，以其原持有的被合并企业股权的计税基础确定。

政策实训

甲企业合并乙企业，乙企业全部资产的公允价值为 6 000 万元、全部负债为 3 500 万元、未超过弥补年限的亏损额为 500 万元。在合并时，甲企业以股权形式支付了 2 300 万元、以银行存款支付了 200 万元。该合并业务符合企业重组特殊性税务处理的条件且选择此方法执行。截至合并业务发生当年末国家发行的最长期限的国债利率为 6%。如何确定可由合并企业弥补的被合并企业的亏损限额？

解析： 合并企业可以弥补的被合并企业亏损限额为 150 万元 [=(6 000−3 500)×6%]。

(5) 对企业分立来说，被分立企业的所有股东按原持股比例取得分立企业的股权，分立企业和被分立企业均不改变原来的实质性经营活动，且被分立企业股东在该企业分立发生时取得的股权支付金额不低于其交易支付总额的 85%，可以选择按以下规定处理：

1) 分立企业接受被分立企业资产和负债的计税基础，以被分立企业的原有计税基础确定。

2）被分立企业已分立出去资产相应的所得税事项由分立企业承继。

3）被分立企业未超过法定弥补期限的亏损额可按分立资产占全部资产的比例进行分配，由分立企业继续弥补。

4）被分立企业的股东取得分立企业的股权（以下简称“新股”），如果需要部分或全部放弃原持有的被分立企业的股权（以下简称“旧股”），新股的计税基础应以放弃旧股的计税基础确定。如果不需要放弃旧股，则其取得新股的计税基础可从以下两种方法中选择确定：直接将新股的计税基础确定为零；或者以被分立企业分立出去的净资产占被分立企业全部净资产的比例先调减原持有的旧股的计税基础，再将调减的计税基础平均分配到新股上。

(6) 重组交易各方按上述 (1)～(5) 项规定对交易中的股权支付暂不确认有关资产的转让所得或损失的，其非股权支付仍应在交易当期确认相应的资产转让所得或损失，并调整相应资产的计税基础。

$$\begin{matrix}\text{非股权支付对应的}\\\text{资产转让所得或损失}\end{matrix}=\left(\begin{matrix}\text{被转让资产}\\\text{的公允价值}\end{matrix}-\begin{matrix}\text{被转让资产}\\\text{的计税基础}\end{matrix}\right)\times\left(\begin{matrix}\text{非股权}\\\text{支付金额}\end{matrix}\div\begin{matrix}\text{被转让资产}\\\text{的公允价值}\end{matrix}\right)$$

政策实训

甲公司共有股权 1 000 万股，为了寻求更好的发展，将 80%的股权由乙公司收购，甲公司成为乙公司的子公司。在收购日，甲公司每股资产的计税基础为 7 元，每股资产的公允价值为 9 元。在收购对价中，乙公司以股权形式支付了 6 480 万元，以银行存款支付了 720 万元。如何确定非股权支付额对应的资产转让所得?

解析：非股权支付额对应的资产转让所得为 160 万元 [=(7 200−5 600)×(720÷7 200)]。

政策实训

甲企业持有乙企业 95%的股权，共计 3 000 万股，将其全部转让给丙企业。在收购日甲企业持有的乙企业每股资产的公允价值为 12 元，每股资产的计税基础为 10 元。在收购对价中，丙企业以股权形式支付了 32 400 万元，以银行存款支付了 3 600 万元。甲企业的资产转让符合特殊性税务处理的其他条件。如何计算甲企业转让股权应缴纳的企业所得税?

解析：收购企业取得被收购企业的股权比例是 95%，股权支付比例为 90% [=32 400÷(32 400+3 600)×100%]，可适用特殊性税务处理，股权支付部分不确认所得和损失；对于非股权支付部分，要按规定确认所得或损失，计算缴纳企业所得税。甲企业转让股权的应纳税所得额为 600 万元 [=(3 000×12−3 000×10)×3 600÷36 000]，甲企业转让股权应缴纳的企业所得税为 150 万元（=600×25%）。

7.4.4 特殊性税务处理的附加条件

企业发生涉及中国境内与境外之间（包括港、澳、台地区）的股权和资产收购交易，除应符合上述特殊性税务处理的条件外，还应同时符合下列条件，才可以选择适用特殊性税务处理规定。

(1) 非居民企业向其 100%直接控股的另一非居民企业转让其拥有的居民企业股权，没有因此造成以后该项股权转让所得预提税负变化，且转让方非居民企业向主管税务机关书面承诺在 3 年（含 3 年）内不转让其拥有的受让方非居民企业的股权。

(2) 非居民企业向与其具有 100%直接控股关系的居民企业转让其拥有的另一居民企业股权。

(3) 居民企业以其拥有的资产或股权向其 100%直接控股的非居民企业进行投资。在这种情形下，如果其资产或股权转让收益选择特殊性税务处理，可以在 10 个纳税年度内均匀计入各年度的应纳税所得额。

(4) 财政部、国家税务总局核准的其他情形。

7.5 应纳税额的计算

7.5.1 居民企业应纳税额的计算

应纳税额＝应纳税所得额×适用税率－减免税额－抵免税额

上式中“减免税额”内容详见 7.6.1 节。在“抵免税额”中最主要的是境外所得抵免税额，详见 7.5.2 节。

应纳税所得额的计算分为直接计算法和间接计算法。

1. 直接计算法

采用直接计算法，应纳税所得额以企业每一纳税年度的收入总额减除不征税收入、免税收入、各项扣除金额以及允许弥补的以前年度亏损后的余额为应纳税所得额。

应纳税所得额＝收入总额－不征税收入－免税收入－各项扣除金额－允许弥补的以前年度亏损

2. 间接计算法

采用间接计算法，应纳税所得额以会计利润总额为基础，加上或减去按税法规定调整的项目金额后得出。其计算公式为：

应纳税所得额＝会计利润总额±纳税调整项目金额

纳税调整项目金额包括两方面的内容：一是税法规定的范围与会计规定不一致的应予以调整的金额；二是税法规定的扣除标准与会计规定不一致的应予以调整的金额。

【综合案例 7－1】[①] 某企业为居民企业，2019 年发生的经营业务如下：

（1）取得产品销售收入 4 000 万元。

（2）应结转产品销售成本 2 600 万元。

（3）发生销售费用 770 万元（其中，广告费 650 万元）；管理费用 480 万元（其中，业务招待费 25 万元）；财务费用 60 万元。

（4）销售税金 160 万元（含增值税 120 万元）。

（5）营业外收入 80 万元，营业外支出 50 万元（含通过公益性社会团体向贫困山区的捐款 30 万元，支付税收滞纳金 6 万元）。

（6）计入成本、费用的实发工资总额 200 万元、拨缴职工工会经费 5 万元、发生职工福利费 31 万元、发生职工教育经费 7 万元。

要求：计算该企业 2019 年度实际应缴纳的企业所得税。

会计利润总额＝4 000＋80－2 600－770－480－60－40－50＝80（万元）

广告费和业务宣传费调增所得额＝650－4 000×15％＝50（万元）

业务招待费调增所得额＝25－25×60％＝10（万元）

4 000×5‰＝20(万元)＞25×60％＝15（万元）

捐赠支出应调增所得额＝30－80×12％＝20.4（万元）

工会经费应调增所得额＝5－200×2％＝1（万元）

职工福利费应调增所得额＝31－200×14％＝3（万元）

职工教育经费扣除限额＝200×8％＝16（万元）

由于实际发生额小于扣除限额，不做纳税调整。

应纳税所得额＝80＋50＋10＋20.4＋6＋1＋3＝170.4（万元）

2019 年应缴纳的企业所得税＝170.4×25％＝42.6（万元）

【综合案例 7－2】某工业企业为居民企业，2019 年度发生的经营业务如下：全年取得产品销售收入5 600万元，发生产品销售成本 4 000 万元；其他业务收入 800 万元，其他业务成本 694 万元；取得购买国债的利息收入 40 万元；缴纳非增值税销售税金及附加 300 万元；发生管理费用 760 万元，其中新技术的研究开发费用 60 万元、业务招待费用 70 万元；发生财务费用 200 万元；取得直接投资其他居民企业的权益性收益 34 万元（已在投资方所在地按 15％的税率缴纳了企业所得税）；取得营业外收入 100 万元，发生营业外支出 250 万元（其中，含公益捐赠 38 万元）。

要求：计算 2019 年该企业应缴纳的企业所得税。

利润总额＝5 600＋800＋40＋34＋100－4 000－694－300－760－200－250
＝370（万元）

---

① 中国注册会计师协会组织．税法．北京：中国财政经济出版社，2021.

国债利息收入免征企业所得税，应调减所得额 40 万元。

技术开发费调减所得额＝60×75％＝45（万元）

按实际发生业务招待费的 60％计算＝70×60％＝42（万元）

按销售（营业）收入的 5‰计算＝(5 600＋800)×5‰＝32（万元）

按照规定，税前扣除限额应为 32 万元，故

实际应调增应纳税所得额＝70－32＝38（万元）

取得直接投资其他居民企业的权益性收益属于免税收入，应调减应纳税所得额 34 万元。

捐赠扣除标准＝370×12％＝44.4（万元）

由于实际捐赠额 38 万元小于捐赠扣除标准 44.4 万元，可按实际捐赠数扣除，不做纳税调整。

应纳税所得额＝370－40－45＋38－34＝289（万元）

2019 年该企业应缴纳的企业所得税＝289×25％＝72.25（万元）

【综合案例 7－3】某科技型中小企业共有职工 90 人，资产总额为 2 800 万元。2019 年的生产经营业务如下：

（1）取得产品销售收入 3 000 万元、国债利息收入 20 万元。

（2）与产品销售收入配比的成本为 2 100 万元。

（3）发生销售费用 252 万元、管理费用 390 万元（其中，业务招待费 28 万元、新产品研发费用 120 万元）。

（4）向非金融企业借款 200 万元，支付年利息费用 18 万元（注：金融企业同期同类贷款的年利率为 6％）。

（5）企业所得税前准许扣除的税金及附加为 32 万元。

（6）10 月购进符合《环境保护专用设备企业所得税优惠目录》的专用设备，取得的增值税专用发票上注明的金额为 30 万元、增值税进项税额为 5.1 万元，该设备当月投入使用。

（7）计入成本、费用中的实发工资总额为 200 万元，拨缴职工工会经费 4 万元，发生职工福利费 35 万元，发生职工教育经费 10 万元。

要求：计算 2019 年该企业应缴纳的企业所得税。

会计利润总额＝3 000＋20－2 100－252－390－18－32＝228（万元）

国债利息收入免征企业所得税，应调减所得额 20 万元。

业务招待费应调增所得额＝28－15＝13（万元）

28×60％＝16.8（万元）＞3 000×5‰＝15（万元）

新产品研发费用应调减所得额＝120×75％＝90（万元）

利息费用支出应调增所得额＝18－200×6％＝6（万元）

工会经费应调增所得额＝4－200×2％＝0（万元）

职工福利费应调增所得额＝35－200×14%＝7（万元）

职工教育经费扣除限额＝200×8%＝16（万元）

由于职工教育经费的实际发生额小于扣除限额，不用做纳税调整。

应纳税所得额＝228－20＋13－90＋6＋7＝144（万元）

2019年该企业应缴纳的企业所得税

＝(144－44)×25%×20%＋44×50%×20%－30×10%＝6.4（万元）

7.5.2 境外所得抵免税额的计算

1. 基本规定

企业取得的下列所得已在境外缴纳的所得税税额，可以从其当期应纳税额中抵免，抵免限额为该项所得依照《企业所得税法》计算的应纳税额；超过抵免限额的部分，可以自次年起在连续五个纳税年度内，用每年度抵免限额抵免当年应抵税额后的余额进行抵补。

（1）居民企业来源于中国境外的应税所得。

（2）非居民企业在中国境内设立机构、场所，取得发生在中国境外但与该机构、场所有实际联系的应税所得。

（3）居民企业从其直接或者间接控制的外国企业分得的来源于中国境外的股息、红利等权益性投资收益，外国企业在境外实际缴纳的所得税税额中属于该项所得负担的部分，可以作为该居民企业的可抵免境外所得税税额，在规定的抵免限额内抵免。

直接控制是指居民企业直接持有外国企业20%以上股份，间接控制是指居民企业以间接持股方式持有外国企业20%以上股份，具体认定办法由国务院财政、税务主管部门制定。

在这种情形下，由于股息承担的外国所得税并不是母公司直接缴纳的，所以只能以“视同母公司间接缴纳”而给予抵免处理，因而被称为间接抵免。

在抵免企业所得税税额时，应当提供中国境外税务机关开具的税款所属年度的有关纳税凭证。

☞知识链接

直接抵免是指企业直接作为纳税人就其境外所得在境外缴纳的所得税税额在我国应纳税额中抵免。间接抵免是指境外企业就分配股息前的利润缴纳的外国所得税税额中由我国居民企业就该项分得的股息性质的所得间接负担的部分，在我国的应纳税额中抵免。间接抵免适用于跨国母子公司之间的税收抵免。

2. 可抵免境外所得税税额的范围

可抵免境外所得税税额是指企业来源于中国境外的所得依照境外税收法律以及相关规定应当缴纳并已实际缴纳的企业所得税性质的税款，但不包括：

（1）按照境外所得税法律及相关规定属于错缴或错征的境外所得税税款。

(2) 按照税收协定规定不应征收的境外所得税税款。

(3) 因少缴或迟缴境外所得税而追加的利息、滞纳金或罚款。

(4) 境外所得税纳税人或者其利害关系人从境外征税主体得到实际返还或补偿的境外所得税税款。

(5) 按照《企业所得税法》及其实施条例的规定，已经免征我国企业所得税的境外所得负担的境外所得税税款。

(6) 按照国务院财政、税务主管部门有关规定已经从企业境外应纳税所得额中扣除的境外所得税税款。

3. 抵免限额的计算

$$\begin{aligned}&\text{某国（地区）}\\&\text{所得税抵免限额}\\&=\begin{matrix}\text{中国境内、境外所得依照企业}\\\text{所得税规定计算的应纳税总额}\end{matrix}\times\begin{matrix}\text{来源于某国（地区）}\\\text{的应纳税所得额}\end{matrix}\div\begin{matrix}\text{中国境内、境外}\\\text{应纳税所得总额}\end{matrix}\end{aligned}$$

企业可以选择按国（地区）别分别计算，或者不按国（地区）别汇总计算其来源于境外的应纳税所得额。上述方式一经选择，5 年内不得改变。

要点提示：

在 2017 年以前，企业只能按照“分国不分项”计算其可抵免境外所得税税额和抵免限额。为了更好地鼓励企业走出去，《财政部、税务总局关于完善企业境外所得税收抵免政策问题的通知》(财税［2017］84 号）规定，自 2017 年 1 月 1 日起，企业可以自行选择“分国不分项”或者“不分国不分项”，计算其可抵免境外所得税税额和抵免限额。

自 2017 年 1 月 1 日起，企业在境外取得的股息所得，在按规定计算该企业境外股息所得的可抵免所得税税额和抵免限额时，由该企业直接或者间接持有 20%以上股份的外国企业，限于按照规定的持股方式确定的五层外国企业。

知识链接

母、子、孙、重孙等公司的关系呈现出层层控制的突出特征，股息分配方向是自下而上的。在每一层公司向上一层公司支付的股息中，都含有收到的下一层公司支付的股息部分，也都包含了承担的本层公司和下一层公司的部分所得税税额。

政策实训

2021 年，某企业的境内应纳税所得额为 200 万元，适用 25%的企业所得税税率。另外，该企业分别在 A、B 两国设有分支机构。A 国分支机构的应纳税所得额为 50 万元，A 国的税率为 20%；B 国分支机构的应纳税所得额为 30 万元，B 国的税率为 30%。假设该企业在 A、B 两国的所得按我国税法计算的应纳税所得额与按 A、B 两国税法计算的应纳税所得额一致，两个分支机构在 A、B 两国分别缴纳了 10 万元和 9 万元的企业所得税。如何计算 2021 年汇总时该企业在我国应缴纳的企业所得税？

解析：

该企业按我国税法计算的境内、境外所得的应纳税额$=(200+50+30)\times 25\%=70$（万元）

A 国的抵免限额$=70\times[50\div(200+50+30)]=12.5$（万元）

B 国的抵免限额$=70\times[30\div(200+50+30)]=7.5$（万元）

在 A 国缴纳的所得税为 10 万元，低于抵免限额 12.5 万元，可全额扣除。在 B 国缴纳的所得税为 9 万元，高于抵免限额 7.5 万元，其超过抵免限额的 1.5 万元当年不能扣除。

2021 年汇总时在我国应缴纳的企业所得税$=70-10-7.5=52.5$（万元）

政策实训

根据《企业所得税法》的规定，下列关于境外所得抵免限额的表述，正确的有（　　）。

A. 超过抵免限额的部分，可以在当年的次年起连续 5 个年度内抵免

B. 居民企业来源于中国境外的应税所得，已经缴纳的所得税税额，可在抵免限额内抵免

C. 居民企业以间接持股方式持有外国企业 10%以上股份，外国企业在境外实际缴纳的所得税税额中属于该项所得负担的部分，可以作为该居民企业的可抵免境外所得税税额

D. 抵免企业所得税税额时，应当提供中国境外税务机关出具的税款所属年度的有关纳税凭证

答案： ABD

7.5.3 非居民企业应纳税额的计算

对于在中国境内未设立机构、场所的，或者虽设立机构、场所但取得的所得与其所设机构、场所没有实际联系的非居民企业的所得，按照下列方法计算应纳税所得额：

（1）股息、红利等权益性投资收益和利息、租金、特许权使用费所得，以收入全额为应纳税所得额。

（2）转让财产所得，以收入全额减除财产净值后的余额为应纳税所得额。财产净值是指财产的计税基础减除已经按规定扣除的折旧、折损、摊销、准备金等后的余额。

（3）其他所得，参照前两项规定的方法计算应纳税所得额。

对未设立机构、场所的非居民取得来源于境内的所得征收企业所得税的方法，有以下主要特点：一是采用由支付人源泉扣缴的方式，无法扣缴或未扣缴的情况下要求纳税人自行申报；二是税基确定简单，除财产转让收益外，其他类型所得主要以收入总额为基础确定应纳税所得额；三是适用相对较低的税率，税率为 10%。

【案例 7-1】[1] 湖北 A 公司是武汉市一家进出口代理公司，2006 年与×国 B 公司签订了建造四艘化工船的合同，合同规定的交船时间为 2009 年 5 月。如果不能按期交付，将按合同总额的一定比例赔付罚息。由于 2009 年金融危机的影响，船舶制造行业受到了波及，A 公司无法按期交付船舶，造成外国船东取消订单。经过国际仲裁，A 公司必须按合同约定向×国 B 公司支付大额罚息、诉讼费。2010 年末，湖北 A 公司就其向国外支付大额罚息如何办理手续向税务机关电话咨询，湖北 A 公司称该罚息为合同违约金。税务机关就这笔款项的性质展开了调查。经了解确认，A 公司预收×国 B 公司 8 512 万美元，后因金融危机未能如期交付船只，B 公司取消订单，并按已预付款的 7.5%收取罚息。税务机关认为，该罚息实质上应该是外国船东在该公司取得的借款利息，应按 10%征收企业所得税。最终，湖北 A 公司接受税务机关意见，按 10%的税率代扣代缴企业所得税。

政策实训

对于在中国境内未设立机构、场所的非居民企业，在计算企业所得税应纳税所得额所用的下列方法中，符合税法规定的是（　　）。

A. 股息所得以收入全额为应纳税所得额

B. 财产转让所得以转让收入全额为应纳税所得额

C. 租金所得以租金收入减去房屋折旧为应纳税所得额

D. 特许权使用费所得以收入减去特许权摊销费用为应纳税所得额

答案： A

7.5.4 非居民企业核定征收办法

非居民企业因会计账簿不健全、资料残缺难以查账，或者由于其他原因不能准确计算并据实申报应纳税所得额的，税务机关有权采取以下方法核定其应纳税所得额。

（1）能够正确核算收入或通过合理方法推定收入总额，但不能正确核算成本费用的非居民企业，按收入总额核定应纳税所得额：

$$\text{应纳税所得额}=\text{收入总额}\times\text{经税务机关核定的利润率}$$

（2）能够正确核算成本费用，但不能正确核算收入总额的非居民企业，按成本费用核定应纳税所得额：

$$\frac{\text{应纳税}}{\text{所得额}}=\frac{\text{成本费用}}{\text{总额}}\div\left(1-\frac{\text{经税务机关}}{\text{核定的利润率}}\right)\times\frac{\text{经税务机关}}{\text{核定的利润率}}$$

（3）能够正确核算经费支出总额，但不能正确核算收入总额和成本费用的非居民企业，按经费支出核定应纳税所得额：

[1] 国家税务总局国际税务司．非居民企业税收管理案例集．北京：中国税务出版社，2012.

$$\text{应纳税所得额}=\text{经费支出总额}\div\left(1-\text{经税务机关核定的利润率}\right)\times\text{经税务机关核定的利润率}$$

非居民企业核定利润率见表 7－2。

（4）非居民企业与中国居民企业签订机器设备或货物销售合同，同时提供设备安装、装配、技术培训、指导、监督服务等劳务，其销售货物合同中未列明提供上述劳务收费金额，或者计价不合理的，主管税务机关可以根据实际情况，参照相同或相近业务的计价标准核定劳务收入。无参照标准的，以不低于销售货物合同总价款的 10%为原则，确定非居民企业的劳务收入。

表 7－2 非居民企业核定利润率

业务类别	利润率
从事承包工程作业、设计和咨询劳务的	15%～30%
从事管理服务的	30%～50%
从事其他劳务或劳务以外经营活动的	利润率不低于 15%
税务机关有根据认为非居民企业的实际利润率明显高于上述标准的，可以按照比上述标准更高的利润率核定其应纳税所得额	

7.6 税收优惠

企业所得税的税收优惠涉及的主体、方式、条件较为复杂。最基本的优惠方式是税额式优惠，其次是税率式优惠。此外，为了更好地发挥引导作用，也采用了多种税基式优惠。

7.6.1 税额式优惠

对于企业的下列所得，可以免征、减征企业所得税。

1. 从事农、林、牧、渔业项目的所得

企业从事农、林、牧、渔业项目的所得，包括免征和减征两部分。

（1）企业从事下列项目的所得，免征企业所得税：①蔬菜、谷物、薯类、油料、豆类、棉花、麻类、糖料、水果、坚果的种植。②农作物新品种的选育。③中药材的种植。④林木的培育和种植。⑤牲畜、家禽的饲养。⑥林产品的采集。⑦灌溉、农产品初加工、兽医、农技推广、农机作业和维修等农、林、牧、渔服务业项目。⑧远洋捕捞。

（2）企业从事下列项目的所得，减半征收企业所得税：①花卉、茶以及其他饮料作物和香料作物的种植。②海水养殖、内陆养殖。

2. 从事国家重点扶持的公共基础设施项目投资经营的所得

《企业所得税法》所称国家重点扶持的公共基础设施项目，是指《公共基础设施项目企业所得税优惠目录》规定的港口码头、机场、铁路、公路、电力、水利等项目。

（1）企业从事国家重点扶持的公共基础设施项目的投资经营所得，自项目取得第一笔生产经营收入所属纳税年度起，第1年至第3年免征企业所得税，第4年至第6年减半征收企业所得税。

（2）企业承包经营、承包建设和内部自建自用本条规定的项目，不得享受本条规定的企业所得税优惠。

政策应用提示：

此处对免征企业所得税优惠期限开始年度的规定为“自项目取得第一笔生产经营收入所属纳税年度起”，注意它与其他优惠政策中“自获利年度起”的区别。

3. 从事符合条件的环境保护、节能节水项目的所得

企业从事环境保护、节能节水项目的所得，自项目取得第一笔生产经营收入所属纳税年度起，第1年至第3年免征企业所得税，第4年至第6年减半征收企业所得税。

符合条件的环境保护、节能节水项目，包括公共污水处理、公共垃圾处理、沼气综合开发利用、节能减排技术改造、海水淡化等。此类项目的具体条件和范围由国务院财政、税务主管部门商国务院有关部门制定，报国务院批准后公布施行。

4. 购置并实际使用专用设备的投资抵免

企业购置并实际使用《环境保护专用设备企业所得税优惠目录》、《节能节水专用设备企业所得税优惠目录》和《安全生产专用设备企业所得税优惠目录》规定的环境保护、节能节水、安全生产等专用设备的，该专用设备投资额的10%可以从企业当年的应纳税额中抵免；当年不足抵免的，可以在以后5个纳税年度结转抵免。

享受该优惠政策的企业，应当实际购置并自身实际投入使用前款规定的专用设备；企业购置上述专用设备在5年内转让、出租的，应当停止享受企业所得税优惠，并补缴已经抵免的企业所得税税额。转让的受让方可以按照该专用设备投资额的10%抵免当年企业所得税应纳税额；当年应纳税额不足抵免的，可以在以后5个纳税年度结转抵免。

自2009年1月1日起，一般纳税人购进固定资产发生的进项税额可从其销项税额中抵扣。如果进项税额允许抵扣，则一般纳税人的专用设备投资额不再包括进项税额；如果进项税额不允许抵扣，则一般纳税人的专用设备投资额应为增值税专用发票上注明的价税合计金额。企业购买专用设备取得普通发票的，其专用设备投资额为普通发票上注明的金额。

政策应用提示：

注意抵免与扣除的区别，抵免是税额的减项，扣除是收入的减项。

5. 符合条件的技术转让所得

（1）优惠范围及方式。在一个纳税年度内，居民企业转让技术所有权所得不超过500万元的部分，免征企业所得税；超过500万元的部分，减半征收企业所得税。

技术转让的范围包括居民企业转让专利技术、计算机软件著作权、集成电路布图设计权、植物新品种、生物医药新品种、5 年（含）以上非独占许可使用权，以及财政部和国家税务总局确定的其他技术。

政策应用提示：

非独占许可使用权是指技术受让方在合同有效期内，对合同技术不享有独占的使用权利。对于非独占许可，转让的是其使用权。《企业所得税法》对转让 5 年以上非独占许可使用权给予税收优惠。

政策实训

某企业通过“其他业务收入”核算转让 5 年以上非独占许可使用权取得的收入 700 万元，与之相应的成本费用为 100 万元。如何计算这笔业务的应纳税所得额调整金额？

解析：

转让非独占许可使用权应调减应纳税所得额

＝500＋(700－100－500)×50%＝550（万元）

（2）符合条件的技术转让所得的计算方法。

技术转让所得＝技术转让收入－技术转让成本－相关税费

政策实训

居民企业的下列所得，可以享受企业所得税技术转让所得优惠政策的有（　　）。

A. 转让专利技术的所得

B. 转让植物新品种的所得

C. 转让拥有 5 年以上非独占许可使用权的所得

D. 转让计算机软件著作权的所得

答案： ABCD

---

6. 软件产业和集成电路产业优惠

（1）自 2020 年 1 月 1 日起，国家鼓励的集成电路线宽小于 28 纳米（含），且经营期在 15 年以上的集成电路生产企业或项目，第一年至第十年免征企业所得税；国家鼓励的集成电路线宽小于 65 纳米（含），且经营期在 15 年以上的集成电路生产企业或项目，第一年至第五年免征企业所得税，第六年至第十年按照 25%的法定税率减半征收企业所得税；国家鼓励的集成电路线宽小于 130 纳米（含），且经营期在 10 年以上的集成电路生产企业或项目，第一年至第二年免征企业所得税，第三年至第五年按照 25%的法定税率减半征收企业所得税。

对于按照集成电路生产企业享受税收优惠政策的，优惠期自获利年度起计算；对于按照集成电路生产项目享受税收优惠政策的，优惠期自项目取得第一笔生产经营收入所属纳税年度起计算，集成电路生产项目需要单独进行会计核算、计算所得，并合理分摊期间费用。

国家鼓励的集成电路生产企业或项目清单由国家发展改革委、工业和信息化部会同财政部、税务总局等相关部门制定。

（2）国家鼓励的线宽小于130纳米（含）的集成电路生产企业，在归属于国家鼓励的集成电路生产企业清单年度之前5个纳税年度发生的尚未弥补完的亏损，准予向以后年度结转，总结转年限最长不得超过10年。

（3）国家鼓励的集成电路设计、装备、材料、封装、测试企业和软件企业，自获利年度起，第一年至第二年免征企业所得税，第三年至第五年按照25%的法定税率减半征收企业所得税。

国家鼓励的集成电路设计、装备、材料、封装、测试企业和软件企业的条件，由工业和信息化部会同国家发展改革委、财政部、税务总局等相关部门制定。

（4）国家鼓励的重点集成电路设计企业和软件企业，自获利年度起，第一年至第五年免征企业所得税，接续年度减按10%的税率征收企业所得税。

国家鼓励的重点集成电路设计和软件企业清单由国家发展改革委、工业和信息化部会同财政部、税务总局等相关部门制定。

政策应用提示：

需要注意的是，此处规定“自获利年度起”计算优惠期。

7. 证券投资基金优惠

（1）对证券投资基金从证券市场中取得的收入，包括买卖股票、债券的差价收入，股权的股息、红利收入，债券的利息收入及其他收入，暂不征收企业所得税。

（2）对投资者从证券投资基金分配中取得的收入，暂不征收企业所得税。

（3）对证券投资基金管理人运用基金买卖股票、债券的差价收入，暂不征收企业所得税。

☞知识链接

证券投资基金是以集资的方式集合资金，利用信托关系进行证券投资。信托是指委托人基于信任将其财产权委托给受托人，由受托人按委托人的要求加以管理和运用的行为。在税收处理上，通常将信托公司视为“导管”公司，采用穿透原则。

8. 节能服务公司优惠

自2011年1月1日起，对符合条件的节能服务公司实施合同能源管理项目，符合《企业所得税税法》有关规定的，自项目取得第一笔生产经营收入所属纳税年度起，第一年至第三年免征企业所得税，第四年至第六年按照25%的法定税率减半征收企业所得税。

☞知识链接

节能服务公司（energy service company，ESCO）是提供一揽子专业化节能技术服务，并以营利为目的的专业公司。它们主要采用合同能源管理机制进行运作：与愿意进行节能改造的用户签订节能服务合同，为用户的节能项目提供特色服务，最后通过节能项目实施后产生的节能效益来实现公司的盈利。合同能源管理不是简单地推销产品或技术，而是提供一种旨在降低能源费用的综合管理方法，其结果是ESCO与客户一起共享节能成果，取得双赢的效果。

7.6.2 税率式优惠

1. 高新技术企业减按15%的税率征税

国家需要重点扶持的高新技术企业减按15%的税率征收企业所得税。国家需要重点扶持的高新技术企业是指拥有核心自主知识产权，并同时符合下列条件的企业：

(1) 企业申请认定时须注册成立一年以上。

(2) 企业通过自主研发、受让、受赠、并购等方式，获得对其主要产品（服务）在技术上发挥核心支持作用的知识产权的所有权。

(3) 对企业主要产品（服务）发挥核心支持作用的技术属于《国家重点支持的高新技术领域》规定的范围。

(4) 企业从事研发和相关技术创新活动的科技人员占企业当年职工总数的比例不低于10%。

(5) 企业近三个会计年度（实际经营期不满三年的按实际经营时间计算，下同）的研究开发费用总额占同期销售收入总额的比例符合如下要求：①最近一年销售收入小于5 000万元（含）的企业，比例不低于5%；②最近一年销售收入在5 000万元至2亿元（含）的企业，比例不低于4%；③最近一年销售收入在2亿元以上的企业，比例不低于3%。

其中，企业在中国境内发生的研究开发费用总额占全部研究开发费用总额的比例不低于60%。

(6) 近一年高新技术产品（服务）收入占企业同期总收入的比例不低于60%。

(7) 企业创新能力评价应达到相应要求。

(8) 企业申请认定前一年内未发生重大安全、重大质量事故或严重环境违法行为。

2. 技术先进型服务减按15%的税率征税

自2017年1月1日起，在全国范围内对经认定的技术先进型服务企业，减按15%的税率征收企业所得税。

3. 小型微利企业减按20%的税率征税

小型微利企业的条件如下：

(1) 工业企业，年度应纳税所得额不超过50万元，从业人数不超过100人，资产总额不超过3 000万元。

(2) 其他企业，年度应纳税所得额不超过50万元，从业人数不超过80人，资产总额不超过1 000万元。

从业人数包括与企业建立劳动关系的职工人数和企业接受的劳务派遣用工人数。

该优惠政策只适用于居民企业，不适用于非居民企业。

另外，自2019年1月1日至2021年12月31日，对小型微利企业年应纳税所得额不超过100万元的部分，减按25%计入应纳税所得额，对年应纳税所得额超过100万元但不超过300万元的部分，减按50%计入应纳税所得额。适用该政策的小型微利企业是指从事国家非限制和禁止行业，且同时符合年度应纳税所得额不超过300万元、从业人数不超过300人、资产总额不超过5 000万元三个条件的企业。

从2021年1月1日至2022年12月31日，对小型微利企业年应纳税所得额不超过100万元的部分，减按12.5%计入应纳税所得额，按20%的税率缴纳企业所得税。

政策实训

某公司从事国家非限制和禁止行业的经营活动，2020年的从业人数为150人，资产总额为3 000万元，年度应纳税所得额为210万元，计算该公司当年的应纳企业所得税。

解析：

应纳企业所得税＝100×25%×20%＋110×50%×20%＝16（万元）

4. 非居民企业减按10%的税率征税

非居民企业是指在中国境内未设立机构、场所的，或者虽设立机构、场所但取得的所得与其所设机构、场所没有实际联系的企业。非居民企业取得的下列所得，免征企业所得税：

（1）外国政府向中国政府提供贷款取得的利息所得。

（2）国际金融组织向中国政府和居民企业提供优惠贷款取得的利息所得。

（3）经国务院批准的其他所得。

5. 第三方防治企业减按15%的税率征税

自2019年1月1日起至2021年12月31日，对符合条件的从事污染防治的第三方企业减按15%的税率征收企业所得税。

知识链接

第三方防治企业是指受排污企业或政府委托，负责环境污染治理设施（包括自动连续监测设施，下同）运营维护的企业。第三方防治企业应当同时符合以下条件：①在中国境内（不包括港、澳、台地区）依法注册的居民企业；②具有1年以上连续从事环境污染治理设施运营实践，且能够保证设施正常运行；③具有至少5名从事本领域工作且具有环保相关专业中级及以上技术职称的技术人员，或者至少2名从事本领域工作且具有环保相关专业高级及以上技术职称的技术人员；④从事环境保护设施运营服务的年度营业收入占总收入的比例不低于60%；⑤具备检验能力，拥有自有实验室，仪器配置可满足运行服务范围内常规污染物指标的检测需求；⑥保证其运营的环境保护设施正常运行，使污染物排放指标能够连续稳定达到国家或者地方规定的排放标准要求；⑦具有良好的纳税信用，近三年内纳税信用等级未被评定为C级或D级。

7.6.3 税基式优惠

1. 加计扣除

加计扣除是指对企业的支出项目在按规定据实扣除的基础上再给予追加扣除。

(1) 研究开发费用。研究开发费用是指企业在开展研发活动中实际发生的研究与开发费用。未形成无形资产计入当期损益的，在按照规定据实扣除的基础上，再按照研究开发费用的50%加计扣除；形成无形资产的，按照无形资产成本的150%摊销。

自2018年至2020年12月31日，未形成无形资产计入当期损益的，在按照规定据实扣除的基础上，再按照研究开发费用的75%加计扣除；形成无形资产的，按照无形资产成本的175%摊销。

自2021年1月1日起，制造业企业开展研发活动中实际发生的研发费用，未形成无形资产计入当期损益的，在按照规定据实扣除的基础上，再按照实际发生额的100%在税前加计扣除；形成无形资产的，自2021年1月1日起，按照无形资产成本的200%在税前摊销。

企业委托境外进行研发活动所发生的费用，按照费用实际发生额的80%计入委托方的委托境外研发费用。委托境外研发费用不超过境内符合条件的研究开发费用2/3的部分，可以按规定在企业所得税前加计扣除。

(2) 企业安置残疾人员所支付的工资。企业安置残疾人员所支付工资的加计扣除，是指企业安置残疾人员的，在按照支付给残疾职工工资据实扣除的基础上，按照支付给残疾职工工资的100%加计扣除。残疾人员的范围适用《中华人民共和国残疾人保障法》的有关规定。

2. 创业投资企业优惠

创业投资企业可以按投资额的一定比例抵扣应纳税所得额。

创业投资企业采取股权投资方式直接投资于初创科技型企业满2年的，可以按照其投资额的70%在股权持有满2年的当年抵扣该创业投资企业的应纳税所得额；当年不足抵扣的，可以在以后纳税年度结转抵扣。

知识链接

创业投资企业是指在我国境内注册设立的，向创业企业进行股权投资，以期在所投资的创业企业发育成熟或相对成熟后通过股权转让获得资本增值收益的企业组织。

创业投资企业的目标企业只限于投资处于创建或初建过程中的成长性非上市企业，这类企业追求长期利润，具有高风险、高报酬的特点。对于创业投资企业从事国家需要重点扶持和鼓励的创业投资，国家在税收上给予一定的优惠政策。

政策实训

2020年1月1日，甲创业投资企业向乙企业（未上市中小高新技术企业）投资100

万元，股权持有到 2021 年 12 月 31 日。甲创业投资企业的投资何时可以抵扣应纳税所得额？抵扣额是多少？

解析： 甲创业投资企业在 2021 年度可抵扣应纳税所得额，抵扣额为 70 万元。

---

3. 加速折旧

与直线折旧法相比，加速折旧法是能更快地摊销应折旧金额的折旧方法。在采用加速折旧法后，企业在使用固定资产初期摊销的折旧较多，税前扣除加大，可以减少企业的资金压力。

（1）自 2008 年 1 月 1 日起，企业的下列固定资产由于技术进步等原因，确需加速折旧的，可以缩短折旧年限或者采取加速折旧的方法：①由于技术进步，产品更新换代较快的固定资产；②常年处于强震动、高腐蚀状态的固定资产。

采取缩短折旧年限方法的，最低折旧年限不得低于规定折旧年限的 60%；采取加速折旧方法的，可以采取双倍余额递减法或者年数总和法。

（2）为鼓励企业扩大投资、促进产业技术升级换代，我国在 2014 年和 2015 年先后在六大行业和四个领域重点行业企业扩大加速折旧适用条件：①新购进的固定资产均允许缩短折旧年限或选择采取加速折旧方法；②小型微利企业新购进的研发和生产经营共用的仪器、设备，单位价值不超过 100 万元的，可以一次性税前扣除。所有行业企业新购进专门用于研发的仪器设备，单位价值不超过 100 万元的，可以一次性税前扣除。

六大行业是指生物药品制造业，专用设备制造业，铁路、船舶、航空航天和其他运输设备制造业，计算机、通信和其他电子设备制造业，仪器仪表制造业，信息传输、软件和信息技术服务业；四个领域重点行业企业是指轻工、纺织、机械、汽车四个领域的重点行业企业。

（3）自 2019 年 1 月 1 日起，加速折旧政策的适用范围扩大到全部制造业，具体内容包括：

1）新购进的固定资产均允许按规定折旧年限的 60%缩短折旧年限或选择采取加速折旧方法。

2）小型微利企业新购进的研发和生产经营共用的仪器、设备，单位价值不超过 100 万元的，允许一次性计入当期成本费用在计算应纳税所得额时扣除，不再分年度计算折旧；单位价值超过 100 万元的，可由企业选择缩短折旧年限或采取加速折旧方法。

3）所有行业企业新购进的专门用于研发的仪器、设备，单位价值不超过 100 万元的，允许一次性计入当期成本费用在计算应纳税所得额时扣除，不再分年度计算折旧；单位价值超过 100 万元的，可缩短折旧年限或采取加速折旧方法。

4）所有行业企业持有的单位价值不超过 5 000 元的固定资产，可一次性税前扣除。

政策应用提示：

1. 对购置的新固定资产，最低折旧年限不得低于《企业所得税法实施条例》规定的折旧年限的 60%；企业购置已使用过的固定资产，其最低折旧年限不得低于规定的最低折旧年限减去已使用年限后剩余年限的 60%。

2. 采取加速折旧方法的，可采取双倍余额递减法或者年数总和法。

3. 企业根据自身生产经营需要，也可选择不实行加速折旧政策。

4. 加速折旧方法一经确定，不得改变。

(4) 设备、器具等固定资产的一次性扣除规定。企业在 2018 年 1 月 1 日至 2023 年 12 月 31 日期间新购进的设备、器具（除房屋、建筑物以外的固定资产），单位价值不超过 500 万元的，允许一次性计入当期成本费用在计算应纳税所得额时扣除，不再分年度计算折旧。

4. 减计收入优惠

(1) 企业综合利用资源，生产符合国家产业政策规定的产品所取得的收入，可以在计算应纳税所得额时减计收入。

综合利用资源是指企业以《资源综合利用企业所得税优惠目录》规定的资源作为主要原材料，生产国家非限制和禁止并符合国家和行业相关标准的产品取得的收入，减按 90%计入收入总额。

上述所称原材料占生产产品材料的比例不得低于《资源综合利用企业所得税优惠目录》规定的标准。

(2) 自 2019 年 6 月 1 日至 2025 年 12 月 31 日，提供社区养老、托育、家政服务取得的收入，在计算应纳税所得额时，减按 90%计入收入总额。

7.6.4 特殊区域税收优惠

1. 民族自治地方的优惠

民族自治地方的自治机关对本民族自治地方的企业应缴纳的企业所得税中属于地方分享的部分，可以决定减征或者免征。自治州、自治县决定减征或者免征的，须报省、自治区、直辖市人民政府批准。

对民族自治地区内国家限制和禁止行业的企业，不得减征或者免征企业所得税。

2. 鼓励西部大开发的优惠

该政策的适用范围包括重庆市、四川省、贵州省、云南省、西藏自治区、陕西省、甘肃省、宁夏回族自治区、青海省、新疆维吾尔自治区、新疆生产建设兵团、内蒙古自治区和广西壮族自治区（上述地区统称“西部地区”）。湖南省湘西土家族苗族自治州、湖北省恩施土家族苗族自治州、吉林省延边朝鲜族自治州、江西省赣州市可以比照西部地区的税收优惠政策执行。

政策实训

根据《企业所得税法》的规定，在下列项目中享受税额抵免优惠政策的是（　　）。

A. 提供社区养老、托育、家政服务取得的收入

B. 创业投资企业从事国家需要重点扶持和鼓励的创业投资的抵扣额

C. 安置残疾人员及国家鼓励安置的其他就业人员所支付的工资

D. 企业购置用于环境保护的专用设备的投资额

答案： D

7.7 关联企业特别纳税调整

特别纳税调整是指税务机关出于实施反避税目的而对纳税人特定纳税事项所做的税务调整，包括针对纳税人转让定价、成本分摊协议、资本弱化、预约定价安排及其他避税情形所进行的税务调整。

7.7.1 转让定价管理

转让定价管理是指税务机关对企业与其关联方之间的业务往来是否符合独立交易原则进行审核评估和调查调整等工作的总称。

关联方是指与企业有下列关联关系之一的企业、其他组织或者个人：①在资金、经营、购销等方面存在直接或者间接的控制关系。②直接或者间接地同为第三者控制。③在利益上具有相关联的其他关系。

☞知识链接

关联企业在法律上可表现为由控制公司和从属公司构成。根据相关的规定，关联企业的认定具体体现在以下几个方面：

（1）相互间直接或间接持有其中一方的股份总和达到25%或以上的。

（2）直接或间接同为第三者拥有或控制股份达到25%或以上的。

（3）企业与另一企业之间借贷资金占企业自有资金50%或以上，或者企业借贷资金总额的10%或以上是由另一企业担保的。

（4）企业的董事或经理等高级管理人员一半以上或有一名常务董事是由另一企业委派的。

（5）企业的生产经营活动必须由另一企业提供特许权利（包括工业产权、专有技术等）才能正常进行的。

（6）企业生产经营购进的原材料、零配件等（包括价格及交易条件等）是由另一企业控制或供应的。

（7）企业生产的产品或商品的销售（包括价格及交易条件等）是由另一企业控制的。

（8）对企业生产经营、交易具有实际控制的其他关联关系包括家族、亲属关系等。

1. 转让定价的含义及调整原则

转让定价又称划拨定价，通常是指关联企业之间内部转让交易所确定的价格。转让定价是现代企业特别是跨国公司进行国际避税所借用的重要工具。

企业发生关联交易以及税务机关审核、评估关联交易均应遵循独立交易原则。按照我国税法的有关规定，税务机关可以对企业与其关联方之间的业务往来是否符合独立交易原则进行审核、评估和调查，对于不符合独立交易原则而减少应纳税收入或者所得额的关联交易，税务机关有权选择合理方法实施转让定价纳税调整。

2. 转让定价调整方法

转让定价方法包括可比非受控价格法、再销售价格法、成本加成法、交易净利润法、利润分割法和其他符合独立交易原则的方法。

(1) 可比非受控价格法是指按照没有关联关系的交易各方进行相同或者类似业务往来的价格进行定价的方法。该方法适用于所有类型的关联交易。

政策实训

B国乙公司是A国甲公司的子公司，甲公司以80美元的单价向乙公司销售一批产品，但A国税务部门发现甲公司向非关联的丙公司销售同类可比产品使用的单价为130美元，税务部门如何进行转让定价调整?

解析：甲公司向乙公司出售产品的转让价格过低，税务部门有权按甲公司向丙公司销售产品的单价重新确定甲公司的销售利润和应税所得。

(2) 再销售价格法是指按照从关联方购进商品再销售给没有关联关系的交易方的价格，减除相同或者类似业务的销售毛利进行定价的方法。该方法通常适用于再销售者未对商品进行改变外形、性能、结构或更换商标等实质性增值加工的简单加工或单纯购销业务。

$$\text{公平成交价格}=\text{再销售给非关联方的价格}\times(1-\text{可比非关联交易毛利率})$$

$$\begin{matrix}\text{可比非关联}\\\text{交易毛利率}\end{matrix}=\begin{matrix}\text{可比非关联}\\\text{交易毛利}\end{matrix}\div\begin{matrix}\text{可比非关联}\\\text{交易收入净额}\end{matrix}\times 100\%$$

政策实训

美国甲公司以20万美元的价格销售一台设备给设在中国境内的深圳子公司，该子公司以15万美元的价格将其转售给无关联关系的某实业公司。当地其他独立企业销售同类产品的毛利率为10%，税务部门可以如何进行转让定价调整?

解析：税务机关可以按其转售给某实业公司的价格减去合理的销售毛利来调整甲公司的产品价格。公平成交价格为13.5万美元（=15－15×10%）。税务机关有权按照这一价格调整深圳子公司从美国甲公司的进货价格，并相应调整其应税所得。

(3) 成本加成法是指按照成本加合理的费用和利润进行定价的方法。该方法通常适用于有形资产的购销、转让和使用，以及劳务提供或资金融通的关联交易。

$$\text{公平成交价格}=\text{关联交易的合理成本}\times(1+\text{可比非关联交易的成本加成率})$$

$$\text{可比非关联交易的成本加成率}=\frac{\text{可比非关联交易毛利}}{\text{可比非关联交易成本}}\times 100\%$$

政策实训

A国甲公司向B国的子公司以成本价8 000美元销售一批特制零部件，由于市场上没有同类产品，A国税务部门决定按照成本加成法审核和调整这笔关联交易的转让定价。根据A国税务部门掌握的资料，当地合理的成本利润率为15%。税务部门如何进行转让定价调整?

解析：该批产品的组成市场价格为9 200美元［=8 000×(1+15%)］，A国税务部门有权按9 200美元的价格计算甲公司的销售收入，并相应调整其应税所得。

---

(4) 交易净利润法是指按照没有关联关系的交易各方进行相同或者类似业务往来取得的净利润水平确定利润的方法。该方法通常适用于有形资产的购销、转让和使用，无形资产的转让和使用以及劳务提供等关联交易。利润率指标包括资产收益率、销售利润率、完全成本加成率、贝里比率等。

(5) 利润分割法是指将企业与其关联方的合并利润或者亏损在各方之间采用合理标准进行分配的方法。该方法根据企业与其关联方对关联交易合并利润的贡献计算各自应该分配的利润额。利润分割法分为一般利润分割法和剩余利润分割法。其中，一般利润分割法根据关联交易各参与方所执行的功能、承担的风险以及使用的资产，确定各自应取得的利润。剩余利润分割法将关联交易各参与方的合并利润减去分配给各方的常规利润的余额作为剩余利润，再根据各方对剩余利润的贡献程度进行分配。利润分割法通常适用于各参与方关联交易高度整合且难以单独评估各方交易结果的情况。

7.7.2 成本分摊协议管理

成本分摊协议管理是指税务机关对企业与其关联方签署的成本分摊协议是否符合独立交易原则进行审核评估和调查调整等工作的总称。

企业与其关联方签署成本分摊协议，共同开发、受让无形资产，或者共同提供、接受劳务发生的成本，应符合法律规定。企业应自与关联方签订（变更）成本分摊协议之日起30日内，向主管税务机关报送成本分摊协议副本，并在年度企业所得税纳税申报时，附送《中华人民共和国企业年度关联业务往来报告表》。

企业与其关联方签署成本分摊协议，有下列情形之一的，其自行分摊的成本不得税前扣除：①不具有合理商业目的和经济实质。②不符合独立交易原则。③没有遵循成本与收益配比原则。④未按规定备案或准备、保存和提供有关成本分摊协议的同期资料。⑤自签署成本分摊协议之日起经营期限少于20年。

7.7.3 受控外国企业管理

受控外国企业管理是指税务机关对受控外国企业不做利润分配或减少分配进行审核评估和调查，并对归属于中国居民企业所得进行调整等工作的总称。中国居民企业股东应在年度企业所得税纳税申报时提供对外投资信息，附送《对外投资情况表》。

(1) 基本规定。

受控外国企业是指由居民企业，或者由居民企业和居民个人（以下统称“中国居民股东”，包括中国居民企业股东和中国居民个人股东）控制的设立在实际税负低于25%的企业所得税税率水平50%的国家（地区），并非出于合理经营需要而对利润不做分配或减少分配的外国企业。对于受控外国企业的上述利润中应归属于该居民企业股东的部分，应当视同分配计入该居民企业的当期收入。

控制是指在股份、资金、经营、购销等方面构成实质控制。其中，股份控制是指由中国居民股东在纳税年度任何一天单层直接或多层间接单一持有外国企业10%以上有表决权股份，且共同持有该外国企业50%以上股份。中国居民股东多层间接持有股份按各层持股比例相乘计算，中间层持有股份超过50%的，按100%计算。

(2) 视同受控外国企业股息分配所得的计算。

计入中国居民股东当期的视同受控外国企业股息分配的所得，应按以下公式计算：

$$\text{中国居民股东当期所得}=\text{视同股息分配额}\times\text{实际持股天数}\div\text{受控外国企业纳税年度天数}\times\text{股东持股比例}$$

中国居民股东多层间接持有股份的，股东持股比例按各层持股比例相乘计算。

(3) 可免于调整的情形。中国居民股东能够提供资料证明其控制的外国企业满足以下条件之一的，可免将外国企业不做分配或减少分配的利润视同股息分配额，计入中国居民股东的当期所得：①设立在国家税务总局指定的非低税率国家（地区）。②主要取得积极经营活动所得。③年度利润总额低于500万元人民币。

7.7.4 资本弱化管理

资本弱化管理是指税务机关对企业接受关联方债权性投资与企业接受的权益性投资的比例是否符合规定比例或独立交易原则进行审核评估和调查调整等工作的总称。

企业从其关联方接受的债权性投资与权益性投资的比例超过规定标准而发生的利息支出，不得在计算应纳税所得额时扣除。利息支出包括直接或间接关联债权投资实际支付的利息、担保费、抵押费和其他具有利息性质的费用。

知识链接

债权性投资是指企业直接或者间接从关联方获得的，需要偿还本金和支付利息或者需要以其他具有支付利息性质的方式予以补偿的融资。权益性投资是指企业接受的不需要偿还本金和支付利息，投资人对企业净资产拥有所有权的投资。

1. 准予扣除利息支出的计算

(1) 在计算应纳税所得额时，企业实际支付给关联方的利息支出，不超过以下规定比例和税法及其实施条例有关规定计算的部分，准予扣除。

企业实际支付给关联方的利息支出，其接受关联方债权性投资与权益性投资的比例为：金融企业为5∶1；其他企业为2∶1。企业同时从事金融业务和非金融业务，其实际支付给关联方的利息支出，应按照合理方法分开计算；没有按照合理方法分开计算的，一律按其他企业的比例计算准予税前扣除的利息支出。

（2）企业如果能够按照税法及其实施条例的有关规定提供相关资料，并证明相关交易活动符合独立交易原则的；或者该企业的实际税负不高于境内关联方的，其实际支付给境内关联方的利息支出，在计算应纳税所得额时准予扣除。

政策实训

甲公司和乙公司均为非金融企业，乙公司的注册资本为1 000万元，甲公司占乙公司股权的30%。乙公司向甲公司借款500万元，年利率为10%，银行同期贷款利率为8%。乙公司无法证明该借款活动符合独立交易原则。如何计算乙公司当期可扣除的利息费用？

解析：乙公司当期可扣除的利息费用为48万元（=1 000×30%×2×8%）。

2. 不得扣除利息支出的计算

不得在计算应纳税所得额时扣除的利息支出应按以下方法计算：

$$\text{不得扣除的利息支出}=\text{年度实际支付的全部关联方利息}\times\left(1-\text{标准比例}\div\text{关联债资比例}\right)$$

其中，关联债资比例是指企业从其全部关联方接受的债权性投资（以下简称“关联债权投资”）占企业接受的权益性投资（以下简称“权益投资”）的比例，关联债权投资包括关联方以各种形式提供担保的债权性投资。

$$\text{关联债资比例}=\text{年度各月平均关联债权投资之和}\div\text{年度各月平均权益投资之和}$$

其中：

$$\text{各月平均关联债权投资}=(\text{关联债权投资月初账面余额}+\text{月末账面余额})\div 2$$

$$\text{各月平均权益投资}=(\text{权益投资月初账面余额}+\text{月末账面余额})\div 2$$

权益投资为企业资产负债表所列示的所有者权益金额。如果所有者权益小于实收资本（股本）与资本公积之和，则权益投资为实收资本（股本）与资本公积之和；如果实收资本（股本）与资本公积之和小于实收资本（股本）金额，则权益投资为实收资本（股本）金额。

企业自关联方取得的不符合规定的利息收入应按照有关规定缴纳企业所得税。

7.7.5 预约定价安排管理

预约定价安排管理是指税务机关对企业提出的未来年度关联交易的定价原则和计算方法进行审核评估，并与企业协商达成预约定价安排等工作的总称。

按照参与的国家税务主管当局的数量，预约定价安排可以分为单边、双边和多边三种类型。企业与一国税务机关签署的预约定价安排为单边预约定价安排，企业与两个或两个以上国家税务主管当局签署的预约定价安排为双边或多边预约定价安排。

预约定价安排的谈签与执行经过预备会谈、谈签意向、分析评估、正式申请、协商签署和监控执行 6 个阶段。

7.8 征收管理

7.8.1 纳税地点

（1）除税收法律、行政法规另有规定外，居民企业以企业登记注册地为纳税地点；但登记注册地在境外的，以实际管理机构所在地为纳税地点。企业登记注册地是指企业依照国家有关规定登记注册的住所地。

（2）居民企业在中国境内设立不具有法人资格的营业机构的，应当汇总计算并缴纳企业所得税。企业汇总计算并缴纳企业所得税时，应当统一核算应纳税所得额，具体办法由国务院财政、税务主管部门另行制定。

（3）非居民企业在中国境内设立机构、场所的，应当就其所设机构、场所取得的来源于中国境内的所得，以及发生在中国境外但与其所设机构、场所有实际联系的所得，以机构、场所所在地为纳税地点。非居民企业在中国境内设立两个或者两个以上机构、场所的，经税务机关审核批准，可以选择由其主要机构、场所汇总缴纳企业所得税。

（4）非居民企业在中国境内未设立机构、场所的，或者虽设立机构、场所但取得的所得与其所设机构、场所没有实际联系的所得，以扣缴义务人所在地为纳税地点。

（5）除国务院另有规定外，企业之间不得合并缴纳企业所得税。

7.8.2 纳税期限

企业所得税按年计征，分月或者分季预缴，年终汇算清缴，多退少补。

企业所得税的纳税年度自公历 1 月 1 日起至 12 月 31 日止。企业在一个纳税年度的中间开业，或者由于合并、关闭等原因终止经营活动，使该纳税年度的实际经营期不足 12 个月的，应当以其实际经营期为 1 个纳税年度。企业在清算时，应当以清算期间作为 1 个纳税年度。

自年度终了之日起 5 个月内，向税务机关报送《企业所得税年度纳税申报表》，并汇算清缴，结清应缴应退税款。

企业在年度中间终止经营活动的，应当自实际经营终止之日起 60 日内，向税务机关办理当期企业所得税汇算清缴。

企业当年度实际发生的相关成本费用，由于各种原因未能及时取得该成本费用的有效凭证，企业在预缴季度所得税时，可暂按账面发生金额进行核算；但在汇算清缴时，应补充提供该成本费用的有效凭证。

政策实训

关于企业所得税的纳税地点，下列表述正确的是（　　）。

A. 居民企业在中国境内设立不具有法人资格的营业机构的，应当汇总计算并缴纳企业所得税

B. 居民企业登记注册地在境外的，以实际管理机构所在地为纳税地点

C. 非居民企业在中国境内设立两个机构、场所的，可自主选择合并申报缴纳企业所得税

D. 非居民企业在中国未设立机构、场所的，以扣缴义务人所在地为纳税地点

答案：ABD

7.8.3 跨地区经营汇总纳税

1. 基本政策

属于中央与地方共享范围的跨省市总分机构企业缴纳的企业所得税，按照统一规范、兼顾总机构和分支机构所在地利益的原则，实行“统一计算、分级管理、就地预缴、汇总清算、财政调库”的处理办法，在总分机构统一计算的当期应纳税额的地方分享部分中，25%由总机构所在地分享，50%由各分支机构所在地分享，25%按一定比例在各地间进行分配。

统一计算是指居民企业应统一计算包括各个不具有法人资格营业机构在内的企业全部应纳税所得额和应纳税额。总机构和分支机构适用税率不一致的，应分别按适用税率计算应纳税额。

分级管理是指居民企业的总机构、分支机构，分别由所在地主管税务机关进行监督和管理。

就地预缴是指居民企业的总机构、分支机构，应按规定的比例分别就地按月或者按季向所在地主管税务机关申报、预缴企业所得税。

汇总清算是指在年度终了后，总分机构企业根据统一计算的年度应纳税所得额、应纳税额，抵减总机构、分支机构当年已就地分期预缴的企业所得税税款后，多退少补。

财政调库是指财政部定期将缴入中央总金库的跨省市总分机构企业所得税待分配收入，按照核定的系数调整至地方国库。

2. 适用范围

居民企业在中国境内跨地区（指跨省、自治区、直辖市和计划单列市，下同）设立不具有法人资格分支机构的，除另有规定外，适用《跨地区经营汇总纳税企业所得税征

收管理办法》。

总机构和具有主体生产经营职能的二级分支机构就地预缴企业所得税。

二级分支机构是指汇总纳税企业依法设立并领取非法人营业执照（登记证书），且总机构对其财务、业务、人员等直接进行统一核算和管理的分支机构。

以下二级分支机构不就地分摊缴纳企业所得税：①不具有主体生产经营职能，且在当地从事不缴纳增值税的产品售后服务、内部研发、仓储等汇总纳税企业内部辅助性工作的二级分支机构，不就地分摊缴纳企业所得税。②上年度认定为小型微利企业的，其二级分支机构不就地分摊缴纳企业所得税。③新设立的二级分支机构，设立当年不就地分摊缴纳企业所得税。④当年撤销的二级分支机构，自办理注销税务登记之日所属企业所得税预缴期间起，不就地分摊缴纳企业所得税。⑤汇总纳税企业在中国境外设立的不具有法人资格的二级分支机构，不就地分摊缴纳企业所得税。

☞知识链接

按照现行财政体制的规定，铁路运输企业的所得税征收管理不适用《跨地区经营汇总纳税企业所得税征收管理办法》。下列企业总分机构缴纳的企业所得税（包括滞纳金、罚款收入）为中央收入，全额上缴中央国库：国有邮政企业（包括中国邮政集团公司及其控股公司和直属单位）、中国工商银行股份有限公司、中国农业银行股份有限公司、中国银行股份有限公司、国家开发银行股份有限公司、中国农业发展银行、中国进出口银行、中国投资有限责任公司、中国建设银行股份有限公司、中国建银投资有限责任公司、中国信达资产管理股份有限公司、中国石油天然气股份有限公司、中国石油化工股份有限公司、海洋石油天然气企业［包括中国海洋石油总公司、中海石油（中国）有限公司、中海油田服务股份有限公司、海洋石油工程股份有限公司］、中国长江电力股份有限公司等。

3. 税款预缴

由总机构统一计算企业应纳税所得额和应纳税额，并分别由总机构、分支机构按月或季就地预缴。

（1）总机构计算分摊税款方法。

总机构分摊税款＝汇总纳税企业当期应纳所得税额×50％

总机构应将统一计算的企业当期应纳税额的25％就地办理缴库，所缴纳的税款收入由中央与总机构所在地按60∶40分享，总机构应将统一计算的企业当期应纳税额的剩余25％，就地全额缴入中央国库，所缴纳税款收入的60％为中央收入，40％由财政部按照2004—2006年各省市3年实际分享企业所得税占地方分享总额的比例定期向各省市分配。

（2）分支机构计算分摊税款方法。

所有分支机构分摊税款总额＝汇总纳税企业当期应纳所得税额×50％

某分支机构分摊税款＝所有分支机构分摊税款总额×该分支机构分摊比例

总机构应按照上年度分支机构的营业收入、职工薪酬和资产总额三个因素计算各分支机构分摊所得税款的比例；三级及以下分支机构，其营业收入、职工薪酬和资产总额统一计入二级分支机构；三因素的权重依次为0.35、0.35、0.30。其计算公式为：

$$\text{某分支机构分摊比例}=\frac{\text{该分支机构营业收入}}{\text{各分支机构营业收入之和}}\times 0.35+\frac{\text{该分支机构职工薪酬}}{\text{各分支机构职工薪酬之和}}\times 0.35+\frac{\text{该分支机构资产总额}}{\text{各分支机构资产总额之和}}\times 0.30$$

政策实训

在下列关于跨省市总分机构企业所得税分配及预算管理的表述中，正确的是（　　）。

A. 总机构和具有主体生产经营职能的三级分支机构就地预缴企业所得额

B. 三级及三级以下分支机构，其营业收入、职工薪酬和资产总额等统一并入二级分支机构计算

C. 上年度认定为小型微利企业，其二级分支机构不就地分摊缴纳企业所得税

D. 预缴税款的60%由总机构分摊缴纳，其中50%就地办理缴库或退库，50%就地全额缴入中央国库或退库

答案：BC

附件：中华人民共和国企业所得税年度纳税申报表（A类）（部分）

A100000　中华人民共和国企业所得税年度纳税申报表（A类）

行次	类别	项　　目	金　额
1	利润总额计算	一、营业收入（填写A101010\101020\103000）	
2		减：营业成本（填写A102010\102020\103000）	
3		营业税金及附加	
4		销售费用（填写A104000）	
5		管理费用（填写A104000）	
6		财务费用（填写A104000）	
7		资产减值损失	
8		加：公允价值变动收益	
9		投资收益	
10		二、营业利润（1－2－3－4－5－6－7＋8＋9）	
11		加：营业外收入（填写A101010\101020\103000）	
12		减：营业外支出（填写A102010\102020\103000）	
13		三、利润总额（10＋11－12）	

续表

行次	类别	项　　目	金　额
14	应纳税所得额计算	减：境外所得（填写 A108010）	
15		加：纳税调整增加额（填写 A105000）	
16		减：纳税调整减少额（填写 A105000）	
17		减：免税、减计收入及加计扣除（填写 A107010）	
18		加：境外应税所得抵减境内亏损（填写 A108000）	
19		四、纳税调整后所得（13－14＋15－16－17＋18）	
20		减：所得减免（填写 A107020）	
21		减：抵扣应纳税所得额（填写 A107030）	
22		减：弥补以前年度亏损（填写 A106000）	
23		五、应纳税所得额（19－20－21－22）	
24		税率（25%）	
25		六、应纳所得税额（23×24）	
26		减：减免所得税额（填写 A107040）	
27		减：抵免所得税额（填写 A107050）	
28		七、应纳税额（25－26－27）	
29		加：境外所得应纳所得税额（填写 A108000）	
30		减：境外所得抵免所得税额（填写 A108000）	
31		八、实际应纳所得税额（28＋29－30）	
32		减：本年累计实际已预缴的所得税额	
33		九、本年应补（退）所得税额（31－32）	
34		其中：总机构分摊本年应补（退）所得税额（填写 A109000）	
35		财政集中分配本年应补（退）所得税额（填写 A109000）	
36		总机构主体生产经营部门分摊本年应补（退）所得税额（填写 A109000）	
37	附列资料	以前年度多缴的所得税额在本年抵减额	
38		以前年度应缴未缴在本年入库所得税额	

A101010　一般企业收入明细表

行次	项　　目	金　额
1	一、营业收入（2＋9）	
2	（一）主营业务收入（3＋5＋6＋7＋8）	
3	1. 销售商品收入	

续表

行次	项目	金额
4	其中：非货币性资产交换收入	
5	2. 提供劳务收入	
6	3. 建造合同收入	
7	4. 让渡资产使用权收入	
8	5. 其他	
9	（二）其他业务收入（10+12+13+14+15）	
10	1. 销售材料收入	
11	其中：非货币性资产交换收入	
12	2. 出租固定资产收入	
13	3. 出租无形资产收入	
14	4. 出租包装物和商品收入	
15	5. 其他	
16	二、营业外收入（17+18+19+20+21+22+23+24+25+26）	
17	（一）非流动资产处置利得	
18	（二）非货币性资产交换利得	
19	（三）债务重组利得	
20	（四）政府补助利得	
21	（五）盘盈利得	
22	（六）捐赠利得	
23	（七）罚没利得	
24	（八）确实无法偿付的应付款项	
25	（九）汇兑收益	
26	（十）其他	

A102010　一般企业成本支出明细表

行次	项目	金额
1	一、营业成本（2+9）	
2	（一）主营业务成本（3+5+6+7+8）	
3	1. 销售商品成本	
4	其中：非货币性资产交换成本	
5	2. 提供劳务成本	
6	3. 建造合同成本	

续表

行次	项 目	金 额
7	4. 让渡资产使用权成本	
8	5. 其他	
9	（二）其他业务成本（10+12+13+14+15）	
10	1. 材料销售成本	
11	其中：非货币性资产交换成本	
12	2. 出租固定资产成本	
13	3. 出租无形资产成本	
14	4. 包装物出租成本	
15	5. 其他	
16	二、营业外支出（17+18+19+20+21+22+23+24+25+26）	
17	（一）非流动资产处置损失	
18	（二）非货币性资产交换损失	
19	（三）债务重组损失	
20	（四）非常损失	
21	（五）捐赠支出	
22	（六）赞助支出	
23	（七）罚没支出	
24	（八）坏账损失	
25	（九）无法收回的债券股权投资损失	
26	（十）其他	

A105000 纳税调整项目明细表

行次	项 目	账载金额	税收金额	调增金额	调减金额
		1	2	3	4
1	一、收入类调整项目（2+3+4+5+6+7+8+10+11）	*	*		
2	（一）视同销售收入（填写 A105010）	*			*
3	（二）未按权责发生制原则确认的收入（填写 A105020）				
4	（三）投资收益（填写 A105030）				
5	（四）按权益法核算长期股权投资对初始投资成本调整确认收益	*	*	*	
6	（五）交易性金融资产初始投资调整	*	*		*
7	（六）公允价值变动净损益		*		
8	（七）不征税收入	*	*		

续表

行次	项　　目	账载金额	税收金额	调增金额	调减金额
		1	2	3	4
9	其中：专项用途财政性资金（填写 A105040）	*	*		
10	（八）销售折扣、折让和退回				
11	（九）其他				
12	二、扣除类调整项目（13＋14＋15＋16＋17＋18＋19＋20＋21＋22＋23＋24＋26＋27＋28＋29）	*	*		
13	（一）视同销售成本（填写 A105010）	*		*	
14	（二）职工薪酬（填写 A105050）				
15	（三）业务招待费支出				*
16	（四）广告费和业务宣传费支出（填写 A105060）	*	*		
17	（五）捐赠支出（填写 A105070）				*
18	（六）利息支出				
19	（七）罚金、罚款和被没收财物的损失		*		*
20	（八）税收滞纳金、加收利息		*		*
21	（九）赞助支出		*		*
22	（十）与未实现融资收益相关在当期确认的财务费用				
23	（十一）佣金和手续费支出				*
24	（十二）不征税收入用于支出所形成的费用	*	*		*
25	其中：专项用途财政性资金用于支出所形成的费用（填写 A105040）	*	*		*
26	（十三）跨期扣除项目				
27	（十四）与取得收入无关的支出		*		*
28	（十五）境外所得分摊的共同支出	*	*		*
29	（十六）其他				
30	三、资产类调整项目（31＋32＋33＋34）	*	*		
31	（一）资产折旧、摊销（填写 A105080）				
32	（二）资产减值准备金		*		
33	（三）资产损失（填写 A105090）				
34	（四）其他				
35	四、特殊事项调整项目（36＋37＋38＋39＋40）	*	*		
36	（一）企业重组（填写 A105100）				

续表

行次	项 目	账载金额	税收金额	调增金额	调减金额
		1	2	3	4
37	（二）政策性搬迁（填写 A105110）	*	*		
38	（三）特殊行业准备金（填写 A105120）				
39	（四）房地产开发企业特定业务计算的纳税调整额（填写 A105010）	*			
40	（五）其他	*	*		
41	五、特别纳税调整应税所得	*	*		
42	六、其他	*	*		
43	合计（1＋12＋30＋35＋41＋42）	*	*		

第8章 个人所得税

导语：1799年，英国为筹措对拿破仑作战的经费开征个人所得税。因其筹集财政收入以及“劫富济贫”的功能，个人所得税迅速成为大部分国家或地区开征的税种，并成为很多发达国家的主要税种。1994年，我国对居民和非居民统一征收个人所得税，实行分类征税制，2019年改革为综合分类征收制。由于需要区分收入项目、区分居民纳税人与非居民纳税人、区分预缴与申报清缴等进行计征，个人所得税制度较为烦琐，有关特定情形的具体规定较多。

教学目标：

1. 掌握个人所得税的征税项目。
2. 掌握各项所得的计税规则。
3. 熟悉个人所得税的税收优惠政策。
4. 熟悉个人所得税的征管规定。

8.1 特点

我国个人所得税制度具有以下主要特点：

1. 采用分类与综合相结合的课税模式

自2019年1月1日起，我国个人所得税的征税模式由分类征收改为分类与综合相结合的征收模式，在纳入征税范围的九项所得中，工资、薪金所得，劳务报酬所得，稿酬所得，特许权使用费所得实行综合征收；经营所得，利息、股息、红利所得，财产租赁所得，财产转让所得，偶然所得实行分类征收。

☞知识链接

个人所得税的征收有三种基本模式：①分类征税制，是指将各类所得区分不同的来源分别课税。该模式便于源泉扣缴，有利于降低征纳成本，但对不同类型的收入分别征税容易导致税负不公，难以对收入总额进行有效调节，而且容易引发通过变更所得项目进行避税的行为。②综合征税制，是指对纳税人各种来源的所得总额课税，一般采用自行申报制度，以便对收入总额进行有效调节，但它对征管水平提出了更高的要求，同时难以对不同性质的收入在税收上进行区别对待。③分类综合所得税制，又称混合所得税制，是将分项课征与综合计征相结合的一种所得税制度，通常是将个人的经常性收入项目合并后综合计征个人所得税，其他临时性、偶然性收入可以分项单独征收。该模式能较好地兼顾分类征税制与综合征税制的利弊。

2. 源泉扣缴与自行申报、预缴与清缴相结合

源泉扣缴主要由支付人代扣代缴，这样有利于控制税源、减少征纳成本；无法进行源泉扣缴的所得以及综合所得由纳税人自行申报，以保证个人所得税足额征收。与源泉扣缴及自行申报方式相对应，对综合所得和经营所得采用分期预缴、年终汇算、多退少补的征管方式，以保证税款的均衡入库。

3. 兼顾效率与公平原则

从适用税率来看，对综合所得与经营所得采用累进税率进行调节，对其他所得实行比例税率；从扣除项目来看，根据不同收入类型规定不同的扣除项目与方法，如工资、薪金所得考虑生活必要扣除、各项专项扣除以及附加扣除，经营所得考虑生产经营成本的扣除，偶然所得不扣除任何费用等；从征管来看，个人所得税的纳税申报通过个税app的推广使用，使申报过程简便易行，体现了我国个人所得税改革促进公平，兼顾经济效率与行政效率的基本原则。

8.2　纳税人及其纳税义务

个人所得税的纳税人，包括中国公民、个体工商业户、个人独资企业、合伙企业投资者、在中国有所得的外籍人员（包括无国籍人员）和香港、澳门、台湾同胞。我国同时行使居民税收管辖权与收入来源地税收管辖权，纳税人依据住所和居住时间两个标准，区分为居民个人和非居民个人，分别承担不同的纳税义务。

8.2.1　居民个人与非居民个人的划分

1. 居民个人及其纳税义务

居民个人是指在中国境内有住所，或者无住所而一个纳税年度在中国境内居住累计满 183 天的个人。居民个人负有无限纳税义务，其取得的应纳税所得，无论是来源于中国境内还是中国境外，都要在中国缴纳个人所得税。

在中国境内有住所，是指因户籍、家庭、经济利益关系而在中国境内习惯性居住。一个纳税年度在中国境内居住累计满 183 天，是指在一个纳税年度（即公历 1 月 1 日起至 12 月 31 日止）内，在中国境内居住累计满 183 日。

☞知识链接

税法上的"住所"是一个特定概念，并不是指实际的居住地或者在某一个特定时期内的居住地。习惯性居住是判定纳税人是居民个人还是非居民个人的法律意义上的标准，对于因学习、工作、探亲、旅游等原因而在境外居住，在这些原因消除后仍然回到中国境内居住的个人，中国为该纳税人的习惯性居住地，即该个人属于在中国境内有住所。同理，对于境外个人仅因学习、工作、探亲、旅游等原因而在中国境内居住，待上述原因消除后该境外个人仍然回到境外居住的，其习惯性居住地不在境内，即使该境外个人在境内购买住房，也不会被认定为在境内有住所的个人。

根据上述判断标准，个人所得税的居民个人包括以下两类：

第一类是在中国境内定居的中国公民和外国侨民，但不包括虽具有中国国籍，却并没有在中国内地（大陆）定居，而是侨居海外的华侨和居住在中国香港、中国澳门、中国台湾的同胞。

第二类是从公历 1 月 1 日起至 12 月 31 日止，在中国境内累计居住满 183 天的外国人、海外侨胞和中国香港、中国澳门、中国台湾的同胞。

关于第二类无住所居民个人的具体税收政策见 8.10.2 节。

2. 非居民个人及其纳税义务

非居民个人是指不符合居民个人判定标准的纳税义务人，即无住所且未在境内居住满 183 天的纳税义务人。非居民个人承担有限纳税义务，即仅就其来源于中国境内的所得缴纳个人所得税。

关于非居民个人的具体税收政策见 8.10.3 节。

8.2.2 所得来源地的确定

◀情景导入▶

外籍人员玛丽将其位于北海的一套房产出售，取得财产转让所得 350 万元。这笔所得是否属于来源于中国境内的所得？

除国务院财政、税务主管部门另有规定外，不论下列所得的支付地点是否在中国境内，均为来源于中国境内的所得：

（1）因任职、受雇、履约等而在中国境内提供劳务取得的所得。

（2）将财产出租给承租人在中国境内使用而取得的所得。

（3）转让中国境内的不动产等财产或者在中国境内转让其他财产取得的所得。

（4）许可各种特许权在中国境内使用而取得的所得。

（5）从中国境内企业、事业单位、其他组织以及居民个人取得的利息、股息、红利所得。

8.3 征税范围

8.3.1 综合所得

综合所得包括工资、薪金所得，劳务报酬所得，稿酬所得，特许权使用费所得四项。

1. 工资、薪金所得

（1）工资、薪金所得的范围。工资、薪金所得是指个人因任职或者受雇而取得的工资、薪金、奖金、年终加薪、劳动分红、津贴、补贴以及与任职或者受雇有关的其他所得。

具体政策提示：

1. 公司职工取得的用于购买企业国有股权的劳动分红，按“工资、薪金所得”项目计征个人所得税。

2. 出租汽车经营单位对出租车驾驶员采取单车承包或承租方式运营，出租车驾驶员从事客货营运取得的收入，按工资、薪金所得征税。

3. 个人因公务用车和通信制度改革而取得的公务用车、通信补贴收入，扣除一定标准的公务费用后，按照“工资、薪金所得”项目计征个人所得税。公务费用的扣除标准，由省税务局根据纳税人公务交通、通信费用实际发生情况调查测算，报经省级人民政府批准后确定，并报国家税务总局备案。

（2）不计入工资、薪金所得的项目。对于一些不属于工资、薪金性质的补贴、津贴或者不属于纳税人本人工资、薪金所得项目的收入，不予征税。

根据目前我国个人收入的构成情况，不征税项目包括：

1）独生子女补贴。

2）执行公务员工资制度，未纳入基本工资总额的补贴、津贴差额和家属成员的副食品补贴。

3）托儿补助费。

4）差旅费津贴、误餐补助。其中，误餐补助是指按照财政部的规定，个人因公在城区、郊区工作，不能在工作单位或返回就餐的，根据实际误餐顿数，按规定的标准领取的误餐费。需要注意的是，单位以误餐补助名义发给职工的补助、津贴不能包括在内。

5）外国来华留学生领取的生活津贴费、奖学金，不属于工资、薪金所得，不征收个人所得税。

政策实训

在下列各项所得中，应当按照工资、薪金所得项目征收个人所得税的有（　　）。

A. 劳动分红　　　　　　　　B. 托儿补助费

C. 差旅费津贴　　　　　　　D. 超过规定标准的误餐费

答案：AD

2. 劳务报酬所得

劳务报酬所得是指个人独立从事各种非雇佣的劳务所取得的所得，包括设计、装潢、安装、制图、化验、测试、医疗、法律、会计、咨询、讲学、翻译、审稿、书画、雕刻、影视、录音、录像、演出、表演、广告、展览、技术服务、介绍服务、经纪服务、代办服务和其他劳务。

企业和单位对商品营销活动中营销业绩突出的非雇员以培训班、研讨会、工作考察等名义组织旅游活动，通过免收差旅费、旅游费对个人实行的营销业绩奖励（包括实物、有价证券等），应以所发生费用的全额作为该营销人员当期的劳务收入，按照“劳务报酬所得”项目征收个人所得税，并由提供上述费用的企业和单位代扣代缴。

具体政策提示：

1. 个人由于担任董事职务所取得的董事费收入，属于劳务报酬所得，应按照“劳务报酬所得”项目征收个人所得税，但仅适用于个人担任公司董事、监事，且不在公司任职、受雇的情形。个人在公司（包括关联公司）任职、受雇，同时兼任董事、监事的，应将董事费、监事费与个人工资收入合并，统一按“工资、薪金所得”项目缴纳个人所得税。

2. 保险营销员、证券经纪人取得的佣金收入，属于劳务报酬所得，自2019年1月1日起，以不含增值税的收入减除20%费用后的余额为收入额，收入额减去展业成本以及附加税费后，并入当年综合所得，计算缴纳个人所得税。保险营销员、证券经纪人的展业成本按照收入额的25%计算。

知识链接

工资、薪金所得与劳务报酬所得的区别在于：工资、薪金所得属于非独立个人劳务活动，即在机关、团体、学校、部队、企业、事业单位及其他组织中任职、受雇而得到的报酬；劳务报酬所得则是个人独立从事各种技艺、提供各项劳务取得的报酬。是否存在雇佣与非雇佣的关系，是判断一项收入是属于劳务报酬所得还是工资、薪金所得的基本标准。

政策实训

在下列各项中，按“劳务报酬所得”项目缴纳个人所得税的有（　　）。

A. 外部董事的董事费收入

B. 个人业余兼职收入

C. 某高校在职教师为某企业讲课取得的收入

D. 记者在本单位报纸发表文章取得的奖金收入

答案：ABC

政策实训

在居民个人取得的下列收入中，按照劳务报酬所得项目预扣预缴个人所得税的有（　　）。

A. 保险营销人员取得的佣金收入

B. 企业对非雇员以免费旅游形式给予的营销业绩奖励

C. 仅担任董事而不在该公司任职的个人取得的董事费

D. 公司职工取得的用于购买企业国有股权的劳动分红

答案：ABC

3. 稿酬所得

稿酬所得是指个人因其作品以图书、报刊形式出版、发表而取得的所得。将稿酬所得独立划归一个征税项目，而将不以图书、报刊形式出版、发表的翻译、审稿、书画所得归为劳务报酬所得，主要考虑稿酬所得是一种依靠较高智力创作的精神产品，并且报酬相对偏低。将稿酬所得与一般劳务报酬相区别，可以给予适当优惠照顾。

具体政策提示：

作者去世后，对取得其遗作稿酬的个人，按"稿酬所得"项目征收个人所得税。

4. 特许权使用费所得

特许权使用费所得是指个人提供专利权、商标权、著作权、非专利技术以及其他特许权的使用权取得的所得。其中，提供著作权使用权取得的所得，不包括稿酬所得。

政策实训

在下列各项收入中，应按照"特许权使用费所得"项目缴纳个人所得税的有（　　）。

A. 个人提供技术诀窍的使用权取得的所得

B. 个人公开拍卖某作家的文字作品原件的收入

C. 个人将国外的名著翻译出版取得的所得

D. 个人从某电影制片厂获得的剧本使用费收入

答案：AD

8.3.2　经营所得

情景导入

王先生是个体工商户，对外投资取得股息所得 12 000 元。该股息所得应按什么项目征收个人所得税？

经营所得包括：

（1）个体工商户从事生产经营活动取得的所得，个人独资企业投资人、合伙企业的个人合伙人来源于境内注册的个人独资企业、合伙企业的生产经营所得。

个体工商户以业主为个人所得税的纳税义务人。

（2）个人依法从事办学、医疗、咨询以及其他有偿服务活动取得的所得。

（3）个人对企业、事业单位承包经营、承租经营以及转包、转租取得的所得。

由于目前实行承包（租）经营的形式较多，分配方式也不相同，承包（承租）人按照承包（承租）经营合同（协议）规定取得的所得，区分以下情况分别按不同的收入类别征税：

1）承包（承租）人对企业经营成果不拥有所有权，只是按合同（协议）规定取得一定所得的，其所得按"工资、薪金所得"项目征税，纳入年度综合所得征税。

2）承包（承租）人按合同（协议）的规定向发包（出租）方缴纳一定费用后，企业经营成果归其所有的，承包（承租）人取得的所得按"对企事业单位的承包经营、承租经营所得"项目征税。

（4）个人从事其他生产经营活动取得的所得。

具体政策提示：

1. 个人因从事彩票代销业务而取得的所得，按照"经营所得"项目计征个人所得税。

2. 从事个体出租车运营的出租车驾驶员取得的收入，按照"经营所得"项目计征个人所得税。从事个体出租车运营，包括出租车属于个人所有，但挂靠出租汽车经营单位或企事业单位，驾驶员向挂靠单位缴纳管理费的，或者出租汽车经营单位将出租车所有权转移给驾驶员的。

要点提示：

1. 个体工商户和从事生产经营的个人，取得与生产经营活动无关的其他各项应税所得，应分别按其他应税项目的有关规定计征个人所得税。例如，取得银行存款的利息所得、对外投资取得的股息所得，应按"利息、股息、红利"项目的规定单独计征个人所得税。

2. 个人独资企业、合伙企业的个人投资者以企业资金为本人、家庭成员及其相关人员支付与企业生产经营无关的消费性支出及购买汽车、住房等财产性支出，视为企业对个人投资者的利润分配，并入投资者个人的生产经营所得，依照"经营所得"项目计征个人所得税。

政策实训

在下列各项中，应按"经营所得"项目征收个人所得税的有（　　）。

A. 个人因从事彩票代销业务而取得的所得

B. 股份制企业的个人投资者以企业资金为本人购买的汽车

C. 合伙企业的个人投资者以企业资金为本人购买的住房

D. 出租汽车经营单位对出租车驾驶员采取单车承包或承租方式运营，出租车驾驶员从事客货营运取得的所得

答案： AC

8.3.3　利息、股息、红利所得

利息是指个人拥有债权而取得的利息，包括存款利息、贷款利息和各种债券的利息。个人取得的利息所得，除国债和国家发行的金融债券利息免税外，应按规定缴纳个人所得税。

股息、红利是指个人拥有股权而取得的股息、红利。按照一定的比率派发的每股息金称为股息；根据企业应分配的超过股息部分的利润，按股份分配的称为红利。除有特殊规定外，股息、红利应按规定缴纳个人所得税。

具体政策提示：

1. 除个人独资企业、合伙企业以外的其他企业的个人投资者，以企业资金为本人、家庭成员及其相关人员支付与企业生产经营无关的消费性支出及购买汽车、住房等财产性支出，视为企业对个人投资者的红利分配，依照“利息、股息、红利所得”项目计征个人所得税。企业的上述支出不允许在所得税前扣除。

2. 纳税年度内个人投资者从其投资企业（个人独资企业、合伙企业除外）借款，在该纳税年度终了后既不归还又未用于企业生产经营的，其未归还的借款可视为企业对个人投资者的红利分配，依照“利息、股息、红利所得”项目计征个人所得税。

政策实训

在下列各项中，应按照“利息、股息、红利所得”项目征收个人所得税的有（　　）。

A. 个人购买上市公司股票分得股息

B. 合伙企业的个人投资者以企业资金为本人购买住房

C. 股份有限公司的个人投资者以企业资金为本人购买汽车

D. 个人投资者从其投资的股份公司取得的在该纳税年度终了后既不归还又未用于企业生产经营的借款

答案： ACD

8.3.4　财产租赁所得

财产租赁所得是指个人出租不动产、机器设备、车船以及其他财产取得的所得。

8.3.5 财产转让所得

财产转让所得是指个人转让有价证券、股权、合伙企业的财产份额、不动产、机器设备、车船以及其他财产取得的所得。个人进行的财产转让主要是个人财产所有权的转让。

具体政策提示：

1. 境内股票转让所得暂免征收个人所得税，但境外股票转让所得应征收个人所得税。

2. 对个人转让新三板挂牌公司非原始股取得的所得，暂免征收个人所得税。非原始股是指个人在新三板挂牌公司挂牌后取得的股票，以及由上述股票滋生的送转股。对个人转让新三板挂牌公司原始股取得的所得，按照“财产转让所得”，适用20%的比例税率征收个人所得税。原始股是指个人在新三板挂牌公司挂牌前取得的股票，以及在该公司挂牌前和挂牌后由上述股票滋生的送转股。

3. 集体所有制企业在改制为股份合作制企业时，对职工个人以股份形式取得的企业量化资产，暂缓征收个人所得税；待个人将股份转让时，就其转让收入额，减除个人取得该股份时实际的费用支出和合理转让费用后的余额，按“财产转让所得”项目计征个人所得税。

政策实训

2021 年 3 月，张先生转让从新三板市场取得的甲公司股票，取得转让所得 8 万元；另转让持有的新三板挂牌乙公司原始股，取得所得 30 万元。上述业务是否应缴纳个人所得税？

解析：张先生转让新三板挂牌公司非原始股取得的所得 8 万元，暂免征收个人所得税；转让新三板挂牌乙公司原始股取得的所得 30 万元，按照“财产转让所得”项目缴纳个人所得税。

8.3.6 偶然所得

情景导入

某企业在电商平台做以下推广活动：①通过 app（应用程序）随机向用户发放共计 15 万元的红包；②“双 11”期间推出满 200 减 30 的活动；③对累积消费达到一定额度的顾客，给予额外抽奖机会。上述情形是否应征收个人所得税？

偶然所得是指个人得奖、中奖、中彩以及其他偶然性质的所得。

具体政策提示：

1. 单张有奖发票的奖金所得不超过 800 元（含 800 元）的，暂免征收个人所得税；

个人取得单张有奖发票的奖金所得超过 800 元的，应全额按照税法规定的“偶然所得”项目征收个人所得税。

2. 购买社会福利有奖募捐奖券、体育彩票一次中奖收入不超过10 000元的，暂免征收个人所得税；对一次中奖收入超过 10 000 元的，应按税法的规定全额征税。

个人取得企业赠送的礼品或奖励等，应区分不同情形，判断是否应征收个人所得税。

1. 应税情形

(1) 企业在业务宣传、广告等活动中，随机向本单位以外的个人赠送礼品（包括网络红包，下同），以及企业在年会、座谈会、庆典以及其他活动中向本单位以外的个人赠送礼品，对个人取得的礼品所得，按照“偶然所得”项目，全额适用 20%的税率缴纳个人所得税。但企业赠送的具有价格折扣或折让性质的消费券、代金券、抵用券、优惠券等礼品除外。

(2) 企业对累积消费达到一定额度的客户给予额外抽奖机会，个人的获奖所得按照“偶然所得”项目，全额适用 20%的税率缴纳个人所得税。

企业赠送的礼品是自产产品（服务）的，按该产品（服务）的市场销售价格确定个人的应税所得；该礼品是外购商品（服务）的，按该商品（服务）的实际购置价格确定个人的应税所得。

2. 不征税情形

企业在销售商品（产品）和提供服务的过程中向个人赠送礼品，属于下列情形之一的，不征收个人所得税：

(1) 企业通过价格折扣、折让方式向个人销售商品（产品）和提供服务。

(2) 企业在向个人销售商品（产品）和提供服务的同时给予赠品，如通信企业对个人购买手机赠话费、入网费，或者购话费赠手机等。

(3) 企业对累积消费达到一定额度的个人按消费积分反馈礼品。

个人取得的所得，难以界定应纳税所得项目的，由国务院税务主管部门确定。

8.4 计税期间与适用税率

8.4.1 计税期间

个人所得税的计税期间或方式可分为三类。

(1) 按年计征。居民个人取得的综合所得、经营所得，实行按年计征的方法。

居民个人的综合所得以每一纳税年度的收入额减除费用 6 万元以及专项扣除、专项附加扣除和依法确定的其他扣除后的余额为应纳税所得额。

经营所得以每一纳税年度的收入总额减除成本费用以及损失后的余额为应纳税所得额。

(2) 按月计征。非居民个人取得的工资、薪金所得，实行按月计征，以每月的收入额减除费用 5 000 元后的余额为应纳税所得额；财产租赁所得以 1 个月内取得的收入为一次，实行按月计征。

(3) 按次计征。利息、股息、红利所得，偶然所得，实行按次计征；非居民个人取得的劳务报酬所得、稿酬所得、特许权使用费所得，实行按次计征。

准确划分每次收入是正确计算应纳税额的前提。

1) 利息、股息、红利所得，以支付利息、股息、红利时取得的收入为一次。

2) 偶然所得，以每次取得该项收入为一次。

3) 非居民个人取得劳务报酬所得、稿酬所得、特许权使用费所得，根据不同所得项目的特点分别确定。

第一，属于一次性收入的，以取得该项收入为一次。

提供一次性劳务且未以分月支付方式取得劳务报酬所得的，以每次提供劳务取得的收入为一次。

第二，属于同一事项连续取得收入的，以 1 个月内取得的收入为一次。

例如，某外籍歌手（非居民个人）与一卡拉 OK 厅签约，在一定时期内每日到卡拉 OK 厅演唱一次，每次演出后卡拉 OK 厅对其付酬 500 元。在计算其劳务报酬所得时，应视为同一事项的连续性收入，以其 1 个月内取得的收入为一次计征个人所得税，而不能以每天取得的收入为一次。

第三，稿酬所得，以每次出版、发表取得的收入为一次。具体情形如下：①不论出版单位是预付还是分笔支付稿酬，或者加印该作品后再付稿酬，均应合并其稿酬所得，按一次计征个人所得税。②同一作品再版取得的所得，应视作另一次稿酬所得计征个人所得税。③同一作品先在报刊上连载，然后再出版，或者先出版，再在报刊上连载的，应视为两次稿酬所得征税。④在两处或两处以上出版、发表或再版同一作品而取得稿酬所得，可分别就各处取得的所得或再版所得按分次所得计征个人所得税。

第四，特许权使用费所得，以某项使用权的一次转让取得的收入为一次。非居民个人可能不止拥有一项特许权，每一项特许权的使用权也可能不止一次地向我国境内提供，因而对特许权使用费所得的“次”的界定，明确为以每一项使用权的每次转让所取得的收入为一次。如果该次转让取得的收入是分笔支付的，则应将各笔收入相加，然后计征个人所得税。

8.4.2 适用税率

1. 综合所得的适用税率

居民个人在每一纳税年度内取得的综合所得适用七级超额累进税率，税率为 3%～45%，见表 8-1。

表 8-1　综合所得个人所得税税率表暨居民个人工资、薪金所得预扣预缴税率表

级数	全年应纳税所得额（累计预扣预缴应纳税所得额）	税率（%）	速算扣除数（元）
1	不超过 36 000 元的	3	0
2	超过 36 000 元至 144 000 元的部分	10	2 520
3	超过 144 000 元至 300 000 元的部分	20	16 920
4	超过 300 000 元至 420 000 元的部分	25	31 920
5	超过 420 000 元至 660 000 元的部分	30	52 920
6	超过 660 000 元至 960 000 元的部分	35	85 920
7	超过 960 000 元的部分	45	181 920

注：(1) 本表所称全年应纳税所得额是指依照税法的规定，居民个人取得的综合所得以每一纳税年度的收入额减除费用 60 000 元以及专项扣除、专项附加扣除和依法确定的其他扣除后的余额。

(2) 非居民个人取得工资、薪金所得，劳务报酬所得，稿酬所得和特许权使用费所得，依照本表按月换算后计算应纳税额。

2. 经营所得的适用税率

经营所得适用五级超额累进税率，税率为 5%～35%，见表 8-2。

表 8-2　经营所得个人所得税税率表

级数	全年应纳税所得额	税率（%）	速算扣除数（元）
1	不超过 30 000 元的	5	0
2	超过 30 000 元至 90 000 元的部分	10	1 500
3	超过 90 000 元至 300 000 元的部分	20	10 500
4	超过 300 000 元至 500 000 元的部分	30	40 500
5	超过 500 000 元的部分	35	65 500

注：本表所称全年应纳税所得额是指依照《个人所得税法》第六条的规定，以每一纳税年度的收入总额减除成本费用以及损失后的余额。

3. 其他所得的适用税率

利息、股息、红利所得，财产租赁所得，财产转让所得和偶然所得适用比例税率，税率为 20%。

8.5　综合所得应纳税所得额的确定及应纳税额的计算

8.5.1　应纳税所得额的确定

$$\text{应纳税所得额}=\text{纳税年度收入}-60\,000-\text{专项扣除}-\text{专项附加扣除}-\text{其他扣除}$$

其中，专项扣除、专项附加扣除和依法确定的其他扣除，以居民个人一个纳税年度的应纳税所得额为限额；一个纳税年度扣除不完的，不结转以后年度扣除。

1. 纳税年度收入

每一纳税年度的收入额包括工资、薪金所得，劳务报酬所得，稿酬所得，特许权使用费所得四项，分别按规定比例计入。

（1）工资、薪金所得全额计入收入额。

（2）劳务报酬所得、特许权使用费所得以收入减除20%费用后的余额为收入额。

（3）稿酬所得以收入减除20%费用后的余额为收入额，稿酬所得的收入额减按70%计算，即稿酬所得的收入额为实际取得稿酬收入的56%。

2. 基本费用扣除额

每一纳税年度的收入额减除基本费用60 000元。

3. 专项扣除

专项扣除包括居民个人按国家规定的范围和标准缴纳的基本养老保险、基本医疗保险、失业保险等社会保险费和住房公积金等。

4. 专项附加扣除

专项附加扣除包括子女教育、继续教育、大病医疗、住房贷款利息或者住房租金、赡养老人等支出。

（1）子女教育。纳税人年满3岁的子女接受学前教育和学历教育的相关支出，按照每个子女每月1 000元（每年12 000元）的标准定额扣除。

学前教育包括年满3岁至小学入学前教育；学历教育包括义务教育（小学、初中教育）、高中阶段教育（普通高中、中等职业、技工教育）、高等教育（大学专科、大学本科、硕士研究生、博士研究生教育）。

父母可以选择由其中一方按扣除标准的100%扣除，也可以选择由双方分别按扣除标准的50%扣除，具体扣除方式在一个纳税年度内不能变更。

纳税人子女在中国境外接受教育的，纳税人应当留存境外学校录取通知书、留学签证等相关教育的证明资料备查。

（2）继续教育。纳税人在中国境内接受学历（学位）继续教育的支出，在学历（学位）教育期间按照每月400元（每年4 800元）定额扣除。同一学历（学位）继续教育的扣除期限不能超过48个月（4年）。纳税人接受技能人员职业资格继续教育、专业技术人员职业资格继续教育支出，在取得相关证书的当年，按照3 600元定额扣除。

个人接受本科及以下学历（学位）继续教育，符合税法规定扣除条件的，可以选择由其父母扣除，也可以选择由本人扣除。

纳税人接受技能人员职业资格继续教育、专业技术人员职业资格继续教育的，应当留存相关证书等资料备查。

（3）大病医疗。在一个纳税年度内，纳税人发生的与基本医保相关的医药费用支出，扣除医保报销后个人负担（指医保目录范围内的自付部分）累计超过15 000元的部分，由纳税人在办理年度汇算清缴时，在80 000元限额内据实扣除。

纳税人发生的医药费用支出可以选择由本人或者配偶扣除；未成年子女发生的医药费用支出可以选择由其父母一方扣除。

(4) 住房贷款利息。纳税人本人或配偶，单独或共同使用商业银行或住房公积金个人住房贷款，为本人或配偶购买中国境内住房，发生的首套住房贷款利息支出，在实际发生贷款利息的年度，按照每月 1 000 元（每年 12 000 元）的标准定额扣除，扣除期限最长不超过 240 个月（20 年）。

政策应用提示：

首套住房贷款是指购买住房享受首套住房贷款利率的住房贷款。

经夫妻双方约定，可以选择由其中一方扣除，具体扣除方式确定后，在一个纳税年度内不得变更。夫妻双方婚前分别购买住房发生的首套住房贷款，其贷款利息支出在婚后可以选择其中一套购买的住房，由购买方按扣除标准的 100%扣除，也可以由夫妻双方对各自购买的住房分别按扣除标准的 50%扣除，具体扣除方式在一个纳税年度内不能变更。

纳税人应当留存住房贷款合同、贷款还款支出凭证备查。

法规运用案例

李女士为居民纳税人，2020 年在扣除“三险一金”后共取得含税工资收入 280 000 元，除首套住房贷款专项附加扣除外，不享受其余专项附加扣除和税法规定的其他扣除。如何计算应纳个人所得税？

解析：

全年应纳税所得额＝280 000－60 000－12 000＝208 000（元）

应纳税额＝208 000×20%－16 920＝24 680（元）

(5) 住房租金。纳税人在主要工作城市没有自有住房而发生的住房租金支出，可以按规定标准定额扣除。

1）直辖市、省会（首府）城市、计划单列市以及国务院确定的其他城市，扣除标准为每月 1 500 元（每年 18 000 元）。

2）除上述所列城市外，市辖区户籍人口超过 100 万的城市，扣除标准为每月 1 100 元（每年 13 200 元）；市辖区户籍人口不超过 100 万的城市，扣除标准为每月 800 元（每年 9 600 元）。市辖区户籍人口以国家统计局公布的数据为准。

主要工作城市是指纳税人任职受雇的直辖市、计划单列市、副省级城市、地级市（地区、州、盟）全部行政区域范围；纳税人无任职受雇单位的，为受理其综合所得汇算清缴的税务机关所在城市。

政策应用提示：

1. 夫妻双方主要工作城市相同的，只能由一方扣除住房租金支出。

2. 住房租金支出由签订租赁住房合同的承租人扣除。

3. 纳税人及其配偶在一个纳税年度内不得同时分别享受住房贷款利息专项附加扣除和住房租金专项附加扣除。

4. 纳税人应当留存住房租赁合同、协议等有关资料备查。

(6) 赡养老人等支出。纳税人赡养一位及以上被赡养人的赡养支出，按规定标准定额扣除。被赡养人是指年满 60 岁的父母，以及子女均已去世的年满 60 岁的祖父母、外祖父母。

1）纳税人为独生子女的，按照每月 2 000 元（每年 24 000 元）的标准定额扣除。

2）纳税人为非独生子女的，由其与兄弟姐妹分摊每月 2 000 元（每年 24 000 元）的扣除额度，每人分摊的额度最高不得超过每月 1 000 元（每年 12 000 元）。可以由赡养人均摊或者约定分摊，也可以由被赡养人指定分摊。约定或者指定分摊的须签订书面分摊协议，指定分摊优于约定分摊。具体分摊方式和额度在一个纳税年度内不得变更。

法规运用案例

王先生为甲技术公司的高级管理人员，属于居民纳税人，2020 年按规定标准交完社保和住房公积金后取得工资收入 50 万元、劳务报酬 40 000 元、稿酬 30 000 元。他有两个正上小学的孩子并均选择由王先生扣除子女教育专项附加扣除；王先生是独生子女，其父亲健在且已年满 60 岁。如何计算其应纳个人所得税？

解析：

全年应纳税所得额

＝500 000＋40 000×(1－20％)＋30 000×(1－20％)×70％－60 000－12 000×2－24 000

＝440 800（元）

应纳税额＝440 800×30％－52 920＝79 320（元）

5. 其他扣除

其他扣除包括个人缴付符合国家规定的企业年金、职业年金，个人购买符合国家规定的商业健康保险、税收递延型商业养老保险的支出，以及国务院规定可以扣除的其他项目。

（1）企业年金、职业年金的扣除。企业年金是指企业及其职工在依法参加基本养老保险的基础上，自愿建立的补充养老保险制度。职业年金是指事业单位及其工作人员在依法参加基本养老保险的基础上建立的补充养老保险制度。

个人根据国家有关政策缴付的年金个人缴费部分，在不超过本人缴费工资计税基数的 4％标准内的部分，暂从个人当期的应纳税所得额中扣除。超过规定标准缴付的年金单位缴费和个人缴费部分，应并入个人当期的工资、薪金所得，计征个人所得税。

企业年金个人缴费工资计税基数为本人上一年度月平均工资。月平均工资按国家统计局的规定列入工资总额统计的项目计算。第一，月平均工资超过职工工作地所在设区城市上一年度职工月平均工资 300％以上的部分，不计入个人缴费工资计税基数。第二，职业年金个人缴费工资计税基数为职工岗位工资和薪级工资之和。职工岗位工资和薪级工资之和超过职工工作地所在设区城市上一年度职工月平均工资 300％以上的部分，不计入个人缴费工资计税基数。

（2）递延型商业养老保险的扣除。取得工资、薪金所得，连续性劳务报酬所得的个人，以及取得个体工商户的生产经营所得、对企事业单位的承包（承租）经营所得的个体工商户业主、个人独资企业投资者、合伙企业个人合伙人和承包（承租）经营者，对其购买符合规定的商业健康保险产品支出可按规定扣除。

个人购买符合规定的商业健康保险产品，可以按照 2 400 元/年（200 元/月）的标准在税前扣除。扣缴义务人在扣除时，应在每月 200 元限额以内据实从个人应税收入中减去月保费支出。

单位统一组织为员工购买，或者单位和个人共同负担购买符合规定的商业健康保险产品，应将单位为每一参保员工负担的金额分别计入其工资、薪金，视同个人购买，并自购买产品次月起，在不超过 200 元/月的标准内按月扣除。

在用商业健康保险抵扣个税时，需要提供购买发票及带有税优识别码的保单。

（3）个人税收递延型商业养老保险的扣除。对实施个人税收递延型商业养老保险试点地区个人通过个人商业养老资金账户购买符合规定的商业养老保险产品的支出，允许在一定标准内税前扣除；计入个人商业养老资金账户的投资收益，暂不征收个人所得税，在个人领取商业养老金时再征收个人所得税。

取得工资、薪金所得，连续性劳务报酬所得的个人，其缴纳的保费准予在申报扣除当月计算应纳税所得额时予以限额据实扣除，扣除限额按照当月工资、薪金所得，连续性劳务报酬所得的 6%和 1 000 元孰低确定。取得个体工商户生产经营所得、对企事业单位的承包（承租）经营所得的个体工商户业主、个人独资企业投资者、合伙企业自然人合伙人和承包（承租）经营者，其缴纳的保费准予在申报扣除当年计算应纳税所得额时予以限额据实扣除，扣除限额按照不超过当年应税收入的 6%和 12 000 元孰低确定。

8.5.2 居民个人应纳税额及预扣预缴税额的计算

居民个人取得综合所得，按年计算个人所得税；有扣缴义务人的，由扣缴义务人按月或者按次预扣预缴税款；需要办理汇算清缴的，应当在取得所得的次年 3 月 1 日至 6 月 30 日内办理汇算清缴。

1. 应纳税额的计算方法

年度综合所得应纳税额＝(年度工资、薪金收入额＋年度劳务报酬收入额＋年度稿酬收入额＋年度特许权使用费收入额－减除费用－专项扣除－专项附加扣除－依法确定的其他扣除)×适用税率－速算扣除数

2. 预扣预缴计算方法

（1）居民个人取得工资、薪金所得的扣缴办法。扣缴义务人在向居民个人支付工资、薪金所得时，按照累计预扣法计算预扣税款，并按月办理扣缴申报。

累计预扣预缴应纳税所得额＝纳税人在本单位截至当前月份工资、薪金所得累计收入－累计免税收入－累计减除费用－累计专项扣除－累计专项附加扣除－累计依法确定的其他扣除

其中，累计减除费用按照每月 5 000 元乘以纳税人当年截至本月在本单位的任职受

雇月份数计算。

$$\text{本期应预扣预缴税额}=\left(\text{累计预扣预缴应纳税所得额}\times\text{预扣率}-\text{速算扣除数}\right)-\text{累计减免税额}-\text{累计已预扣预缴税额}$$

预扣预缴税率表见表 8-1。

本期应预扣预缴税额的余额为负值时，暂不退税。年度预扣预缴税额与年度应纳税额不一致的，由居民个人于次年 3 月 1 日至 6 月 30 日向主管税务机关办理综合所得年度汇算清缴，税款多退少补。

法规运用案例

2020 年，居民个人李女士每月取得工资收入 20 000 元，每月按规定标准缴纳社保费用和住房公积金 3 000 元，全年均符合享受子女教育专项附加扣除 1 000 元的条件。计算李女士的工资、薪金扣缴义务人在 2020 年 1—4 月代扣代缴的税款金额。

解析：

1 月应预扣预缴税额＝(20 000－5 000－3 000－1 000)×3%－0＝330 (元)

2 月应预扣预缴税额

＝(20 000×2－5 000×2－3 000×2－1 000×2)×3%－0－330

＝330 (元)

3 月应预扣预缴税额

＝(20 000×3－5 000×3－3 000×3－1 000×3)×3%－0－330－330

＝330 (元)

4 月应预扣预缴税额

＝(20 000×4－5 000×4－3 000×4－1 000×4)×10%－2 520－330－330－330

＝890 (元)

自 2020 年 7 月 1 日起，对一个纳税年度内首次取得工资、薪金所得的居民个人，扣缴义务人在预扣预缴个人所得税时，可按照 5 000 元/月乘以纳税人当年截至本月的月份数计算累计减除费用。

政策实训

小王在 2021 年 8 月大学毕业后进入某公司工作，当该公司发放 8 月份工资并计算当期应预扣预缴的个人所得税时，如何确定可减除的费用？

解析：

可减除费用＝5 000×8＝40 000 (元)

知识链接

为了优化预扣预缴方法，自 2021 年 1 月 1 日起，对上一完整纳税年度内每月均在同一单位预扣预缴工资、薪金所得个人所得税，全年工资、薪金所得不超过 6 万元，并且本纳税年度自1月起仍在该单位任职受雇并取得工资、薪金所得的居民个人，其扣缴义务人在预扣预缴本年度工资、薪金所得个人所得税时，累计减除费用自1月份起直接按照全年6万元计算扣除，即在纳税人累计收入不超过6万元的月份，暂不预扣预缴个人所得税；在其累计收入超过6万元的当月及年内后续月份，再预扣预缴个人所得税。

对按照累计预扣法预扣预缴劳务报酬所得个人所得税的居民个人，扣缴义务人比照上述规定执行。

法规运用案例

小张为某公司员工，2020年1—12月在公司取得工资、薪金所得50 000元。2021年，他所在的公司于1月发放了10 000元工资，2—12月每月发放4 000元工资。在不考虑“三险一金”等各项扣除的情况下，按照一般预扣预缴方法，小张在1月需要预缴个税150元［=(10 000−5 000)×3%］，而其他月份无须预缴个税。2021年，因小张的年收入不足60 000元，可通过汇算清缴退税150元。在采用新预扣预缴方法后，小张自1月起即可直接扣除全年累计减除费用60 000元而无须预缴税款，年度终了也无须办理汇算清缴。

（2）劳务报酬所得、稿酬所得、特许权使用费所得的扣缴办法。

劳务报酬所得应预扣预缴税额=预扣预缴应纳税所得额×预扣率−速算扣除数

居民个人劳务报酬所得预扣预缴税率表见表8-3。

稿酬所得、特许权使用费所得应预扣预缴税额=预扣预缴应纳税所得额×20%

表8-3　居民个人劳务报酬所得预扣预缴税率表

级数	预扣预缴应纳税所得额	预扣率（%）	速算扣除数（元）
1	不超过20 000元的	20	0
2	超过20 000元至50 000元的部分	30	2 000
3	超过50 000元的部分	40	7 000

政策实训

影视演员吴先生一次取得表演收入50 000元，扣除20%的费用后，应纳税所得额为40 000元。如何计算这笔收入应预扣预缴的个人所得税？

解析：

应预扣预缴税额=50 000×(1−20%)×30%−2 000=10 000（元）

政策实训

刘先生为某高校老师，2021年3月取得出版社支付的稿酬50 000元。如何计算这笔收入应预扣预缴的个人所得税？

解析：

应预扣预缴税额=50 000×(1-20%)×70%×20%=5 600（元）

8.6 经营所得应纳税额的计算

经营所得应纳税额的计算公式为：

应纳税额=全年应纳税所得额×适用税率-速算扣除数

经营所得的适用税率见表 8-2。

取得经营所得的个人，如果没有综合所得，在计算其每一纳税年度的应纳税所得额时，应当减除费用（6 万元）、专项扣除、专项附加扣除以及依法确定的其他扣除。专项附加扣除在办理汇算清缴时减除。

8.6.1 个体工商户的计税方法

个体工商户以业主为个人所得税的纳税义务人。

1. 确定应纳税所得额的基本规定

(1) 个体工商户的生产经营所得，以每一纳税年度的收入总额，减除成本、费用、税金、损失、其他支出以及允许弥补的以前年度亏损后的余额，为应纳税所得额。

企业在纳税年度的中间开业，或者由于合并、关闭等原因，使该纳税年度的实际经营期不足 12 个月的，应当以其实际经营期为一个纳税年度。

(2) 个体工商户的下列支出不得扣除：个人所得税税款，税收滞纳金，罚金、罚款和被没收财物的损失，不符合扣除规定的捐赠支出，赞助支出，用于个人和家庭的支出，与取得生产经营收入无关的其他支出，国家税务总局规定不准扣除的支出。赞助支出是指个体工商户发生的与生产经营活动无关的各种非广告性质支出。

(3) 个体工商户在生产经营活动中，应当分别核算生产经营费用和个人、家庭费用。对于生产经营费用与个人、家庭生活费用难以分清的，其中的 40%视为与生产经营有关的费用，准予扣除。

(4) 个体工商户在纳税年度发生的亏损，准予向以后年度结转，用以后年度的生产经营所得弥补，但结转年限最长不得超过 5 年。

(5) 个体工商户转让资产的净值，准予在计算应纳税所得额时扣除。

(6) 个体工商户与企业联营而分得的利润，按“利息、股息、红利所得”项目征收个人所得税。

(7) 个体工商户和从事生产经营的个人取得与生产经营活动无关的各项应税所得，应按规定分别计算征收个人所得税。

政策实训

在个体工商户的生产经营活动中，对于生产经营费用与个人、家庭生活费用难以分清的，按照一定比例视为与生产经营有关的费用准予扣除。这一比例是（　　）。

A. 30%　　B. 40%　　C. 50%　　D. 60%

答案：B

2. 具体扣除项目及标准

（1）个体工商户实际支付给从业人员的、合理的工资、薪金支出，准予扣除。

（2）个体工商户业主的费用扣除标准为 60 000 元/年。个体工商户业主的工资、薪金支出不得税前扣除。

（3）个体工商户按照国务院有关主管部门或者省级人民政府规定的范围及标准为其业主和从业人员缴纳的基本养老保险费、基本医疗保险费、失业保险费、生育保险费、工伤保险费和住房公积金，准予扣除。

个体工商户为从业人员缴纳的补充养老保险费、补充医疗保险费，分别在不超过从业人员工资总额 5%标准内的部分据实扣除；超过部分，不得扣除。

个体工商户业主本人缴纳的补充养老保险费、补充医疗保险费，以当地（地级市）上年度社会平均工资的 3 倍为计算基数，分别在不超过该计算基数 5%标准内的部分据实扣除；超过部分，不得扣除。

（4）除个体工商户依照国家有关规定为特殊工种从业人员支付的人身安全保险费和财政部、国家税务总局规定可以扣除的其他商业保险费外，个体工商户业主本人或者为从业人员支付的商业保险费，不得扣除。

（5）个体工商户在生产经营活动中发生的合理的不需要资本化的借款费用，准予扣除。

（6）个体工商户在生产经营活动中发生的下列利息支出，准予扣除：向金融企业借款的利息支出；向非金融企业和个人借款的利息支出，不超过按照金融企业同期同类贷款利率计算的数额部分。

（7）个体工商户向当地工会组织拨缴的工会经费、实际发生的职工福利费支出、职工教育经费支出分别在工资、薪金总额的 2%、14%、2.5%的标准内据实扣除。

工资、薪金总额是指允许在当期税前扣除的工资、薪金支出数额。

职工教育经费的实际发生数额超出规定比例当期不能扣除的数额，准予在以后纳税年度结转扣除。

个体工商户业主本人向当地工会组织缴纳的工会经费、实际发生的职工福利费支出、职工教育经费支出，以当地（地级市）上年度社会平均工资的 3 倍为计算基数，在上述规定的比例内据实扣除。

（8）个体工商户发生的与生产经营活动有关的业务招待费，按照实际发生额的 60%扣除，但最高不得超过当年销售（营业）收入的 5‰。

业主自申请营业执照之日起至开始生产经营之日止所发生的业务招待费，按照实际发生额的 60%计入个体工商户的开办费。

（9）个体工商户每一纳税年度发生的与其生产经营活动直接相关的广告费和业务宣

传费不超过当年销售（营业）收入15%的部分，可以据实扣除；超过部分，准予在以后纳税年度结转扣除。

（10）个体工商户代从业人员或者他人负担的税款，不得税前扣除。

（11）个体工商户按照规定缴纳的摊位费、行政性收费、协会会费等，按实际发生数额扣除。

（12）个体工商户根据生产经营活动的需要租入固定资产支付的租赁费，按照以下方法扣除：以经营租赁方式租入固定资产发生的租赁费支出，按照租赁期限均匀扣除；以融资租赁方式租入固定资产发生的租赁费支出，按照规定构成融资租入固定资产价值的部分应当提取折旧费用，分期扣除。

（13）个体工商户参加财产保险，按照规定缴纳的保险费，准予扣除。

（14）个体工商户发生的合理的劳动保护支出，准予扣除。

（15）个体工商户通过公益性社会团体或者县级以上人民政府及其部门，用于《中华人民共和国公益事业捐赠法》规定的公益事业的捐赠，捐赠额不超过其应纳税所得额30%的部分，可以据实扣除。

财政部、国家税务总局规定可以全额在税前扣除的捐赠支出项目，按有关规定执行。

（16）个体工商户研究开发新产品、新技术、新工艺所发生的开发费用，以及研究开发新产品、新技术而购置单台价值在10万元以下的测试仪器和试验性装置的购置费准予直接扣除；单台价值在10万元以上（含10万元）的测试仪器和试验性装置，按固定资产管理，不得在当期直接扣除。

政策实训

在某个体工商户发生的下列支出中，允许在个人所得税税前扣除的是（　　）。

A. 家庭生活用电支出

B. 直接向某灾区小学的捐赠

C. 已缴纳的城市维护建设税及教育费附加

D. 代员工负担的个人所得税税款

答案：C

8.6.2 个人独资企业和合伙企业生产经营所得的计税方法

1. “先分后税”的基本原则

个人独资企业以投资者为纳税义务人，合伙企业以每一个合伙人为纳税义务人。

合伙企业的生产经营所得和其他所得采取“先分后税”的原则，即合伙企业计算出应纳税所得额后，并不在合伙企业层面计算应纳税额，而是按一定比例将应纳税所得额分配给每个合伙人，由每个合伙人分别计算应纳税额。该规定体现了视合伙企业为“导管”公司的税法穿透原理。相应的分配原则如下：

（1）合伙企业的生产经营所得和其他所得可以按照合伙协议约定的分配比例确定应纳税所得额，但合伙协议不得约定将全部利润分配给部分合伙人。

（2）合伙协议未约定或者约定不明确的，按照合伙人协商决定的分配比例确定应纳税所得额。

（3）协商不成的，按照合伙人实缴出资比例确定应纳税所得额。

（4）无法确定出资比例的，以全部生产经营所得和其他所得，按照合伙人数量平均计算每个合伙人的应纳税所得额。

2. 应纳税所得额的确定

个人独资企业和合伙企业（以下简称“企业”）每一纳税年度的收入总额减除成本、费用以及损失后的余额，作为投资者个人的生产经营所得，计算征收个人所得税。具体规定如下：

（1）自2019年1月1日起，在个人独资企业和合伙企业投资者依法计征个人所得税时，个人独资企业和合伙企业投资者本人的费用扣除标准统一确定为60 000元/年（5 000元/月）

（2）企业向从业人员实际支付的合理的工资、薪金支出，允许在税前据实扣除。

（3）企业拨缴的工会经费、发生的职工福利费、职工教育经费支出分别在工资、薪金总额2%、14%、2.5%的标准内据实扣除。

（4）企业每一纳税年度发生的广告费和业务宣传费用不超过当年销售（营业）收入15%的部分，可据实扣除；超过部分，准予在以后纳税年度结转扣除。

（5）企业每一纳税年度发生的与其生产经营业务直接相关的业务招待费支出，按照发生额的60%扣除，但最高不得超过当年销售（营业）收入的5‰。

（6）投资者及其家庭发生的生活费用不允许在税前扣除。投资者及其家庭发生的生活费用与企业生产经营费用混合在一起，并且难以划分的，全部视为投资者个人及其家庭的生活费用，不允许在税前扣除。

（7）企业生产经营和投资者及其家庭生活共用的固定资产，难以划分的，由主管税务机关根据企业的生产经营类型、规模等具体情况，核定准予在税前扣除的折旧费用的数额或比例。

（8）企业计提的各种准备金不得扣除。

（9）企业与关联企业之间的业务往来，应当按照独立企业之间的业务往来收取或者支付价款、费用。不按照独立企业之间的业务往来收取或者支付价款、费用，进而减少其应纳税所得额的，主管税务机关有权进行合理调整。

（10）投资者兴办两个或两个以上企业的计税规定如下：①在年度终了时，应汇总从所有企业取得的应纳税所得额，据此确定适用税率并计算缴纳应纳税款。②企业的年度经营亏损不能跨企业弥补。③根据前述规定准予扣除的个人费用，由投资者选择在其中一个企业的生产经营所得中扣除。

（11）对于企业的年度亏损，允许用该企业下一年度的生产经营所得弥补，下一年度所得不足弥补的，允许逐年延续弥补，但最长不得超过5年。

（12）投资者来源于中国境外的生产经营所得，已在境外缴纳所得税的，可以按照《个人所得税法》的有关法规计算扣除已在境外缴纳的所得税。

（13）在企业进行清算时，投资者应当在注销工商登记之前，向主管税务机关结清有关税务事宜。企业的清算所得应当视为年度生产经营所得，由投资者依法缴纳个人所得税。

(14) 企业在纳税年度的中间开业，或者由于合并、关闭等原因，使该纳税年度的实际经营期不足 12 个月的，应当以其实际经营期为一个纳税年度。

要点提示：

个人独资企业和合伙企业对外投资分回的利息或者股息、红利，不并入企业的收入，而应单独作为投资者个人取得的利息、股息、红利，按“利息、股息、红利所得”项目计算缴纳个人所得税。

法规运用案例

2018 年，自然人王某和李某共同出资成立了甲合伙企业。其中，王某出资 200 万元，李某出资 300 万元，合伙协议中约定按股权占比对取得的所得进行分配。该合伙企业拥有乙公司 100%的股权。2021 年，甲合伙企业实现销售收入 500 万元，允许扣除的成本、费用等共计 400 万元，从乙公司分回股息、红利共计 50 万元。王某当年无综合所得，附加扣除费用为 1 万元。在该合伙企业中，谁是所得税的纳税义务人？王某应如何计算个人所得税？

解析：甲合伙企业的生产经营所得和其他所得采取“先分后税”的原则，由王某和李某分别缴纳个人所得税。销售活动实现的所得按“经营所得”纳税，投资分回的所得按“股息、红利所得”纳税。

王某经营所得应纳税所得额＝(500－400)×40%－6－1＝33（万元）

经营所得应纳税额＝330 000×30%－40 500＝58 500(元)＝5.85（万元）

王某分回的股息、红利所得应纳税额＝50×40%×20%＝4（万元）

法规运用案例

某小型运输公司是个体工商户，账证健全，2021 年 12 月取得的经营收入为 60 000 元，准许扣除的当月成本、费用（不含业主工资）及相关税金共计 45 000 元。1—11 月累计应纳税所得额为 155 000 元（未扣除业主费用减除标准），1—11 月累计已预缴个人所得税 12 500 元。除经营所得外，业主本人没有其他收入，且 2021 年全年均享受赡养老人一项专项附加扣除。如何计算该个体工商户在 2021 年汇算清缴时应退（补）税额？

解析：

全年应纳税所得额＝60 000－45 000＋155 000－60 000－24 000

＝86 000（元）

全年应缴纳个人所得税＝86 000×10%－1 500＝7 100（元）

应申请的个人所得税退税额＝12 500－7 100＝5 400（元）

8.6.3 承包（承租）经营所得的计税方法

承包（承租）经营所得的应纳税所得额为每一纳税年度的收入总额减去必要费用。每一纳税年度的收入总额是指纳税人按照承包经营、承租经营合同规定分得的经营利润以及工资、薪金性质的所得；必要费用是指按月减除5 000元。

$$\text{应纳税所得额}=\text{个人承包(承租)经营收入总额}+\text{承包者个人工资}-5\,000\times\text{承包经营的月数}$$

法规运用案例

2020年2月，赵女士承包了甲企业的招待所。按照承包合同的规定，招待所的年经营利润（不含工资）全部归赵女士所有，但每年需要上缴承包费20 000元，赵女士每月可从经营收入中支取工资4 000元。当年，招待所实现经营利润126 000元。如何计算应纳个人所得税？

解析：

应纳税所得额＝126 000＋4 000×11－20 000－5 000×11＝95 000（元）

应纳个人所得税＝95 000×20%－10 500＝8 500（元）

8.7 财产租赁所得和财产转让所得应纳税额的计算

8.7.1 财产租赁所得应纳税额的计算

1. 应纳税所得额的确定

财产租赁所得以个人每次取得的收入计税，1个月内取得的收入为一次。个人出租财产取得的财产租赁收入，在计算缴纳个人所得税时，应依次扣除以下费用：

(1) 财产租赁过程中缴纳的税费，可持完税（缴款）凭证进行扣除。

(2) 由纳税人负担的该出租财产实际开支的修缮费用。修缮费用以每次800元为限，一次扣除不完的，准予在下一次继续扣除，直到扣完为止。允许扣除的修缮费用，是能够提供有效、准确凭证，证明由纳税人负担的该出租财产实际开支的修缮费用。

(3) 税法规定的费用扣除标准。每次收入不超过4 000元，定额减除费用800元；每次收入在4 000元以上，定率减除20%的费用。

应纳税所得额的计算公式分为两种：

1）每次（月）收入不超过4 000元的。

$$\text{应纳税所得额}=\left[\text{每次(月)收入额}-\text{准予扣除项目}-\text{修缮费用(800元为限)}\right]-800$$

每次（月）收入超过4 000元的。

$$\text{应纳税所得额}=\left[\text{每次(月)收入额}-\text{准予扣除项目}-\text{修缮费用(800元为限)}\right]\times(1-20\%)$$

政策应用提示：

对于个人将承租房屋转租取得的租金收入，有关财产租赁所得个人所得税税前扣除税费的扣除次序调整为：①财产租赁过程中缴纳的税费。②向出租方支付的租金。③由纳税人负担的租赁财产实际开支的修缮费用。④税法规定的费用扣除标准（注：在减除前三项费用后不满 4 000 元时，费用扣除标准为 800 元；超过 4 000 元的，费用扣除标准为 20%）。

2. 应纳税额的计算

财产租赁所得适用 20%的比例税率，但对个人按市场价格出租居民住房取得的所得，自 2001 年 1 月 1 日起暂减按 10%的税率征收个人所得税。

应纳税额＝应纳税所得额×20%(或 10%)

法规运用案例

2020 年 1 月，刘先生将其公寓按市场价格出租给张某居住，每月取得租金收入 4 500元，全年租金收入 54 000 元。当年 2 月，该公寓的下水道堵塞，发生修理费用 1 000 元，取得维修部门的正式发票。根据政策的规定，自然人月租金收入不超过 10 万元的，可以享受增值税免税政策；个人出租住房签订租赁合同，免征印花税。如何计算刘先生全年租金收入应缴纳的个人所得税?

解析：财产租赁收入以每月取得的收入为一次。按市场价格出租给个人居住，适用 10%的税率。刘先生每月及全年的应纳税额为：

2 月应纳税额＝[(4 500－800)－800]×10%＝290（元）

3 月应纳税额＝(4 500－200)×(1－20%)×10%＝344（元）

其他各月应纳税额＝4 500×(1－20%)×10%＝360（元）

全年应纳税额＝290＋344＋360×10＝4 234（元）

8.7.2 财产转让所得应纳税额的计算

1. 应纳税所得额的确定

应纳税所得额＝财产转让收入－财产原值－合理费用

(1) 财产原值。财产原值的确定方法见表 8-4。

表 8-4 财产原值的确定方法

财产类型	财产原值的确定方法
有价证券	买入价以及买入时按照规定缴纳的有关费用。 转让债券类债权，采用“加权平均法”确定其应予减除的财产原值，即以纳税人购进的同一种债券买入价和买进过程中缴纳的税费总和，除以纳税人购进的这种债券数量之和，乘以纳税人卖出的这种债券数量。用公式可表示为： 一次卖出某一种债券允许扣除的买入价＝纳税人购进的该种债券买入价和买进过程中缴纳的税费总和÷纳税人购进的该种债券总数量×一次卖出的该种债券的数量

续表

财产类型	财产原值的确定方法
建筑物	建造费或者购进价格以及其他有关费用
土地使用权	取得土地使用权所支付的金额、开发土地的费用以及其他有关费用
机器设备、车船	购进价格、运输费、安装费以及其他有关费用
其他财产	参照以上四种办法确定

政策应用提示：

对于财产原值的确定，个人必须提供有关的合法凭证；对未能提供完整、准确的财产原值合法凭证而不能正确计算财产原值的，税务部门可根据当地实际情况核定财产原值或实行核定征收。例如，个人转让股权未提供完整、准确的股权原值凭证，不能正确计算股权原值的，由主管税务机关核定其股权原值；房产转让不能准确提供房产原值和有关税费凭证的，税务机关可以综合考虑该房产的坐落地、建造时间、当地房价、面积等因素，按房产转让收入额的一定比例核定征收个人所得税。

（2）合理费用。合理费用是指转让财产过程中按规定缴纳的税费，比如转让住房时实际缴纳的城市维护建设税、教育费附加、土地增值税、印花税等。

对于个人转让住房的，纳税人实际支付的住房装修费用、住房贷款利息、手续费、公证费等费用可以按规定进行扣除。

政策实训

王某建造房屋一栋，造价为360 000元，支付其他费用50 000元。王某完成建房后将房屋出售，售价为600 000元。在售房过程中，王某按规定支付交易费等相关税费35 000元。如何计算王某转让房屋应缴纳的个人所得税？

解析：

应纳税所得额＝财产转让收入－财产原值－合理费用

＝600 000－(360 000＋50 000)－35 000＝155 000（元）

应纳税额＝155 000×20％＝31 000（元）

政策实训

在个人转让股权的下列情形中，税务机关可以核定股权转让收入的有（　　）。

A. 因遭遇火灾而无法提供股权转让收入的相关资料

B. 转让方拒不向税务机关提供股权转让收入的有关资料

C. 申报的股权转让收入明显偏低但有正当理由

D. 未按规定期限申报纳税，而且超过税务部门责令申报期限仍未申报

答案：ABD

8.8 利息、股息、红利所得和偶然所得应纳税额的计算

利息、股息、红利所得和偶然所得均无任何费用扣除，直接以每次取得的收入额为应纳税所得额。为鼓励长期投资、抑制短期炒作，促进资本市场的长期健康发展，对股息、红利所得根据持股时间实行差别化税收政策。

应纳税额＝应纳税所得额×适用税率＝每次收入额×20％

具体政策提示：

1. 对个人从境内公开发行和转让市场取得的上市公司股票实行差别化税收政策。

(1) 个人从公开发行和转让市场取得的上市公司股票，持股期限超过1年的，股息、红利所得暂免征收个人所得税。

(2) 个人从公开发行和转让市场取得的上市公司股票，持股期限在1个月以内（含1个月）的，其股息、红利所得全额计入应纳税所得额；持股期限在1个月以上至1年（含1年）的，暂减按50％计入应纳税所得额；上述所得统一适用20％的税率计征个人所得税。

自2019年7月1日起至2024年6月30日止，全国中小企业股份转让系统挂牌公司股息、红利差别化个人所得税政策也按上述政策执行。

2. 对内地个人投资者通过沪（深）港通投资香港联交所上市的H股以及非H股所取得的股息、红利，应按20％的税率缴纳个人所得税。个人投资者在国外已缴纳的预提税，可持有效扣税凭证到中国负责结算的主管税务机关申请税收抵免。

3. 个人投资者买卖基金单位获得的差价收入，在对个人买卖股票的差价收入未恢复征收个人所得税以前，暂不征收个人所得税。个人投资者从基金分配中获得的股票的股息、红利收入以及企业债券的利息收入，由上市公司和发行债券的企业在向基金派发股息、红利、利息时代扣代缴20％的个人所得税，而基金在向个人投资者分配股息、红利、利息时，不再代扣代缴个人所得税。

政策实训

某内地个人投资者于2020年6月通过沪港通投资在香港联交所上市的H股股票，取得股票转让差价所得和股息、红利所得。在下列对该投资者股票投资所得计征个人所得税的表述中，正确的是（　　）。

A. 股票转让差价所得按照10％的税率征收个人所得税

B. 股息、红利所得由H股公司按照10％的税率代扣代缴个人所得税

C. 取得的股息、红利免予征收个人所得税

D. 股票转让差价所得免予征收个人所得税

答案： D

8.9 境外所得已纳税额的抵免

居民个人从中国境外取得的所得，可以从其应纳税额中抵免已在境外缴纳的个人所得税税额，但抵免额不得超过该纳税人境外所得依照税法规定计算的应纳税额。

已在境外缴纳的个人所得税税额是指居民个人来源于中国境外的所得，依照该所得来源国（地区）的法律应当缴纳并且实际已经缴纳的所得税性质的税额。居民个人申请抵免已在境外缴纳的个人所得税税额，应当提供境外税务机关出具的税款所属年度的有关纳税凭证。

8.9.1 应纳税额的计算方法

（1）居民个人来源于中国境外的综合所得，应当与境内综合所得合并计算应纳税额。

（2）居民个人来源于中国境外的经营所得，应当与境内经营所得合并计算应纳税额。居民个人来源于境外的经营所得按规定计算的亏损，不得抵减其境内或他国（地区）的应纳税所得额，但可以用来源于同一国家（地区）以后年度的经营所得按中国税法规定弥补。

（3）居民个人来源于中国境外的利息、股息、红利所得，财产租赁所得，财产转让所得和偶然所得（以下简称“其他分类所得”），不与境内所得合并，应当分别单独计算应纳税额。

8.9.2 抵免额的确定

1. 抵免限额的计算方法

居民个人来源于一国（地区）的综合所得、经营所得以及其他分类所得项目的应纳税额为其抵免限额，按照下列方法计算：

$$\begin{aligned}&\text{来源于一国(地区)}\\&\text{所得的抵免限额}\\=&\text{来源于该国(地区)综合所得的抵免限额}+\text{来源于该国(地区)经营所得的抵免限额}+\text{来源于该国(地区)其他分类所得的抵免限额}\end{aligned}$$

其中，各类型所得抵免限额的计算方法如下：

$$\begin{aligned}&\text{来源于一国(地区)}\\&\text{综合所得的抵免限额}\\=&\text{合并中国境内和境外全部综合所得计算得到的应纳税额}\times\text{来源于该国(地区)的综合所得收入额}\div\text{中国境内和境外综合所得收入额合计}\end{aligned}$$

$$\text{来源于一国(地区)经营所得的抵免限额} = \text{合并中国境内和境外全部经营所得计算得到的应纳税额} \times \text{来源于该国(地区)的经营所得应纳税所得额} \div \text{中国境内和境外经营所得应纳税所得额合计}$$

$$\text{来源于一国(地区)其他分类所得的抵免限额} = \text{该国(地区)的其他分类所得单独计算的应纳税额}$$

政策实训

中国公民李先生属于居民个人，2020 年除取得境内工资收入 120 000 元（已代扣“三险一金”）外，还从境外甲国获得劳务报酬收入折合人民币（下同）50 000 元、稿酬收入 20 000 元、利息收入 10 000 元，并分别就这三项收入在甲国缴纳个人所得税 10 000元、1 000 元和 2 000 元。李先生的年度费用扣除标准为 60 000 元，专项附加扣除为12 000元。如何计算其来源于甲国的所得抵免限额？

解析：

该年度境内外全部综合所得收入额 $=120\,000+50\,000\times(1-20\%)+20\,000\times(1-20\%)\times70\%$

$=171\,200$（元）

境内外全部综合所得应纳税额 $=(171\,200-60\,000-12\,000)\times10\%-2\,520=7\,400$（元）

来源于甲国综合所得抵免限额 $=7\,400\times(40\,000+11\,200)\div(120\,000+40\,000+11\,200)$

$=2\,213.08$（元）

来源于甲国其他分类所得的抵免限额 $=10\,000\times20\%=2\,000$（元）

来源于甲国所得的抵免限额 $=2\,213.08+2\,000=4\,213.08$（元）

2. 抵免额的确定

（1）居民个人在一个纳税年度内来源于一国（地区）的所得实际已经缴纳的所得税税额，低于依照税法规定计算出的来源于该国（地区）该纳税年度所得抵免限额的，应以实际缴纳税额作为抵免额进行抵免；超过抵免限额的，应在限额内进行抵免，超过部分可以在以后 5 个纳税年度内结转抵免。

居民个人取得境外所得的境外纳税年度与公历年度不一致的，取得境外所得的境外纳税年度最后一日所在的公历年度，为境外所得对应的我国纳税年度。

（2）下列情形的境外所得税税额不能抵免：

1）按照境外所得税法律属于错缴或错征的境外所得税税额。

2）按照与我国政府签订的避免双重征税协定以及内地与香港、澳门签订的避免双重征税安排（以下统称“税收协定”）规定不应征收的境外所得税税额。

3）因少缴或迟缴境外所得税而追加的利息、滞纳金或罚款。

4）境外所得税纳税人或者利害关系人从境外征税主体得到实际返还或补偿的境外所得税税款。

5）按照《个人所得税法》及其实施条例的规定，已经免税的境外所得负担的境外所得税税款。

8.10 无住所个人适用的税收政策

无住所个人包括非居民个人和无住所居民个人。无住所个人的流动性强，可能在境内外同时担任职务，或者为完成某项整体任务而往返于境内外工作，此时就需要对境内外所得进行划分，区分不同情形确定纳税义务，计算应纳税额。

8.10.1 所得来源地的确定

1. 工资、薪金所得的来源地

无住所个人来源于境内的工资、薪金所得是指其取得的归属于中国境内工作期间的工资、薪金所得。无住所个人取得的数月奖金或者股权激励所得按照规定确定所得来源地的，其属于境内工作期间的部分为来源于境内的工资、薪金所得，相应的计算方法为：数月奖金或者股权激励×数月奖金或者股权激励所属工作期间的境内工作天数÷所属工作期间的公历天数。

无住所个人在境内外单位同时担任职务或者仅在境外单位任职，并且当期同时在境内外工作的，按照工资、薪金所属境内外工作天数占当期公历天数的比例计算确定来源于境内外工资、薪金所得的收入额。境外工作天数按照当期公历天数减去当期境内工作天数计算。

知识链接

根据所得来源地规则，无住所个人取得的工资、薪金所得，可分为境内和境外工资、薪金所得；在此基础上，根据支付地的不同，境内工资、薪金所得可进一步分为境内雇主支付和境外雇主支付的所得；境外工资、薪金所得也可分为境内支付和境外支付的所得。因此，无住所个人的工资、薪金所得可以划分为境内支付的境内所得、境外支付的境内所得、境内支付的境外所得、境外支付的境外所得四个部分或类型。

2. 董事、监事及高层管理人员取得报酬所得的来源地

对于担任境内居民企业的董事、监事及高层管理职务的个人（以下统称“高管人员”），无论是否在境内履行职务，取得由境内居民企业支付或者负担的董事费，监事费，工资、薪金或者其他类似报酬（以下统称“高管人员报酬”，包含数月奖金和股权激励），均属来源于境内的所得。

高层管理职务包括企业正、副（总）经理，各职能总师，总监及其他类似公司管理层的职务。

3. 稿酬所得的来源地

由境内企业、事业单位、其他组织支付或者负担的稿酬所得，为来源于境内的所得。

8.10.2 无住所居民个人及其纳税义务

（1）自 2019 年起，在中国境内无住所的个人，在中国境内居住累计满 183 天的年度连续不满六年的，经向主管税务机关备案，其来源于中国境外且由境外单位或者个人支付的所得，免予缴纳个人所得税。在中国境内居住累计满 183 天的任一年度中有一次离境超过 30 天的，其在中国境内居住累计满 183 天的年度的连续年限重新起算。工资、薪金所得收入额的计算公式为：

$$\text{当月工资、薪金收入额}=\text{当月境内外工资、薪金总额}\times\left[1-\frac{\text{当月境外支付工资、薪金数额}}{\text{当月境内外工资、薪金总额}}\times\frac{\text{当月工资、薪金所属工作期间境外工作天数}}{\text{当月工资、薪金所属工作期间公历天数}}\right] \quad (8-1)$$

法规运用案例

2021 年 1 月 1 日，外籍人员安德森先生被 A 国甲公司派到上海乙公司从事技术指导，当年在华居住超过 183 天。9 月，安德森先生在上海的工作天数为 20 天，取得工资 20 000 元，由甲公司和乙公司各支付一半。安德森先生已向主管税务机关备案。如何确定 9 月安德森先生取得的应税工资收入？

解析：安德森先生为无住所居民个人，在华居住超过 183 天但不满 6 年，经向主管税务机关备案，其来源于中国境外且由境外单位或者个人支付的所得，免予缴纳个人所得税。

$$\text{当月应税工资收入}=20\ 000\times\left(1-\frac{10\ 000}{20\ 000}\times\frac{10}{30}\right)=16\ 666.67\text{（元）}$$

（2）无住所个人连续六年在华居住满 183 天且六年期间的任何一个年度均没有单次离境超过 30 天，如果该无住所个人在第七年仍然在华居住满 183 天，则该个人在第七年应就来源于中国境内外的所得缴纳个人所得税。

小知识：

在境内实际居住的天数与境内工作天数的确定规则有所不同。一个纳税年度内在中国境内的累计居住天数，按照个人在中国境内累计停留的天数计算。在中国境内停留的当天满 24 小时的，计入中国境内居住天数，在中国境内停留的当天不足 24 小时的，不计入中国境内居住天数。

境内工作天数的计算包括其在境内的实际工作日以及境内工作期间在境内外享受的公休假、个人休假、接受培训的天数。在境内外单位同时担任职务或者仅在境外单位任职的个人，在境内停留的当天不足 24 小时的，按照半天计算境内工作天数。

法规运用案例

李女士为澳门人，在内地无住所，她在珠海工作，每周星期一至星期五早上来珠海上班，晚上回澳门，而周六、周日都在澳门。请判定李女士是否属于非居民个人。

解析：由于李女士周六和周日在澳门，周一至周五每一天的停留都不足24小时，所以不计入境内居住天数，因而每周可计入境内居住的天数为0天。与此同时，李女士在中国境内无住所，所以判定李女士属于非居民个人。

8.10.3　非居民个人及其纳税义务

非居民个人是指不符合居民个人判定标准（条件）的纳税义务人，非居民个人承担有限纳税义务，即仅就其来源于中国境内的所得缴纳个人所得税。

（1）在一个纳税年度内在中国境内居住累计不超过90天的非居民个人，其来源于中国境内的所得，仅就归属于境内工作期间并由境内雇主支付或负担的所得缴纳个人所得税；由境外雇主支付并且不由该雇主在中国境内的机构、场所负担的部分，免予缴纳个人所得税。当月工资、薪金收入额的计算公式为：

$$\begin{array}{c}\text{当月工资、}\\\text{薪金收入额}\end{array}=\begin{array}{c}\text{当月境内外}\\\text{工资、薪金总额}\end{array}\times\frac{\begin{array}{c}\text{当月境内支付}\\\text{工资、薪金数额}\end{array}}{\begin{array}{c}\text{当月境内外}\\\text{工资、薪金总额}\end{array}}\times\frac{\begin{array}{c}\text{当月工资、薪金所属}\\\text{工作期间境内工作天数}\end{array}}{\begin{array}{c}\text{当月工资、薪金所属}\\\text{工作期间公历天数}\end{array}}\tag{8-2}$$

法规运用案例

A先生为无住所个人，2021年1月A先生同时取得2020年第四季度（公历天数92天）奖金和全年奖金。A先生取得季度奖金20万元，对应的境内工作天数为46天；取得全年奖金50万元，对应的境内工作天数为73天。这两笔奖金分别由境内公司、境外公司各支付一半。在不考虑税收协定的情况下，如何确定A先生当月取得的奖金在境内的应纳计税的收入额？

解析：2020年，A先生在中国境内居住天数不超过90天，为非居民个人，所以A先生只需就境内支付的境内所得来确定境内应税收入。A先生当月取得的奖金在境内的应纳税收入额为：

$$20\times\frac{1}{2}\times\frac{46}{92}+50\times\frac{1}{2}\times\frac{73}{365}=10\text{（万元）}$$

（2）一个纳税年度内，在境内累计居住超过90天但不满183天的非居民个人，取得归属于境内工作期间的工资、薪金所得，均应计算缴纳个人所得税；其取得归属于境外工作期间的工资、薪金所得，不征收个人所得税。当月工资、薪金收入额的计算公式为：

$$\frac{\text{当月工资、}}{\text{薪金收入额}}=\frac{\text{当月境内外}}{\text{工资、薪金总额}}\times\frac{\dfrac{\text{当月工资、薪金所属}}{\text{工作期间境内工作天数}}}{\dfrac{\text{当月工资、薪金所属}}{\text{工作期间公历天数}}} \quad (8-3)$$

（3）非居民个人为高管人员的特殊纳税规定。对担任董事、监事、高层管理职务的无住所个人（以下简称“高管人员”），其境内所得的判定规则与一般无住所雇员不同。高管人员参与公司决策和监督管理，工作地点流动性较大，不宜简单按照工作地点划分境内所得和境外所得。高管人员取得由境内所得居民企业支付或负担的报酬，不论其是否在境内履行职务，均属于来源于境内的所得，应在境内缴税。对高管人员取得不是由境内居民企业支付或者负担的报酬，仍需按照任职、受雇、履约地点划分境内所得和境外所得。

1）高管人员在境内居住时间累计不超过 90 天的情形。一个纳税年度内在境内累计居住不超过 90 天的高管人员，其取得由境内雇主支付或者负担的工资、薪金所得，应当计算缴纳个人所得税；不是由境内雇主支付或者负担的工资、薪金所得，不缴纳个人所得税。当月工资、薪金收入额为当月境内支付或者负担的工资、薪金收入额。

2）高管人员在境内居住时间累计超过 90 天不满 183 天的情形。一个纳税年度内在境内居住累计超过 90 天但不满 183 天的高管人员，其取得的工资、薪金所得，除归属于境外工作期间且不是由境内雇主支付或者负担的部分外，应当计算缴纳个人所得税。当月工资、薪金收入额的计算适用公式（8－1）。

法规运用案例

无住所个人杰克逊为境内甲公司高管人员，同时在 A 国乙公司任职。2021 年，杰克逊在境内累计居住 80 天；8 月，他在境内工作 18 天，在 A 国工作 13 天，甲公司、乙公司分别支付其工资折合人民币 3 万元、2 万元。不考虑税收协定的因素，如何计算 8 月杰克逊应在我国缴纳的个人所得税？

解析：对于 A 国乙公司支付的 2 万元，杰克逊在境内工作时，属于境内所得、境外支付。由于杰克逊在境内居住不满 90 天，其来源于中国境内的所得，由境外雇主支付并且不由该雇主在中国境内的机构、场所负担的部分，免予缴纳个人所得税。8 月，杰克逊在 A 国工作期间，这笔支付属于境外所得，不征收个人所得税。

对于境内甲公司支付的 3 万元，杰克逊在境内工作期间属于境内所得，应当缴纳个人所得税。在 A 国工作时，如果纳税人为非高管人员，一个纳税年度内在境内累计居住不超过 90 天，境外工作期间的工资、薪金所得不属于来源于境内的工资、薪金所得，不用缴纳个人所得税。如果是境内居民企业的高管人员，无论是否在境内履行职务，取得由境内居民企业支付或者负担的董事费、监事费、工资、薪金或者其他类似报酬（包含数月奖金和股权激励），均属于来源于境内的所得。本例中的杰克逊属于高管人员，其在 A 国工作期间取得境内甲公司支付的 3 万元，无论其是否在境内履行职务，均属于来源于境内的所得，要征收个人所得税。

因此，杰克逊取得 A 国乙公司支付的 2 万元不征收个人所得税，取得境内甲公司支付的3万元，不论其是否在境内履职均属来源于境内的所得，要征收个人所得税。

非居民个人的工资、薪金所得，以每月收入额减除费用5 000元后的余额为应纳税所得额。

杰克逊当月工资、薪金所得的应纳税所得额＝30 000－5 000＝25 000（元）

应纳个人所得税＝25 000×20%－1 410＝3 590（元）

政策实训

在下列关于个人所得税纳税人及纳税义务的表述中，错误的是（　　）。

A. 在中国境内无住所，且一个纳税年度内在中国境内累计居住满183天的个人，为居民个人

B. 连续或累计在中国境内居住不超过90天的非居民个人，其取得的中国境内所得并由境内支付的部分免税

C. 在中国境内无住所，且一个纳税年度内在中国境内一次居住120天的个人，取得的归属于境内工作期间的工资、薪金所得应缴纳个人所得税

D. 在中国境内无住所，但在中国境内居住超过6年的个人，应就来源于中国境内外的全部所得缴纳个人所得税

答案：B

8.10.4 无住所个人应纳税额的计算

1. 无住所居民个人的税额计算

无住所居民个人取得综合所得，在年度终了后，应按年计算个人所得税；有扣缴义务人的，由扣缴义务人按月或者按次预扣预缴税款；需要办理汇算清缴的，按规定办理汇算清缴。年度综合所得应纳税额的计算公式为：

年度综合所得应纳税额＝(年度工资、薪金收入额＋年度劳务报酬收入额
＋年度稿酬收入额＋年度特许权使用费收入额
－减除费用－专项扣除－专项附加扣除
－依法确定的其他扣除)×适用税率－速算扣除数

2. 非居民个人的税额计算

非居民个人取得工资、薪金所得，劳务报酬所得，稿酬所得和特许权使用费所得，有扣缴义务人的，由扣缴义务人按月或者按次代扣代缴税款，不办理汇算清缴。非居民个人在一个纳税年度内的税款扣缴方法保持不变，达到居民个人条件时，应当告知扣缴义务人基础信息的变化情况，在年度终了后按照居民个人的有关规定办理汇算清缴。

扣缴义务人在向非居民个人支付工资、薪金所得，劳务报酬所得，稿酬所得和特许权使用费所得时，按月或者按次代扣代缴税款。

（1）应纳税所得额的确定。

1）非居民个人的工资、薪金所得，以每月收入额减除费用 5 000 元后的余额为应纳税所得额。

2）劳务报酬所得、稿酬所得、特许权使用费所得，以每次收入额为应纳税所得额。劳务报酬所得、稿酬所得、特许权使用费所得以收入减除 20%费用后的余额为收入额；其中，稿酬所得的收入额减按 70%计算。

（2）适用按月换算的税率表计算应纳税额。

非居民个人适用表 8－5 计算应纳税额，该表是依照表 8－1 按月换算的税率表。

表 8－5　非居民个人工资、薪金所得，劳务报酬所得，稿酬所得，特许权使用费所得适用税率表

级数	应纳税所得额	税率（%）	速算扣除数（元）
1	不超过 3 000 元的	3	0
2	超过 3 000 元至 12 000 元的部分	10	210
3	超过 12 000 元至 25 000 元的部分	20	1 410
4	超过 25 000 元至 35 000 元的部分	25	2 660
5	超过 35 000 元至 55 000 元的部分	30	4 410
6	超过 55 000 元至 80 000 元的部分	35	7 160
7	超过 80 000 元的部分	45	15 160

法规运用案例

德国专家拉尔夫在甲外商投资企业从事管理工作，为非居民纳税人。2020 年 2 月，拉尔夫取得由该企业发放的工资收入 115 000 元人民币。此外，拉尔夫还为一家中国公司提供技术咨询，取得劳务报酬 40 000 元人民币。计算当月应代扣代缴个人所得税。

解析：

$$\begin{array}{c}\text{拉尔夫当月工资}\\\text{所得应代扣代缴税额}\end{array}=(115\ 000-5\ 000)\times 45\%-15\ 160=34\ 340\text{（元）}$$

$$\begin{array}{c}\text{拉尔夫当月劳务报酬}\\\text{所得应代扣代缴税额}\end{array}=40\ 000\times(1-20\%)\times 25\%-2\ 660=5\ 340\text{（元）}$$

（3）特殊规定。

1）非居民个人一个月内取得数月奖金，单独计算当月收入额，不与当月其他工资、薪金合并，按 6 个月分摊计税，不减除费用，适用月度税率表计算应纳税额。在一个公历年度内，对每一个非居民个人，该计税办法只允许适用一次。其计算公式为：

$$\begin{array}{c}\text{当月数月奖金}\\\text{应纳税额}\end{array}=\left(\begin{array}{c}\text{数月奖金}\\\text{收入额}\end{array}\div 6\times\begin{array}{c}\text{适用}\\\text{税率}\end{array}-\begin{array}{c}\text{速算}\\\text{扣除数}\end{array}\right)\times 6 \tag{8-5}$$

2）非居民个人一个月内取得股权激励所得，单独计算当月收入额，不与当月其他工资、薪金合并，按6个月分摊计税（一个公历年度内的股权激励所得应合并计算），不减除费用，适用月度税率表计算应纳税额。其计算公式为：

$$\begin{aligned}&\text{当月股权激励}\\&\text{所得应纳税额}\\&=\left(\frac{\text{本公历年度内股权}}{\text{激励所得合计额}}\div 6\times\frac{\text{适用}}{\text{税率}}-\frac{\text{速算}}{\text{扣除数}}\right)\times 6-\frac{\text{本公历年度内股权}}{\text{激励所得已纳税额}}\end{aligned} \tag{8-6}$$

法规运用案例

李先生为无住所个人，2020年在境内居住天数不满90天。2020年1月，李先生取得境内支付的股权激励所得40万元，其中归属于境内工作期间的所得为12万元；2020年5月，李先生取得境内支付的股权激励所得70万元，其中归属于境内工作期间的所得为18万元。计算李先生在境内股权激励所得的纳税情况（不考虑税收协定因素）。

解析：

$$2020\text{年1月应纳税额}=\left(\frac{120\,000}{6}\times 20\%-1\,410\right)\times 6=15\,540\text{（元）}$$

$$\begin{aligned}2020\text{年5月应纳税额}&=\left(\frac{120\,000+180\,000}{6}\times 30\%-4\,410\right)\times 6-15\,540\\&=48\,000\text{（元）}\end{aligned}$$

8.10.5 无住所个人可以适用税收协定

按照我国政府签订的避免双重征税协定，内地与香港、澳门签订的避免双重征税安排中的居民条款规定为缔约对方税收居民的个人，可以按照税收协定及财政部、国家税务总局的有关规定享受税收协定待遇，也可以选择不享受税收协定待遇计算纳税。

政策应用提示：

无住所个人在一个纳税年度内首次申报时，应当根据合同约定等情况预计一个纳税年度内的境内居住天数以及在税收协定规定期间内的境内停留天数，再按照预计情况计算缴纳税款。

8.11 应纳税额计算中的特殊问题处理

8.11.1 捐赠的扣除

个人将其所得通过中国境内的公益性社会组织、国家机关向教育、扶贫、济困等公益慈善事业进行捐赠，捐赠额未超过纳税人申报的应纳税所得额30%的部分，可从其应纳税所得额中扣除；国务院规定对公益慈善事业捐赠实行全额税前扣除的，从其规定。

捐赠扣除限额=扣除捐赠额之前的应纳税所得额×30%

居民个人根据各项所得的收入、公益捐赠支出、适用税率等情况，自行决定在综合所得、分类所得、经营所得中扣除的公益捐赠支出的顺序。

政策实训

2020年10月，李先生彩票中奖取得所得500万元，通过政府相关部门将其中100万元捐赠给贫困地区。如何计算李先生上述所得应缴纳的个人所得税？

解析：

捐赠允许扣除的限额=500×30%=150（万元）

应缴纳的个人所得税=(500-100)×20%=80（万元）

8.11.2 年终奖的计税方法

居民个人取得全年一次性奖金，符合《国家税务总局关于调整个人取得全年一次性奖金等计算征收个人所得税方法问题的通知》（国税发［2005］9号）规定的，在2023年12月31日前，不并入当年综合所得，以全年一次性奖金收入除以12个月得到的数额，按照按月换算后的综合所得税率表（见表8-5），确定适用税率和速算扣除数，单独计算纳税。

8.11.3 反避税规定

有下列情形之一的，税务机关有权按照合理方法进行纳税调整：

(1) 个人与其关联方之间的业务往来不符合独立交易原则而减少本人或者其关联方的应纳税额，且无正当理由的。

(2) 居民个人控制的，或者居民个人和居民企业共同控制的设立在实际税负明显偏低的国家（地区）的企业，无合理经营需要，对应当归属于居民个人的利润不做分配或者减少分配的。

(3) 个人实施其他不具有合理商业目的的安排而获取不当税收利益的。

8.11.4 关于解除劳动关系、提前退休、内部退养的一次性补偿收入的政策

(1) 企业依照国家有关法律规定宣告破产，企业职工从该破产企业取得的一次性安置费收入，免征个人所得税。

(2) 个人因与用人单位解除劳动关系而取得的一次性补偿收入（包括用人单位发放

的经济补偿金、生活补助费和其他补助费用），其收入在当地上年职工平均工资 3 倍数额以内的部分，免征个人所得税；超过 3 倍数额的部分，不并入当年综合所得，单独适用综合所得税率表计算纳税。

（3）自 2019 年 1 月 1 日起，个人办理提前退休手续而取得的一次性补贴收入，应按照办理提前退休手续至法定离退休年龄之间实际年度数平均分摊，确定适用税率和速算扣除数，单独适用综合所得税率表计算纳税。其计算公式为：

$$\begin{aligned}&\text{应纳税额}\\&=\left[\left(\frac{\text{一次性补贴收入}}{\text{办理提前退休手续至法定退休年龄的实际年度数}}-\text{费用扣除标准}\right)\times\text{适用税率}-\text{速算扣除数}\right]\\&\quad\times\text{办理提前退休手续至法定退休年龄的实际年度}\end{aligned}$$

政策实训

因健康原因，陈女士于 2021 年 1 月办理了提前退休手续（至法定退休年龄尚有 4 年），取得单位按照统一标准支付的一次性补贴 200 000 元。当月仍按原工资标准从单位领取工资 6 000 元，每月有赡养老人专项附加扣除 1 000 元。陈女士当年无其他收入，计算其获得的一次性补贴应缴纳的个人所得税。

解析：

$$\text{一次性补贴收入}\div\text{办理提前退休手续至法定退休年龄的实际年度数}=200\ 000\div4=50\ 000\text{（元）}$$

由于商数未超过年度费用扣除标准（60 000 元），因而无须缴纳个人所得税。

（4）个人在办理内部退养手续后从原任职单位取得的一次性收入，应按办理内部退养手续后至法定离退休年龄之间的所属月份进行平均，并与领取当月的工资、薪金合并后减除当月费用扣除标准，以余额为基数确定适用税率，再将当月工资、薪金加上取得的一次性收入，减去费用扣除标准，按适用税率计征个人所得税。

个人在办理内部退养手续后至法定离退休年龄之间重新就业取得的工资、薪金所得，应与其从原任职单位取得的同一月份的工资、薪金合并，并依法自行向主管税务机关申报缴纳个人所得税。

8.11.5 企业年金、职业年金税收政策

企业和事业单位（以下统称“单位”）根据国家有关政策规定的办法和标准，为在本单位任职或者受雇的全体职工缴付的企业年金或职业年金（以下统称“年金”）单位缴费部分，在计入个人账户时，个人暂不缴纳个人所得税。

年金基金投资运营收益在分配计入个人账户时，个人暂不缴纳个人所得税。

个人达到国家规定的退休年龄，领取的企业年金、职业年金，不并入综合所得，全额单独计算应纳税款。其中，按月领取的，适用月度税率表计算纳税；按季领取的，平

均分摊计入各月，按每月领取额适用月度税率表计算纳税；按年领取的，适用综合所得税率表计算纳税。

8.11.6 上市公司股权激励税收政策

上市公司股权激励的方式包括个人股票期权、股票增值权和限制性股票。

1. 个人股票期权所得个人所得税计税方法

企业员工股票期权是指上市公司按照规定的程序授予本公司及其控股企业员工的一项权利，该权利允许被授权员工在未来时间内以某一特定价格（授予价或施权价）购买本公司一定数量的股票。

☞知识链接

授予价或施权价（即根据股票期权计划可以购买股票的价格）一般为股票期权授予日的市场价格或该价格的折扣价格，也可以是按照事先设定的计算方法约定的价格；授予日，又称授权日，是指公司授予员工上述权利的日期；行权，又称执行，是指员工根据股票期权计划选择购买股票的过程；员工行使上述权利的当日为行权日，又称购买日。

（1）授权环节。员工在接受实施股票期权计划企业授予的股票期权时，除另有规定外，一般不作为应税所得征税。

（2）行权环节。员工在行权时，其从企业取得股票的实际购买价（施权价）低于购买日公平市场价（即该股票当日的收盘价，下同）的差额，是因员工在企业的表现和业绩情况而取得的与任职、受雇有关的所得，应按“工资、薪金所得”项目适用的规定计算缴纳个人所得税。

对因特殊情况，员工在行权日之前将股票期权转让的，以股票期权的转让净收入作为工资、薪金所得征收个人所得税。

员工行权日所在期间的工资、薪金所得，按下列公式计算工资、薪金的应纳税额：

$$\text{股票期权收入}=\left(\begin{array}{c}\text{行权股票的}\\\text{每股市场价}\end{array}-\begin{array}{c}\text{员工取得该股票期权}\\\text{支付的每股施权价}\end{array}\right)\times\text{股票数量}$$

$$\text{应纳税额}=\text{股票期权收入}\times\text{适用税率}-\text{速算扣除数}$$

（3）行权后再转让。员工将行权后的股票再转让时获得的高于购买日公平市场价的差额，是因个人在证券二级市场上转让股票等有价证券而获得的所得，应按照“财产转让所得”的征免规定计算缴纳个人所得税。按现行规定，个人将行权后的境内上市公司股票再行转让而取得的所得，暂不征收个人所得税；个人转让境外上市公司以及非上市公司的股票而取得的所得，应按“财产转让所得”计算缴纳税款。

（4）员工因拥有股权而参与企业税后利润分配取得的所得，应按照“利息、股息、红利所得”项目适用的规定计算缴纳个人所得税。

政策实训

某上市公司对中层以上员工2年前授予的股票期权500万股实施行权，行权价为5元/股，当日该公司的股票收盘价为9元/股；其中，高管李某行权6万股。计算李某行权应缴纳的个人所得税。

解析：

股票期权所得＝60 000×(9－5)＝240 000（元）

应纳个人所得税＝240 000×20%－16 920 ＝31 080（元）

---

2. 股票增值权

股票增值权是指上市公司授予公司员工在未来一定时期和约定条件下，获得规定数量的股票价格上升所带来收益的权利。被授权人在约定条件下行权，上市公司按照行权日与授权日二级市场股票差价乘以授权股票数量，向被授权人发放现金。

股票增值权被授权人获取的收益，是由上市公司根据授权日与行权日股票差价乘以被授权股数，直接向被授权人支付的现金。上市公司应于向股票增值权被授权人兑现时依法扣缴其个人所得税。被授权人股票增值权应纳税所得额的计算公式为：

$$\text{股票增值权某次行权应纳税所得额}=\left(\text{行权日股票价格}-\text{授权日股票价格}\right)\times\text{行权股票数量}$$

股票增值权个人所得税的纳税义务发生时间为上市公司向被授权人兑现股票增值权所得的日期。

3. 限制性股票

限制性股票是指上市公司按照股权激励计划约定的条件，授予公司员工一定数量的本公司股票。

对于个人从上市公司（含境内外上市公司，下同）取得的股票增值权所得和限制性股票所得，由上市公司或其境内机构按照“工资、薪金所得”项目和股票期权所得个人所得税计税方法，计算征收个人所得税。

上市公司在实施限制性股票计划时，应以被激励对象限制性股票进行股票登记日期的股票市价（指当日收盘价，下同）和本批次解禁股票当日市价（指当日收盘价，下同）的平均价格乘以本批次解禁股票数量，减去被激励对象本批次解禁股票数量所对应的为获取限制性股票实际支付的资金数额，两者的差额为应纳税所得额。其计算公式为：

$$\begin{aligned}&\text{应纳税所得额}\\&=\left(\text{股票登记日股票市价}+\text{本批次解禁股票当日市价}\right)\div 2\times\text{本批次解禁股票份数}\\&\quad-\text{被激励对象实际支付的资金总额}\times\text{本批次解禁股票数量}\div\text{被激励对象获取的限制性股票总数量}\end{aligned}$$

限制性股票个人所得税的纳税义务发生时间为每一批次限制性股票的解禁日期。

☞知识链接

自2016年1月1日起，全国范围内的高新技术企业转化科技成果，给予本企业相关技术人员的股权奖励，个人一次缴纳税款有困难的，可根据实际情况自行制订分期缴税计划，在不超过5个公历年度内（含）分期缴纳，并将有关资料报主管税务机关备案。

8.11.7 律师事务所从业人员取得收入征收个人所得税的有关规定

（1）律师个人出资兴办的独资和合伙性质的律师事务所的年度经营所得，按照“经营所得”项目征收个人所得税。出资律师本人的工资、薪金不得扣除。

（2）合伙制律师事务所应将年度经营所得全额作为基数，按出资比例或者事先约定的比例计算各合伙人应分配的所得，据以征收个人所得税。

（3）律师个人出资兴办的律师事务所，凡有擅自销毁账簿或者拒不提供纳税资料等《税收征管法》第三十五条所列情形的，主管税务机关有权核定出资律师个人的应纳税额。

（4）律师事务所支付给雇员（包括律师及行政辅助人员，但不包括律师事务所的投资者，下同）的所得，按“工资、薪金所得”项目征收个人所得税。

（5）作为律师事务所雇员的律师与律师事务所按规定的比例对收入分成，律师事务所不负担律师办理案件支出的费用（如交通费、资料费、通信费及聘请人员等费用），律师当月的分成收入按规定扣除办理案件支出的费用后，余额与律师事务所发给的工资合并，按“工资、薪金所得”项目计征个人所得税。

律师从其分成收入中扣除办理案件支出费用的标准，由各省税务局根据当地律师办理案件费用支出的一般情况、律师与律师事务所之间的收入分成比例及其他相关参考因素，在律师当月分成收入的30%比例内确定。实行收入分成办法的律师办案费用不得在律师事务所重复列支。

（6）兼职律师从律师事务所取得工资、薪金性质的所得，律师事务所在代扣代缴其个人所得税时，不再减除《个人所得税法》规定的费用扣除标准，以收入全额（取得分成收入的，为扣除办理案件支出费用后的余额）直接确定适用税率，计算扣缴个人所得税。兼职律师应于次月7日内自行向主管税务机关申报从两处或两处以上取得的工资、薪金所得，合并计算缴纳个人所得税。

（7）律师以个人名义再聘请其他人员为其工作而支付的报酬，应由该律师按“劳务报酬所得”项目负责代扣代缴个人所得税。

（8）律师从接受法律事务服务的当事人处取得法律顾问费或其他酬金等收入，应并入其从律师事务所取得的其他收入，按照规定计算缴纳个人所得税。

（9）律师个人承担的按照律师协会规定参加的业务培训费用，可据实扣除。

8.11.8 其他特殊计算规定

情景导入

李先生将一套房屋赠予其子名下，由于资金困难，其子将该房产出售。李先生的儿子接受父亲赠予的房产是否应缴纳个人所得税？将房产出售是否应缴纳个人所得税？如果应缴纳，如何计算应纳税额？

1. 房屋赠予个人所得税的计算

(1) 以下情形的房屋产权无偿赠予，对当事双方不征收个人所得税：①房屋产权所有人将房屋产权无偿赠予配偶、父母、子女、祖父母、外祖父母、孙子女、外孙子女、兄弟姐妹。②房屋产权所有人将房屋产权无偿赠予对其承担直接抚养或者赡养义务的抚养人或者赡养人。③房屋产权所有人死亡，依法取得房屋产权的法定继承人、遗嘱继承人或者受遗赠人。

(2) 除上述情形以外，房屋产权所有人将房屋产权无偿赠予他人的，受赠人因无偿受赠房屋取得的受赠所得，按照“偶然所得”项目缴纳个人所得税，税率为20%。

(3) 对受赠人无偿受赠房屋计征个人所得税时，其应纳税所得额为房地产赠予合同上标明的赠予房屋价值减除赠予过程中受赠人支付的相关税费后的余额。赠予合同标明的房屋价值明显低于市场价格或房地产赠予合同未标明赠予房屋价值的，税务机关可依据受赠房屋的市场评估价格或采取其他合理方式确定受赠人的应纳税所得额。

(4) 受赠人转让受赠房屋的，以其转让受赠房屋的收入减除原捐赠人取得该房屋的实际购置成本以及赠予和转让过程中受赠人支付的相关税费后的余额为受赠人的应纳税所得额，依法计征个人所得税。受赠人转让受赠房屋价格明显偏低且无正当理由的，税务机关可以依据该房屋的市场评估价格或以其他合理方式确定的价格核定其转让收入。

2. 在外商投资企业、外国企业和外国驻华机构工作的中方人员取得的工资、薪金所得的征税问题

(1) 在外商投资企业、外国企业和外国驻华机构工作的中方人员取得的工资、薪金收入，凡是由雇用单位和派遣单位分别支付的，支付单位应按税法规定代扣代缴个人所得税。为了有利于征管，对雇用单位和派遣单位分别支付工资、薪金的，采取由支付者中的一方减除费用的方法，即只由雇用单位在支付工资、薪金时，按税法的规定减除费用，计算扣缴个人所得税。派遣单位支付的工资、薪金不再减除费用，以支付金额直接确定适用税率，计算扣缴个人所得税。

政策实训

李先生为某外商投资企业雇用的中方人员。假定2021年1月该外商投资企业支付给李先生的薪金为15 000元，同月李先生还收到其所在的派遣单位发给的扣完“三险一金”后的工资6 000元。当月，该外商投资企业、派遣单位应如何扣缴个人所得税？

解析：

外商投资企业扣缴税额＝(每月收入额－5 000)×适用税率－速算扣除数
＝(15 000－5 000)×3%－0＝300（元）

派遣单位扣缴税额＝每月收入额×适用税率－速算扣除数
＝6 000×3%－0＝180（元）

该纳税人在办理汇算清缴时，依法补缴税款或申请退税。

（2）对外商投资企业、外国企业和外国驻华机构发放给中方工作人员的工资、薪金所得，应全额征税。但对可以提供有效合同或有关凭证，能够证明其工资、薪金所得的一部分按照有关规定上缴派遣（介绍）单位的，可扣除其实际上缴的部分，按其余额计征个人所得税。

3. 个人兼职和退休人员再任职取得收入个人所得税的征税方法

个人兼职取得的收入应按照“劳务报酬所得”应税项目缴纳个人所得税；退休人员再任职取得的收入，在减除按《个人所得税法》规定的费用扣除标准后，按“工资、薪金所得”项目缴纳个人所得税。

4. 企业为股东个人购买汽车的征税方法

企业为股东购买车辆并将车辆所有权办到股东个人名下，其实质为企业对股东进行了红利性质的实物分配，应按照“利息、股息、红利所得”项目征收个人所得税。考虑到该股东个人名下的车辆同时也为企业经营使用的实际情况，允许合理减除部分所得；减除的具体数额由主管税务机关根据车辆的实际使用情况合理确定。

政策实训

张先生是某民营非上市公司的自然人股东，2021 年 2 月公司为其购买了一辆轿车并将车辆所有权办到其名下，该轿车的购买价为 55 万元。经当地主管税务机关核定，公司在代扣个人所得税税款时允许税前减除的数额为 10 万元。如何计算公司为张先生购买轿车应代扣代缴的个人所得税？

解析：

应代扣代缴的个人所得税＝(55－10)×20%＝9（万元）

---

5. 以企业资金为个人购房的个人所得税征税方法

（1）个人取得以下情形的房屋或其他财产，不论所有权人是否将财产无偿或有偿交付企业使用，其实质均为企业对个人进行了实物性质的分配，应依法计征个人所得税。

1）企业出资购买房屋及其他财产，将所有权登记为投资者个人、投资者家庭成员或企业其他人员的。

2）企业投资者个人、投资者家庭成员或企业其他人员向企业借款用于购买房屋及其他财产，将所有权登记为投资者、投资者家庭成员或企业其他人员，且借款年度终了后未归还借款的。

（2）对个人独资企业、合伙企业的个人投资者或其家庭成员取得的上述所得，视为企业对个人投资者的利润分配，按照“经营所得”项目计征个人所得税；对除个人独资企业、合伙企业以外其他企业的个人投资者或其家庭成员取得的上述所得，视为企业对个人投资者的红利分配，按照“利息、股息、红利所得”项目计征个人所得税；对企业其他人员取得的上述所得，按照“工资、薪金所得”项目计征个人所得税。

6. 个人取得拍卖收入的征税规定

情景导入

李先生将收藏的清代官窑粉彩花瓶通过拍卖市场进行拍卖，取得转让收入 1 200 万元。该拍卖品经文物部门认定属于海外回流文物，李先生不能提供准确的财产原值凭证，应如何计征个人所得税？

个人通过拍卖市场拍卖个人财产，对其取得的所得按以下规定征税：

（1）作者将自己的文字作品手稿原件或复印件拍卖取得的所得，应以其转让收入额减除 800 元（转让收入额 4 000 元以下）或者 20%（转让收入额 4 000 元以上）后的余额为应纳税所得额，按照“特许权使用费所得”项目适用 20%的税率缴纳个人所得税。

（2）个人拍卖除文字作品原稿及复印件外的其他财产，应以其转让收入额减除财产原值和合理费用后的余额为应纳税所得额，按照“财产转让所得”项目适用 20%的税率缴纳个人所得税。

对个人财产拍卖所得征收个人所得税时，以该项财产最终拍卖成交价格为其转让收入额。

当个人财产拍卖所得适用“财产转让所得”项目计算应纳税所得额时，纳税人凭合法有效凭证（税务机关监制的正式发票、相关境外交易单据或海关报关单据、完税证明等），从其转让收入额中减除相应的财产原值、拍卖财产过程中缴纳的税金及有关合理费用。

纳税人不能提供合法、完整、准确的财产原值凭证，不能正确计算财产原值的，按转让收入额的 3%计算缴纳个人所得税；拍卖品为经文物部门认定是海外回流文物的，按转让收入额的 2%计算缴纳个人所得税。

7. 个人以非货币性资产投资的征税规定

（1）个人以非货币性资产投资，属于个人转让非货币性资产和投资同时发生。对个人转让非货币性资产的所得，应按照“财产转让所得”项目计算缴纳个人所得税。

非货币性资产是指现金、银行存款等货币性资产以外的资产，包括股权、不动产、技术发明成果以及其他形式的非货币性资产。非货币性资产投资包括以非货币性资产出资设立新的企业以及以非货币性资产出资参与企业增资扩股、定向增发股票、股权置换、重组改制等投资行为。

（2）个人以非货币性资产投资，应按评估后的公允价值确认非货币性资产转让收入，以非货币性资产转让收入减除该资产原值及合理税费后的余额为应纳税所得额。

非货币性资产原值为纳税人取得该项资产时实际发生的支出。纳税人无法提供完整、准确的非货币性资产原值凭证，不能正确计算非货币性资产原值的，主管税务机关可依法核定其非货币性资产原值。

（3）个人以非货币性资产投资，应于非货币性资产转让、取得被投资企业股权时，确认非货币性资产转让收入的实现。个人应在发生上述应税行为的次月 15 日内向主管税务机关申报纳税。纳税人一次性缴税有困难的，可合理确定分期缴纳计划并报主管税务机关备案后，自发生上述应税行为之日起不超过 5 个公历年度内（含）分期缴纳个人所得税。

8. 个人因购买和处置债权取得所得的征税规定

个人通过招标、竞拍或其他方式购置债权以后，通过相关司法或行政程序主张债权而取得的所得，应按照“财产转让所得”项目缴纳个人所得税。

若干个债权合成一个标的的债权为“打包”债权。个人通过上述方式取得“打包”债权，只处置部分债权的，其应纳税所得额按以下方式确定：

（1）以每次处置部分债权的所得，作为一次财产转让所得征税。

（2）其应税收入按照个人取得的货币资产和非货币资产的评估价值或市场价值的合计数确定。

（3）所处置债权的成本费用（即财产原值），按下列公式计算：

$$\text{当次处置债权的成本费用}=\frac{\text{个人购置“打包”债权实际支出}\times\text{当次处置债权账面价值（或拍卖机构公布价值）}}{\text{“打包”债权账面价值（或拍卖机构公布价值）}}$$

（4）个人购买和处置债权过程中发生的拍卖招标手续费、诉讼费、审计评估费以及缴纳的税金等合理税费，在计算个人所得税时允许扣除。

政策实训

2020 年 5 月，中国公民刘先生购买“打包”债权，实际支出 400 万元。2021 年 3 月，刘先生处置了该债权的 50%，取得处置收入 220 万元，在债权处置过程中发生评估费用 2 万元。如何计算刘先生处置“打包”债权的应纳个人所得税？

解析：

应纳个人所得税＝(220－400×50%－2)×20%＝3.6（万元）

法规运用案例

2019 年 8 月，李先生在不良资产拍卖会上以 500 万元取得一项“打包”债权：对某房地产公司的应收账款 1 000 万元，对某销售公司的应收账款 600 万元。李先生通过多种途径，于 2021 年 1 月追回房地产公司评估价值为 800 万元的资产，发生审计评估费 10.5 万元、诉讼费 5 万元。考虑到对销售公司的应收账款追回难度较大，李先生于 2021 年 3 月将该债权以 200 万元现金转让给某投资公司。

解析：李先生取得“打包”债权后分次处置，应以每次处置部分债权的所得，作为一次财产转让所得，按照“财产转让所得”税目计算缴纳个人所得税。

（1）追回房地产公司评估价值为 1 000 万元的资产：

处置债权的成本费用＝500×1 000÷(1 000＋600)＝312.5（万元）

允许扣除的费用＝10.5＋5＝15.5（万元）

应纳个人所得税＝(800－312.5－15.5)×20%＝94.4（万元）

（2）以现金200万元转让对销售公司的债权，

取得债权的成本费用＝500×600÷(1 000＋600)＝187.5(万元)

应纳个人所得税＝(200－187.5)×20%＝2.5（万元）

9. 个人的外币收入折合成人民币的换算方法

个人取得的收入和所得为美元、日元、港元的，统一使用中国人民银行公布的人民币对上述三种货币的基准汇价计税。

个人取得的收入和所得为其他货币的，应当根据美元兑人民币的基准汇价和国家外汇管理局提供的纽约外汇市场美元兑主要外币的汇价套算，再按照套算以后的汇价计税。其套算公式为：

$$某种货币兑人民币的汇价=\frac{美元兑人民币的基准汇价}{纽约外汇市场美元兑该种货币的汇价}$$

8.12 税收优惠与征收管理

8.12.1 税收优惠

情景导入

陈先生因其参与的一项技术发明获得国家科技进步二等奖，分得奖金6万元，另因实名举报某企业的偷排污水行为获得当地环保部门奖励2万元。陈先生取得的上述所得是否可以免征个人所得税？

1. 免征个人所得税的优惠

（1）省级人民政府、国务院部委和中国人民解放军军以上单位，以及外国组织颁发（颁布）的科学、教育、技术、文化、卫生、体育、环境保护等方面的奖金（奖学金）。

（2）国债和国家发行的金融债券利息。

（3）按照国家统一规定发给的补贴、津贴，是指按照国务院规定发给的政府特殊津贴、院士津贴以及国务院规定免予缴纳个人所得税的其他补贴、津贴。

（4）福利费、抚恤金、救济金。福利费是指根据国家有关规定，从企业、事业单位、国家机关、社会团体提留的福利费或者工会经费中支付给个人的生活补助费；救济金是指各级人民政府民政部门支付给个人的生活困难补助费。

（5）保险赔款。

（6）军人的转业费、复员费。

（7）按照国家统一规定发给干部、职工的安家费、退职费、基本养老金或者退休费、离休费、离休生活补助费。

（8）依照我国有关法律规定应予免税的各国驻华使馆、领事馆的外交代表、领事官员和其他人员的所得。

（9）中国政府参加的国际公约以及签订的协议中规定免税的所得。

（10）对乡、镇（含乡、镇）以上人民政府或经县（含县）以上人民政府主管部门批准成立的有机构、有章程的见义勇为基金或者类似性质组织，奖励见义勇为者的奖金或奖品，经主管税务机关核准，免征个人所得税。

（11）企业和个人按照省级以上人民政府规定的比例缴付的住房公积金、医疗保险金、基本养老保险金、失业保险金，允许在个人应纳税所得额中扣除，免予征收个人所得税。超过规定比例缴付的部分应并入个人当期的工资、薪金收入，计征个人所得税。

个人在领取原提存的住房公积金、医疗保险金、基本养老保险金时，免予征收个人所得税。

（12）对个人取得的教育储蓄存款利息所得以及国务院财政部门确定的其他专项储蓄存款或者储蓄性专项基金存款的利息所得，免征个人所得税。

自 2008 年 10 月 9 日起，对居民储蓄存款利息，暂免征收个人所得税。

（13）储蓄机构内从事代扣代缴工作的办税人员取得的扣缴利息税手续费所得，免征个人所得税。

（14）生育妇女按照县级以上人民政府根据国家有关规定制定的生育保险办法，取得的生育津贴、生育医疗费或其他属于生育保险性质的津贴、补贴，免征个人所得税。

（15）对工伤职工及其近亲属按照《工伤保险条例》规定取得的工伤保险待遇，免征个人所得税。

（16）对个体工商户或个人，以及个人独资企业和合伙企业从事种植业、养殖业、饲养业和捕捞业取得的所得，暂不征收个人所得税。

（17）个人举报、协查各种违法、犯罪行为而获得的奖金。

（18）个人办理代扣代缴税款手续，按规定取得的扣缴手续费。

（19）个人转让自用达 5 年以上，并且是唯一的家庭生活居住用房取得的所得。

（20）对达到离休、退休年龄，但确因工作需要，适当延长离休、退休年龄的高级专家，其在延长离休、退休期间的工资、薪金所得，视同退休工资、离休工资，免征个人所得税。

（21）外籍个人从外商投资企业取得的股息、红利所得。

（22）对被拆迁人按照国家有关城镇房屋拆迁管理办法规定的标准取得的拆迁补偿款（含因棚户区改造而取得的拆迁补偿款），免征个人所得税。

（23）对个人转让上市公司股票取得的所得，暂免征收个人所得税。对证券市场个人投资者取得的证券交易结算资金利息所得，暂免征收个人所得税。

（24）自 2020 年 1 月 1 日起，对参加疫情防治工作的医务人员和防疫工作者按照政府规定标准取得的临时性工作补助和奖金，免征个人所得税；单位发给个人用于预防新型冠状病毒肺炎感染的药品、医疗用品和防护用品等实物（不包括现金），不计入工资、薪金收入，免征个人所得税。

（25）经国务院财政部门批准免税的所得。

政策实训

在下列收入中，免征个人所得税的是（　　）。

A. 退休人员再任职取得的收入

B. “长江学者奖励计划”特聘教授取得的岗位津贴

C. 提前退休人员取得的一次性补贴收入

D. 员工从破产企业取得的一次性安置费

答案：D

---

2. 减征个人所得税的优惠

（1）个人投资者持有2019—2023年发行的铁路债券取得的利息收入，减按50%计入应纳税所得额计算征收个人所得税。

（2）自2019年1月1日起至2023年12月31日，一个纳税年度内在船航行时间累计满183天的远洋船员，其取得的工资、薪金收入减按50%计入应纳税所得额，依法缴纳个人所得税。

（3）有下列情形之一的，可以减征个人所得税，具体幅度和期限由省、自治区、直辖市人民政府规定，并报同级人民代表大会常务委员会备案。

1）残疾、孤老人员和烈属的所得。

2）因严重自然灾害遭受重大损失的。

国务院可以规定其他减税情形，报全国人民代表大会常务委员会备案。

8.12.2　征收管理

个人所得税采用自行申报纳税和全员全额扣缴申报纳税两种方式。

1. 自行申报纳税

（1）有下列情形之一的，纳税人应当依法办理纳税申报：①取得综合所得，需要办理汇算清缴。②取得应税所得，没有扣缴义务人。③取得应税所得，扣缴义务人未扣缴税款。④取得境外所得。⑤因移居境外注销中国户籍。⑥非居民个人在中国境内从两处以上取得工资、薪金所得。⑦国务院规定的其他情形。

取得综合所得，需要办理汇算清缴的情形包括：

1）从两处以上取得综合所得，且综合所得的年收入额减除专项扣除后的余额超过60 000元。

2）取得劳务报酬所得、稿酬所得、特许权使用费所得中一项或者多项所得，且综合所得的年收入额减除专项扣除的余额超过60 000元。

3）纳税年度内预缴税额低于应纳税额。

需要办理汇算清缴的纳税人，应当在取得所得的次年 3 月 1 日至 6 月 30 日内，向任职、受雇单位所在地主管税务机关办理纳税申报，并报送《个人所得税年度自行纳税申报表》。纳税人有两处以上任职、受雇单位的，选择向其中一处任职、受雇单位所在地主管税务机关办理纳税申报；纳税人没有任职、受雇单位的，向户籍所在地或经常居住地主管税务机关办理纳税申报。

（2）取得经营所得的纳税申报。纳税人取得经营所得，按年计算个人所得税，由纳税人在月度或季度终了后 15 日内，向经营管理所在地主管税务机关办理预缴纳税申报，并报送《个人所得税经营所得纳税申报表（A 表）》。在取得所得的次年 3 月 31 日前，向经营管理所在地主管税务机关办理汇算清缴，并报送《个人所得税经营所得纳税申报表（B 表）》；从两处以上取得经营所得的，选择向其中一处经营管理所在地主管税务机关办理年度汇总申报，并报送《个人所得税经营所得纳税申报表（C 表）》。

2. 全员全额扣缴申报纳税

全员全额扣缴申报是指扣缴义务人应当在代扣税款的次月 15 日内，向主管税务机关报送其支付所得的所有个人的有关信息、支付所得数额、扣除事项和数额、扣缴税款的具体数额和总额以及其他相关涉税信息资料。这种方法有利于控制税源，防止漏税和逃税。

扣缴义务人应当依法办理全员全额扣缴申报。对扣缴义务人按照规定扣缴的税款，按年付给 2%的手续费，但不包括税务机关、司法机关等查补或者责令补扣的税款。扣缴义务人领取的扣缴手续费可用于提升办税能力、奖励办税人员。

扣缴义务人每月或者每次预扣、代扣的税款，应当在次月 15 日内缴入国库，并向税务机关报送《个人所得税扣缴申报表》。

第四篇

财产和行为税

第9章 资源税和环境保护税

导语：绿水青山就是金山银山。资源税和环境保护税是与资源环境保护相关的两个绿色税种。资源税于1984年设立，从征税范围、税率到征收方式，历经多次改革，主要在矿产资源开采环节发挥调节作用；环境保护税通过排污费改税设立，自2018年1月1日起正式实施，对生产经营者排放的应税大气污染物、水污染物、固体废物和噪声征税，在应税污染物的排放环节发挥调节作用。

教学目标：

1. 掌握资源税的纳税人与征税范围。
2. 掌握资源税税基的确定方法。
3. 了解资源税的减免税与征收管理。
4. 掌握环境保护税的纳税人与征税范围。
5. 掌握环境保护税的计税方法。
6. 熟悉环境保护税的减免税规定。

9.1 资源税

9.1.1 资源税的沿革及作用

1. 沿革

资源税于1984年开征，当时只对原油、天然气、煤炭征收，实行按超额利润征税的方式。

1994 年税制改革，将盐税并到资源税中，同时将征税范围扩大到所有的矿产资源，实行级差调节、从量定额征收的方式。

2010 年 6 月 1 日，在新疆对原油、天然气开展了资源税从价计征改革试点工作。自 2011 年 11 月 1 日起，原油、天然气的资源税由从量计征改为从价计征，2014 年 12 月又对煤炭的资源税由从量计征改为从价计征。

自 2016 年 7 月 1 日起，对绝大部分应税产品实行从价计征方式，只对经营分散、多为现金交易且难以控管的黏土、砂石，仍实行从量定额计征，同时在河北省开征水资源税试点工作，采取水资源费改税方式，将地表水和地下水纳入征税范围。

2017 年水资源税改革试点进一步扩大到北京、天津、山西、内蒙古、山东、河南、四川、陕西、宁夏 9 个省（自治区、直辖市）。

2019 年 8 月，《中华人民共和国资源税法》（以下简称《资源税法》）通过，并自 2020 年 9 月 1 日起施行，《中华人民共和国资源税暂行条例》同时废止。

2. 作用

（1）促进对自然资源的合理开发利用。《中华人民共和国宪法》第九条规定，矿藏、水流等自然资源属于国家所有，资源税是国家凭借政治权力和自然资源所有权征收的税种，有利于体现国有自然资源有偿占用的原则，促使纳税人节约、合理地开发利用自然资源，促进我国经济可持续发展。

（2）为国家筹集财政资金。随着资源税课征范围的逐渐扩展，其收入规模及在税收收入总额中所占的比重都相应增加，内陆资源税收入归地方政府所有，在为资源所在地政府筹集财政资金方面发挥着不可忽视的作用。

9.1.2 纳税人与征税范围

情景导入

2020 年 10 月，某石化企业从国外进口一批原油，同时开采原油 10 000 吨。在开采的原油中，对外销售 6 000 吨，另将 4 000 吨用于加工生产汽油。该石化企业进口的原油用于销售是否需要缴纳资源税？自采原油中的 6 000 吨用于销售是否需要缴纳资源税？自采原油中的 4 000 吨用于加工生产汽油是否需要缴纳资源税？

1. 基本规定

资源税的纳税人是在我国领域及管辖的其他海域开发应税资源的单位和个人。开发应税资源包括开发矿产品和生产盐，具体范围由《资源税法》所附的《资源税税目税率表》确定。

在开发环节征税是资源税的一个重要特点。进口矿产品和盐不征资源税，相应地，对出口应税产品也不免征或退还已纳资源税。“进口不征，出口不退”的制度安排体现了保护我国自然资源开采的立法宗旨。

2. 视同销售

（1）纳税人将开采或者生产的应税产品用于连续生产应税产品的，不缴纳资源税。例如，将铁原矿用于继续生产铁精粉，在移送使用铁原矿时不缴纳资源税。因为在这种情形下，后面生产出的铁精粉是要缴税的，如果移送环节视同销售就会造成重复征税。

（2）其他应视同销售纳税的情形，具体包括两类：一是以应税产品用于连续生产非应税产品。例如，将开采的铁矿继续用于冶炼、将开采的原油用于加工生产汽油等，应当在移送环节缴纳资源税。二是除用于连续生产以外的其他各种情形，包括非货币性资产交换、捐赠、偿债、赞助、集资、投资、广告、样品、职工福利、利润分配等。

9.1.3 税目与税率

1. 税目

参照《中华人民共和国矿产资源法实施细则》的分类方式，资源税税目包括5大类，在5大类下面又设有若干子目、细目，共计164个税目（详见《资源税税目税率表》），涵盖了所有已经发现的矿种和盐。

（1）能源矿产，是指可以做燃料的矿产，包括我国最主要的传统能源原油、天然气、煤炭以及可以做核电燃料的铀、钍等。

1）原油，是指开采的天然原油，不包括人造石油。

2）天然气、页岩气、天然气水合物。

3）煤。

4）煤成（层）气。

5）铀、钍。

6）油页岩、油砂、天然沥青、石煤。

7）地热。

（2）金属矿产。

1）黑色金属，包括铁、锰、铬、钒、钛。

2）有色金属，包括铜、铅、锌、锡、镍、锑、镁、钴、铋、汞；铝土矿；钨；钼；金、银；铂、钯、钌、锇、铱、铑；轻稀土；中重稀土；铍、锂、锆、锶、铷、铯、铌、钽、锗、镓、铟、铊、铪、铼、镉、硒、碲。

（3）非金属矿产。

1）矿物类，包括高岭土；石灰岩；磷；石墨；萤石、硫铁矿、自然硫；天然石英砂、脉石英、粉石英、水晶、工业用金刚石、冰洲石、蓝晶石、硅线石（矽线石）、长石、滑石、刚玉、菱镁矿、颜料矿物、天然碱、芒硝、钠硝石、明矾石、砷、硼、碘、溴、膨润土、硅藻土、陶瓷土、耐火黏土、铁矾土、凹凸棒石黏土、海泡石黏土、伊利石黏土、累托石黏土；叶蜡石、硅灰石、透辉石、珍珠岩、云母、沸石、重晶石、毒重石、方解石、蛭石、透闪石、工业用电气石、白垩、石棉、蓝石棉、红柱石、石榴子石、石膏；其他黏土（铸型用黏土、砖瓦用黏土、陶粒用黏土、水泥配料用黏土、水泥配料用红土、水泥配料用黄土、水泥配料用泥岩、保温材料用黏土）。

2）岩石类，包括大理岩、花岗岩、白云岩、石英岩、砂岩、辉绿岩、安山岩、闪长岩、板岩、玄武岩、片麻岩、角闪岩、页岩、浮石、凝灰岩、黑曜岩、霞石正长岩、蛇纹岩、麦饭石、泥灰岩、含钾岩石、含钾砂页岩、天然油石、橄榄岩、松脂岩、粗面岩、辉长岩、辉石岩、正长岩、火山灰、火山渣、泥炭。

3）宝玉石类，包括宝石、玉石、宝石级金刚石、玛瑙、黄玉、碧玺。

4）水气矿产，是指含有某种水、气，经开发可以利用的矿产。

① 二氧化碳气、硫化氢气、氦气、氡气。

② 矿泉水。

（4）盐。

1）钠盐、钾盐、镁盐、锂盐。

2）天然卤水。

3）海盐。

☞知识链接

纳税人在销售上述产品时，采用的销售形态不同，有的主要销售原矿，有的主要销售选矿，所以税法规定了不同的征税对象。例如，原油、天然气对原矿征税，轻稀土、中重稀土对选矿征税，煤、黑色金属对原矿或者选矿征税。具体适用的征税对象按照《资源税税目税率表》的规定执行，主要包括以下三类：

（1）对原矿征税。比如原油、天然气等对原矿征税。

（2）对选矿征税。比如轻稀土、中重稀土等对选矿征税。

（3）对原矿或者选矿征税。比如煤、黑色金属等对原矿或者选矿征税。

小知识：

原矿是指经过采矿过程采出后未进行选矿或者加工的矿石，如从矿井开采出来的煤就是原煤；选矿是指通过破碎、切割、洗选、筛分、磨矿、分级、提纯、脱水、干燥等过程形成的产品，包括富集的精矿和研磨成粉、粒级成型、切割成型的原矿加工品。例如，通过洗选过程去除灰分、煤矸石等杂质后得到的质量更好的煤就是选煤。原矿由于杂质多，很多不能直接使用，需要经选矿或加工后才能利用。

2. 税率

《资源税税目税率表》见表9-1。

资源税税率设计的特点如下：

（1）按原矿、选矿分别设定税率。由于纳税人销售的矿产品既有原矿又有选矿，在制度设计上要考虑平衡两种不同形态矿产品销售之间的负担水平。《资源税暂行条例》（已失效）通过对销售收入乘以一定的折算比来解决，《资源税法》采用更规范、简化的方式，即通过对原矿、选矿分设税率的方式来平衡不同销售形态之间的税负水平。由于选矿的价格一般高于原矿的价格，因而在税率设计上选矿的税率一般低于原矿。

（2）对原油、天然气、中重稀土、钨、钼等战略资源实行固定税率，由税法直接确定。其他应税资源实行幅度税率，具体适用税率由省、自治区、直辖市人民政府统筹考虑该应税资源的品位、开采条件以及对生态环境的影响等情况，在规定的税率幅度内提出，报同级人民代表大会常务委员会决定，并报全国人民代表大会常务委员会和国务院备案。

表 9-1 资源税税目税率表

税目			征税对象	税率
能源矿产	原油		原矿	6%
	天然气、页岩气、天然气水合物		原矿	6%
	煤		原矿或者选矿	2%～10%
	煤成（层）气		原矿	1%～2%
	铀、钍		原矿	4%
	油页岩、油砂、天然沥青、石煤		原矿或者选矿	1%～4%
	地热		原矿	1%～20%或者每立方米1～30元
金属矿产	黑色金属	铁、锰、铬、钒、钛	原矿或者选矿	1%～9%
	有色金属	铜、铅、锌、锡、镍、锑、镁、钴、铋、汞	原矿或者选矿	2%～10%
		铝土矿	原矿或者选矿	2%～9%
		钨	选矿	6.5%
		钼	选矿	8%
		金、银	原矿或者选矿	2%～6%
		铂、钯、钌、锇、铱、铑	原矿或者选矿	5%～10%
		轻稀土	选矿	7%～12%
		中重稀土	选矿	20%
		铍、锂、锆、锶、铷、铯、铌、钽、锗、镓、铟、铊、铪、铼、镉、硒、碲	原矿或者选矿	2%～10%
非金属矿产	矿物类	高岭土	原矿或者选矿	1%～6%
		石灰岩	原矿或者选矿	1%～6%或者每吨（或者每立方米）1～10元
		磷	原矿或者选矿	3%～8%
		石墨	原矿或者选矿	3%～12%

续表

税目			征税对象	税率
非金属矿产	矿物类	萤石、硫铁矿、自然硫	原矿或者选矿	1%～8%
		天然石英砂、脉石英、粉石英、水晶、工业用金刚石、冰洲石、蓝晶石、硅线石（矽线石）、长石、滑石、刚玉、菱镁矿、颜料矿物、天然碱、芒硝、钠硝石、明矾石、砷、硼、碘、溴、膨润土、硅藻土、陶瓷土、耐火黏土、铁矾土、凹凸棒石黏土、海泡石黏土、伊利石黏土、累托石黏土	原矿或者选矿	1%～12%
		叶蜡石、硅灰石、透辉石、珍珠岩、云母、沸石、重晶石、毒重石、方解石、蛭石、透闪石、工业用电气石、白垩、石棉、蓝石棉、红柱石、石榴子石、石膏	原矿或者选矿	2%～12%
		其他黏土（铸型用黏土、砖瓦用黏土、陶粒用黏土、水泥配料用黏土、水泥配料用红土、水泥配料用黄土、水泥配料用泥岩、保温材料用黏土）	原矿或者选矿	1%～5%或者每吨（或者每立方米）0.1～5元
		大理岩、花岗岩、白云岩、石英岩、砂岩、辉绿岩、安山岩、闪长岩、板岩、玄武岩、片麻岩、角闪岩、页岩、浮石、凝灰岩、黑曜岩、霞石正长岩、蛇纹岩、麦饭石、泥灰岩、含钾岩石、含钾砂页岩、天然油石、橄榄岩、松脂岩、粗面岩、辉长岩、辉石岩、正长岩、火山灰、火山渣、泥炭	原矿或者选矿	1%～10%
	岩石类	砂石	原矿或者选矿	1%～5%或者每吨（或者每立方米）0.1～5元
	宝玉石类	宝石、玉石、宝石级金刚石、玛瑙、黄玉、碧玺	原矿或者选矿	4%～20%
水气矿产	二氧化碳气、硫化氢气、氦气、氡气		原矿	2%～5%
	矿泉水		原矿	1%～20%或者每立方米1～30元

续表

税目		征税对象	税率
盐	钠盐、钾盐、镁盐、锂盐	选矿	3%～15%
	天然卤水	原矿	3%～15%或者每吨（或者每立方米）1～10元
	海盐		2%～5%

政策应用提示：

资源税的税目多且销售形态不同，纳税人开采或者生产不同税目或者不同形态应税产品的，应当分别核算其销售额或者销售数量；未分别核算或者不能准确提供不同应税产品的销售额或者销售数量的，从高适用税率。例如，“黑色金属”下的“铁”“锰”“铬”“钒”“钛”等矿产品为不同税目，都应当分别核算；再如，江苏省规定铜矿石原矿和选矿产品分别适用3%和2%的税率，也就是铜原矿和铜选矿需要分别核算销售额，才能按不同的税率申报纳税。

9.1.4 计税依据与应纳税额的计算

资源税的计税依据为应税产品的销售额或销售量，采用从价计征为主、从量计征为辅的征税方式。根据《资源税税目税率表》的规定，地热、砂石、矿泉水和天然卤水可采用从价计征或从量计征的方式，其他160个税目适用从价定率征收的方式。

1. 从价定率征收的计税依据

（1）销售额的基本规定。资源税应税产品的销售额，按照纳税人销售应税产品向购买方收取的全部价款确定，不包括增值税税款。

由于实际交易中的结算方式多种多样，有的销售收入包含运杂费用，而矿产品的运杂费用较高，为了使资源税的计税依据回归资源本身的价值，税法规定：计入销售额中的相关运杂费用，凡取得增值税发票或者其他合法有效凭据的，准予从销售额中扣除。相关运杂费用是指应税产品从坑口或者洗选（加工）地到车站、码头或者购买方指定地点的运输费用、建设基金以及随运销产生的装卸、仓储、港杂费用。

要点提示：

资源税应税产品的销售额不包括增值税税款，同时准予扣除计入销售额中的符合条件的运杂费用。

（2）特殊情形下销售额的确定。纳税人申报的应税产品销售额明显偏低且无正当理由的，或者有自用应税产品行为而无销售额的，主管税务机关可以按下列方法和顺序确定其应税产品的销售额：

1）按纳税人最近时期同类产品的平均销售价格确定。

2）按其他纳税人最近时期同类产品的平均销售价格确定。

3）按后续加工非应税产品的销售价格，减去后续加工环节的成本利润后确定。

4）按应税产品的组成计税价格确定。

组成计税价格＝成本×(1＋成本利润率)÷(1－资源税税率)

上述公式中的成本利润率由省、自治区、直辖市税务机关确定，如河南省规定的成本利润率为10%。

5）按其他合理方法确定。

(3) 外购应税产品购进金额、购进数量的扣减。

情景导入

某煤矿将外购的20吨原煤与自采的80吨原煤混合销售，外购的20吨原煤用于销售是否应缴纳资源税？

纳税人将外购应税产品与自采应税产品混合销售或者混合加工为应税产品销售的，在计算应税产品销售额或者销售数量时，准予扣减外购应税产品的购进金额或者购进数量。

1）直接扣减。纳税人以外购原矿与自采原矿混合为原矿销售，或者以外购选矿产品与自产选矿产品混合为选矿产品销售的，在计算应税产品销售额或者销售数量时，直接扣减外购原矿或者外购选矿产品的购进金额或者购进数量。例如，煤矿将外购的20吨原煤与自采的80吨原煤混合销售，取得不含税销售额60 000元，20吨原煤的购进金额为10 000元，在计算资源税应纳税额时，外购原煤的购进金额10 000元允许扣减。

2）计算扣减。纳税人以外购原矿与自采原矿混合洗选加工为选矿产品销售的，按照下列方法计算扣减：

$$\text{准予扣减的外购应税产品购进金额(数量)}=\text{外购原矿购进金额(数量)}\times\left(\frac{\text{本地区原矿适用税率}}{\text{本地区选矿产品适用税率}}\right)$$

纳税人以外购原矿与自采原矿混合洗选加工为选矿产品销售的，由于洗选加工过程会产生增值，基于外购原矿产生的增值也不应征收资源税。上式中原矿适用税率与选矿产品适用税率的比，体现了外购原矿的增值因素。

法规运用案例

某煤炭企业将外购的100万元原煤与自采的200万元原煤混合洗选加工为选煤销售，选煤的销售额为450万元。当地原煤的税率为3%，选煤的税率为2%，在计算应税产品销售额时，准予扣减的外购应税产品购进金额为：

100×(3%÷2%)＝150（万元）

不能按照上述方法计算扣减的，按照主管税务机关确定的其他合理方法进行扣减。

政策应用提示：

(1) 当期不足扣减的，可结转下期扣减。

(2) 纳税人应当准确核算外购应税产品的购进金额或者购进数量，未准确核算的，一并计算缴纳资源税。

(3) 依据外购应税产品的增值税发票、海关进口增值税专用缴款书或者其他合法有效凭据进行扣减。

2. 从量定额征收的计税依据

实行从量定额征收的，以应税产品的销售数量为计税依据。应税产品的销售数量包括纳税人开采或者生产应税产品的实际销售数量以及自用于应当缴纳资源税情形的应税产品数量。

3. 应纳税额的计算

实行从价定率方式征收资源税的，计算公式为：

应纳税额＝销售额×适用税率

实行从量定额方式征收资源税的，计算公式为：

应纳税额＝课税数量×单位税额

法规运用案例

2020年10月，某石化公司发生以下业务：

(1) 从国外进口原油50 000吨，支付不含税价款折合人民币9 000万元。

(2) 开采原油10 000吨，并将开采的原油对外销售6 000吨，取得不含税销售额2 340万元。

(3) 用开采的原油2 000吨加工生产汽油1 300吨。

原油的资源税税率为6%，如何计算该石化公司当月的应纳资源税？

解析： 资源税仅对在中国境内开采或生产应税产品的单位和个人征收，业务(1)中的进口原油无须缴纳资源税。

业务(2)应缴纳的资源税＝2 340×6%＝140.4（万元）

业务(3)应缴纳的资源税＝2 340÷6 000×2 000×6%＝46.8（万元）

该石化公司当月的应纳资源税＝140.4＋46.8＝187.2（万元）

政策实训

某砂石开采企业某月销售砂石3 000立方米，资源税税率为2元/立方米。计算该企业当月销售砂石的应纳税额。

解析：

销售砂石的应纳税额＝课税数量×单位税额＝3 000×2＝6 000（元）

9.1.5 税收优惠与征收管理

情景导入

由于硫本身有剧毒，又有强腐蚀性，所以高含硫天然气的开采难度非常大。我国高含硫气田开发的“样板”是位于重庆达州的普光气田，并有多项关键技术填补了国内空白。普光气田开发的高含硫天然气可以享受资源税优惠政策吗？

1. 税收优惠

（1）有下列情形之一的，免征资源税：

1）开采原油以及油田范围内运输原油过程中用于加热的原油、天然气。

2）煤炭开采企业因安全生产需要抽采的煤成（层）气。

（2）有下列情形之一的，减征资源税：

1）从低丰度油气田开采的原油、天然气，减征20%的资源税。

陆上低丰度油田是指每平方公里原油可采储量丰度低于25万立方米的油田；陆上低丰度气田是指每平方公里天然气可采储量丰度低于2.5亿立方米的气田。

海上低丰度油田是指每平方公里原油可开采储量丰度低于60万立方米的油田；海上低丰度气田是指每平方公里天然气可开采储量丰度低于6亿立方米的气田。

2）高含硫天然气、三次采油和从深水油气田开采的原油、天然气，减征30%的资源税。

高含硫天然气是指硫化氢含量在每立方米30克以上的天然气。

三次采油是指二次采油后继续以聚合物驱、复合驱、泡沫驱、二氧化碳驱、气水交替驱、微生物驱等方式进行采油。

深水油气田是指水深超过300米的油气田。

3）稠油、高凝油减征40%的资源税。

稠油是指地层原油黏度大于或等于50毫帕/秒或原油密度大于或等于0.92克/立方厘米的原油。

高凝油是指凝固点高于40℃的原油。

4）从衰竭期矿山开采的矿产品，减征30%的资源税。

衰竭期矿山是指设计开采年限超过15年，且剩余可采储量下降到原设计可采储量的20%以下或者剩余开采年限不超过5年的矿山，衰竭期矿山以开采企业下属的单个矿山为单位确定。

（3）有下列情形之一的，省、自治区、直辖市人民政府可以决定减税或者免税：

1）纳税人开采或者生产应税产品的过程中，因意外事故或者自然灾害等原因遭受重大损失的。

2）纳税人开采共伴生矿、低品位矿、尾矿。

（4）授权国务院根据国民经济和社会发展需要确定的阶段性减免税。例如，自2018年4月1日至2021年3月31日，对页岩气资源税减征30%；自2019年1月1日至2021年12月31日，对增值税小规模纳税人可以在50%的税额幅度内减征资源税；自2014年12月1日至2023年8月31日，对充填开采置换出来的煤炭，资源税减征50%。

政策应用提示：

1. 纳税人开采或者生产同一应税产品，其中既有享受减免税政策的，又有不享受减免税政策的，按照免税、减税项目的产量占比等方法分别核算确定免税、减税项目的销售额或者销售数量。

2. 纳税人开采或者生产同一应税产品同时符合两项或者两项以上减征资源税优惠政策的，除另有规定外，只能选择其中一项执行。

2. 征收管理

纳税人销售应税产品，纳税义务发生时间为收讫销售款项或者取得索取销售款项凭据的当日；自用应税产品的，纳税义务发生时间为移送应税产品的当日。

资源税按月或者按季申报缴纳；不能按固定期限计算缴纳的，可以按次申报缴纳。纳税人按月或者按季申报缴纳的，应当自月度或者季度终了之日起15日内，向税务机关办理纳税申报并缴纳税款。

纳税人应当在矿产品的开采地或者海盐的生产地缴纳资源税。

9.1.6 水资源税改革试点实施办法

《资源税法》第十四条授权国务院根据国民经济和社会发展的需要，依照《资源税法》的原则，对取用地表水或者地下水的单位和个人试点征收水资源税。征收水资源税的，停止征收水资源费；水资源税试点实施办法由国务院规定，报全国人民代表大会常务委员会备案；国务院自《资源税法》施行之日起五年内，就征收水资源税试点情况向全国人民代表大会常务委员会报告，并及时提出修改法律的建议。

1. 纳税人

除规定情形外，水资源税的纳税人为直接取用地表水、地下水的单位及个人，包括直接从江、河、湖泊（含水库）和地下取用水资源的单位及个人。

下列情形不缴纳水资源税：

(1) 农村集体经济组织及其成员从本集体经济组织的水塘、水库中取用水的。

(2) 家庭生活和零星散养、圈养畜禽饮用等少量取用水的。

(3) 水利工程管理单位为配置或者调度水资源取水的。

(4) 为保障矿井等地下工程施工安全和生产安全必须进行临时应急取用（排）水的。

(5) 为消除对公共安全或者公共利益的危害临时应急取水的。

(6) 为农业抗旱和维护生态与环境必须临时应急取水的。

2. 税率

除中央直属和跨省（区、市）水力发电取用水外，由试点省份省级人民政府统筹考虑本地区水资源状况、经济社会发展水平和水资源节约保护要求，在《试点省份水资源税最低平均税额表》（见表9-2）规定的最低平均税额基础上，分类确定具体适用税额。

表9-2 试点省份水资源税最低平均税额表 单位：元/立方米

省（区、市）	地表水最低平均税额	地下水最低平均税额	省（区、市）	地表水最低平均税额	地下水最低平均税额
北京	1.6	4	河南	0.4	1.5
天津	0.8	4	四川	0.1	0.2
山西	0.5	2	陕西	0.3	0.7
内蒙古	0.5	2	宁夏	0.3	0.7
山东	0.4	1.5			

为发挥水资源税的调控作用，按不同取用水性质实行差别税额，地下水的税额要高于

地表水，超采区地下水的税额要高于非超采区，严重超采地区地下水的税额要大幅高于非超采地区。对超计划或超定额用水加征1～3倍，对特种行业从高征税，对超过规定限额的农业生产取用水、农村生活集中式饮水工程取用水从低征税。对于水资源税的具体适用税额，授权省级人民政府统筹考虑本地区水资源状况、经济社会发展水平和水资源节约保护的要求确定。

3. 应纳税额的计算

水资源税实行从量计征。对一般取用水按照实际取用水量征税，对采矿和工程建设疏干排水按照排水量征税；对水力发电和火力发电贯流式（不含循环式）冷却取用水按照实际发电量征税。

一般取用水应纳税额＝实际取用水量×适用税额

疏干排水应纳税额＝实际取用水量×适用税额

疏干排水的实际取用水量按照排水量确定。疏干排水是指在采矿和工程建设过程中破坏地下水层、发生地下涌水的活动。

水力发电和火力发电贯流式（不含循环式）冷却取用水应纳税额＝实际发电量×适用税额

火力发电贯流式冷却取用水是指火力发电企业从江河、湖泊（含水库）等水源取水，并对机组冷却后将水直接排入水源的取用水方式。火力发电循环式冷却取用水是指火力发电企业从江河、湖泊（含水库）、地下等水源取水并引入自建冷却水塔，对机组冷却后返回冷却水塔循环利用的取用水方式。

4. 税收减免

对于下列情形，予以免征或者减征水资源税：

（1）规定限额内的农业生产取用水，免征水资源税。

（2）取用污水处理再生水，免征水资源税。

（3）除接入城镇公共供水管网以外，军队、武警部队通过其他方式取用水的，免征水资源税。

（4）抽水蓄能发电取用水，免征水资源税。

（5）采油排水经分离净化后在封闭管道回注的，免征水资源税。

（6）财政部、税务总局规定的其他免征或者减征水资源税的情形。

5. 征收管理

为加强税收征管、提高征管效率，《扩大水资源税试点实施办法》确定了“税务征管、水利核量、自主申报、信息共享”的征管模式，即税务机关依法征收管理；水行政主管部门负责核定取用水量；纳税人依法办理纳税申报；税务机关与水行政主管部门建立涉税信息共享平台和工作配合机制，定期交换征税和取用水信息资料。

水资源税的纳税义务发生时间为纳税人取用水资源的当日。除农业生产取用水外，水资源税按季或者按月征收，由主管税务机关根据实际情况确定。对超过规定限额的农业生产取用水，水资源税可按年征收。不能按固定期限计算纳税的，可以按次申报纳税。纳税人应当自纳税期满或者纳税义务发生之日起15日内申报纳税。

水资源税由生产经营所在地的主管税务机关征收管理，跨省（区、市）调度的水资源，由调入区域所在地的税务机关征收水资源税。在试点省份内取用水，其纳税地点需要调整的，由省级财政、税务部门决定。

9.2 环境保护税

9.2.1 特点

环境保护税是对在我国领域以及管辖的其他海域直接向环境排放应税污染物的企事业单位和其他生产经营者征收的一种税。环境保护税具有以下基本特点：

（1）属于调节型税种。《中华人民共和国环境保护税法》（以下简称《环境保护税法》）第一条规定了环境保护税的立法目的是保护和改善环境，减少污染物排放，推进生态文明建设。因此，环境保护税的首要功能是减少污染排放，而非增加财政收入。

（2）其渊源是排污收费制度，基本平移了原排污费的制度框架。

（3）属于综合型环境税。环境保护税的征税范围包括大气污染物、水污染物、固体废物和噪声四大类，与对单一污染物征收的税种不同，属于综合型环境税。

（4）采用税务、环保部门紧密配合的征收方式。环境保护税采用“纳税人自行申报，税务征收，环保监测，信息共享”的征管方式，税务机关负责征收管理，环境保护主管部门负责对污染物监测管理，高度依赖税务、环保部门的配合与协作。

9.2.2 纳税义务的判定

情景导入

家庭日常生活产生的污水、垃圾是否需要缴纳环境保护税？企业将废水排到城市污水处理厂是否需要纳税？使用交通工具产生的噪声是否需要纳税？

环境保护税的纳税人是在我国领域和管辖的其他海域直接向环境排放应税污染物的企业事业单位和其他生产经营者。

其中，企业事业单位和其他生产经营者、直接向环境排放、应税污染物三个关键词涉及排污主体、排污行为和征税对象，是判断应否缴纳环境保护税的三个条件。

从排污主体看，排放生活污水和垃圾的居民个人是不需要缴纳环境保护税的；从排污行为看，只有直接向环境排放应税污染物，才缴纳环境保护税；从征税对象看，所排放污染物属于税法规定的应税污染物，才用缴纳环境保护税。如果满足排污主体、排污行为、征税对象三方面条件，即为环境保护税的纳税义务人，应按规定缴纳环境保护税。

有下列情形之一的，不属于直接向环境排放污染物，不缴纳相应污染物的环境保护税：

（1）企业事业单位和其他生产经营者向依法设立的污水集中处理、生活垃圾集中处理场所排放应税污染物的。

（2）企业事业单位和其他生产经营者在符合国家和地方环境保护标准的设施、场所贮存或者处置固体废物的。

（3）达到省级人民政府确定的规模标准并且有污染物排放口的畜禽养殖场，应当依法缴纳环境保护税，但依法对畜禽养殖废弃物进行综合利用和无害化处理的，不属于直接向环境排放污染物，不缴纳环境保护税。

9.2.3 税目与税率

1. 税目

环境保护税的税目包括大气污染物、水污染物、固体废物和噪声四大类。

（1）大气污染物。大气污染物包括二氧化硫、氮氧化物、一氧化碳、氯气、氯化氢、氟化物、氰化氢、硫酸雾、铬酸雾、汞及其化合物、一般性粉尘、石棉尘、玻璃棉尘、碳黑尘、铅及其化合物、镉及其化合物、铍及其化合物、镍及其化合物、锡及其化合物、烟尘、苯、甲苯、二甲苯、苯并（a）芘、甲醛、乙醛、丙烯醛、甲醇、酚类、沥青烟、苯胺类、氯苯类、硝基苯、丙烯腈、氯乙烯、光气、硫化氢、氨、三甲胺、甲硫醇、甲硫醚、二甲二硫、苯乙烯、二硫化碳，共计44项。环境保护税的征税范围不包括温室气体二氧化碳。

（2）水污染物。第一类水污染物包括总汞、总镉、总铬、六价铬、总砷、总铅、总镍、苯并（a）芘、总铍、总银。

第二类水污染物包括悬浮物（SS）、生化需氧量（BOD 5）、化学需氧量（CODcr）、总有机碳（TOC）、石油类、动植物油、挥发酚、总氰化物、硫化物、氨氮、氟化物、甲醛、苯胺类、硝基苯类、阴离子表面活性剂（LAS）、总铜、总锌、总锰、彩色显影剂（CD-2）、总磷、单质磷（以P计）、有机磷农药（以P计）、乐果、甲基对硫磷、马拉硫磷、对硫磷、五氯酚及五氯酚钠（以五氯酚计）、三氯甲烷、可吸附有机卤化物（AOX）（以Cl计）、四氯化碳、三氯乙烯、四氯乙烯、苯、甲苯、乙苯、邻-二甲苯、对-二甲苯、间-二甲苯、氯苯、邻二氯苯、对二氯苯、对硝基氯苯、2，4-二硝基氯苯、苯酚、间-甲酚、2，4-二氯酚、2，4，6-三氯酚、邻苯二甲酸二丁酯、邻苯二甲酸二辛酯、丙烯腈、总硒。应税水污染物共计61项。

其他水污染物包括pH值、色度、大肠菌群、余氯等。

（3）固体废物。固体废物包括煤矸石、尾矿、危险废物、冶炼渣、粉煤灰、炉渣、其他固体废物（含半固态、液态废物）。

（4）噪声。应税噪声污染只包括工业噪声。

政策实训

在下列污染物中，属于环境保护税征税范围的有（　　）。

A. 二氧化硫　　　　B. 氮氧化物

C. 危险废物　　　　　　　　　　D. 建筑噪声

答案：ABC

---

2. 税率

环境保护税采用定额税率（见表9-3），其中，对应税大气污染物和水污染物规定了幅度定额税率，具体适用税额的确定和调整由省、自治区、直辖市人民政府统筹考虑本地区环境承载能力、污染物排放现状和经济社会生态发展目标要求，在规定的税额幅度内提出，报同级人民代表大会常务委员会决定，并报全国人民代表大会常务委员会和国务院备案。例如，北京市第十四届人民代表大会常务委员会第四十二次会议决定，北京市应税大气污染物的适用税额标准为12元/污染当量；应税水污染物的适用税额标准为14元/污染当量，统一按法定规定幅度的上限执行。

表9-3　环境保护税税目税额表

<table>
<tr><th colspan="2">税目</th><th>计税单位</th><th>税额</th><th>备注</th></tr>
<tr><td colspan="2">大气污染物</td><td>每污染当量</td><td>1.2～12元</td><td></td></tr>
<tr><td colspan="2">水污染物</td><td>每污染当量</td><td>1.4～14元</td><td></td></tr>
<tr><td rowspan="4">固体废物</td><td>煤矸石</td><td>每吨</td><td>5元</td><td></td></tr>
<tr><td>尾矿</td><td>每吨</td><td>15元</td><td></td></tr>
<tr><td>危险废物</td><td>每吨</td><td>1 000元</td><td></td></tr>
<tr><td>冶炼渣、粉煤灰、炉渣、其他固体废物（含半固态、液态废物）</td><td>每吨</td><td>25元</td><td></td></tr>
<tr><td rowspan="6">噪声</td><td rowspan="6">工业噪声</td><td>超标1～3分贝</td><td>每月350元</td><td rowspan="6">1. 一个单位边界上有多处噪声超标，根据最高一处超标声级计算应纳税额；当沿边界长度超过100米有两处以上噪声超标，按照两个单位计算应纳税额。
2. 一个单位有不同地点作业场所的，应当分别计算应纳税额，合并计征。
3. 昼、夜均超标的环境噪声，昼、夜分别计算应纳税额，累计计征。
4. 声源一个月内超标不足15天的，减半计算应纳税额。
5. 夜间频繁突发和夜间偶然突发厂界超标噪声，按等效声级和峰值噪声两种指标中超标分贝值高的一项计算应纳税额。</td></tr>
<tr><td>超标4～6分贝</td><td>每月700元</td></tr>
<tr><td>超标7～9分贝</td><td>每月1 400元</td></tr>
<tr><td>超标10～12分贝</td><td>每月2 800元</td></tr>
<tr><td>超标13～15分贝</td><td>每月5 600元</td></tr>
<tr><td>超标16分贝以上</td><td>每月11 200元</td></tr>
</table>

9.2.4 计税依据与应纳税额的计算

根据计税方法的不同，环境保护税的计算可以分为四类：应税大气污染物和水污染物应纳税额的计算、应税固体废物应纳税额的计算、应税噪声应纳税额的计算和采用抽样计算法的小型排污者应纳税额的计算。

1. 应税大气污染物和水污染物应纳税额的计算

情景导入

某企业只有一个排放口，某月采用实测法，测得排放二氧化硫、氮氧化物等 8 种应税污染物，应税污染物共计排放 1 500 千克。该排放口的 8 种应税污染物都需要征税吗？是以污染物的排放量作为计税依据征税吗？

应税大气污染物和水污染物以污染物排放量折合的污染当量数为计税依据，应纳税额为污染当量数乘以适用税额。其计算公式为：

应税大气污染物和水污染物的应纳税额＝污染当量数×单位税额

（1）污染当量数的确定。

$$\frac{\text{应税大气污染物、}}{\text{水污染物的污染当量数}}=\frac{\text{该污染物的}}{\text{排放量}}\div\frac{\text{该污染物的}}{\text{污染当量值}}$$

1）污染物排放量的计算方法。应税大气污染物、水污染物、固体废物的排放量和噪声的分贝数，按照下列方法和顺序计算：

第一，纳税人安装使用了符合国家规定和监测规范的污染物自动监测设备的，按照污染物自动监测数据计算。

第二，纳税人未安装使用污染物自动监测设备的，按照监测机构出具的符合国家有关规定和监测规范的监测数据计算。

第三，因排放污染物种类多等原因不具备监测条件的，按照国务院生态环境主管部门规定的排污系数、物料衡算方法计算。

第四，不能按照上述三种方法计算的，按照省、自治区、直辖市人民政府生态环境主管部门规定的抽样测算方法核定计算。

纳税人有下列情形之一的，以其当期应税大气污染物、水污染物的产生量作为污染物的排放量：①未依法安装使用污染物自动监测设备或者未将污染物自动监测设备与环境保护主管部门的监控设备联网。②损毁或者擅自移动、改变污染物自动监测设备。③篡改、伪造污染物监测数据。④通过暗管、渗井、渗坑、灌注或者稀释排放以及不正常运行防治污染设施等方式违法排放应税污染物。⑤进行虚假纳税申报。

2）污染当量数的计算。确定了污染物排放量，用污染物的排放量除以该污染物的污染当量值，即可计算出污染当量数。由某种污染物的排放量与其污染当量值折合的污染当量数是计算应税大气污染物和水污染物应纳税额的计税依据。

不同类型污染物的污染当量值见表 9 - 4～表 9 - 7。

小知识：

不同污染物对环境的污染程度不同，通过设立污染当量值可以将不同污染物的排放量折合成污染程度相当的数量。以水污染物为例，将排放 1 千克的化学需氧量所造成的环境损害作为基准设定为 1 个污染当量，然后将其他水污染物造成的环境损害与它进行比较来设定当量值。例如，总汞的污染当量值为 0.000 5 千克，表示排放 0.000 5 千克的总汞与排放 1 千克的化学需氧量的环境损害基本相等；悬浮物的污染当量值为 4 千克，表示排放 4 千克的悬浮物与排放 1 千克的化学需氧量的环境损害基本相等。由此可见，当量值越小说明污染程度越大。

政策实训

2021 年 9 月，某企业向水体直接排放第一类水污染物总汞 10 千克。如何确定其污染当量值?

解析：根据第一类水污染物污染当量值表，总汞的污染当量值为 0.000 5 千克，其污染当量数为：

$$10\div0.0005=20000$$

（2）大气污染物应纳税额的计算。每一排放口或者没有排放口的应税大气污染物，按照污染当量数从大到小排序，对前三项污染物征收环境保护税。应纳税额为污染当量数乘以具体的适用税额。

法规运用案例

2021 年 8 月，某企业向大气直接排放二氧化硫、氟化物各 100 千克，一氧化碳 200 千克，氯化氢 80 千克。当地大气污染物每污染当量的税额为 1.2 元。该企业只有一个排放口。如何计算其应纳环境保护税?

解析：（1）计算各污染物的污染当量数：

二氧化硫污染当量数＝100÷0.95＝105.26

氟化物污染当量数＝100÷0.87＝114.94

一氧化碳污染当量数＝200÷16.7＝11.98

氯化氢污染当量数＝80÷10.75＝7.44

（2）按污染当量数排序。

氟化物污染当量数＞二氧化硫污染当量数＞一氧化碳污染当量数＞氯化氢污染当量数。该企业只有一个排放口，排序选取的前三项污染物为氟化物、二氧化硫、一氧化碳。

（3）计算应纳税额：

应纳税额＝(114.94＋105.26＋11.98)×1.2＝278.62（元）

（3）水污染物应纳税额的计算。每一排放口的应税水污染物，按照《环境保护税法》所附的《应税污染物和当量值表》，区分第一类水污染物和其他类水污染物，再按照污染当量数从大到小排序，对第一类水污染物按照前五项征收环境保护税，对其他类水污染物按照前三项征收环境保护税。另外，省、自治区、直辖市人民政府根据本地区污染物减排的特殊需要，可以增加同一排放口征收环境保护税的应税污染物项目数，报同级人民代表大会常务委员会决定，并报全国人民代表大会常务委员会和国务院备案。

法规运用案例

甲化工厂是环境保护税纳税人，该厂仅有1个污水排放口且直接向河流排放污水，已安装使用符合国家规定和监测规范的污染物自动监测设备。检测数据显示，某月该排放口共排放污水6万吨（折合6万立方米），应税污染物为六价铬，浓度为0.5毫克/升。请计算当月该化工厂应缴纳的环境保护税（该厂所在省的水污染物税率为2.8元/污染当量，六价铬的污染当量值为0.02）。

解析：

六价铬的污染当量数＝排放总量×浓度值÷当量值
＝60 000 000×0.5÷1 000 000÷0.02
＝1 500

应纳税额＝1 500×2.8＝4 200（元）

政策实训

在下列应税污染物中，以污染当量数为计税依据征收环境保护税的有（　　）。

A. 大气污染物　　B. 水污染物

C. 工业噪声　　D. 固体废物

答案：AB

2. 应税固体废物应纳税额的计算

应税固体废物按照固体废物的排放量确定计税依据。固体废物的排放量为当期应税固体废物的产生量减去当期应税固体废物的贮存量、处置量、综合利用量的余额。其计算公式为：

$$\text{固体废物的排放量}=\text{当期固体废物的产生量}-\text{当期固体废物的综合利用量}-\text{当期固体废物的贮存量}-\text{当期固体废物的处置量}$$

其中，固体废物的贮存量、处置量是指在符合国家和地方环境保护标准的设施、场所贮存或者处置的固体废物数量；固体废物的综合利用量是指按照国务院发展改革、工业和信息化主管部门关于资源综合利用要求以及国家和地方环境保护标准进行综合利用的固体废物数量。

应纳税额=固体废物的排放量×适用税额

纳税人有下列情形之一的，以其当期应税固体废物的产生量作为固体废物的排放量：①非法倾倒应税固体废物。②进行虚假纳税申报。

法规运用案例

某月，某企业产生尾矿1 000吨，其中综合利用的尾矿300吨（符合国家相关规定），在符合国家和地方环境保护标准的设施贮存200吨。尾矿的税额为15元/吨。如何计算尾矿应缴纳的环境保护税？

解析：

应纳税额=(1 000−300−200)×15=7 500（元）

3. 应税噪声应纳税额的计算

应税噪声按照超过国家规定标准的分贝数确定计税依据，应纳税额为超标分贝数对应的具体适用税额。超过国家规定标准的分贝数是指实际产生的工业噪声与国家规定的工业噪声排放标准限值之间的差值。

法规运用案例

某工业企业只在白天生产，生产时产生的噪声为60分贝。该区域昼间的噪声排放限值为55分贝，当月超标天数为18天。如何计算当月该企业噪声污染应缴纳的环境保护税？

解析：声源一个月内超标不足15天的，减半征收，由于当月超标天数为18天，应全额征税，因而超标分贝数为5分贝（=60−55）。

根据《环境保护税税目税额表》，可得出该企业当月噪声污染应缴纳环境保护税700元。

4. 采用抽样计算法的小型排污者应纳税额的计算

对于适用抽样测算法的情形，纳税人应按照《环境保护税法》所附《禽畜养殖业、小型企业和第三产业水污染物污染当量值》所规定的当量值计算污染当量数。

法规运用案例

2021年8月，某养殖场养牛的存栏量为500头，污染当量值为0.1头。当地水污染物的适用税额为每污染当量2.8元。如何计算当月环境保护税的应纳税额？

解析：

水污染物当量数=500÷0.1=5 000

应纳税额=5 000×2.8=14 000（元）

法规运用案例

某餐饮公司通过安装水流量计测得2021年6月排放的污水量为60吨，污染当量值为0.5吨。假设当地水污染物的适用税额为每污染当量2.8元。如何计算当月环境保护税的应纳税额？

解析：

水污染物当量数＝60÷0.5＝120

应纳税额＝120×2.8＝336（元）

法规运用案例

某县医院共有床位56张，每月按时消毒，无法计量月污水排放量，污染当量值为0.14床，当地水污染物适用税额为每污染当量2.8元，如何计算当月应纳环境保护税？

解析：

水污染物当量数＝56÷0.14＝400

应纳税额＝400×2.8＝1 120（元）

9.2.5 税收优惠

1. 暂免征税项目

对于下列情形，暂予免征环境保护税：

（1）农业生产（不包括规模化养殖）排放应税污染物的。

（2）机动车、铁路机车、非道路移动机械、船舶和航空器等流动污染源排放应税污染物的。

（3）依法设立的城乡污水集中处理、生活垃圾集中处理场所排放相应应税污染物，不超过国家和地方规定的排放标准的。

（4）纳税人综合利用固体废物，符合国家和地方环境保护标准的。

（5）国务院批准免税的其他情形。

2. 减征税额项目

（1）纳税人排放应税大气污染物或者水污染物的浓度值低于国家和地方规定的污染物排放标准百分之三十的，减按百分之七十五征收环境保护税。

（2）纳税人排放应税大气污染物或者水污染物的浓度值低于国家和地方规定的污染物排放标准百分之五十的，减按百分之五十征收环境保护税。

9.2.6 征收管理

1. 复核程序

税务机关发现纳税人的纳税申报数据资料异常或者纳税人未按照规定期限办理纳税申报的，可以提请环境保护主管部门进行复核，环境保护主管部门应当自收到税务机关的数据资料之日起十五日内向税务机关出具复核意见。税务机关应当按照环境保护主管部门复核的数据资料调整纳税人的应纳税额。

纳税人的纳税申报数据资料异常，包括但不限于下列情形：①纳税人当期申报的应税污染物排放量与上一年同期相比明显偏低，且无正当理由。②纳税人单位产品污染物排放量与同类型纳税人相比明显偏低，且无正当理由。

2. 纳税时间

环境保护税的纳税义务发生时间为纳税人排放应税污染物的当日。环境保护税按月计算，按季申报缴纳。不能按固定期限计算缴纳的，可以按次申报缴纳。

纳税人按季申报缴纳的，应当自季度终了之日起十五日内，向税务机关办理纳税申报并缴纳税款。纳税人按次申报缴纳的，应当自纳税义务发生之日起十五日内，向税务机关办理纳税申报并缴纳税款。

3. 纳税地点

（1）纳税人应当向应税污染物排放地的税务机关申报缴纳环境保护税。应税污染物排放地是指应税大气污染物、水污染物排放口所在地，应税固体废物产生地，应税噪声产生地。

（2）纳税人跨区域排放应税污染物，税务机关对税收征收管辖有争议的，由争议各方按照有利于征收管理的原则协商解决。

（3）纳税人从事海洋工程向中华人民共和国管辖海域排放应税大气污染物、水污染物或者固体废物，申报缴纳环境保护税的具体办法，由国务院税务主管部门会同国务院海洋主管部门规定。

表 9-4 大气污染物污染当量值

污染物	污染当量值（千克）	污染物	污染当量值（千克）
1. 二氧化硫	0.95	15. 铅及其化合物	0.02
2. 氮氧化物	0.95	16. 镉及其化合物	0.03
3. 一氧化碳	16.7	17. 铍及其化合物	0.000 4
4. 氯气	0.34	18. 镍及其化合物	0.13
5. 氯化氢	10.75	19. 锡及其化合物	0.27
6. 氟化物	0.87	20. 烟尘	2.18
7. 氰化氢	0.005	21. 苯	0.05
8. 硫酸雾	0.6	22. 甲苯	0.18
9. 铬酸雾	0.000 7	23. 二甲苯	0.27
10. 汞及其化合物	0.000 1	24. 苯并（a）芘	0.000 002
11. 一般性粉尘	4	25. 甲醛	0.09
12. 石棉尘	0.53	26. 乙醛	0.45
13. 玻璃棉尘	2.13	27. 丙烯醛	0.06
14. 碳黑尘	0.59	28. 甲醇	0.67

续表

污染物	污染当量值（千克）	污染物	污染当量值（千克）
29. 酚类	0.35	37. 硫化氢	0.29
30. 沥青烟	0.19	38. 氨	9.09
31. 苯胺类	0.21	39. 三甲胺	0.32
32. 氯苯类	0.72	40. 甲硫醇	0.04
33. 硝基苯	0.17	41. 甲硫醚	0.28
34. 丙烯腈	0.22	42. 二甲二硫	0.28
35. 氯乙烯	0.55	43. 苯乙烯	25
36. 光气	0.04	44. 二硫化碳	20

表 9-5 第一类水污染物污染当量值

污染物	污染当量值（千克）
1. 总汞	0.000 5
2. 总镉	0.005
3. 总铬	0.04
4. 六价铬	0.02
5. 总砷	0.02
6. 总铅	0.025
7. 总镍	0.025
8. 苯并（a）芘	0.000 000 3
9. 总铍	0.01
10. 总银	0.02

表 9-6 第二类水污染物污染当量值

污染物	污染当量值（千克）
11. 悬浮物（SS）	4
12. 生化需氧量（BOD 5）	0.5
13. 化学需氧量（CODcr）	1
14. 总有机碳（TOC）	0.49
15. 石油类	0.1
16. 动植物油	0.16
17. 挥发酚	0.08
18. 总氰化物	0.05

续表

污染物	污染当量值（千克）
19. 硫化物	0.125
20. 氨氮	0.8
21. 氟化物	0.5
22. 甲醛	0.125
23. 苯胺类	0.2
24. 硝基苯类	0.2
25. 阴离子表面活性剂（LAS）	0.2
26. 总铜	0.1
27. 总锌	0.2
28. 总锰	0.2
29. 彩色显影剂（CD-2）	0.2
30. 总磷	0.25
31. 元素磷（以P计）	0.05
32. 有机磷农药（以P计）	0.05
33. 乐果	0.05
34. 甲基对硫磷	0.05
35. 马拉硫磷	0.05
36. 对硫磷	0.05
37. 五氯酚及五氯酚钠（以五氯酚计）	0.25
38. 三氯甲烷	0.04
39. 可吸附有机卤化物（AOX）（以Cl计）	0.25
40. 四氯化碳	0.04
41. 三氯乙烯	0.04
42. 四氯乙烯	0.04
43. 苯	0.02
44. 甲苯	0.02
45. 乙苯	0.02
46. 邻-二甲苯	0.02
47. 对-二甲苯	0.02
48. 间-二甲苯	0.02
49. 氯苯	0.02
50. 邻二氯苯	0.02

续表

污染物	污染当量值（千克）
51. 对二氯苯	0.02
52. 对硝基氯苯	0.02
53. 2，4-二硝基氯苯	0.02
54. 苯酚	0.02
55. 间-甲酚	0.02
56. 2，4-二氯酚	0.02
57. 2，4，6-三氯酚	0.02
58. 邻苯二甲酸二丁酯	0.02
59. 邻苯二甲酸二辛酯	0.02
60. 丙烯腈	0.125
61. 总硒	0.02

注：(1) 第一、二类污染物的分类依据为《污水综合排放标准》(GB 8978—1996)。

(2) 同一排放口中的化学需氧量（COD)、生化需氧量（BOD 5）和总有机碳（TOC)，只征收一项。

表 9-7　pH 值、色度、大肠菌群数、余氯量水污染物污染当量值

污染物		污染当量值	备　注
1. pH 值	(1) 0—1，13—14 (2) 1—2，12—13 (3) 2—3，11—12 (4) 3—4，10—11 (5) 4—5，9—10 (6) 5—6	0.06 吨污水 0.125 吨污水 0.25 吨污水 0.5 吨污水 1 吨污水 5 吨污水	pH5—6 指大于等于 5，小于 6 pH9—10 指大于 9，小于等于 10，其余类推
2. 色度		5 吨水·倍	
3. 大肠菌群数（超标）		3.3 吨污水	大肠菌群数和余氯量只征收一项
4. 余氯量（用氯消毒的医院废水）		3.3 吨污水	

第10章 房产税、契税和土地增值税

导语：房产税、契税和土地增值税都是与房地产相关的特定税种。房产税属于静态财产税，在保有环节征收，目前主要对城镇经营性房屋征收；契税和土地增值税属于动态财产税，在不动产权属转移环节征收，契税由取得产权的买方缴纳，土地增值税由转让房地产取得增值收益的卖方缴纳。上述税种贯穿了房地产的开发环节、流转环节和保有环节。

教学目标：

1. 掌握房产税的纳税人与征税范围。
2. 掌握房产税的两种不同计税方法。
3. 了解房产税的税收优惠与征收管理的主要规定。
4. 掌握契税的特点及其征税要素。
5. 掌握土地增值税的征税范围、纳税人、适用税率。
6. 掌握销售商品房应纳土地增值税的计算方法。
7. 掌握销售旧房应纳土地增值税的计算方法。
8. 熟悉土地增值税清算的主要规定。

10.1 房产税

房产税是以房屋为征税对象，按照房屋的计税余值或租金收入，向产权所有人征收的一种财产税。现行房产税的基本法律规范是 1986 年 9 月 15 日国务院发布的《中华人民共和国房产税暂行条例》(以下简称《房产税暂行条例》)。

10.1.1 特点

(1) 对城镇的经营性房屋征收。《房产税暂行条例》通过征税范围的规定将农村排除在外，通过免税规定又排除了居民的非营业用房产，对居民房产征税是下一步房地产税立法改革的重点内容。

知识链接

上海、重庆房产税改革试点

上海市居民家庭新购房并且属于第二套及以上住房的，合并计算家庭全部住房面积，免税面积为人均60平方米，人均超过60平方米的，对属于新购住房超出部分的面积征税。非上海市居民家庭购房受到更多限制，在上海市新购的住房都要征税，也没有设置人均60平方米的免税面积。应税面积以其交易价格的70%作为税基征税，税率为0.6%，另有一档优惠税率0.4%；重庆房产税的征收对象是独栋商品住宅、新购的高档公寓，以及三无人员（在重庆无户籍、无企业、无工作人员）新购的第2套及以上普通房，税率为0.5%～1.2%。对于试点前购买的独栋商品住宅，免税面积为180平方米；对于新购的独栋商品住宅、高档住房，免税面积为100平方米。三无人员的应税住房不扣除免税面积。

(2) 区分房屋的经营使用方式规定两种不同的征税办法。对房产经营自用等情形，按房产的计税余值征税；房产用于出租的，按租金收入征税。

10.1.2 纳税人与征税范围

1. 纳税人

情景导入

2021年5月1日，甲企业将原值为800万元的闲置房产出典给乙金融机构，获得资金560万元，房屋在出典期间空置。房屋出典期间应由谁缴纳房产税？企业将另一处自用房产出租给丙物流公司使用，双方就合同履行发生争议，物流公司拒绝支付租金，房产税应由谁缴纳？

房产税以在征税范围内的房屋产权所有人为纳税人，具体情形包括：

(1) 产权属于国家所有的，由经营管理单位纳税；产权属于集体和个人所有的，由集体单位和个人纳税。

(2) 产权出典的，由承典人纳税。

(3) 产权所有人、承典人不在房屋所在地的，或者产权未确定及租典纠纷未解决的，由房产代管人或者使用人纳税。

（4）纳税单位和个人无租使用房产管理部门、免税单位及纳税单位的房产，应由使用人代为缴纳房产税。

2. 征税范围

房产税以房产为征税对象。房产是指有屋面和围护结构（有墙或两边有柱），能够遮风避雨，可供人们在其中生产、学习、工作、娱乐、居住或储藏物资的场所。

房产税的征税范围为城市、县城、建制镇和工矿区。城市是指国务院批准设立的市；县城是指县人民政府所在地的地区；建制镇是指经省、自治区、直辖市人民政府批准设立的镇；工矿区是指工商业比较发达、人口比较集中、符合国务院规定的建制镇标准但尚未设立建制镇的大中型工矿企业所在地。开征房产税的工矿区须经省、自治区、直辖市人民政府批准。

房产税的征税范围不包括农村，主要是为了减轻农民负担。农村的房屋，除农副业生产用房外，大部分是农民居住用房，农村房屋不纳入房产税征税范围，有利于农业发展，繁荣农村经济，促进社会稳定。

拓展思考：某公司拟兴建工业园区，在该工业园区建成后的次月起就应缴纳房产税。如果该公司将停车场、游泳池等设施建成露天的，并将这些独立建筑物的造价与厂房、办公用房等的造价单独核算，会对公司房产税缴纳产生什么影响？

10.1.3 税基、税率和应纳税额的计算

情景导入 1

某商场使用 3 部电梯，另有地下一层用于超市经营，地下二层用于货物储存。电梯和商场的地下部分是否需要缴纳房产税？如果需要，应如何计算房产税？

情景导入 2

甲电机有限公司将自己的一栋原值 2 000 万元的房产作为投资资本，与乙实业有限公司联营。在联营后，甲电机有限公司参与乙实业有限公司的分红，并共担风险。该房产应按房产余值计税，还是应按房产租金收入计税？

1. 按房产余值计征的方法

按房产原值一次减除 10%～30%后的余值计征房产税，具体扣除比例由当地省、自治区、直辖市人民政府确定，适用税率为 1.2%。

应纳税额＝房产原值×(1－扣除比例)×1.2%

房产原值的确定是正确计算缴纳房产税的关键因素。

（1）房产原值的范围。房产原值是指纳税人按照会计制度的规定，在会计核算账簿“固定资产”科目中记载的房屋原价。另外，房屋附属设备和配套设施需要并入房屋原值计征房产税。附属设备和配套设施是指与房屋不可分割的各种附属设备或者一般不单独计算价值的配套设施，需要并入房屋原值计征房产税。例如，暖气、卫生、通风、照

明、煤气等设备；各种管线，管道；电梯、升降机、过道、晒台；等等。

随着经济的发展和房屋功能的完善，又出现了一些新的设备和设施，比如中央空调的使用逐渐增多，《国家税务总局关于进一步明确房屋附属设备和配套设施计征房产税有关问题的通知》（国税发〔2005〕173 号）进行了补充规定：自 2006 年 1 月 1 日起，为了维持和增加房屋的使用功能或使房屋满足设计要求，以房屋为载体，不可随意移动的附属设备和配套设施，如给排水、采暖、消防、中央空调、电气及智能化楼宇设备等，无论在会计核算中是否单独记账与核算，都应计入房产原值，计征房产税。如果是对这些附属设备和配套设施进行更换，在计入房产原值时，可扣减原来相应设备和设施的价值。

（2）地下建筑原值的确定。凡在房产税征税范围内的具备房屋功能的地下建筑，包括与地上房屋相连的地下建筑以及完全建在地面以下的建筑、地下人防设施等，均应征收房产税。

第一，与地上房屋相连的地下建筑，如房屋的地下室、地下停车场、商场的地下部分等，应将地下部分与地上房屋视为一个整体，按照地上房屋建筑的规定计征房产税。

第二，自用的独立地下建筑，是指地上没有任何建筑物，只有地下建筑物，根据地下建筑的用途，按一定比例确定房产原值：

1）如果地下建筑是工业用途房产，以房屋原价的 50%～60%作为应税房产原值。

2）如果地下建筑用于商业和其他用途，以房屋原价的 70%～80%作为应税房产原值。

2. 按租金收入计征的方法

房产出租的，以房产租金收入为房产税的计税依据。房产租金收入是房屋产权所有人出租房产使用权所得的报酬，包括货币收入和实物收入，适用税率为 12%。自 2008 年 3 月 1 日起，对个人出租住房，不区分用途，按 4%的税率征收房产税。

应纳税额＝租金收入×12%(或 4%)

对于出租的地下建筑，按照出租地上房屋建筑的有关规定计算征收房产税。

法规运用案例

2021 年，某企业自有房屋 8 栋，其中 6 栋用于生产经营，房产原值 900 万元（不包括冷暖通风设备 50 万元）；2 栋房屋租给某公司作经营用房，年租金收入 50 万元。该省规定房产原值的扣除比例是 30%。如何计算当年企业的应纳房产税？

解析：企业房产有经营自用的，有出租的，经营自用的按房产余值征税，出租的按租金收入征税。

自用房产的应纳税额＝(900＋50)×(1－30%)×1.2%＝7.98（万元）

出租房产的应纳税额＝50×12%＝6（万元）

应纳房产税＝7.98＋6＝13.98（万元）

房产税实行按年计算、分期缴纳的征收方法，纳税地点是房产所在地。该企业所在地规定分两次缴纳，因而该企业每半年向房产所在地税务机关缴纳 6.99 万元。

在某些情形下，很难直观判断应按哪种方式征税，比如用房产投资联营、融资租赁房屋等，税法做了明确规定。

（1）对投资联营的房产，在计征房产税时区别对待：

1）以房产投资联营，投资者参与投资利润分红、共担风险的，按房产余值作为计税依据计征房产税。

2）以房产投资，收取固定收入，不承担联营风险的，实际是以联营名义取得房产租金，由出租方按租金收入计缴房产税。

对于投资联营区分两种情况体现了按经济实质课税的原理，如果名义上是投资联营，但不共担风险，只收取固定收入，则其实质上属于房产出租的性质，要按租金收入征税。

（2）融资租赁的房产，由承租人依照房产余值缴纳房产税。融资租赁房产可以简单理解为一种变相的分期付款购买固定资产的形式，名义上是租赁，实质上是购买，因而在计征房产税时应以房产余值计算征收。

10.1.4 税收优惠与征收管理

情景导入

某公园有若干供游客参观游览的房屋、工作人员的办公用房，并且设有饭店。这些房产是否应缴纳房产税？

1. 税收优惠

（1）国家机关、人民团体、军队自用的房产，免征房产税。自用的房产是指这些单位本身的办公用房和公务用房。上述免税单位的出租房产以及非自身业务使用的生产、营业用房，不属于免税范围。

（2）由国家财政部门拨付事业经费的单位，如学校、医疗卫生单位、托儿所、幼儿园、敬老院、文化、体育、艺术这些实行全额或差额预算管理的事业单位所有的，在本身业务范围内使用的房产，免征房产税。

（3）宗教寺庙、公园、名胜古迹自用的房产，免征房产税。

宗教寺庙自用的房产是指举行宗教仪式等的房屋和宗教人员使用的生活用房。

公园、名胜古迹自用的房产是指供公共参观游览的房屋及其管理单位的办公用房。

宗教寺庙、公园、名胜古迹中附设的营业单位，如影剧院、饮食部、茶社、照相馆等所使用的房产及出租的房产，不属于免税范围，应照章纳税。

（4）个人所有的非营业用房产，免征房产税。

对个人拥有的营业用房或者出租的房产，不属于免税房产，应照章纳税。

（5）经财政部批准免税的其他房产。

2. 征收管理

房产税实行按年计算、分期缴纳的征收方法，具体纳税期限由省、自治区、直辖市人民政府确定。

房产税在房产所在地缴纳。房产不在同一地方的纳税人，应按房产的坐落地点分别向房产所在地的税务机关纳税。

10.2　契税

契税是以在我国境内转移土地、房屋权属为征税对象，向产权承受人征收的一种财产税。现行契税的基本法律规范是由第十三届全国人民代表大会常务委员会于2020年8月11日通过，并自2021年9月1日起施行的《中华人民共和国契税法》（以下简称《契税法》）。

10.2.1　纳税人和征税范围

情景导入1

2021年12月30日，某乡镇企业通过出让方式从某农村集体组织取得一块集体土地用于生产经营。该行为是否需要缴纳契税？如果需要，应由哪一方缴纳？

情景导入2

甲企业以自有房产投资于乙企业取得相应的股权，是否需要缴纳契税？某公民以自有房产作股投入本人独资经营的企业，是否需要缴纳契税？

在境内转移土地、房屋权属，承受的单位和个人为契税的纳税人。

转移土地、房屋权属包括下列行为：

（1）土地使用权出让是指政府出让国有土地使用权，农村集体组织出让集体土地使用权。

知识链接

土地使用权出让属于土地交易的一级市场。由于原《中华人民共和国土地管理法》规定，农村集体所有的土地未经国家征用是不能转让的，因而《契税暂行条例》中纳入征税范围的只是"国有土地使用权出让"。随着党的十八届三中全会提出允许农村集体经营性建设用地出让，与国有土地同等入市、同权同价，2019年《中华人民共和国土地管理法》也进行了修订，允许集体经营性建设用地出让、出租。契税立法为与国家土地制度的改革相适应，也将集体经营性建设用地出让纳入征税范围。

（2）土地使用权转让是指从一级市场取得土地使用权以后再转让出去，属于土地交易的二级市场。土地使用权转让的形式包括出售、赠予、互换。

土地使用权转让不包括土地承包经营权和土地经营权的转移。

（3）房屋买卖是房产转让最基本的方式。对于下述几种特殊情况，视同买卖房屋：

1）以房产抵债或实物交换房屋。例如，甲因无力偿还乙的债务，而以自有的房产折价抵偿债务。经双方同意、有关部门批准，乙取得甲的房屋产权，在办理产权过户手续时，按房产折价款缴纳契税。如果以实物（金银首饰等等价物品）交换房屋，应视同以货币购买房屋。

2）以房产投资、入股。如果甲企业以自有房产投资于乙企业并取得相应的股权，其房屋产权变为乙企业所有，产权所有人发生变化，乙企业应按规定缴纳契税。

以自有房产作股投入本人独资经营的企业，免纳契税。因为以自有的房地产投入本人独资经营的企业，产权所有人和使用权使用人未发生变化，不需办理房产变更手续，也不办理契税手续。

3）买房拆料或翻建新房，应照章征收契税。例如，甲购买乙的房产，不论其目的是取得该房产的建筑材料还是翻建新房，实际构成房屋买卖。甲应首先办理房屋产权变更手续，并按买价缴纳契税。

（4）房屋赠予。

（5）房屋交换。

10.2.2 计税依据、税率和应纳税额的计算

1. 计税依据

契税的计税依据不包括增值税。由于土地、房屋权属的转移方式不同，则定价方法不同，因而具体计税依据视不同情况而定，具体包括成交价格、交换差额、核定价格三类。

（1）成交价格。土地使用权出让、出售，房屋买卖，计税依据为土地、房屋权属转移合同确定的成交价格，包括应交付的货币以及实物、其他经济利益对应的价款。

以作价投资（入股）、偿还债务等应交付经济利益的方式转移土地、房屋权属的，参照土地使用权出让、出售或房屋买卖确定契税的适用税率、计税依据等。

（2）交换差额。土地使用权互换、房屋互换，计税依据为所互换的土地使用权、房屋价格的差额。

（3）核定价格。土地使用权赠予、房屋赠予以及以划转、奖励等其他没有价格的方式转移土地、房屋权属的行为，计税依据为税务机关参照土地使用权出售、房屋买卖的市场价格依法核定的价格。另外，为了避免偷逃税款，税法规定：纳税人申报的成交价格、互换价格差额明显偏低且无正当理由的，由税务机关依照《税收征管法》的规定核定。

2. 税率

契税实行3%～5%的幅度比例税率。实行幅度税率是考虑到我国经济发展的不平衡，各地经济差别较大的实际情况。具体适用税率由省、自治区、直辖市人民政府在规定的税率幅度内提出，报同级人民代表大会常务委员会决定，并报全国人民代表大会常务委员会和国务院备案。

3. 应纳税额的计算

应纳税额＝计税依据×税率

法规运用案例

居民甲有两套住房，将其中一套出售给居民乙，成交价格为 1 200 万元；将另一套三居室与居民丙交换成两套居室，并支付给丙换房差价款 300 万元。当地契税的税率为 3%。应如何计算缴纳契税？

解析：（1）甲将住房出售给乙，按成交价计税，由买方乙缴纳。

乙应缴纳的契税=1 200×3%=36（万元）

（2）甲与丙互换房屋，甲支付差价款，应按差价计税，由甲缴纳。

甲应缴纳的契税=300×3%=9（万元）

在上述交易中，丙不需要缴纳契税。

10.2.3　税收优惠

房地产标的数额大，契税成本高。2012 年，河南省曾有单笔交易的契税达到 1.72 亿元①。2020 年我国的契税收入为 7 061 亿元②，占全部税收收入的 4.5%。正确适用减免税对于保证财政收入、保护纳税人权益都有重要作用。

情景导入

李某拟在房产证上加上自己配偶的名字，是否需要缴纳契税？张某将房产证的名字改为儿子的名字，是否需要缴纳契税？

1. 法定免税

有下列情形之一的，免征契税：

（1）国家机关、事业单位、社会团体、军事单位承受土地、房屋权属用于办公、教学、医疗、科研、军事设施。

（2）非营利性的学校、医疗机构、社会福利机构承受土地、房屋权属用于办公、教学、医疗、科研、养老、救助。

（3）承受荒山、荒地、荒滩土地使用权用于农、林、牧、渔业生产。

（4）婚姻关系存续期间夫妻之间变更土地、房屋权属。

（5）法定继承人通过继承承受土地、房屋权属。

（6）依照法律规定应当予以免税的外国驻华使馆、领事馆和国际组织驻华代表机构承受土地、房屋权属。

2. 授权国务院减免税

根据国民经济和社会发展的需要，国务院对居民住房需求保障、企业改制重组、灾后重建等情形可以规定免征或者减征契税，报全国人民代表大会常务委员会备案。

① 1.72 亿元，刷新河南地税最大单笔契税收入记录. 中国新闻网，2012-08-02.

② 财政部网站。

3. 省、自治区、直辖市可以决定减免税的情形

(1) 因土地、房屋被县级以上人民政府征收、征用，重新承受土地、房屋权属。

(2) 因不可抗力灭失住房，重新承受住房权属。

纳税人改变有关土地、房屋的用途，或者有其他不再属于税法规定的免征、减征契税情形的，应当缴纳已经免征、减征的税款。

10.2.4 征收管理

契税的纳税义务发生时间为纳税人签订土地、房屋权属转移合同的当日，或者纳税人取得其他具有土地、房屋权属转移合同性质凭证的当日。

纳税人应当在依法办理土地、房屋权属登记手续前申报缴纳契税。纳税人办理纳税事宜后，税务机关应当开具契税完税凭证。纳税人办理土地、房屋权属登记，不动产登记机构应当查验契税完税、减免税凭证或者有关信息。未按照规定缴纳契税的，不动产登记机构不予办理土地、房屋权属登记。

在依法办理土地、房屋权属登记前，权属转移合同、权属转移合同性质凭证不生效、无效、被撤销或者被解除的，纳税人可以向税务机关申请退还已缴纳的税款，税务机关应当依法办理。

税务机关应当与相关部门建立契税涉税信息共享和工作配合机制。自然资源、住房城乡建设、民政、公安等相关部门应当及时向税务机关提供与转移土地、房屋权属有关的信息，协助税务机关加强契税征收管理。

10.3 土地增值税

土地增值税是对在我国境内转移房地产并取得收入的单位和个人征收的一种税。

知识链接

土地增值税自1994年税制改革开征，是在改革开放后我国出现房地产过热的宏观背景下开征的。在20世纪80年代末，部分地区出现炒地皮、房地产价格暴涨的现象，最典型的是海南。1991年海南商品房的平均价格为1 400元/平方米，1993年涨到7 500元/平方米，1992年海南全省财政收入的40%来源于房地产业。[①] 1993年12月13日，国务院发布了《中华人民共和国土地增值税暂行条例》，并自1994年1月1日起施行。其立法目的和意义在于：①规范土地和房地产市场交易秩序。②抑制房地产投机和炒卖活动，合理调节土地增值收益，防止国有土地收益流失。③增加政府财政收入。土地增

① 92年海南房地产泡沫始自于"击鼓传花".《财经》网络版，2008-11-26.

值税收入基本上逐年上升，从 2007 年的 403 亿元增加到 2019 年的 6 465 亿元，占税收收入的比重也从 2007 年的 0.88%上升到 2019 年的 4.09%。

10.3.1 纳税人和征税范围

1. 纳税人

土地增值税的纳税人为转让国有土地使用权、地上的建筑及其附着物（以下简称“转让房地产”）并取得收入的单位和个人。单位包括各类企业、事业单位、国家机关和社会团体及其他组织；个人包括个体经营者。

土地增值税的纳税人又可分为从事房地产开发的纳税人与非从事房地产开发的纳税人。

2. 征税范围

（1）基本规定。土地增值税是对有偿转让国有土地使用权及其地上建筑物和附着物征收。

1）转让国有土地使用权。

2）地上的建筑物及其附着物连同国有土地使用权一并转让。地上的建筑物是指建于土地上的一切建筑物，包括地上、地下的各种附属设施。附着物是指附着于土地上的不能移动或一经移动即遭损坏的物品。

知识链接

在《中华人民共和国土地增值税暂行条例》对转让国有土地使用权、地上的建筑物及其附着物征税的基础上，《中华人民共和国土地增值税法（征求意见稿）》将出让、转让集体房地产也纳入了征税范围。该文件将集体房地产纳入土地增值税征税范围的背景与契税相同，也是与土地制度改革相适应的。在党的十八届三中全会提出允许农村集体经营性建设用地与国有土地同等入市、同权同价以后，全国 33 个地区开展了改革试点。对试点地区取得的土地增值收益，财政部在 2016 年制定了农村集体经营性建设用地土地增值收益调节金的征管办法。因此，土地增值税立法将集体房地产纳入征税范围，既与 2019 年修改后的《土地管理法》相适应，又可以规范税费关系，以法律的形式替代调节金对农村建设用地的土地增值收益进行调节。

（2）是否应税的界定。在我国境内有无转移房地产并取得收入，是界定相关行为是否应缴纳土地增值税的基本尺度。

1）房地产的继承。房地产的继承是指法定继承，由于这种行为虽然发生了房地产的权属变更，但作为房产产权、土地使用权的原所有人（即被继承人）并没有因为权属变更而取得任何收入，因而不属于土地增值税的征税范围。

2）房地产的赠予。房地产的赠予是指房产所有人、土地使用权所有人将自己所拥有的房地产无偿交给其他人的民事法律行为。符合下列条件的“赠予”，不属于土地增值税的征税范围：

第一，房产所有人、土地使用权所有人将房屋产权、土地使用权赠予直系亲属或承担直接赡养义务的人。

第二，房产所有人、土地使用权所有人通过中国境内非营利性的社会团体、国家机关将房屋产权、土地使用权赠予教育、民政和其他社会福利、公益事业的。社会团体是指中国青少年发展基金会、中国宋庆龄基金会、国家减灾委员会、中国红十字会、中国残疾人联合会、中国老龄事业发展基金会、中国老区建设促进会以及经民政部门批准成立的其他非营利性的公益性组织。

房地产的赠予虽发生了房地产的权属变更，但赠予人并没有因为权属的转让而取得任何收入，不属于土地增值税的征税范围。

3）房地产的出租。出租人虽取得了收入，但没有发生房产产权、土地使用权的转让，不属于土地增值税的征税范围。

4）房地产的抵押。由于房产的产权、土地使用权在抵押期间并没有发生权属的变更，所以对房地产的抵押，在抵押期间不征收土地增值税。在抵押期满后，视该房地产是否转移占有而确定是否征收土地增值税。对于以房地产抵债而发生房地产权属转让的，应列入土地增值税的征税范围。

5）房地产的交换，是指一方以房地产与另一方的房地产进行交换的行为。由于这种行为既发生了房产产权、土地使用权的转移，交换双方又取得了实物形态的收入，属于土地增值税的征税范围。但对个人之间互换自有居住用房地产的，经当地税务机关核实，可以按规定免征土地增值税。

6）合作建房。对于一方出地，一方出资金，双方合作建房，建成后按比例分房自用的，暂免征收土地增值税；建成后转让的，应征收土地增值税。

7）房地产的代建房行为，是指房地产开发公司代客户进行房地产的开发，在开发完成后向客户收取代建费用的行为。对于房地产开发公司而言，虽然它取得了收入，但没有发生房地产权属的转移，其收入属于劳务收入性质，故不属于土地增值税的征税范围。

8）房地产的重新评估，主要是指国有企业在清产核资时对房地产进行重新评估而使其升值的情况。在这种情况下，房地产虽有增值，但其既没有发生房地产权属的转移，房产产权、土地使用权人也未取得收入，所以不属于土地增值税的征税范围。

（3）企业改制重组的土地增值税政策。

1）按照《中华人民共和国公司法》的规定，非公司制企业整体改建为有限责任公司或者股份有限公司，有限责任公司（股份有限公司）整体改建为股份有限公司（有限责任公司），对改建前的企业将国有土地、房屋权属转移、变更到改建后的企业，暂不征土地增值税。

整体改建是指不改变原企业的投资主体，并承继原企业权利、义务的行为。

2）按照法律规定或者合同约定，两个或两个以上企业合并为一个企业，且原企业投资主体存续的，对原企业将国有土地、房屋权属转移、变更到合并后的企业，暂不征土地增值税。

3）按照法律规定或者合同约定，企业分设为两个或两个以上与原企业投资主体相同的企业，对原企业将国有土地、房屋权属转移、变更到分立后的企业，暂不征土地增值税。

4）单位、个人在改制重组时以国有土地、房屋进行投资，对其将国有土地、房屋权属转移、变更到被投资的企业，暂不征土地增值税。

政策应用提示：

有关改制重组的土地增值税政策不适用于房地产开发企业。

10.3.2 税率

土地增值税实行四级超率累进税率（见表10-1），以增值率为划分依据，增值率就是增值额占扣除项目金额的比例，并按增值率大小将税率划分为四级，最低为30%，最高为60%，体现了“增值多的多征，增值少的少征，无增值的不征”这一立法宗旨。

表10-1 土地增值税四级超率累进税率表

单位：%

级数	增值额与扣除项目金额的比率	税率	速算扣除系数
1	不超过50%的部分	30	0
2	超过50%～100%的部分	40	5
3	超过100%～200%的部分	50	15
4	超过200%的部分	60	35

10.3.3 税基

土地增值税的计税依据是转让房地产取得的增值额。转让房地产的增值额是转让房地产的收入减除税法规定的扣除项目金额后的余额。用公式可表示为：

转让房地产的增值额＝转让房地产取得的收入－税法规定的扣除项目金额

10.3.3.1 应税收入

纳税人转让房地产取得的收入，是指纳税人转让房地产取得的各种收入（包括货币收入、实物收入和其他收入在内的全部价款）及有关的经济利益。应税收入的范围覆盖了取得的全部经济利益，包括各种形式的对价。如果转让方取得实物收入，要按市场价格折算成货币收入；取得无形资产收入，要进行专门的评估，按价值折算成货币收入。

对于隐瞒、虚报房地产成交价格的，应由评估机构参照同类房地产的市场交易价格进行评估，税务机关再根据评估价格确定转让房地产的收入。转让房地产的成交价格低于房地产评估价格且无正当理由的，由税务机关参照房地产评估价格确定转让房地产的收入。

10.3.3.2 扣除项目

扣除项目是指税法规定的在计算土地增值额时准予从应税收入中减除的成本、费用、税金及其他项目。

计征土地增值税的交易大致可以分为三类：一是纳税人将未建建筑物或其他附着物的土地使用权出售，即直接卖地。二是纳税人取得土地使用权后，建造商品房销售，这种类型是土地增值税征收的主要情形，比如万科、龙湖等房地产公司都是土地增值税的纳税人。三是出售旧房及建筑物，比如公司将使用过的办公楼出售。不同类型交易的扣除项目也不同。后两种类型的扣除项目是计算土地增值税需要重点掌握的情形。

1. 房地产企业开发销售商品房准予扣除的项目及金额确定

(1) 取得土地使用权支付的金额，是指纳税人取得土地使用权所支付的成本，内容包括：

1) 为取得土地使用权所支付的地价款。如果是以协议、招标、拍卖等出让方式取得土地使用权的，地价款为纳税人支付的土地出让金；如果是以行政划拨方式取得土地使用权的，地价款为按照国家有关规定补交的土地出让金；如果是以转让方式取得土地使用权的，地价款为向原土地使用权人实际支付的地价款。

2) 在取得土地使用权时按国家统一规定缴纳的有关费用，是指纳税人在取得土地使用权过程中为办理有关手续，按国家统一规定缴纳的有关登记、过户手续费。

(2) 房地产开发成本，是指纳税人从事房地产开发项目实际发生的成本，包括土地的征用及拆迁补偿费、前期工程费、建筑安装工程费、基础设施费、公共配套设施费、开发间接费用等。

第1项取得土地使用权支付的金额和第2项房地产开发成本都是采用据实扣除的方法，这两项金额也是计算其他一些扣除项目金额的基数。

(3) 房地产开发费用，是指与房地产开发项目有关的销售费用、管理费用和财务费用。房地产开发费用的扣除与房地产开发成本的扣除不同，不采用据实扣除的方法。土地增值税以转让房地产项目为单位进行清算，但根据财务会计制度的规定，这三项费用作为期间费用，直接计入当期损益，不按成本核算对象进行分摊，所以无法确定哪些费用可以归集到某个具体的房地产项目，因而不能采用据实扣除的方法，而是按税法规定的方法进行扣除。根据利息费用是否有条件单独据实扣除，区分以下两种情形计算扣除金额。

1) 财务费用中的利息支出，凡能够按转让房地产项目计算分摊并提供金融机构证明的，允许据实扣除，但最高不能超过按商业银行同期同类贷款利率计算的金额。其他房地产开发费用按取得土地使用权所支付的金额和房地产开发成本之和的5%以内计算扣除。计算扣除的具体比例，由各省、自治区、直辖市人民政府规定。

如果利息支出能按转让房地产项目计算分摊并提供金融机构证明，则满足单独扣除的条件，其扣除方法为：

$$\begin{matrix}\text{允许扣除的}\\\text{房地产开发费用}\end{matrix}=\text{利息}+\left(\begin{matrix}\text{取得土地使用权}\\\text{支付的金额}\end{matrix}+\begin{matrix}\text{房地产}\\\text{开发成本}\end{matrix}\right)\times 5\%\text{以内}$$

具体政策提示：

关于利息的扣除，有如下限制：一是最高不能超过按商业银行同期同类贷款利率计算的金额；二是超过国家规定上浮幅度的部分不允许扣除；三是超过贷款期限的利息部分和加罚的利息不允许扣除。

2）凡不能按转让房地产项目计算分摊利息支出或不能提供金融机构证明的，房地产开发费用按取得土地使用权所支付的金额和房地产开发成本之和的10%以内计算扣除。计算扣除的具体比例，由各省、自治区、直辖市人民政府规定。

在利息支出不满足单独扣除条件的情况下，其扣除方法为：

$$\text{允许扣除的房地产开发费用}=\left(\text{取得土地使用权支付的金额}+\text{房地产开发成本}\right)\times 10\%\text{以内}$$

政策应用提示：

如果全部使用自有资金，没有利息支出，按第二种方法计算扣除房地产开发费用。

（4）与转让房地产有关的税金，是指在转让房地产时缴纳的城市维护建设税、印花税。因转让房地产缴纳的教育费附加，也可视同税金予以扣除。

需要注意的是，房地产开发企业按照《施工、房地产开发企业财务制度》的有关规定，其在转让时缴纳的印花税应列入管理费用，故不允许单独再扣除。其他纳税人缴纳的印花税（按产权转移书据所载金额的0.5‰贴花），允许单独扣除。

（5）从事房地产开发的加计扣除金额。对从事房地产开发的纳税人，可按取得土地使用权支付的金额和房地产开发成本之和，加计20%扣除。用公式可表示为：

$$\text{加计扣除金额}=(\text{取得土地使用权支付的金额}+\text{房地产开发成本})\times 20\%$$

加计扣除只适用于从事房地产开发的纳税人，其他纳税人不适用。其目的是抑制炒买炒卖房地产的投机行为，保护正常开发投资者的积极性。

政策应用提示：

对于纳税人将未建建筑物或其他附着物的土地使用权出售的，扣除项目只涉及第1项和第4项，即为取得土地使用权所支付的地价款和与转让房地产有关的税金。

政策实训

某房地产开发公司出售了新建的商品房，相关的土地使用权支付额为4 000万元，房地产开发成本为6 000万元。该公司没有按房地产项目计算分摊银行借款利息。该地房地产开发费用扣除标准按国家允许的最高比例执行。该项目转让的有关税费为150万元。如何确定扣除项目金额？

解析：该房地产开发公司涉及的准予扣除项目及其金额如下：

（1）取得土地使用权支付的金额4 000万元。

（2）房地产开发成本为6 000万元。

（3）对于房地产开发费用，因为企业不能按转让房地产项目分摊利息支出，所以房地产开发费用按地价款与开发成本之和的10%以内计算扣除。当地按最高扣除比例10%执行，所以房地产开发费用的扣除金额为：

$$(4\,000+6\,000)\times 10\%=1\,000\ (\text{万元})$$

（4）该项目转让的有关税费150万元可以扣除。

(5) 该公司属于从事房地产开发的纳税人，可以按地价款与开发成本之和加计20%扣除。加计扣除金额为：

(4 000+6 000)×20%=2 000（万元）

扣除项目金额合计=4 000+6 000+1 000+150+2 000=13 150（万元）

---

2. 出售旧房和建筑物的扣除项目及金额确定

转让旧房的，应按旧房和建筑物的评估价格、取得土地使用权支付的地价款、按国家统一规定交纳的有关费用以及在转让环节缴纳的税金，作为扣除项目金额计征土地增值税。

(1) 旧房和建筑物的评估价格，是指在转让已使用的房屋和建筑物时，由政府批准设立的房地产评估机构评定的重置成本价乘以成新度折扣率后的价格。评估价格须经当地税务机关确认。

旧房和建筑物的评估价格=重置成本价×成新度折扣率

重置成本价是指旧房和建筑物按转让时的建材价格及人工费用计算，建造同样面积、同样层次、同样结构、同样建设标准的新房和建筑物所需花费的成本与费用。

成新度折扣率是按旧房的新旧程度做出一定比例的折扣。

政策实训

一栋房屋已使用近10年，建造时的造价为1 000万元，按转让时的建材及人工费用计算，建造同样的新房需要花费5 000万元。该房有六成新，如何确定该房的评估价格？

解析：

该房屋的评估价格=5 000×60%=3 000（万元）

如果因为计算纳税的需要而对房地产进行评估，支付的评估费用是允许扣除的。

政策应用提示：

1. 纳税人转让旧房和建筑物，凡不能取得评估价格，但能提供购房发票的，经当地税务部门确认，可按发票所载金额并从购买年度起至转让年度止每年加计5%计算扣除。在计算扣除项目时，"每年"按购房发票所载日期起至售房发票开具之日止，每满12个月计1年；超过1年，未满12个月但超过6个月的，可以视同1年。另外，对纳税人在购房时缴纳的契税，凡能提供契税完税凭证的，准予作为"与转让房地产有关的税金"予以扣除，但不作为加计5%的基数。

2. 对于转让旧房和建筑物，既没有评估价格，又不能提供购房发票的，地方税务机关可以根据《税收征管法》第三十五条的规定，实行核定征收。

(2) 取得土地使用权支付的地价款或出让金。对取得土地使用权时未支付地价款或不能提供已支付的地价款凭据的，在计征土地增值税时不允许扣除。

(3) 按国家统一规定交纳的有关费用和转让环节缴纳的税金。除另有规定外，扣除取得土地使用权支付的金额、房地产开发成本、费用及与转让房地产有关的税金，须提供合法有效凭证；不能提供合法有效凭证的，不予扣除。

10.3.4　应纳税额的计算

土地增值税适用超率累进税率，应纳税额的计算一般分为四步：

(1) 归集并计算扣除项目金额。

(2) 计算税基——增值额。

增值额＝转让房地产的收入－扣除项目金额

(3) 确定税率——先计算出增值率，再按增值率找对应的适用税率。

增值率就是增值额与扣除项目金额的比值，即

增值率＝增值额÷扣除项目金额

(4) 计算税额——用增值额和适用税率计算应纳税额，具体计算分为定义法和速算法。

1) 定义法。根据税率表，分别计算出每一级的税额，然后各级税额相加。

应纳税额＝$\sum$(各级距的土地增值额×适用税率)

由于分步计算比较烦琐，在实际工作中一般采用速算法计算。

2) 速算法。以增值额乘以适用税率再减去扣除项目金额乘以速算扣除系数的简便方法得出。

应纳税额＝增值额×适用税率－扣除项目金额×速算扣除系数

政策实训

某纳税人转让房地产，取得不含税收入5 000万元，其扣除项目金额为2 000万元。如何计算应纳土地增值税税额？

解析：第一步，归集扣除项目金额。根据题意，扣除项目金额总计2 000万元。

第二步，计算增值额：

增值额＝5 000－2 000＝3 000（万元）

第三步，计算增值率：

增值率＝3 000÷2 000×100%＝150%

因而适用第三级税率50%，速算扣除系数为15%。

第四步，计算税额。

速算法的应纳税额＝3 000×50%－2 000×15%＝1 200（万元）

定义法的应纳税额＝2 000×(50%－0)×30%＋2 000×(100%－50%)×40%
＋2 000×(150%－100%)×50%
＝1 200（万元）

法规运用案例

某工业企业转让一间20世纪90年代建造的厂房，当时的造价为100万元，该厂房的土地使用权是无偿取得的。如果按现行市场的材料、人工费计算，建造同样的房子需要600万元。该厂房为七成新，按500万元（不含增值税）出售，支付有关税费共计28万元。如何计算该企业转让旧厂房应缴纳的土地增值税？

解析：(1) 归集扣除项目金额：

扣除项目金额合计＝600×70%＋28＝448（万元）

(2) 计算增值额：

增值额＝500－448＝52(万元)

(3) 计算增值率：

增值率＝52÷448×100%＝11.61%

因而适用第一级税率30%，速算扣除系数为0。

(4) 计算税额：

应纳税额＝ 52×30%－0＝15.6（万元）

10.3.5 房地产开发企业土地增值税清算

房地产开发与转让周期较长，土地增值税的征管难度大，在实践中采用以预征为主，符合条件的项目再进行清算的征管办法。也就是说，对纳税人在项目全部竣工结算前转让房地产取得的收入，由于涉及成本确定或其他原因无法据以计算土地增值税的，可以预征土地增值税，在达到土地增值税清算条件后，按规定计算并结清应缴纳的土地增值税税额，多退少补。纳税人按规定预缴土地增值税后，清算补缴的土地增值税，在主管税务机关规定的期限内补缴的，不加收滞纳金。

除保障性住房外，东部地区省份的预征率不得低于2%，中部和东北地区省份不得低于1.5%，西部地区省份不得低于1%，各地可根据不同类型房地产的实际情况，确定适当的预征率。

1. 土地增值税的清算单位

土地增值税以国家有关部门审批的房地产开发项目为单位进行清算，对于分期开发的项目，以分期项目为单位清算。

开发项目中同时包含普通住宅和非普通住宅的，应分别计算增值额。

2. 土地增值税的清算条件

(1) 符合下列情形之一的，纳税人应进行土地增值税的清算：

1) 房地产开发项目全部竣工、完成销售的。

2) 整体转让未竣工决算房地产开发项目的。

3）直接转让土地使用权的。

（2）符合下列情形之一的，主管税务机关可要求纳税人进行土地增值税清算：

1）已竣工验收的房地产开发项目，已转让的房地产建筑面积占整个项目可售建筑面积的比例在85%以上，或该比例虽未超过85%，但剩余的可售建筑面积已经出租或自用的。

2）取得销售（预售）许可证满3年仍未销售完毕的。

3）纳税人申请注销税务登记但未办理土地增值税清算手续的。

4）省税务机关规定的其他情况。

3. 收入的确定

（1）土地增值税清算时，已全额开具商品房销售发票的，按照发票所载金额确认收入；未开具发票或未全额开具发票的，以交易双方签订的销售合同所载的售房金额及其他收益确认收入。销售合同所载商品房面积与有关部门实际测量面积不一致，在清算前已发生补、退房款的，应在计算土地增值税时予以调整。

（2）房地产开发企业将开发产品用于职工福利、奖励、对外投资、分配给股东或投资人、抵偿债务、换取其他单位和个人的非货币性资产等，在发生所有权转移时应视同销售房地产，其收入按下列方法和顺序确认：

1）按本企业在同一地区、同一年度销售的同类房地产的平均价格确定。

2）由主管税务机关参照同一地区、同一年度、同类房地产的市场价格或评估价值确定。

（3）房地产开发企业将开发的部分房地产转为企业自用或用于出租等商业用途时，如果产权未发生转移，不征收土地增值税，在税款清算时不列收入，不扣除相应的成本与费用。

4. 扣除项目的特殊规定

（1）房地产开发企业开发建造的与清算项目配套的居委会和派出所用房、会所、停车场（库）、物业管理场所、变电站、热力站、水厂、文体场馆、学校、幼儿园、托儿所、医院、邮电通信等公共设施，按以下原则处理：

1）建成后产权属于全体业主所有的，其成本、费用可以扣除。

2）建成后无偿移交给政府、公用事业单位用于非营利性社会公共事业的，其成本、费用可以扣除。

3）建成后有偿转让的，应计算收入，并准予扣除成本、费用。

（2）房地产开发企业销售已装修的房屋，其装修费用可以计入房地产开发成本。房地产开发企业的预提费用，除另有规定外，不得扣除。

（3）属于多个房地产项目共同的成本与费用，应按清算项目可售建筑面积占多个项目可售总建筑面积的比例或其他合理的方法，计算确定清算项目的扣除金额。

（4）房地产开发企业在工程竣工验收后，根据合同约定，扣留建筑安装施工企业一定比例的工程款，作为开发项目的质量保证金，在计算土地增值税时，建筑安装施工企业就质量保证金对房地产开发企业开具发票的，按发票所载金额予以扣除；未开具发票的，扣留的质保金不得计算扣除。

(5) 房地产开发企业逾期开发缴纳的土地闲置费不得扣除。

(6) 拆迁安置费的扣除，按以下规定处理：

1) 房地产企业用建造的该项目房地产安置回迁户的，安置用房视同销售处理，按本企业在同一地区、同一年度销售的同类房地产的平均价格确定；或由主管税务机关参照同一地区、同一年度、同类房地产的市场价格或评估价值确定，同时将此确认为房地产开发项目的拆迁补偿费。房地产开发企业支付给回迁户的补差价款，计入拆迁补偿费；回迁户支付给房地产开发企业的补差价款，应抵减本项目拆迁补偿费。

2) 开发企业采取异地安置，异地安置的房屋属于自行开发建造的，房屋价值计入本项目的拆迁补偿费；异地安置的房屋属于购入的，以实际支付的购房支出计入拆迁补偿费。

3) 货币安置拆迁的，房地产开发企业凭合法有效凭据计入拆迁补偿费。

5. 清算后再转让房地产的处理

在土地增值税清算时未转让的房地产，清算后销售或有偿转让的，纳税人应按规定进行土地增值税的纳税申报，扣除项目金额按清算时的单位建筑面积成本费用乘以销售或转让面积计算。

单位建筑面积成本费用＝清算时的扣除项目总金额÷清算的总建筑面积

6. 核定征收的情形及征收率

房地产开发企业有下列情形之一的，税务机关可以参照与其开发规模和收入水平相近的当地企业的土地增值税税负情况，按不低于预征率的征收率核定征收土地增值税：①依照法律、行政法规的规定应当设置但未设置账簿的；②擅自销毁账簿或者拒不提供纳税资料的；③虽设置账簿，但账目混乱或者成本资料、收入凭证、费用凭证残缺不全，难以确定转让收入或扣除项目金额的；④符合土地增值税清算条件，未按照规定的期限办理清算手续，经税务机关责令限期清算，逾期仍不清算的；⑤申报的计税依据明显偏低且无正当理由的。

核定征收必须严格依照税收法律法规规定的条件进行，任何单位和个人不得擅自扩大核定征收范围。为了规范核定工作，核定征收率原则上不得低于5%，各省级税务机关要结合本地实际，区分不同房地产类型制定核定征收率。

法规运用案例

2020年5月，某房地产开发公司（一般纳税人）拟对其开发的位于市区的写字楼项目进行土地增值税清算。该项目的资料如下：

(1) 2016年1月以8 000万元竞得国有土地一宗，并按规定缴纳契税。当地的契税税率为5%。

(2) 2016年3月开始动工建设，发生房地产开发成本15 000万元，其中包括装修费用4 000万元。

(3) 发生利息支出3 000万元，但不能提供金融机构贷款证明。当地省政府规定的房地产开发费用的扣除比例为10%。

(4) 2020年3月，该项目全部销售完毕，共计取得含税销售收入42 000万元。该公司对项目选择简易计税方法计缴增值税。

(5) 该项目已预缴土地增值税450万元。

请说明该项目应进行土地增值税清算的理由，并计算该房地产开发项目应补缴的土地增值税税额。

解析：房地产开发项目全部竣工、完成销售的，纳税人应进行土地增值税清算。扣除项目的金额计算如下：

取得土地使用权支付的金额＝8 000＋8 000×5%＝8 400（万元）

允许扣除的开发费用＝(15 000＋8 400)×10%＝2 340（万元）

允许扣除的税金计算如下：

应缴纳的增值税税额＝42 000÷(1＋5%)×5%＝2 000（万元）

城市维护建设税＝2 000×7%＝140（万元）

教育费附加＝2 000×5%＝100（万元）

允许扣除的税金合计＝140＋100＝240（万元）

扣除项目金额的合计数＝8 400＋15 000＋2 340＋240＋(8 400＋15 000)×20%＝30 660（万元）

应缴纳的土地增值税税额及补缴税额为：

增值额＝42 000÷(1＋5%)－30 660＝9 340（万元）

增值率＝9 340÷30 660×100%＝30.46%

所以适用的税率为30%。

应补缴的土地增值税税额＝9 340×30%－450＝2 352（万元）

10.3.6 税收优惠与征收管理

1. 税收优惠

(1) 纳税人建造普通标准住宅出售，增值额未超过扣除项目金额20%的，免征土地增值税。

知识链接

普通标准住宅是指按所在地一般民用住宅标准建造的居住用住宅。高级公寓、别墅、度假村等不属于普通标准住宅。普通标准住宅应同时满足以下条件：住宅小区建筑容积率在1.0以上；单套建筑面积在120平方米以下；实际成交价格低于同级别土地上住房平均交易价格1.2倍以下。各省、自治区、直辖市要根据实际情况，制定本地区享受优惠政策普通住房的具体标准。允许单套建筑面积和价格标准适当浮动，但向上浮动的比例不得超过上述标准的20%。

政策应用提示：

1. 纳税人建造普通标准住宅出售，增值额未超过扣除项目金额20%的，免征土地增值税；增值额超过扣除项目金额20%的，应就其全部增值额按规定计税。

2. 对于纳税人既建造普通标准住宅，又建造其他房地产开发项目的，应分别核算增值额。不分别核算增值额或不能准确核算增值额的，其建造的普通标准住宅不能适用这一免税规定。

3. 对企事业单位、社会团体以及其他组织转让旧房作为公租房房源，且增值额未超过扣除项目金额20%的，免征土地增值税。

（2）因国家建设需要依法征用、收回的房地产，免征土地增值税。

（3）因城市实施规划、国家建设的需要而搬迁，由纳税人自行转让原房地产的，免征土地增值税。

2. 征收管理

土地增值税的纳税人应向房地产所在地主管税务机关办理纳税申报，并在税务机关核定的期限内缴纳土地增值税。房地产所在地是指房地产的坐落地。纳税人转让的房地产坐落在两个或两个以上地区的，应按房地产所在地分别申报纳税。

纳税人应在转让房地产合同签订后的7日内，到房地产所在地主管税务机关办理纳税申报。纳税人因经常发生房地产转让而难以在每次转让后申报的，经税务机关审核同意后，可以定期进行纳税申报，具体期限由税务机关根据相关规定确定。土地增值税纳税申报表见表10-2和表10-3。

表10-2 土地增值税纳税申报表（一）

（从事房地产开发的纳税人适用）

填表日期：　　年　　月　　日

纳税人识别号：□□□□□□□□□□□□□□□□□□□□□□　　金额单位：人民币元（列至角分）

纳税人名称		税款所属时期	
项目		行次	金额
一、转让房地产收入总额 1=2+3		1	
其中	货币收入	2	
	实物收入及其他收入	3	
二、扣除项目金额合计 4=5+6+13+16+20		4	
1. 取得土地使用权支付的金额		5	
2. 房地产开发成本 6=7+8+9+10+11+12		6	
其中	土地征用及拆迁补偿费	7	
	前期工程费	8	
	建筑安装工程费	9	
	基础设施费	10	
	公共配套设施费	11	
	开发间接费用	12	

<table>
<tr><td colspan="2">3. 房地产开发费用 13＝14＋15</td><td>13</td><td></td></tr>
<tr><td rowspan="2">其中</td><td>利息支出</td><td>14</td><td></td></tr>
<tr><td>其他房地产开发费用</td><td>15</td><td></td></tr>
<tr><td colspan="2">4. 与转让房地产有关的税金等 16＝17＋18＋19</td><td>16</td><td></td></tr>
<tr><td rowspan="3">其中</td><td>增值税</td><td>17</td><td></td></tr>
<tr><td>城市维护建设税</td><td>18</td><td></td></tr>
<tr><td>教育费附加</td><td>19</td><td></td></tr>
<tr><td colspan="2">5. 财政部规定的其他扣除项目</td><td>20</td><td></td></tr>
<tr><td colspan="2">三、增值额 21＝1－4</td><td>21</td><td></td></tr>
<tr><td colspan="2">四、增值额与扣除项目金额之比（％）22＝21÷4</td><td>22</td><td></td></tr>
<tr><td colspan="2">五、适用税率（％）</td><td>23</td><td></td></tr>
<tr><td colspan="2">六、速算扣除系数（％）</td><td>24</td><td></td></tr>
<tr><td colspan="2">七、应缴土地增值税税额 25＝21×23－4×24</td><td>25</td><td></td></tr>
<tr><td colspan="2">八、已缴土地增值税税额</td><td>26</td><td></td></tr>
<tr><td colspan="2">九、应补（退）土地增值税税额 27＝25－26</td><td>27</td><td></td></tr>
</table>

<table>
<tr><td colspan="2">如纳税人填报，由纳税人填写以下各栏</td><td colspan="4">如委托代理人填报，由代理人填写以下各栏备注</td><td>备　注</td></tr>
<tr><td rowspan="3">会计主管（签章）</td><td rowspan="3">纳税人（公章）</td><td>代理人名称</td><td></td><td rowspan="2" colspan="2">代理人（公章）</td><td></td></tr>
<tr><td>代理人地址</td><td></td><td></td></tr>
<tr><td>代理人姓名</td><td></td><td>电话</td><td></td><td></td></tr>
<tr><td colspan="7">以下由税务机关填写</td></tr>
<tr><td>收到申报表日期</td><td colspan="3"></td><td>接收人</td><td colspan="2"></td></tr>
</table>

表 10-3　土地增值税纳税申报表（二）

（非从事房地产开发的纳税人适用）

填表日期：　　年　　月　　日

纳税人识别号：□□□□□□□□□□□□□□□□□□　　　　金额单位：人民币元（列至角分）

<table>
<tr><td>纳税人名称</td><td colspan="2"></td><td>税款所属时期</td><td></td></tr>
<tr><td colspan="3">项　目</td><td>行次</td><td>金　额</td></tr>
<tr><td colspan="3">一、转让房地产收入总额 1=2+3</td><td>1</td><td></td></tr>
<tr><td rowspan="2">其中</td><td colspan="2">货币收入</td><td>2</td><td></td></tr>
<tr><td colspan="2">实物收入及其他收入</td><td>3</td><td></td></tr>
<tr><td colspan="3">二、扣除项目金额合计 4=5+6+9</td><td>4</td><td></td></tr>
<tr><td colspan="3">1. 取得土地使用权所支付的金额</td><td>5</td><td></td></tr>
<tr><td colspan="3">2. 旧房及建筑物的评估价格 6=7×8</td><td>6</td><td></td></tr>
<tr><td rowspan="2">其中</td><td colspan="2">旧房及建筑物的重置成本价</td><td>7</td><td></td></tr>
<tr><td colspan="2">成新度折扣率</td><td>8</td><td></td></tr>
<tr><td colspan="3">3. 与转让房地产有关的税金等 9=10+11+12+13</td><td>9</td><td></td></tr>
<tr><td rowspan="4">其中</td><td colspan="2">增值税</td><td>10</td><td></td></tr>
<tr><td colspan="2">城市维护建设税</td><td>11</td><td></td></tr>
<tr><td colspan="2">印花税</td><td>12</td><td></td></tr>
<tr><td colspan="2">教育费附加</td><td>13</td><td></td></tr>
<tr><td colspan="3">三、增值额 14=1-4</td><td>14</td><td></td></tr>
<tr><td colspan="3">四、增值额与扣除项目金额之比（%）15=14÷4</td><td>15</td><td></td></tr>
<tr><td colspan="3">五、适用税率（%）</td><td>16</td><td></td></tr>
<tr><td colspan="3">六、速算扣除系数（%）</td><td>17</td><td></td></tr>
<tr><td colspan="3">七、应缴土地增值税税额 18=14×16-4×17</td><td>18</td><td></td></tr>
</table>

<table>
<tr><td colspan="2">如纳税人填报，由纳税人填写以下各栏</td><td colspan="4">如委托代理人填报，由代理人填写以下各栏</td><td>备注</td></tr>
<tr><td rowspan="3">会计主管（签章）</td><td rowspan="3">纳税人（公章）</td><td>代理人名称</td><td></td><td colspan="2" rowspan="2">代理人（公章）</td><td></td></tr>
<tr><td>代理人地址</td><td></td><td></td></tr>
<tr><td>代理人姓名</td><td></td><td>电话</td><td></td><td></td></tr>
<tr><td colspan="7">以下由税务机关填写</td></tr>
<tr><td>收到申报表日期</td><td colspan="3"></td><td>接收人</td><td colspan="2"></td></tr>
</table>

第11章 城镇土地使用税和耕地占用税

导语：城镇土地使用税和耕地占用税都是政府通过经济手段提高单位和个人使用土地的成本，引导合理使用土地的税种。城镇土地使用税对拥有土地使用权的单位和个人，以其实际占用的土地面积为计税依据，按年计征，有利于促进土地合理使用，调节土地级差收入，筹集地方财政资金；耕地占用税对占用耕地建房或从事其他非农业建设的单位和个人，根据其实际占用的耕地面积一次性征收，属于对特定土地资源占用的课税，有利于发挥保护耕地的引导作用。

教学目标：

1. 掌握城镇土地使用税的征税要素。
2. 掌握耕地占用税的征税要素。

11.1 城镇土地使用税

11.1.1 纳税人与征税范围

1. 纳税人

城镇土地使用税是以国有土地或集体土地为征税对象，对拥有土地使用权的单位和个人征收的一种税。个人包括个体工商户以及其他个人。

在城市、县城、建制镇、工矿区范围内使用土地的单位和个人，为城镇土地使用税的纳税人。具体包括以下几类：

（1）拥有土地使用权的单位和个人。

（2）拥有土地使用权的单位和个人不在土地所在地的，其土地的实际使用人和代管人为纳税人。

（3）土地使用权未确定或权属纠纷未解决的，其实际使用人为纳税人。

（4）土地使用权共有的，共有各方都是纳税人，由共有各方分别纳税。

（5）在城镇土地使用税征税范围内，承租集体所有建设用地的，由直接从集体经济组织承租土地的单位和个人缴纳城镇土地使用税。

如果几个人或几个单位共同拥有一块土地的使用权，拥有使用权的每一个人或每一个单位应以其实际使用的土地面积占总面积的比例分别计算缴纳土地使用税。

法规运用案例

某城市的甲与乙共同拥有一块土地的使用权，该土地的面积为 1 500 平方米，甲实际使用 1/3，乙实际使用 2/3，则甲应是 500 平方米土地的城镇土地使用税纳税人，乙是 1 000 平方米土地的城镇土地使用税纳税人。

---

2. 征税范围

城镇土地使用税的征税范围包括在城市、县城、建制镇和工矿区内的国家所有及集体所有的土地。

城市是指经国务院批准建立的市，包括市区和郊区；县城是指县人民政府所在地的城镇；建制镇是指经省、自治区、直辖市人民政府批准设立的镇；工矿区是指工商业比较发达，人口比较集中，符合国务院规定的建制镇标准，但尚未设立建制镇的大中型工矿企业所在地。

11.1.2 税率、计税依据和应纳税额的计算

1. 税率

城镇土地使用税采用定额税率。每平方米土地的年税额规定如下：

（1）大城市为 1.5 元至 30 元。

（2）中等城市为 1.2 元至 24 元。

（3）小城市为 0.9 元至 18 元。

（4）县城、建制镇、工矿区为 0.6 元至 12 元。

在从量计征的情况下，实行幅度税额在一定程度上体现了税负随土地经济价值的变化而变化，并能调节不同地区、不同地段之间的土地级差收益。假定某城市的土地分为六个等级，那么城市商业中心等黄金地段，每平方米的年税额可能达到 30 元，最低的 6 级土地可能为 1.5 元。

政策应用提示：

对于经济落后地区，城镇土地使用税的适用税额标准可适当降低，但降低额不得超过上述规定的最低税额标准的 30%；经济发达地区的适用税额标准可以适当提高，但

须报财政部批准。

2. 计税依据

以纳税人实际占用的土地面积为计税依据，土地面积的计量标准为每平方米。纳税人实际占用的土地面积按下列办法确定：

（1）由省、自治区、直辖市人民政府确定的单位组织测定土地面积的，以测定的面积为准。

（2）尚未组织测量，但纳税人持有政府部门核发的土地使用证书的，以证书确认的土地面积为准。

（3）尚未核发土地使用证书的，应由纳税人申报土地面积，据以纳税，待核发土地使用证以后再做调整。

（4）对在城镇土地使用税征税范围内单独建造的地下建筑的用地，按规定征收城镇土地使用税。其中，已取得地下土地使用权证的，按土地使用权证确认的土地面积计算应征税款；未取得地下土地使用权证或地下土地使用权证上未标明土地面积的，按地下建筑垂直投影面积计算应征税款。

对上述地下建筑用地暂按应征税款的50%征收城镇土地使用税。

3. 应纳税额的计算

年应纳税额=实际占用应税土地面积(平方米)×适用税率

政策实训

某公司办公楼占用的土地面积为1 000平方米，建筑面积为5 000平方米。其中，生活办公用地为300平方米。该企业所在地城镇土地使用税的年税额为每平方米5元。计算其全年应纳的城镇土地使用税税额。

解析：

全年应纳税额=1 000×5=5 000（元）

11.1.3　税收优惠与征收管理

1. 下列土地免缴土地使用税

（1）国家机关、人民团体、军队自用的土地。

（2）由国家财政部门拨付事业经费的单位自用的土地。

（3）宗教寺庙、公园、名胜古迹自用的土地。

（4）市政街道、广场、绿化地带等公共用地。

（5）直接用于农、林、牧、渔业的生产用地。

（6）经批准开山填海整治的土地和改造的废弃土地，从使用的月份起免缴土地使用税5～10年。

（7）由财政部另行规定免税的能源、交通、水利设施用地和其他用地。

2. 征收管理

城镇土地使用税按年计算、分期缴纳，具体纳税期限由省、自治区、直辖市人民政府确定。

纳税人占用土地，一般是从次月起产生城镇土地使用税的纳税义务，只有新征用耕地是从批准征用之日起满一年时开始缴纳城镇土地使用税。

纳税地点为土地所在地，由土地所在地的税务机关负责征收。由此可见，城镇土地使用税的属地性强。

11.2 耕地占用税

11.2.1 纳税人与征税范围

1. 纳税人

耕地占用税的纳税人是指在我国境内占用耕地建设建筑物、构筑物或者从事非农业建设的单位和个人。

具体情形包括：①经批准占用耕地的，纳税人为农用地转用审批文件中标明的建设用地人；②农用地转用审批文件中未标明建设用地人的，纳税人为用地申请人，其中用地申请人为各级人民政府的，由同级土地储备中心、自然资源主管部门或政府委托的其他部门、单位履行耕地占用税申报纳税义务。③未经批准占用耕地的，纳税人为实际用地人。

2. 征税范围

耕地占用税的征税范围是在我国境内占用耕地建设建筑物、构筑物或者从事非农业建设的行为。

耕地是指用于种植农作物的土地，包括菜地、园地。其中，园地是指花圃、苗圃、茶园、果园、桑园和其他种植经济林木的土地，包括种植桑树、可可、咖啡、油棕、胡椒、药材等其他多年生作物的园地。

占用鱼塘及其他农用土地建房或从事其他非农业建设，也视同占用耕地，应征收耕地占用税。占用已开发从事种植、养殖的滩涂、草场、水面和林地等从事非农业建设，由省、自治区、直辖市本着有利于保护土地资源和生态平衡的原则，结合具体情况确定是否征收耕地占用税。耕地范围及占用耕地的理解见表 11－1。

表 11－1　耕地范围及占用耕地的理解

耕地的范围	(1) 耕地的内涵——耕地是指用于种植农作物的土地。 (2) 耕地的外延——农用地包括园地、林地、草地、农田水利用地、养殖水面、渔业水域滩涂以及其他农用地。
耕地的占用	(1) 占用耕地建设建筑物、构筑物或者从事非农业建设的。 (2) 因挖损、采矿塌陷、压占、污染等损毁耕地属于税法所称的非农业建设，应缴纳耕地占用税（非农业用途）。

要点提示：

占用耕地建设农田水利设施的，不缴纳耕地占用税。占用农用地建设直接为农业生产服务的生产设施的，不缴纳耕地占用税。

政策实训

根据耕地占用税的有关规定，下列属于耕地占用税征税范围的有（　　）。

A. 果园　　　　B. 花圃

C. 茶园　　　　D. 菜地

答案：ABCD

11.2.2 税率、计税依据和应纳税额的计算

1. 税率

耕地占用税实行四级地区差别幅度定额税率。每级税额中最高单位税额是最低单位税额的5倍。考虑到不同地区之间客观条件的差别以及与此相关的税收调节力度和纳税人负担能力等方面的差别，耕地占用税在税率设计上采用了地区差别定额税率。

（1）人均耕地不超过一亩的地区（以县、自治县、不设区的市、市辖区为单位，下同），每平方米为10元至50元。

（2）人均耕地超过一亩但不超过二亩的地区，每平方米为8元至40元。

（3）人均耕地超过二亩但不超过三亩的地区，每平方米为6元至30元。

（4）人均耕地超过三亩的地区，每平方米为5元至25元。

各地区耕地占用税的适用税额，由省、自治区、直辖市人民政府根据人均耕地面积和经济发展等情况，在规定的税额幅度内提出，报同级人民代表大会常务委员会决定，并报全国人民代表大会常务委员会和国务院备案。各省、自治区、直辖市耕地占用税适用税额的平均水平，不得低于税法规定的平均税额。各省、自治区、直辖市耕地占用税平均税额表见表11-2。

表11-2 各省、自治区、直辖市耕地占用税平均税额表

省、自治区、直辖市	平均税额（元/平方米）
上海	45
北京	40
天津	35
江苏、浙江、福建、广东	30
辽宁、湖北、湖南	25
河北、安徽、江西、山东、河南、重庆、四川	22.5
广西、海南、贵州、云南、陕西	20
山西、吉林、黑龙江	17.5
内蒙古、西藏、甘肃、青海、宁夏、新疆	12.5

在人均耕地低于零点五亩的地区，省、自治区、直辖市可以根据当地经济发展情况，适当提高耕地占用税的适用税额，但提高的部分不得超过税法规定适用税额的百分之五十。

占用基本农田，加按150%征收耕地占用税。基本农田是指依据《中华人民共和国基本农田保护条例》划定的基本农田保护区范围内的耕地。

2. 计税依据

以纳税人实际占用的属于耕地占用税征税范围的土地面积为计税依据。

3. 税额计算与征收方法

耕地占用税实行一次性征收。

应纳税额＝应税土地面积×适用税额

政策实训

假设某市一家企业经批准，占用种植园地100 000平方米建立研发机构，当地规定的适用定额税率为20元/平方米。如何计算该企业应纳耕地占用税?

解析：

应纳税额＝100 000×20＝2 000 000（元）

11.2.3 税收优惠与征收管理

1. 税收优惠

（1）军事设施、学校、幼儿园、社会福利机构、医疗机构占用耕地，免征耕地占用税。

（2）铁路线路、公路线路、飞机场跑道、停机坪、港口、航道、水利工程占用耕地，减按每平方米2元的税额征收耕地占用税。

（3）农村居民在规定用地标准以内占用耕地新建自用住宅，按照当地适用的税额减半征收耕地占用税；其中，农村居民经批准搬迁，新建自用住宅占用耕地不超过原宅基地面积的部分，免征耕地占用税。

（4）农村烈士遗属、因公牺牲军人遗属、残疾军人以及符合农村最低生活保障条件的农村居民，在规定用地标准以内新建自用住宅，免征耕地占用税。

根据国民经济和社会发展的需要，国务院可以规定免征或者减征耕地占用税的其他情形，报全国人民代表大会常务委员会备案。

政策应用提示：

1. 纳税人改变原占地用途，不再属于免征或者减征耕地占用税情形的，应当补缴耕地占用税。

2. 医疗机构内职工住房占用耕地的、学校内经营性场所和教职工住房占用耕地的，按照当地的适用税额缴纳耕地占用税。专用铁路和铁路专用线占用耕地的、专用公路和城区内机动车道占用耕地的，按照当地的适用税额缴纳耕地占用税。

2. 征收管理

情景导入

某石油公司因地质勘查临时占用耕地，应当如何缴纳耕地占用税?

纳税义务发生时间为纳税人收到自然资源主管部门办理占用耕地手续的书面通知的当日。纳税人应当自纳税义务发生之日起 30 日内申报缴纳耕地占用税。未经批准占用耕地的，纳税义务发生时间为自然资源主管部门认定的纳税人实际占用耕地的当日。

因挖损、采矿塌陷、压占、污染等损毁耕地的纳税义务发生时间为自然资源、农业农村等相关部门认定损毁耕地的当日。

纳税人因建设项目施工或者地质勘查临时占用耕地，应当依照规定缴纳耕地占用税。纳税人在批准临时占用耕地期满之日起一年内依法复垦、恢复种植条件的，全额退还已经缴纳的耕地占用税。临时占用耕地是指经自然资源主管部门批准，在一般不超过 2 年内临时使用耕地并且没有修建永久性建筑物的行为。

情景解析:

石油公司因地质勘查临时占用耕地，应当先缴纳耕地占用税。在批准临时占用耕地期满之日起一年内依法复垦、恢复种植条件的，全额退还已经缴纳的耕地占用税。

第12章 车辆购置税、车船税和船舶吨税

导语：车辆购置税是以在中国境内购置应税车辆为课税对象，向车辆购置者从价定率征收的一次性税种，属于中央税；车船税是对我国境内应税车辆、船舶的所有人或者管理人采用从量定额方式按年征收的税种，属于地方税；船舶吨税是对自境外港口进入境内港口的船舶按净吨位征收的税种，也是国际通行税种，具有对境外船舶征收港口设施使用费的性质，属于中央税。上述三税均以车船为征税对象，在不同的环节发挥筹集财政资金以及一定的调节功能。

教学目标：

1. 掌握车辆购置税的征税要素。
2. 掌握车船税的征税要素。
3. 掌握船舶吨税的征税要素。

12.1 车辆购置税

12.1.1 纳税人、征税范围及适用税率

1. 纳税人与征税范围

情景导入

李女士购置了一辆排气量为125毫升的摩托车，需要申报缴纳车辆购置税吗？陈先

生在某市4S店买了一辆原装进口车，应按购买自用还是进口自用车辆计算车辆购置税？赵先生在二手车市场购买了一辆已完税的应税车辆，还需要缴纳车辆购置税吗？

车辆购置税的纳税人是在我国境内购置汽车、有轨电车、汽车挂车、排气量超过150毫升的摩托车（以下统称“应税车辆”）的单位和个人。其中，购置是指以购买、进口、自产、受赠、获奖或者其他方式取得并自用应税车辆的行为。车辆购置税实行一次性征收。如果购置已征车辆购置税的车辆，不再征收车辆购置税。车辆购置税的范围是汽车、有轨电车、汽车挂车、排气量超过150毫升的摩托车。

政策应用提示：

纳税人进口自用应税车辆，是指纳税人直接从境外进口或者委托代理进口自用的应税车辆，不包括在境内购买的进口车辆。

要点提示：

地铁、轻轨等城市轨道交通车辆，装载机、平地机、挖掘机、推土机等轮式专用机械车，以及起重机（吊车）、叉车、电动摩托车，不属于应税车辆。

知识链接

为适应我国社会经济发展水平，充分保障和改善民生，《中华人民共和国车辆购置税法》与《中华人民共和国车辆购置税暂行条例》相比，对征税范围进行了一定的调整，将原条例规定的汽车、摩托车、电车、挂车、农用运输车五类，调整合并为汽车、有轨电车、汽车挂车、排气量超过150毫升的摩托车四类。具体来说：①将原条例中属于“电车”的“无轨电车”和“有轨电车”进行了重新归并，前者并入“汽车”，后者单独作为一类应税车辆。②根据现行国标，将“农用运输车”并入“汽车”类别。③将原来的“挂车”调整为“汽车挂车”。④缩小了“摩托车”的征税范围，排气量为150毫升及以下的摩托车不再属于车辆购置税的征税范围。

---

2. 适用税率

车辆购置税实行统一比例税率，税率为10%。

12.1.2 计税依据与应纳税额的计算

情景导入

张女士在4S店购买车辆自用，另支付工具件和零配件价款2万元，所支付款项均由该汽车4S店开具机动车销售统一发票和有关票据。在这种情形下，支付的工具件和零配件价款是否应缴纳车辆购置税？

应纳税额＝计税价格×税率

车辆购置税实行从价定率、价外征收的方法计算应纳税额，应税车辆的计税价格是车辆购置税的计税依据。由于应税车辆的来源不同，计税价格的组成也不同。

1. 购买自用应税车辆

纳税人购买自用应税车辆的计税价格，为纳税人实际支付给销售者的全部价款，不包括增值税税款。

$$\text{计税价格}=\text{实际支付给销售者的含增值税的全部价款}\div\left(1+\text{增值税税率或征收率}\right)$$

纳税人购买自用应税车辆实际支付给销售者的全部价款，依据纳税人购买应税车辆时相关凭证载明的价格确定，不包括增值税税款。

政策应用提示：

1. 自2020年6月1日起，纳税人购置应税车辆在办理车辆购置税纳税申报时，以发票电子信息中的不含税价作为申报计税价格。纳税人依据相关规定提供其他有效价格凭证的情形除外。

2. 应税车辆存在多条发票电子信息或者没有发票电子信息的，纳税人应当持机动车销售统一发票、购车合同及其他能够反映真实交易的材料到税务机关办理车辆购置税纳税申报，按照购置应税车辆实际支付给销售方的不含增值税全部价款申报纳税。

法规运用案例

李先生购买一辆小轿车，取得的机动车销售统一发票上注明的“价税合计”金额为33.9万元。其中，不含税价格为30万元，增值税税额为3.9万元，如何计算应纳车辆购置税？

解析：

应纳车辆购置税＝30×10%＝3（万元）

2. 进口自用应税车辆

纳税人进口自用应税车辆的计税价格，为关税完税价格加上关税和消费税，也可用以下公式计算：

计税价格＝(关税完税价格＋关税)÷(1－消费税税率)

法规运用案例

某企业从境外购买一辆自用的小汽车，报关进口时缴纳关税4.5万元，缴纳消费税2.7万元，海关进口关税专用缴款书上注明的关税完税价格为30万元。如何计算应纳车辆购置税？

解析：

该进口车的计税价格＝关税完税价格＋关税＋消费税

＝30＋4.5＋2.7＝37.2（万元）

应纳车辆购置税＝37.2×10%＝3.72（万元）

政策应用提示：

1. 进口自用应税车辆计征车辆购置税的计税依据，与进口方计算进口环节增值税、消费税的计税依据一致。

2. 在境内购买自用的进口车辆与进口自用车辆的计税依据不同，前者属于购买自用车辆，后者属于进口自用车辆。

3. 纳税人自产自用应税车辆的计税价格，按照纳税人生产的同类应税车辆的销售价格确定，不包括增值税税款。

4. 纳税人以受赠、获奖或者其他方式取得自用应税车辆的计税价格，按照购置应税车辆时相关凭证载明的价格确定，不包括增值税税款。

5. 纳税人申报的应税车辆计税价格明显偏低且无正当理由的，由税务机关依照《税收征管法》的规定核定其应纳税额。

6. 纳税人以外汇结算应税车辆价款的，按照申报纳税之日的人民币汇率中间价折合成人民币计算缴纳税款。

12.1.3 税收优惠

下列车辆免征车辆购置税：

（1）依照法律规定应当予以免税的外国驻华使馆、领事馆和国际组织驻华机构及其有关人员自用的车辆。

（2）中国人民解放军和中国人民武装警察部队列入装备订货计划的车辆。

（3）悬挂应急救援专用号牌的国家综合性消防救援车辆。

（4）设有固定装置的非运输专用作业车辆。

（5）城市公交企业购置的公共汽电车辆。

根据国民经济和社会发展的需要，国务院可以规定减征或者其他免征车辆购置税的情形，报全国人民代表大会常务委员会备案。

政策应用提示：

免税、减税车辆因转让、改变用途等原因不再属于免税、减税范围的，纳税人应当在办理车辆转移登记或者变更登记前缴纳车辆购置税。计税价格以免税、减税车辆初次办理纳税申报时确定的计税价格为基准，每满一年扣减百分之十。

12.1.4 征收管理

（1）纳税义务发生时间与纳税期限。纳税义务发生时间为纳税人购置应税车辆的当日。纳税人应当自纳税义务发生之日起六十日内申报缴纳车辆购置税。纳税人应当在向公安机关交通管理部门办理车辆注册登记前，缴纳车辆购置税。

（2）纳税地点。纳税人购置应税车辆，应当向车辆登记地的主管税务机关申报缴纳车辆购置税；购置不需要办理车辆登记的应税车辆，应当向纳税人所在地的主管税务机关申报缴纳车辆购置税。

(3) 退税管理。纳税人将已征车辆购置税的车辆退回车辆生产企业或者销售企业的，可以向主管税务机关申请退还车辆购置税。退税额以已缴税款为基准，自缴纳税款之日至申请退税之日，每满一年扣减百分之十。

应退税额=已纳税额×(1−使用年限×10%)

使用年限的计算方法是，自纳税人缴纳税款之日起至申请退税之日止。

12.2 车船税

12.2.1 纳税人与征税范围

情景导入

某机场购置按规定不需要办理车辆登记手续的内部使用车辆，需要缴纳车船税吗?

在我国境内属于车船税应税车辆、船舶的所有人或者管理人，为车船税的纳税人。

应税车辆、船舶是指《中华人民共和国车船税法》(以下简称《车船税法》) 所附《车船税税目税额表》规定的车辆、船舶，包括:

(1) 依法应当在车船管理部门登记的机动车辆和船舶。

(2) 依法不需要在车船管理部门登记、在单位内部场所行驶或者作业的机动车辆和船舶。

临时入境的外国车船和香港特别行政区、澳门特别行政区、台湾地区的车船，不征收车船税。

12.2.2 税目与税率

车船税实行定额税率，按《车船税税目税额表》执行，具体适用税额由省、自治区、直辖市人民政府依照《车船税法》所附《车船税税目税额表》规定的税额幅度和国务院的规定确定。

车船税确定税额的基本原则是：非机动车船的税负轻于机动车船；人力车的税负轻于畜力车；小吨位船舶的税负轻于大船舶。由于车辆与船舶的行驶情况不同，车船税的税额也有所不同，见表 12-1。

拖船按照发动机功率每 1 千瓦折合净吨位 0.67 吨计算征收车船税。

《车船税税目税额表》中所涉及的排气量、整备质量、核定载客人数、净吨位、艇身长度，以车船登记管理部门核发的车船登记证书或者行驶证所载数据为准。

依法不需要办理登记的车船和依法应当登记而未办理登记或者不能提供车船登记证

书、行驶证的车船，以车船出厂合格证明或者进口凭证标注的技术参数、数据为准；不能提供车船出厂合格证明或者进口凭证的，由主管税务机关参照国家相关标准核定，没有国家相关标准的参照同类车船核定。

表 12－1 车船税税目税额表

<table>
<tr><th colspan="2">税目</th><th>计税单位</th><th>年基准税额（元）</th><th>备注</th></tr>
<tr><td rowspan="7">乘用车［按发动机气缸容量（排气量）分档］</td><td>1.0升（含）以下的</td><td rowspan="7">每辆</td><td>60～360</td><td rowspan="7">核定载客人数 9 人（含）以下</td></tr>
<tr><td>1.0升以上至1.6升（含）的</td><td>300～540</td></tr>
<tr><td>1.6升以上至2.0升（含）的</td><td>360～660</td></tr>
<tr><td>2.0升以上至2.5升（含）的</td><td>660～1 200</td></tr>
<tr><td>2.5升以上至3.0升（含）的</td><td>1 200～2 400</td></tr>
<tr><td>3.0升以上至4.0升（含）的</td><td>2 400～3 600</td></tr>
<tr><td>4.0升以上的</td><td>3 600～5 400</td></tr>
<tr><td rowspan="2">商用车</td><td>客车</td><td>每辆</td><td>480～1 440</td><td>核定载客人数 9 人以上，包括电车</td></tr>
<tr><td>货车</td><td>整备质量每吨</td><td>16～120</td><td>包括半挂牵引车、三轮汽车和低速载货汽车等</td></tr>
<tr><td>挂车</td><td></td><td>整备质量每吨</td><td>按照货车税额的 50%计算</td><td></td></tr>
<tr><td rowspan="2">其他车辆</td><td>专用作业车</td><td>整备质量每吨</td><td>16～120</td><td rowspan="2">不包括拖拉机</td></tr>
<tr><td>轮式专用机械车</td><td>整备质量每吨</td><td>16～120</td></tr>
<tr><td>摩托车</td><td></td><td>每辆</td><td>36～180</td><td></td></tr>
<tr><td rowspan="2">船舶</td><td>机动船舶</td><td>净吨位每吨</td><td>3～6</td><td>拖船、非机动驳船分别按照机动船舶税额的 50%计算</td></tr>
<tr><td>游艇</td><td>艇身长度每米</td><td>600～2 000</td><td></td></tr>
</table>

12.2.3 应纳税额的计算与代收

从事机动车第三者责任强制保险业务的保险机构为机动车车船税的扣缴义务人，应当在收取保险费时依法代收车船税，并出具代收税款凭证。

（1）对于购置的新车船，购置当年的应纳税额自纳税义务发生的当月起按月计算。其计算公式为：

应纳税额＝(年应纳税额÷12)×应纳税月份数

应纳税月份数＝12－纳税义务发生时间(取月份)＋1

(2) 在一个纳税年度内，已完税的车船被盗抢、报废、灭失的，纳税人可以凭有关管理机关出具的证明和完税证明，向纳税所在地的主管税务机关申请退还自被盗抢、报废、灭失月份起至该纳税年度终了期间的税款。

(3) 已办理退税的被盗抢车船，失而复得的，纳税人应当从公安机关出具相关证明的当月起计算缴纳车船税。

(4) 在一个纳税年度内，纳税人在非车辆登记地由保险机构代收代缴机动车车船税，且能够提供合法有效完税证明的，纳税人不再向车辆登记地的地方税务机关缴纳车船税。

(5) 已缴纳车船税的车船在同一纳税年度内办理转让过户的，不另纳税，也不退税。

法规运用案例

2021 年 1 月，某企业缴纳了 2 辆客车的车船税，其中一辆 6 月被盗，已办理车船税退还手续；10 月，该被盗客车由公安机关找回并出具证明，企业补缴了车船税。该类型客车的年基准税额为 600 元/辆。2021 年该企业实际缴纳的车船税总计是多少？

解析：该企业一辆车应缴纳全年的税额；另一辆车应缴纳 8 个月的税额。

当年实缴车船税总计＝1×600＋600÷12×8＝1 000（元）

12.2.4 税收优惠

(1) 下列车船免征车船税：

1) 捕捞、养殖渔船。

2) 军队、武装警察部队专用的车船。

3) 警用车船。

4) 悬挂应急救援专用号牌的国家综合性消防救援车辆和国家综合性消防救援专用船舶。

5) 新能源车船。

免征车船税的新能源汽车是指纯电动商用车、插电式（含增程式）混合动力汽车、燃料电池商用车。纯电动乘用车和燃料电池乘用车不属于车船税征税范围，对其不征车船税。

免征车船税的新能源汽车应同时符合以下标准：①获得许可在中国境内销售的纯电动商用车、插电式（含增程式）混合动力汽车、燃料电池商用车；②符合新能源汽车产品相关技术标准；③通过新能源汽车专项检测，符合新能源汽车相关标准；④新能源汽车生产企业或进口新能源汽车经销商在产品质量保证、产品一致性、售后服务、安全监测、动力电池回收利用等方面符合相关要求。

免征车船税的新能源船舶应符合以下标准：船舶的主推进动力装置为纯天然气发动机。发动机采用微量柴油引燃方式且引燃油热值占全部燃料总热值的比例不超过 5%

的，视同纯天然气发动机。

（2）节能汽车，减半征收车船税。减半征收车船税的节能乘用车应同时符合以下标准：①获得许可在中国境内销售的排量为1.6升以下（含1.6升）的燃用汽油、柴油的乘用车（含非插电式混合动力、双燃料和两用燃料乘用车）；②综合工况燃料消耗量应符合相关标准。

减半征收车船税的节能商用车应同时符合以下标准：①获得许可在中国境内销售的燃用天然气、汽油、柴油的轻型和重型商用车（含非插电式混合动力、双燃料和两用燃料轻型和重型商用车）；②燃用汽油、柴油的轻型和重型商用车综合工况燃料消耗量应符合相关标准。

（3）省、自治区、直辖市人民政府根据当地实际情况，可以对公共交通车船、农村居民拥有并主要在农村地区使用的摩托车、三轮汽车和低速载货汽车定期减征或者免征车船税。

12.2.5 征收管理

1. 纳税时限

车船税的纳税义务发生时间为取得车船所有权或者管理权的当月。以购买车船的发票或其他证明文件所载日期的当月为准。

车船税按年申报，分月计算，一次性缴纳。纳税年度为公历1月1日至12月31日。

2. 纳税地点

车船税的纳税地点为车船的登记地或者车船税扣缴义务人所在地。

（1）扣缴义务人代收代缴车船税的，纳税地点为扣缴义务人所在地。

（2）纳税人自行申报缴纳车船税的，纳税地点为车船登记地的主管税务机关所在地。

（3）依法不需要办理登记的车船，纳税地点为车船所有人或者管理人主管税务机关所在地。

12.3 船舶吨税

船舶吨税是一个国际通行的税种，主要对外来船舶使用本国港口设施征收，具有使用费的性质。船舶通行要使用灯塔、航标等，需要支付一定的费用，所以有的国家形象地将其称为“灯塔税”。

根据《中华人民共和国船舶吨税法》，船舶在从境外港口进入我国港口办理入境手续的时候，要向海关申报纳税并领取吨税执照（相当于纳税证明），执照期限分为30日、90日、1年三种。如果执照在有效期内，船舶入港时出示执照或者核验电子信息即可。船舶在离开港口办理出境手续时，也要核验吨税执照信息。

12.3.1 征税范围

自中华人民共和国境外港口进入境内港口的船舶，应当缴纳船舶吨税（以下简称“吨税”）。

要点提示：

界定是不是应税船舶，不是看船舶的国籍，而是行使地域管辖权，只要船舶从境外港口进入境内港口，不论船籍国是中国的，还是其他国家或地区的，都要纳税。

12.3.2 税率

吨税有优惠税率和普通税率，见表12-2。

优惠税率适用于两种情形：①中华人民共和国国籍的应税船舶；②船籍国（地区）与中华人民共和国签订含有相互给予船舶税费最惠国待遇条款的条约或者协定的应税船舶。

除上述两种情形之外的其他应税船舶，适用普通税率。

表12-2 船舶吨税税目税率表

<table>
<tr><th rowspan="3">税目
（按船舶净吨位划分）</th><th colspan="6">税率（元/净吨）</th><th rowspan="3">备注</th></tr>
<tr><th colspan="3">普通税率
（按执照期限划分）</th><th colspan="3">优惠税率
（按执照期限划分）</th></tr>
<tr><th>1年</th><th>90日</th><th>30日</th><th>1年</th><th>90日</th><th>30日</th></tr>
<tr><td>不超过2 000净吨</td><td>12.6</td><td>4.2</td><td>2.1</td><td>9.0</td><td>3.0</td><td>1.5</td><td rowspan="4">1. 拖船按照发动机功率每千瓦折合净吨位0.67吨。
2. 无法提供净吨位证明文件的游艇，按照发动机功率每千瓦折合净吨位0.05吨。
3. 拖船和非机动驳船分别按相同净吨位船舶税率的50%计征税款。</td></tr>
<tr><td>超过2 000净吨，但不超过10 000净吨</td><td>24.0</td><td>8.0</td><td>4.0</td><td>17.4</td><td>5.8</td><td>2.9</td></tr>
<tr><td>超过10 000净吨，但不超过50 000净吨</td><td>27.6</td><td>9.2</td><td>4.6</td><td>19.8</td><td>6.6</td><td>3.3</td></tr>
<tr><td>超过50 000净吨</td><td>31.8</td><td>10.6</td><td>5.3</td><td>22.8</td><td>7.6</td><td>3.8</td></tr>
</table>

注：拖船是指专门用于拖（推）动运输船舶的专业作业船舶。

12.3.3 应纳税额的计算

吨税按照船舶净吨位和吨税执照期限征收。

净吨位是指由船籍国（地区）政府授权签发的船舶吨位证明书上标明的净吨位；吨税执照期限分为30日、90日、1年三类。应税船舶负责人在每次申报纳税时，可以根据实际需要，选择申领一种期限的吨税执照。吨税应纳税额的计算公式为：

应纳税额＝船舶净吨位×定额税率

小知识：

净吨位是容积的概念，是指从容积总吨位中扣除不作为营业用的空间，如船员的生活起居场所、船舶机械和装置所占场所等，扣除这些非营业用空间以后所剩余的吨位。

法规运用案例

A 国某运输公司的一艘货轮驶入我国某港口，该货轮的净吨位为 3 万吨，货轮负责人选择 90 天期缴纳船舶吨税，A 国已与我国签订有相互给予船舶税费最惠国待遇条款。如何计算船舶吨税?

解析：该货轮适用优惠税率。

应缴纳船舶吨税＝30 000×6.6＝198 000（元）

12.3.4 税收优惠

1. 免征吨税

（1）应纳税额在人民币 50 元以下的船舶。

（2）自境外以购买、受赠、继承等方式取得船舶所有权的初次进口到港的空载船舶。

（3）吨税执照期满后 24 小时内不上下客货的船舶。

（4）非机动船舶（不包括非机动驳船）。非机动船舶是指自身没有动力装置，依靠外力驱动的船舶。非机动驳船是指在船舶登记机关登记为驳船的非机动船舶。

（5）捕捞、养殖渔船。捕捞、养殖渔船是指在中华人民共和国渔业船舶管理部门登记为捕捞船或者养殖船的船舶。

（6）避难、防疫隔离、修理、改造、终止运营或者拆解，并不上下客货的船舶。

（7）军队、武装警察部队专用或者征用的船舶。

（8）警用船舶。

（9）依照法律规定应当予以免税的外国驻华使领馆、国际组织驻华代表机构及其有关人员的船舶。

（10）国务院规定的其他船舶。本条免税规定，由国务院报全国人民代表大会常务委员会备案。

2. 延期优惠

在吨税执照期限内，应税船舶发生下列情形之一的，海关按照实际发生的天数批注延长吨税执照期限：

（1）避难、防疫隔离、修理，并不上下客货。

（2）军队、武装警察部队征用。

12.3.5 征收管理

1. 征收机关

吨税由海关负责征收。海关征收吨税应当制发缴款凭证。应税船舶负责人缴纳吨税或者提供担保后，海关按照其申领的执照期限填发吨税执照。

应税船舶负责人在申领吨税执照时，应当向海关提供下列文件：船舶国籍证书或者海事部门签发的船舶国籍证书收存证明；船舶吨位证明。

2. 纳税义务发生时间及纳税担保

吨税的纳税义务发生时间为应税船舶进入港口的当日。

应税船舶到达港口前，经海关核准先行申报并办结出入境手续的，应税船舶负责人应当向海关提供与其依法履行吨税缴纳义务相适应的担保；应税船舶到达港口后，依照规定向海关申报纳税。

下列财产、权利可以用于担保：①人民币、可自由兑换货币；②汇票、本票、支票、债券、存单；③银行、非银行金融机构的保函；④海关依法认可的其他财产、权利。

第13章 印花税和烟叶税

导语：印花税的历史悠久，具有税源广、税负轻的基本特点。现行印花税对在我国境内书立应税凭证、进行证券交易的单位和个人征收。烟叶税是以烟叶收购金额为计税依据，对烟叶收购方征收的一种税，是原农业特产农业税保留下来的唯一征税项目，其征收主要是基于兼顾地方利益以及有利于烟叶产区可持续发展的考虑。

教学目标：

1. 掌握印花税的征税要素。
2. 掌握烟叶税的征税要素。

13.1 印花税

1988年8月6日国务院发布《中华人民共和国印花税暂行条例》，并自1988年10月1日起施行。2021年6月10日，第十三届全国人民代表大会常务委员会第二十九次会议通过《中华人民共和国印花税法》（以下简称《印花税法》），并自2022年7月1日起施行，《中华人民共和国印花税暂行条例》同时废止。

印花税的起源：

印花税（stamp duty）是一个古老的税种，最早发源于荷兰。1624年，荷兰政府拟以增加税收的办法解决支出困难。通过公开招标，从众多征税方案中选出以商事产权凭证为征收对象的"印花税"。由于日常生活中使用的契约、借贷凭证等类型的单据很多，印花税具有税负轻、税源广、手续简、成本低的特点，故被称为最能体现哥尔柏

(Kolebe) 所称“拔最多的鹅毛，听最少的鹅叫”这一税收艺术的税种。从 1624 年荷兰征收印花税后，由于其“取微用宏”、简便易行，在不长的时间内就成为世界上普遍施行的一个税种。中国北洋政府于 1912 年 10 月正式公布了《印花税法》，并于 1913 年正式实施。此后，印花税在中国经历了开征、缩减税目、与其他税种合并、恢复征收等变迁过程。

13.1.1 特点

（1）税源广、税负轻。随着市场经济的建立和发展，书立、领受和使用凭证的现象越来越普遍，以经济交往中合同、凭证为主要征税对象的印花税税源广泛。与此同时，印花税的税负轻，最高税率为 1‰，最低税率为 0.05‰。

（2）股票交易印花税收入占比大。1988—2020 年全国累计征收印花税超过 2.9 万亿元。其中，一般印花税收入约为 1.2 万亿元，占比 41.55%；证券交易印花税收入约为 1.7 万亿元，占比 58.45%。2020 年，全国印花税收入为 3 087 亿元。

（3）印花税可以采用纳税人自行粘贴印花税票或者由税务机关依法开具其他完税凭证的方式缴纳。

13.1.2 纳税人、扣缴义务人与征税范围

1. 纳税人

在我国境内书立应税凭证、进行证券交易的单位和个人为印花税的纳税人。

要点提示：

（1）在境外书立在境内使用的应税凭证的单位和个人，应当缴纳印花税。

（2）证券交易印花税对证券交易的出让方征收，不对受让方征收。

2. 扣缴义务人

纳税人为境外单位或者个人，在境内有代理人的，以其境内代理人为扣缴义务人；在境内没有代理人的，由纳税人自行申报缴纳印花税。

证券登记结算机构为证券交易印花税的扣缴义务人，应当向其机构所在地的主管税务机关申报解缴税款以及银行结算的利息。

3. 征税范围

应税凭证是指《印花税税目税率表》列明的合同、产权转移书据和营业账簿。

证券交易是指转让在依法设立的证券交易所、国务院批准的其他全国性证券交易场所交易的股票和以股票为基础的存托凭证。

13.1.3 税目与税率

印花税税目税率表见表 13 - 1。

表 13-1 印花税税目税率表

税目		税率	备注
合同（指书面合同）	借款合同	借款金额的万分之零点五	指银行业金融机构、经国务院银行业监督管理机构批准设立的其他金融机构与借款人（不包括同业拆借）的借款合同
	融资租赁合同	租金的万分之零点五	
	买卖合同	价款的万分之三	指动产买卖合同（不包括个人书立的动产买卖合同）
	承揽合同	报酬的万分之三	
	建设工程合同	价款的万分之三	
	运输合同	运输费用的万分之三	指货运合同和多式联运合同（不包括管道运输合同）
	技术合同	价款、报酬或者使用费的万分之三	不包括专利权、专有技术使用权转让书据
	租赁合同	租金的千分之一	
	保管合同	保管费的千分之一	
	仓储合同	仓储费的千分之一	
	财产保险合同	保险费的千分之一	不包括再保险合同
产权转移书据	土地使用权出让书据	价款的万分之五	转让包括买卖（出售）、继承、赠予、互换、分割
	土地使用权、房屋等建筑物和构筑物所有权转让书据（不包括土地承包经营权和土地经营权转移）	价款的万分之五	
	股权转让书据（不包括应缴纳证券交易印花税的）	价款的万分之五	
	商标专用权、著作权、专利权、专有技术使用权转让书据	价款的万分之三	
营业账簿		实收资本（股本）、资本公积合计金额的万分之二点五	
证券交易		成交金额的千分之一	

政策应用提示：

同一应税凭证载有两个以上税目事项并分别列明金额的，按照各自适用的税目税率分别计算应纳税额；未分别列明金额的，从高适用税率。

13.1.4 计税依据与应纳税额的计算

1. 计税依据的确定

（1）基本规定。

1）应税合同的计税依据为合同所列的金额，不包括列明的增值税税款。

2）应税产权转移书据的计税依据为产权转移书据所列的金额，不包括列明的增值税税款。

3）应税营业账簿的计税依据为账簿记载的实收资本（股本）、资本公积合计金额。

4）证券交易的计税依据为成交金额。

（2）特殊规定。

1）已缴纳印花税的营业账簿，以后年度记载的实收资本（股本）、资本公积合计金额比已缴纳印花税的实收资本（股本）、资本公积合计金额增加的，按照增加部分计算应纳税额。

2）应税合同、产权转移书据未列明金额的，按照实际结算的金额确定。计税依据按照前述规定仍不能确定的，按照书立合同、产权转移书据时的市场价格确定；依法应当执行政府定价或者政府指导价的，按照国家有关规定确定。

3）证券交易无转让价格的，按照办理过户登记手续时该证券前一个交易日收盘价计算确定计税依据；无收盘价的，按照证券面值计算确定计税依据。

2. 应纳税额的计算

应纳税额按照计税依据乘以适用税率计算。

应纳税额＝应税凭证计税金额×适用税率

政策应用提示：

同一应税凭证由两方以上当事人书立的，按照各自涉及的金额分别计算应纳税额。

政策实训

2022年10月，假定某企业发生以下有关业务事项：与其他企业订立转移专有技术使用权书据1份，所载金额为100万元；订立产品买卖合同1份，所载金额为200万元；订立借款合同1份，所载金额为400万元。如何计算该企业应缴纳的印花税？

解析：

企业订立产权转移书据应纳税额＝1 000 000×0.3‰＝300（元）

企业订立买卖合同应纳税额＝2 000 000×0.3‰＝600（元）

企业订立借款合同应纳税额＝4 000 000×0.05‰＝200（元）

当年企业应纳印花税税额＝300＋600＋200＝1 100（元）

13.1.5　税收优惠

下列凭证免征印花税：

（1）应税凭证的副本或者抄本。

（2）依照法律规定应当予以免税的外国驻华使馆、领事馆和国际组织驻华代表机构为获得馆舍书立的应税凭证。

（3）中国人民解放军、中国人民武装警察部队书立的应税凭证。

（4）农民、家庭农场、农民专业合作社、农村集体经济组织、村民委员会购买农业生产资料或者销售农产品书立的买卖合同和农业保险合同。

（5）无息或者贴息借款合同、国际金融组织向中国提供优惠贷款书立的借款合同。

（6）财产所有权人将财产赠予政府、学校、社会福利机构、慈善组织书立的产权转移书据。

（7）非营利性医疗卫生机构采购药品或者卫生材料书立的买卖合同。

（8）个人与电子商务经营者订立的电子订单。

根据国民经济和社会发展的需要，国务院对居民住房需求保障、企业改制重组、破产、支持小型微型企业发展等情形可以规定减征或者免征印花税，报全国人民代表大会常务委员会备案。

13.1.6　征收管理

1. 纳税地点

纳税人为单位的，应当向其机构所在地的主管税务机关申报缴纳印花税；纳税人为个人的，应当向应税凭证书立地或者纳税人居住地的主管税务机关申报缴纳印花税。

不动产产权发生转移的，纳税人应当向不动产所在地的主管税务机关申报缴纳印花税。

2. 纳税时间

印花税的纳税义务发生时间为纳税人书立应税凭证或者完成证券交易的当日；证券交易印花税的扣缴义务发生时间为证券交易完成的当日。

印花税按季、按年或者按次计征。实行按季、按年计征的，纳税人应当自季度、年度终了之日起十五日内申报缴纳税款；实行按次计征的，纳税人应当自纳税义务发生之日起十五日内申报缴纳税款。

证券交易印花税按周解缴。证券交易印花税的扣缴义务人应当自每周终了之日起五日内申报解缴税款以及银行结算的利息。

3. 缴纳方式

印花税可以采用粘贴印花税票或者由税务机关依法开具其他完税凭证的方式缴纳。

印花税票粘贴在应税凭证上的，由纳税人在每枚税票的骑缝处盖戳注销或者画销。

印花税票由国务院税务主管部门监制。

13.2 烟叶税

13.2.1 烟叶税的沿革

烟叶作为一种特殊产品，国家历来对其实行专卖政策，与之相适应，国家对烟叶也一直征收较高的税收和实行比较严格的税收管理。

1958 年我国颁布实施了《中华人民共和国农业税条例》，1983 年国务院以该条例为依据，选择特定农林产品征收农林特产农业税。当时，农林特产农业税的征税范围不包括烟叶，对烟叶征收产品税和工商统一税。随着 1994 年税制改革取消产品税和工商统一税，将原农林特产农业税与产品税、工商统一税中的农林牧水产品税目合并，改为统一征收农业特产农业税，烟叶也纳入农业特产农业税的征税范围。

为了促进农民增加收入，我国于 2004 年取消了除烟叶之外对其他农业特产品征收的农业特产农业税。为进一步促进“三农”发展，农业税自 2006 年 1 月 1 日起停征，退出历史舞台。烟叶税是我国原农业特产农业税保留下来的唯一征税项目，主要考虑到我国的烟叶产区多数集中在西部和边远地区，农业基础薄弱，经济结构和财源比较单一，烟叶税作为地方税，收入一般归属县、乡两级政府，是烟叶产地县、乡两级财政收入的重要来源。如果停止征收会减少当地财政收入，对推动各项事业的发展不利，同时也会影响地方政府引导和发展烟叶种植的积极性，从而影响卷烟工业的持续稳定发展。为了保持政策的连续性，充分兼顾地方利益以及有利于烟叶产区的可持续发展，国务院决定以烟叶税取代原烟叶特产农业税。2006 年 4 月 28 日，国务院公布《中华人民共和国烟叶税暂行条例》，并自公布之日起施行。至此，烟叶税成为一个单行税种。2017 年 12 月 27 日第十二届全国人民代表大会常务委员会第三十一次会议通过《中华人民共和国烟叶税法》，并自 2018 年 7 月 1 日起施行。

烟叶税与对卷烟等烟草制品征收的增值税、消费税一起，构成对烟叶和烟草制品的税收调控体系。

13.2.2 纳税人和征税范围

1. 纳税人

在中华人民共和国境内，依照《中华人民共和国烟草专卖法》（以下简称《烟草专卖法》）的规定收购烟叶的单位为烟叶税的纳税人。根据《烟草专卖法》的规定，由烟草公司或者其委托单位按照国家规定的收购标准统一收购，其他单位和个人不得收购。

2. 征税范围

烟叶税的征税范围是指晾晒烟叶、烤烟叶。

13.2.3 税率、计税依据和应纳税额的计算

烟叶税实行比例税率，税率为 20%。烟叶税实行全国统一税率，主要是考虑烟叶属于特殊的专卖品，其税率不宜存在地区间的差异，否则会形成各地之间的不公平竞争，不利于烟叶种植的统一规划和烟叶市场、烟叶收购价格的统一。

烟叶税的计税依据为纳税人收购烟叶实际支付的价款总额，包括纳税人支付给烟叶生产销售单位和个人的烟叶收购价款和价外补贴。其中，价外补贴统一按烟叶收购价款的 10%计算。

价外补贴是指纳税人在收购价款之外给予烟叶生产销售单位和个人的补贴，主要是指烟草公司给予烟农的专用物资补贴、专业化服务补贴和其他相关补贴。为了避免因补贴不同而扭曲烟叶税计税价格，税法规定：价外补贴统一按烟叶收购价款的 10%计算。用公式可表示为：

实际支付价款＝收购金额×(1＋10%)

应纳税额＝实际支付价款×税率

法规运用案例

2021 年 1 月，某烟草公司支付烟叶收购价款 88 万元，另向烟农支付了价外补贴 10 万元。如何计算该烟草公司当月收购烟叶应缴纳的烟叶税?

解析：

应纳烟叶税＝88×(1＋10%)×20%＝19.36（万元）

13.2.4 征收管理

烟叶税的纳税义务发生时间为纳税人收购烟叶的当日。收购烟叶的当日是指纳税人向烟叶销售者付讫收购烟叶款项或者开具收购烟叶凭据的当日。

纳税人收购烟叶，应当向烟叶收购地的主管税务机关申报缴纳烟叶税。

烟叶税按月计征，纳税人应当于纳税义务发生月终了之日起十五日内申报并缴纳税款。

参考书目

1. 中国注册会计师协会. 税法. 北京：中国财政经济出版社，2021.

2. 中国注册会计师协会. 税法历年试题汇编. 北京：中国财政经济出版社，2021.

3. 国家税务总局货物和劳务税司. 深化增值税改革业务操作指引. 北京：中国税务出版社，2019.

4. 国家税务总局国际税务司. 非居民企业税收管理案例集. 北京：中国税务出版社，2012.

教学支持说明

1. 教辅资源获取方式

为秉承中国人民大学出版社对教材类产品一贯的教学支持，我们将向采纳本书作为教材的教师免费提供丰富的教辅资源。您可直接到中国人民大学出版社官网的教师服务中心注册下载——http://www.crup.com.cn/Teacher。

如遇到注册、搜索等技术问题，可咨询网页右下角在线 QQ 客服，周一到周五工作时间有专人负责处理。

注册成为我社教师会员后，您可长期根据您所属的课程类别申请纸质样书、电子样书和教辅资源，自行完成免费下载。您也可登录我社官网的“教师服务中心”，我们经常举办赠送纸质样书、赠送电子样书、线上直播、资源下载、全国各专业培训及会议信息共享等网上教材进校园活动，期待您的积极参与！

2. 高校教师可加入下述学科教师 QQ 交流群，获取更多教学服务

经济类教师交流群：781029042

财政金融教师交流群：182073309

国际贸易教师交流群：162921240

税收教师交流群：119667851

3. 购书联系方式

网上书店咨询电话：010－82501766

邮购咨询电话：010－62515351

团购咨询电话：010－62513136

中国人民大学出版社经济分社

地址：北京市海淀区中关村大街甲 59 号文化大厦 1506 室　100872

电话：010－62513572　010－62515803

传真：010－62514775

E-mail：jjfs@crup.com.cn